去欧洲

终极实用版

"去旅行"编辑部◎主编

中国农业出版社

图书在版编目(CIP)数据

去欧洲终极实用版 / “去旅行”编辑部主编.
—北京：中国农业出版社，2014.6
ISBN 978-7-109-18755-9

Ⅰ.①去… Ⅱ.①去… Ⅲ.①旅游指南－欧洲
Ⅳ.①K950.9

中国版本图书馆CIP数据核字（2013）第310338号

中国农业出版社出版
（北京市朝阳区麦子店街18号）
（邮政编码：100125）
策划编辑：李梅
责任编辑：李梅
文字编辑：王然

北京中科印刷有限公司印刷　　新华书店北京发行所发行
2014年6月第1版　　2014年6月第1次印刷

开本：710mm×1000mm　1/16　　印张：31
字数：600千字
定价：69.90元

伦敦塔桥

前言 PREFACE

欧洲，这里诞生过古希腊文明、古罗马文明，文艺复兴不仅改变了整个欧洲，也影响了整个世界，在此发端的现代文明更是影响了全人类。

从地理角度，习惯上将欧洲分为南欧、西欧、中欧、北欧和东欧五个地区，大西洋的和风经久不息地吹拂着这片土地。绅士气质与文学戏剧冲撞出的英国，将时尚与艺术发挥得淋漓尽致的法国，莱茵河的涛声中诉说着浪漫的德国，歌剧旋律时而高亢时而低回的意大利，受古老璀璨文化影响的希腊，广阔而令人激动的俄罗斯，还有比利时、丹麦、瑞典、瑞士、奥地利……多姿多彩的欧洲世界，将极大地拓展你的眼界。

轻轻地我走了，正如我轻轻地来，徐志摩笔下的康桥（剑桥），带给了世人多少憧憬与遐思。走进英国，漫步剑桥，追寻诗人的踪迹；拜访牛津，领略高等学府的风姿；探访尼斯湖，邂逅传说中的水怪……

法国，浪漫是它的代名词。香醇红艳的法国葡萄酒、优美典雅且带着浓烈香味的薰衣草、缠绵悱恻的法式热吻，是法国浪漫色彩的代表。直指云端的埃菲尔铁塔、雄伟壮观的凯旋门、神秘的卢浮宫、庄严唯美的巴黎圣母院，是法国向世人展示的英姿。

俄罗斯，冷啊！西伯利亚那让人闻之胆战的寒流，成了很多人心中俄罗斯的印象。其实，俄罗斯是浓烈火热的，且不说那充满活力的莫斯科、历史悠久的圣彼得堡、神秘迷人的贝加尔湖，光是那晶莹澄澈有如烈焰般浓烈的伏特加酒，金碧辉煌的“洋葱头”建筑，金发碧眼、身材高挑的俄罗斯美女，足够让你忘却寒冷，心潮澎湃。

当雅典那象征和平与光明的奥运圣火向世界传递的时候，希腊这一充满了神秘色彩的国度，一次次成为人们视觉的中心。探访赫拉神庙、宙斯神庙、希腊神庙、阿尔戈斯赫拉神庙，看白的房，蓝的水，追寻古希腊文明的印迹……这里是另一种情调的世外桃源。

去欧洲，走吧，磨蹭什么？机票、签证、交通、住宿、美景、佳肴、娱乐，本书几乎能回答你所有疑问。赶紧拿起这本书，开启你的欧洲之旅吧。最后，编者衷心祝愿每一位去欧洲的旅行者，都能有一段愉快的旅途。

PREFACE

目　录 CONTENTS

写在前面：旅游达人侃欧洲

001 / A 吃：舌尖上的“致命诱惑”

1.说不尽的美食荟萃/001

2.好吃的餐馆哪里找/002

3.用餐礼仪不可忽视/002

4.用餐方面如何省钱/002

003 / B 住：如何找到合适的住处

1.最实惠的要数青年旅舍/003

2.学生旅馆也很便宜/003

3.有条件就住星级酒店/003

4.如何预约酒店/003

5.住宿有什么注意事项/004

005 / C 行：在欧洲畅行无阻

1.来往欧洲各国，飞机最快/005

2.乘火车也能周游欧洲各国/005

3.欧洲自驾游很省心/006

4.长途汽车用处多/007

007 / D 游：独家探访看这里

1.在博物馆感受艺术的真谛/007

2.那些不该错过的浪漫地/008

3.散发着历史光辉的古迹/009

009 / E 购：在欧洲，一次购个够

1.那些不可不知的热门购物地/009

2.哪些特产值得买/010

3.购物退税提前知/010

4.欧洲打折季/011

011 / F 娱：尽情享受娱乐趣味

1.欣赏舞台上的艺术/011

2.欧洲人的酒吧、咖啡厅情结/012

3.欧洲冬季欢乐多/012

013 / G 知：欧洲旅行必知的5大生活细节

1.携带欧元最方便/013

2.想要上网怎么办/014

3.小心小偷/014

4.乘车有讲究/014

5.讲究礼节有必要/014

PART 1 去欧洲前

018 / 1 欧洲零距离
- 历史/018
- 文化/022
- 经济/025
- 地理/025
- 习俗/025
- 时差/026

027 / 2 出发前的准备
- 护照/027
- 签证/028
- 费用/029
- 机票/030
- 行李/031
- 电话/032
- 保险/033

034 / 3 入境那些事
- 入境检查/034
- 行李提取/035
- 下榻酒店/035

PART 2 到达欧洲后

038 / 1 在欧洲的游玩计划
- 一家人的游玩线路/038
- 情侣族的游玩线路/041
- 背包族的游玩线路/044

046 / 2 欧洲名片上的10大风景
- 卢浮宫/046
- 威斯敏斯特教堂/046
- 新天鹅堡/046
- 巴黎圣母院/047
- 雅典卫城/047
- 白金汉宫/047
- 古罗马斗兽场 /048
- 克里姆林宫/048
- 佩纳宫/048
- 里亚托桥/048

049 / 3 意外情况的应对
- 证件丢失了怎么办/049
- 生病了如何求诊/049
- 需要记住的紧急电话/050

PART 3 英国热门旅游线路

054 / 1 伦敦

伦敦交通/054
伦敦市区景点/056
白金汉宫/056
议会大厦/057
威斯敏斯特教堂/057
大英博物馆/058
特拉法尔加广场/058
伦敦眼/058
伦敦塔/059
伦敦塔桥/059
国家美术馆/059
泰特现代美术馆/060
圣保罗大教堂/060
海德公园/060
肯辛顿宫/060
伦敦周边景点/061
巨石阵/061
英皇阁/061
利兹堡/062
温莎古堡/062
最容易让人忽略的景点/063
自然历史博物馆/063
华莱士收藏馆/063
伦敦地牢/064
肯辛顿公园/064
伦敦美食/065
伦敦购物/068
伦敦娱乐/071
伦敦住宿/073

074 / 2 伦敦→剑桥

剑桥交通/074
剑桥景点/076
剑桥大学/076
剑河/077
国王学院/077
剑桥大学圣三一学院/078
王后学院/078
圣约翰学院/078
剑桥美食/079
剑桥购物/080
剑桥娱乐/081
剑桥住宿/083

084 / 3 剑桥→爱丁堡

爱丁堡交通/084
爱丁堡市区景点/087
爱丁堡城堡/087
皇家英里大道/088
圣古尔斯大教堂/088
苏格兰国家博物馆/088
荷里路德宫/089
克雷格米勒城堡/089
卡尔顿山/089
爱丁堡周边景点/090
霍普顿宫/090
罗斯林礼拜堂/090
最容易让人忽略的景点/090
儿童博物馆/090
英国皇家游艇大不列颠号/091
苏格兰威士忌遗产中心/091
动感地球展示馆/091
爱丁堡美食/092
爱丁堡购物/093
爱丁堡娱乐/095
爱丁堡住宿/097

098 / 4 牛津

牛津交通/098
牛津景点/099
牛津大学/099
基督教堂学院/100
牛津大学图书馆/100
圣母玛利亚大学教堂/100
阿什莫尔博物馆/101

牛津城堡/101
布伦海姆宫/101
牛津美食/102
牛津购物/103
牛津娱乐/104
牛津住宿/105

107 / 5 牛津→巴斯
巴斯交通/107
巴斯景点/108
罗马浴场/108
圆形广场/109
巴斯修道院/109
皇家新月楼/109
简·奥斯汀中心/110
时尚博物馆/110
巴斯美食/111
巴斯购物/112
巴斯娱乐/113
巴斯住宿/114

115 / 6 伯明翰
伯明翰交通/115
伯明翰景点/116
维多利亚广场/116
伯明翰博物馆及美术馆/117
珠宝角/117
吉百利巧克力世界/118
国家海洋生物中心/118
伯明翰美食/119
伯明翰购物/120
伯明翰娱乐/121
伯明翰住宿/122

123 / 7 伯明翰→曼彻斯特
曼彻斯特交通/123
曼彻斯特市区景点/124
艾伯特广场/124
曼彻斯特市政厅/124
科学与工业博物馆/125
中国城/125
老特拉福德体育场/125
曼彻斯特周边景点/126
斯特拉夫德/126
峰区国家公园/126
曼彻斯特美食/127
曼彻斯特购物/128
曼彻斯特娱乐/129
曼彻斯特住宿/131

132 / 8 曼彻斯特→利物浦
利物浦交通/132
利物浦市区景点/133
艾伯特码头/133
圣乔治大楼/133
甲壳虫乐队传奇博物馆/134
利物浦大教堂/134
利物浦世界博物馆/134
利物浦周边景点/135
湖区国家公园/135
斯皮克大楼/135
利物浦美食/136
利物浦购物/137
利物浦娱乐/138
利物浦住宿/139

PART 4 法国热门旅游线路

142 / 1 巴黎
巴黎交通/142
巴黎市区景点/150
埃菲尔铁塔/150
卢浮宫/151
凯旋门/151
巴黎圣母院/152
巴黎歌剧院/152

奥赛博物馆/152
蓬皮杜文化中心/153
协和广场/153
圣心教堂/154
葡萄酒博物馆/154
卢森堡公园/154
莎士比亚书店/154
巴黎周边景点/155
凡尔赛宫/155
奥维小镇/156
枫丹白露宫/156
最容易让人忽略的景点/157
法国迪斯尼乐园/157
先贤祠/157
圣路易岛/157
巴黎美食/158
巴黎购物/161
巴黎娱乐/167
巴黎住宿/170

173 / 2 巴黎→第戎

第戎交通/173
第戎景点/175
勃艮第公爵宫/175
第戎圣母院/175
圣米歇尔教堂 /176
达西广场 /176
第戎美食/177
第戎购物/179
第戎娱乐/180
第戎住宿/181

182 / 3 马赛

马赛交通/182
马赛景点/185
加尔德圣母院 /185
马赛旧港 /185
隆夏宫 /185
伊夫堡 /186
法罗宫 /186
圣文生教堂 /186
最容易让人忽略的景点/187
卡斯德兰喷泉圆环广场 /187
马赛历史博物馆 /187
普罗旺斯的薰衣草 /188
马赛美食/189
马赛购物/189
马赛娱乐/190
马赛住宿/191

193 / 4 马赛→波尔多

波尔多交通/193
波尔多市区景点/195
加连宫/195
圣安德烈大教堂/195
波尔多大剧院/195
罗昂宫/196
康孔斯广场/196
波尔多周边景点/196
圣达美隆/196
最容易让人忽略的景点/197
波尔多公园/197
葡萄酒大厦 /197
波尔多美食/198
波尔多购物/199
波尔多娱乐/201
波尔多住宿/202

PART 5 德国热门旅游线路

206 / 1 柏林

柏林交通/206
柏林景点/208
勃兰登堡门/208
波茨坦广场/208
德国国会大厦/209
柏林大教堂/209
犹太博物馆/210

柏林博物馆岛/210
柏林美食/211
柏林购物/212
柏林娱乐/214
柏林住宿/215

217 / 2 柏林→慕尼黑
慕尼黑交通/217
慕尼黑景点/219
玛利亚广场/219
英国花园/220
宝马博物馆/220
慕尼黑王宫/221
圣彼得教堂/221
宁芬堡宫/221
慕尼黑美食/222
慕尼黑购物/223
慕尼黑娱乐/224
慕尼黑住宿/225

226 / 3 慕尼黑→菲森
菲森交通/226
菲森景点/227
新天鹅堡/227
高天鹅堡/228
维斯教堂/228
菲森美食/229
菲森购物/230
菲森住宿/231

232 / 4 汉堡
汉堡交通/232
汉堡景点/234
市政厅/234
汉堡港/234
仓库城/234
圣米迦勒教堂/235
迷你奇幻世界博物馆/235
汉堡美食/236
汉堡购物/237
汉堡娱乐/238
汉堡住宿/239

240 / 5 汉堡→汉诺威
汉诺威交通/240
汉诺威景点/241
新市政厅/241
赫轮豪泽园林/241
汉诺威展览中心/242
玛什湖/242
汉诺威美食/243
汉诺威购物/244
汉诺威娱乐/245
汉诺威住宿/245

246 / 6 法兰克福
法兰克福交通/246
法兰克福景点/247
法兰克福主塔楼/247
老市政厅/248
棕榈树花园/248
法兰克福大教堂/248
法兰克福美食/249
法兰克福购物/250
法兰克福娱乐/251
法兰克福住宿/252

253 / 7 法兰克福→科隆
科隆交通/253
科隆景点/254
科隆大教堂/254
巧克力博物馆/255
霍亨索伦桥/255
法里纳香水博物馆/255
科隆美食/256
科隆购物/257
科隆娱乐/258
科隆住宿/259

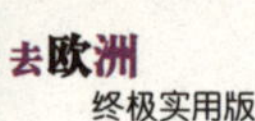

PART 6 意大利热门旅游线路

262 / 1 罗马

罗马交通/262
罗马市区景点/266
古罗马斗兽场/266
许愿池/267
万神殿/267
图拉真广场/268
古罗马广场/268
真理之口/269
罗马国立博物馆/269
圣天使古堡/269
罗马周边景点/270
梵蒂冈/270
蒂沃利/270
罗马尼城堡/270
罗马美食/272
罗马购物/274
罗马娱乐/276
罗马住宿/277

278 / 2 罗马→威尼斯

威尼斯交通/278
威尼斯市区景点/280
圣马可广场/280
圣马可大教堂/280
总督府/281
金宅/281
穆拉诺岛/281
叹息桥/282
里亚托桥/282
威尼斯周边景点/282
维罗纳/282
帕多瓦/283
博尔扎诺/283
威尼斯美食/284
威尼斯购物/284
威尼斯娱乐/285
威尼斯住宿/286

287 / 3 威尼斯→米兰

米兰交通/287
米兰市区景点/290
米兰大教堂/290
斯卡拉剧院/290
感恩圣母堂/291
斯福尔扎城堡/291
米兰周边景点/292
加尔达湖/292
科莫/292
贝加莫/293
曼托瓦/293
米兰美食/294
米兰购物/294
米兰娱乐/296
米兰住宿/297

298 / 4 佛罗伦萨

佛罗伦萨交通/298
佛罗伦萨市区景点/300
花之圣母大教堂/300
乔托钟楼/300
旧桥/300
米开朗基罗广场/301
但丁故居/301
新圣母玛丽亚教堂/301
韦奇奥宫/301
佛罗伦萨周边景点/302
费埃索莱/302
锡耶纳/302
蒙特卡蒂尼/303
比萨/303
佛罗伦萨美食/304
佛罗伦萨购物/304
佛罗伦萨娱乐/305
佛罗伦萨住宿/306

307 / 5 佛罗伦萨→都灵
都灵交通/307
都灵市区景点/309
圣卡洛广场/309
萨沃王宫/309
埃及博物馆/309
主教堂/310
都灵周边景点/310
斯都比尼基宫/310
奥斯塔/311
都灵美食/312
都灵购物/312
都灵娱乐/313
都灵住宿/314

PART 7 希腊热门旅游线路

318 / 1 雅典
雅典交通/318
雅典景点/321
宪法广场/321
卫城/321
卫城博物馆/322
国家艺术馆/322
希腊民间艺术博物馆/322
奥林匹亚宙斯神庙/323
狄奥尼索斯剧场/323
雅典美食/324
雅典购物/326
雅典娱乐/328
雅典住宿/329

331 / 2 雅典→伯罗奔尼撒半岛
伯罗奔尼撒半岛交通/331
伯罗奔尼撒半岛景点/333
科林斯运河/333
迈锡尼/333
奥林匹亚/334
纳夫普利翁/334
埃皮道洛斯/335
莫奈姆瓦夏/335
斯巴达/336
米斯特拉斯/336
伯罗奔尼撒半岛美食/337
伯罗奔尼撒半岛购物/338
伯罗奔尼撒半岛娱乐/338
伯罗奔尼撒半岛住宿/339

341 / 3 爱琴海
爱琴海交通/341
爱琴海景点/345
米科诺斯岛/345
圣托里尼岛/346
纳克索斯岛/346
帕罗斯岛/347
克里特岛/347
埃吉那岛/348
伊兹拉岛/348
蒂诺斯岛/348
爱琴海美食/349
爱琴海购物/351
爱琴海娱乐/352
爱琴海住宿/352

PART 8 俄罗斯热门旅游线路

356 / 1 莫斯科
莫斯科交通/356
莫斯科景点/358
红场/358
圣瓦西里大教堂/358
克里姆林宫/359
莫斯科地铁/359
莫斯科美食/360
莫斯科购物/361
莫斯科娱乐/362
莫斯科住宿/363

364 / ❷ 莫斯科→圣彼得堡
圣彼得堡交通/364
圣彼得堡景点/366
冬宫/366
滴血教堂/366
夏花园/367
涅瓦大街/367
普希金城/367
圣彼得堡美食/368
圣彼得堡购物/369
圣彼得堡娱乐/370
圣彼得堡住宿/371

PART 9 瑞士热门旅游线路

374 / ❶ 日内瓦
日内瓦交通/374
日内瓦景点/375
日内瓦湖/375
日内瓦花钟/375
圣皮埃尔大教堂/377
万国宫/377
百达翡丽钟表博物馆/377
阿里亚纳美术馆/377
日内瓦美食/378
日内瓦购物/379
日内瓦娱乐/380
日内瓦住宿/381

382 / ❷ 日内瓦→洛桑
洛桑交通/382
洛桑市区景点/383
圣母大教堂/383
奥林匹克博物馆/383
洛桑历史博物馆/384
乌契湖区/384
洛桑周边景点/384
依云小镇/384
洛桑美食/385
洛桑购物/386
洛桑娱乐/387
洛桑住宿/387

388 / ❸ 苏黎世
苏黎世交通/388
苏黎世景点/389
苏黎世大教堂/389
苏黎世湖/389
瑞士国家博物馆/390
中国园/390
苏黎世美食/391
苏黎世购物/392
苏黎世娱乐/393
苏黎世住宿/394

395 / ❹ 苏黎世→伯尔尼
伯尔尼交通/395
伯尔尼景点/396
伯尔尼老城/396
伯尔尼钟楼/397
伯尔尼大教堂/397
玫瑰园/397
熊苑/398
联邦广场/398
伯尔尼美食/399
伯尔尼购物/400
伯尔尼娱乐/401
伯尔尼住宿/401

PART 10 欧洲其他热门旅游线路

404 / ❶ 爱尔兰
爱尔兰交通/404
爱尔兰都柏林景点/405
都柏林城堡/405
特里姆城堡/405

三一学院/406
凤凰公园/406
爱尔兰其他地区景点/406
莫赫悬崖/406
布鲁姆山/406
爱尔兰美食/407
爱尔兰购物/407
爱尔兰娱乐/408
爱尔兰住宿/409

410 / 2 爱尔兰→荷兰
荷兰交通/410
荷兰阿姆斯特丹景点/412
安妮之家/412
凡·高美术馆/412
西教堂/412
赞斯堡/413
阿姆斯特丹王宫/413
荷兰国立博物馆/413
荷兰其他地区景点/414
乌德勒支/414
鹿特丹/414
荷兰美食/415
荷兰购物/415
荷兰娱乐/416
荷兰住宿/416

417 / 3 荷兰→比利时
比利时交通/417
比利时布鲁塞尔景点/419
“撒尿小孩”铜像/419
布鲁塞尔皇宫/419
布鲁塞尔大广场/420
滑铁卢/420
比利时其他地区景点/420
布鲁日 /420
安特卫普 /420
比利时美食/421
比利时购物/421
比利时娱乐/422
比利时住宿/423

424 / 4 波兰
波兰交通/424
波兰华沙景点/425
城堡广场/425
居里夫人博物馆/425
肖邦博物馆/426
华沙美人鱼铜像/426
波兰其他地区景点/426
奥斯维辛/426
克拉科夫/426
波兰美食/427
波兰购物/427
波兰娱乐/428
波兰住宿/429

430 / 5 波兰→捷克
捷克交通/430
捷克布拉格景点/431
旧城广场/431
天文钟/431
国家博物馆/432
布拉格城堡/432
捷克美食/433
捷克购物/433
捷克娱乐/434
捷克住宿/434

435 / 6 捷克→奥地利
奥地利交通/435
奥地利维也纳景点/437
美泉宫/437
美景宫 /437
斯蒂芬大教堂/438
维也纳国家歌剧院/438
奥地利美食/438
奥地利购物/439
奥地利娱乐/440
奥地利住宿/440

441 / 7 西班牙

西班牙交通/441
西班牙马德里景点/442
马德里王宫/442
普拉多博物馆/442
马约尔广场/443
拉斯班塔斯斗牛场/443
西班牙巴塞罗那景点/443
巴特罗之家/443
毕加索博物馆/444
古埃尔公园/444
圣家族大教堂/444
西班牙美食/445
西班牙购物/446
西班牙娱乐/447
西班牙住宿/449

450 / 8 西班牙→葡萄牙

葡萄牙交通/450
葡萄牙里斯本景点/451
贝伦塔/451
圣乔治城堡/452
奥比都斯/452
热罗尼姆斯修道院/452
葡萄牙其他地区景点/453
佩纳宫/453
杜罗河/453
阿尔加维/453
马德拉/453
葡萄牙美食/454
葡萄牙购物/455
葡萄牙娱乐/456
葡萄牙住宿/458

459 / 9 芬兰

芬兰交通/459
芬兰景点/460
芬兰堡/460
岩石教堂/460
西贝柳斯纪念碑/461
圣诞老人村/461
芬兰美食/462
芬兰购物/462
芬兰娱乐/463
芬兰住宿/463

464 / 10 芬兰→瑞典

瑞典交通/464
瑞典斯德哥尔摩景点/465
斯德哥尔摩皇宫/465
大教堂/466
动物园岛/466
瑞典美食/466
瑞典购物/467
瑞典娱乐/468
瑞典住宿/468

469 / 11 瑞典→挪威

挪威交通/469
挪威景点/471
奥斯陆市政厅/471
奥斯陆皇宫/471
海盗船博物馆/472
诺贝尔和平中心/472
挪威美食/472
挪威购物/473
挪威娱乐/473
挪威住宿/474

475 / 12 挪威→丹麦

丹麦交通/475
丹麦景点/476
美人鱼雕像/476
阿美琳堡王宫/477
新港/477
蒂沃利公园/477
丹麦美食/478
丹麦购物/478
丹麦娱乐/479
丹麦住宿/479

A

吃：舌尖上的“致命诱惑”

1.说不尽的美食荟萃

就算是对欧洲不了解的人也能随口说出诸多的欧洲美食，如法国的鹅肝酱、德国的香肠、意大利的比萨、俄罗斯的鱼子酱、希腊的地中海烤鱼、瑞士的奶酪火锅等，而这些列举出的美食只是“九牛一毛”，等你真正来到欧洲，在一个又一个国家流连时，恐怕会忍不住连连感叹“太多的美食，太小的胃”了。

除了食物，欧洲还有很多不容错过的酒和咖啡等饮料，如英国的红茶、法国的波尔多葡萄酒、德国的黑啤、俄罗斯的伏特加等，都是世界闻名的“琼浆玉液”。总之，来到欧洲，你的舌尖一定会受到一次次的美妙刺激！

欧洲美食

国家	美食美饮
英国	炸鱼薯条、焗烤牛肉、威尔士兔子、奶油茶、哈吉斯、约克郡布丁、康沃尔馅饼、红茶
法国	鹅肝酱、牡蛎杯、焗蜗牛、马令古鸡、麦西尼鸡、洋葱汤、沙朗牛排、马赛鱼羹、香槟、葡萄酒、奶酪
德国	红肠、香肠、火腿、猪肘子、啤酒
意大利	意大利面、比萨、各式馄饨、牛肉、葡萄酒、意大利冰激凌
俄罗斯	鱼子酱、罗宋汤、伏特加酒、大列巴（俄罗斯黑面包）、西伯利亚饺子、俄式酸黄瓜、奶酪、香肠
希腊	希腊沙拉、烤猪肉串、地中海烤鱼
瑞士	奶酪/巧克力火锅、瑞士咖啡、格露耶奶酪、肉肠、鲜鱼
西班牙	西班牙烤肉、西班牙风干火腿、烤乳猪、烤羊排、烤羊腿、雪利酒

2.好吃的餐馆哪里找

欧洲纵然是美食遍布，但若选不好餐馆，恐怕也不能品尝到当地的特色美食。找到有特色美食或当地有名的餐馆需要一定的技巧。首先，要学会收集信息。通常在大城市的观光导游处会有专门为游客准备的餐馆指南等信息册，里面有一些餐馆的信息和广告，游客可以此作为参考。此外，你也可以到网上查查关于餐馆的口碑和网友的评论。其次，可以咨询酒店的服务人员，问问他们常去的餐馆，或是让他们推荐给你一些比较有名的餐厅。最后还有一个直接的办法，那就是到餐馆聚集的地方，看看哪家餐馆中的人多就去哪家，凭借其人气就可以判断出那里的食物味道不会差。

旅游达人游玩攻略

欧洲大多数国家的午餐时间一般是12:00～18:00，晚餐时间是18:00～20:00，但西班牙、葡萄牙的午餐时间是14:00～16:00，晚餐时间是20:00～22:00，如果去早了可能会遇到餐厅不开门的情况。

3.用餐礼仪不可忽视

每个国家之间都或多或少地存在文化的差异。在打算去某个国家的时候，提前熟知一些该国的用餐礼仪是很有必要的。

首先，一些就餐举止需谨记。吃西餐时，姿势要正确，不要弓着身子对着盘子吃饭，而应挺胸将食物送到口中；咀嚼食物的时候，不要发出啧啧声，更不要含着食物与人交谈；女士在用餐的时候，不可以在餐桌上把头发扎起，也不可以补妆照镜子；吃到坏的食物一定要吐出来的时候，不可以直接吐在桌子上或是盘子里，而应该趁人不注意吐在餐巾上包起来，并要求更换一块新的桌巾；吃完后切忌打饱嗝，即使忍不住要打，也要闭上嘴巴。

其次，刀叉的使用也有习惯。在使用刀叉进餐时，从外侧往内侧取用刀叉；切东西时左手用叉固定食物，右手执刀将其锯切成小块后用叉子送入口中，不可将刀叉拿在空中挥舞摇晃。

用完餐后，欧洲人通常会在座位上结账，在核对完金额后，可以选择现金或信用卡支付，欧洲的大部分国家需要付小费，小费数额不等，一般是餐费的15%～20%。

4.用餐方面如何省钱

有时，在欧洲吃饭是一个让人“头疼”的问题，去餐馆吃饭太贵，随便吃吃吧，就怕委屈了自己。那么，怎样才能吃到既便宜又美味的食物呢？一般来说，欧洲中小城市的食物都不会太贵，特别是一些小城镇，周末还会有农民自己拖车出来卖。倘若你住的是那种可以自己烧饭的旅馆，不妨自己做饭，这样既能吃得舒服，也可节省一点。另外，欧洲一些大城市的火车站里会有各色美食小店，那里也是吃饭的好地方，价格便宜，食物味道也不差。此外，游客还有一个不错的选择就是在城市里找中餐厅，一般会比西餐厅便宜不少，而且还能吃到家乡味。还有，欧洲的快餐也是不错的选择，便宜又实惠。

B

住：如何找到合适的住处

1.最实惠的要数青年旅舍

在欧洲，可选的住宿类型很多，但要论实惠，青年旅舍自然是最实惠的。在欧洲的很多国家都有青年旅舍，价格便宜，最便宜的只要十几欧元，从而受到世界各地背包客的欢迎，特别是在住宿费用很高的北欧各国、瑞士、奥地利等国家，青年旅舍尤其受欢迎。除了在德国一些地方有年龄限制外，其他国家只要你是会员都可以在青年旅舍住宿。青年旅舍的住宿形式几乎都是合住，房间一般可住4～10人，也有单人间及家庭用的客房，但浴室、卫生间一般是公用的。住在青年旅舍还有一个最大的好处，那就是能够结识世界各地的旅游者，还可以收集到各种旅游信息。

在旅游旺季时，青年旅舍的床位比较紧张，建议提前预订。游客可以办理一张国际青年旅舍会员卡，这样不仅能方便地预订到床位，还能享受到一定的优惠。办理国际青年旅舍会员卡一般有3种方式，一是在网上办理，二可以到各家青年旅舍前台办理，还有一种就是到各代理商处办理，办理当日即可生效。在中国，你可以登录国际青年旅舍联盟中国网站（www.yhachina.com），申请办理国际青年旅舍会员卡。

2.学生旅馆也很便宜

学生旅馆被称为独立旅馆，它不像青年旅舍那样是一个有组织的机构，而是由学生组织和团体为在欧洲旅游的年轻人提供的住宿场所。这些住宿地在欧洲的大城市和观光地比较常见，地理位置也不错。它的住宿形式和青年旅舍一样，几乎全是合住形式的客房，也有和旅馆设施一样的单人客房。但学生旅馆也有一些缺陷，如有的学生旅馆只在学生游客较多的暑期才营业；又如这里的夜晚不太安静，因为这里住的大都是年轻人，会比较吵闹，想要好好休息的游客还得慎重选择。

3.有条件就住星级酒店

欧洲的星级酒店一般设在市中心的繁华地带，治安与环境都很好，内部装修比较温馨舒适，服务面面俱到。此外，酒店内还会有餐厅、游泳池、体育俱乐部等辅助设施。欧洲的2、3星级酒店，房间情况、卫生方面以及服务情况会有所差别，所以建议你入住前先看一下房间。而4、5星级的酒店自然是不错的，还提供丰盛的晚餐，交通也很方便，离各大主要景点都比较近。通常星级酒店都能网上预约，游客不妨在国内就预订好，也许能享受到一定的折扣。

4.如何预约酒店

很多酒店不需要预约就可以直接住宿，但在旅游高峰期，酒店也可能会出现供不应求的状况。所以，提前预订酒店还是很有必要的，一则可让自己安心，二则也可能省掉一些费用。预约酒店有2种方法，可以自己预约，也可以通过旅行社预约。很多大型的国际连锁店在中国有预约办事处。最好的办法还是自己预约，可以在酒店预订网站上或发电子邮件预订，也可以打电话进行预订。网上预订后，你会收到返回的预订确认邮件，建议将其打印出来，这样在到该酒店办理入住手续时，会给你带来很大的方便。

酒店预订网站	
网址	特色
www.booking.com	免费预订，查询方便，可选择性大，并能找到打折酒店
www.hostelworld.com	廉价住宿地很多，预订需付手续费
www.hihostels.com	可预订世界各地的青年旅舍
www.agoda.com	有特价及优惠信息
www.venere.com	欧洲最大的酒店预订网，取消预订不需付任何费用
www.hostelsclub.com	自助旅游爱好者的最佳选择，经常有特价活动

5.住宿有什么注意事项

欧洲酒店的住宿情况和国内有一定的差异性，这些需要我们在入住酒店前就要了解清楚，以免给自己带来不必要的麻烦。

1.酒店房间分为吸烟和非吸烟房，如需吸烟请在进酒店时跟前台说明。如在非吸烟房吸烟，将会被处罚一定金额；如在吸烟房内吸烟，要谨记烟灰和烟头不能丢在地毯上，弄脏或烧坏地毯要加倍赔偿。

2.在欧洲很多酒店内的用品都需要额外付费，有的电视节目需要收费才能看，看到电视遥控器上“PAY”或“P”字样的按键最好不要去碰；酒店内部电话也收费，价格还不低，所以在使用前看好想要使用的商品价格以及用途，以免造成计划外的消费。

3.在欧洲，出于环保意识，酒店往往不提供牙刷、牙膏、拖鞋等一次性物品及烧水壶。酒店的自来水可直接饮用，一般均不提供热开水服务，如果你习惯饮用热水，最好在出发前，携带一个旅行专用的烧水工具。

4.欧洲酒店多为淋浴设施，洗澡时最好将帘布拉齐，很多酒店都没有地漏，如溢水损坏了地毯或家具，酒店会要求客人进行赔偿的。

5.欧洲的很多酒店会为住客提供早餐，不过你最好问清楚早餐的供应时间、地点。

6.欧洲的马桶和我们习惯使用的也有一定差异，不同酒店的马桶冲水处也不一样，你可以在马桶附近找一下开关。

C

行：在欧洲畅行无阻

1.来往欧洲各国，飞机最快

行程比较紧的话，乘飞机来往于欧洲各国自然是最便捷、最快速的方式，尤其是前往北欧以及希腊等比较偏远的地区，更应该选择搭乘飞机。欧洲有很多新型的廉价航空公司，这些航空公司的机票为直销形式，比原来的机票价格便宜很多，有的甚至比火车票还便宜。其中最具代表性的是Easy Jet、Ryanair等航空公司，目前在德国和英国这样的公司比较多。有关机票的信息你可从相关的机票搜索引擎上获得，如www.edreams.com，另外还可多关注欧洲国家的一些廉价航空公司的机票信息。

廉价航空公司推荐		
名称	网址	特色
Ryanair	www.ryanair.com	有名的廉价航空公司，机票有时会低至几欧元，几乎每天都有特价机票，但一般所到的机场位置较偏
Easy Jet	www.easyjet.com	英国廉价航空公司，航线虽少，但价格便宜
Norwegian Air Shuttle	www.norwegian.com	挪威廉价航空公司，有很多从北欧起飞的廉价航班
Wizzair	www.wizzair.com	往返于东欧的航班比较便宜
Windjet	www.windjet.com	意大利廉价航空公司，多从西西里岛出发

2.乘火车也能周游欧洲各国

欧洲很多国家都有铁路相连，国家与国家之间也可以乘火车通过。有些国家，火车甚至比飞机更便捷。Euro City（简称EC）是欧洲国际特快列车的典型，车厢内拥有现代化的冷暖气设备，分为一等和二等席位。几乎所有的EC都会加收特快费用，有些也包括有坐席指定费用。但如果拥有欧洲国际列车通票等类通票，就无需加收特快费用。想要具体了解欧洲各国的最新车票价格信息，你可以联系欧洲铁路旅游中心（电话：0870-848848；网址：www.raileurope.co.uk）。

想要乘火车在欧洲随意游览的话，使用欧洲铁路通票最为方便，有了铁路通票，游客便可以在一定时间内自由乘坐除英国以外的欧洲各国的国营铁路列车。但这种通票主要面向住在欧洲以外国家的旅行者，因此在欧洲很难买到，一定要在出发前买好，登陆欧洲铁路公司中国售票处网站（www.europerail.cn）就可以预订车票。欧洲铁路通票分为全程铁路通票、多国铁路通票、单国铁路通票等。如果你的旅行目的地包括多个国家便可选择多国铁路通票，但如果只是在一个国家内深度游的话就可以选择该国的铁路通票。西欧国家如德国、法国，还有北欧的丹麦火车票比较贵，因而选择通票会比较划算。如果旅行地主要集中在东欧，那么通票的性价比并不高，不建议购买。欧洲火车通票的有效期为出票日期起的6个月，第一次使用时需填写起始日期、截止日期和持票人的护照号码，并由工作人员盖章，没有盖章便乘车的话会予以罚款。12岁以上26岁以下的青年人及学生可购买更为实惠的欧洲铁路青年自选通票。

想游遍欧洲的游客，不妨选择购买欧洲23国经典欧洲活期火车通票，持有此票，游客便可在欧洲23国内无限次搭乘列车并享受各种优惠，这23个国家包括：奥地利、爱尔兰、比利时、意大利、保加利亚、斯洛伐克、卢森堡、克罗地亚、荷兰、捷克共和国、挪威、丹麦、葡萄牙、芬兰、罗马尼亚、法国、斯洛文尼亚、德国、西班牙、希腊、瑞典、匈牙利、瑞士。

经典欧洲23国火车通票（票价：欧元/人）

通票性质	座位级别 / 时间	头等舱				二等舱
		成人	儿童	2～5位成人同行	2～5位儿童同行	青年
连续使用通票	连续使用15天	554	278	471	237	361
	连续使用21天	714	358	608	305	465
	连续使用1个月	879	441	748	375	572
弹性使用通票	2个月内使用10天	653	328	555	279	425
	2个月内使用15天	856	429	728	366	558

3.欧洲自驾游很省心

在欧洲租车旅行，是一件十分惬意的事。欧洲的路况相当好，你可以畅快地驰骋。另外，自驾游还不会受时间的限制。不得不说的是，在欧洲租车还能享受到异地甚至异国还车的“优待”。只要你有国内驾照，旅行前在国内做个英文的公证，就可以在欧洲租车自驾游了。不过，欧洲有些国家，如德国、瑞士和奥地利的官方语言都是德语，因此需要把驾照翻译成德语并进行公证；如果要去法国、比利时、卢森堡等以法语为官方语言的国家，则要将驾照翻译成法语；如果自驾去西班牙、葡萄牙、意大利、丹麦、冰岛、荷兰、挪威、瑞典、希腊等国，也要相应翻译成该国的语言（丹麦和冰岛，英语也是通用语言）。所以，如果你打算多去几个国家，为了避免麻烦，还要多准备几份不同语言的公证件。

游客可以选择到当地租车，也可以提前在网上租车。欧洲各国的主要机场基本都设有大型汽车租赁公司的柜台，铁路的主要车站以及车站附近也能看到租赁汽车的公司。建议游客到大公司或信誉好的公司去租车，如Avis（www.avis.com）、Hertz（www.hertz.com）、Eurocar（www.europcar.com）、Enterprise（www.enterprise.com）、Autoeurope（www.autoeurope.com）等。

另外，租车自驾游一定要注意：在租车前，检查车辆的状况，看有没有破损的情况或刹车不灵的情况；租车最好购买一份保险，海外旅行保险不适用交通事故；租车时最好选择有GPS的车，自带GPS要记得带上逆变器；驾车的时候，要注意各个国家的道路通行是靠右还是靠左驾驶；自驾前往东欧国家时，需要问清楚所租车的车型是否可驶入该国；欧洲的加油站多为自助式，需要自己拿着管子加油，在加油后别忘了关上加油口的盖子。欧洲各国的汽油价不等，在1.5～1.8欧元/升。

目前欧洲强制全年白天开车灯的国家以北欧和中欧国家为主，包括丹麦、爱沙尼亚、芬兰、冰岛、意大利、克罗地亚、拉脱维亚、挪威、瑞典、斯洛文尼亚和匈牙利，波兰、立陶宛、斯洛伐克与捷克只有冬天才要强制白天开车灯。

4.长途汽车用处多

欧洲很多国家不仅有行驶于国内城市的汽车，还有行驶于欧洲国家之间的国际长途汽车。英国、法国、瑞士、西班牙、冰岛、希腊等国家的汽车运输都比较发达，英国的长途巴士线路几乎覆盖了全国，使用起来很方便，而且英国的国际特快公司还提供巴士通票；法国的汽车则可到达火车无法到达的地区；瑞士、西班牙、希腊的汽车网络遍布全国；在冰岛旅行乘坐观光汽车非常方便。

欧洲线（Eurolines）运营往返于欧洲各个国家间的长途汽车，汽车网络几乎覆盖了整个西欧。欧洲最大的国际巴士网、英国最大的国际特快以及爱尔兰的巴士公司都加入了欧洲线。乘坐欧洲线可购买汽车通票，通票有效期有15天和30天两种，25岁以下60岁以上的乘客还可享受优惠，其价格依据季节不同而有所差异。淡季时，15天有效期的欧洲线通票约需205欧元，30天有效期的欧洲线通票约需210欧元。需要注意的是，国际线路的通票不可以在某一国内使用。Eurolines的官方网站为www.eurolines.com。

D

游：独家探访看这里

1.在博物馆感受艺术的真谛

世界四大博物馆中有三个在欧洲，分别是英国伦敦的大英博物馆、法国巴黎的卢浮宫、俄罗斯的国立埃米塔什博物馆。欧洲是一个文化气息浓厚的地方，几乎每一个国家都有很多博物馆。有一句话是这样说的：“想要了解一个地方的过去和现在，可以从博物馆开始。”来到欧洲，在一个又一个博物馆里流连，了解这片热土，接受艺术的洗礼，一定最有意义和价值。

大英博物馆

欧洲著名博物馆推荐		
名称	所属地	亮点
卢浮宫	法国	世界上最古老、最大、最著名的博物馆之一，以收藏丰富的古典绘画和雕刻而闻名于世，其中最著名的是镇宫三宝“爱神维纳斯”、“胜利女神尼卡”和“蒙娜丽莎”
奥赛博物馆	法国	奥赛博物馆位于塞纳河左岸，在卢浮宫斜对面。馆内主要收藏有绘画、雕塑、家具和摄影作品等西方艺术作品，汇集了法国近代文化艺术的精华
大英博物馆	英国	世界上历史最悠久、规模最宏伟的综合性博物馆，也是世界上规模最大、最著名的博物馆之一。博物馆中收藏了世界各地的文物和图书珍品，藏品之丰富、种类之繁多，为全世界博物馆所罕见
国立埃米塔什博物馆	俄罗斯	国立埃米塔什博物馆以古文字学研究和欧洲绘画艺术品闻名世界。博物馆占有5座大楼，珍藏的珍宝数量浩瀚，据说若想走尽埃米塔什博物馆约350间开放的展厅，行程约22千米
柏林博物馆	德国	集中了德国博物馆的精华，如展现古埃及历史的佩加蒙博物馆、汇集了世界美术大师作品的国家绘画陈列馆、德国历史博物馆等。博物馆岛上的建筑群是一组独特的文化遗产
巴塞罗那现代艺术博物馆	西班牙	建筑的本身就是一大看点，充满了现代派艺术特色，是建筑大师迈耶的杰作。馆内展示的作品以1950年以后的为主，其中一半为马库巴所收藏的作品的常年展示，另外一半则每隔半年会有一次较大的变动

2.那些不该错过的浪漫地

浪漫，这个让人充满着无限遐想的词汇，来源于欧洲中世纪法语。欧洲是一个浪漫的世界，欧洲的浪漫“代表”——法国，是世人皆知的浪漫国度，那里的一山一水、一城一人，无不散发着浓厚的浪漫气息。但欧洲的浪漫绝不止于此，希腊的爱琴海、意大利的威尼斯、瑞士的苏黎世湖……都是情侣、夫妻们最为钟情的浪漫地。

伊亚的日落

欧洲浪漫地推荐		
国家	浪漫地	亮点
法国	普罗旺斯	普罗旺斯可以说是每个女孩心中的梦，那里成片的薰衣草、向日葵花田炫丽无比。情侣们手牵手漫步在花田间，鼻尖满是沁人心脾的花香，那种浪漫称得上极致
希腊	爱琴海	仅听名字就可以想象其浪漫，这片充满着浪漫气息的海洋有一种不太真实的美，蓝天碧海，宁静的白色岛屿，一切都让人沉醉不已。那拥有世界上最美日落的伊亚更是情侣们万万不可错过的
意大利	威尼斯	这座水上之城是世界上唯一没有汽车的城市，十分静谧安宁。那里蜿蜒的水巷、流动的清波，好像一个漂浮在碧波上的浪漫的梦，充满了诗情画意
瑞士	苏黎世湖	这里有山有水，碧蓝的天、清澈的湖、若隐若现的阿尔卑斯山……组成了一幅幅诗意的画。情侣们在这里划船、野餐、散步，无疑是最浪漫的事

3.散发着历史光辉的古迹

悠久的历史为欧洲留下了诸多名胜古迹，这些名胜古迹成为旅游景点中一颗最为璀璨的明星。抚摸历史的城墙，徜徉在王宫古迹里，感受历史的沧桑，倾听那些荡气回肠的故事……欧洲的名胜古迹不胜枚举，法国的巴黎圣母院、凡尔赛宫，俄罗斯的克里姆林宫，意大利的罗马斗兽场……

历史古迹推荐		
所属地	名称	特色
法国	巴黎圣母院	雨果的同名小说让巴黎圣母院闻名世界，这座古老的教堂是巴黎的象征。这是一座典型的哥特式教堂高耸挺拔、辉煌壮丽
	凡尔赛宫	凡尔赛宫是欧洲最宏大、最豪华的皇宫，堪称是理性美的代表。凡尔赛宫的外观给人宏伟壮观的感觉，内部陈设及装潢则更富有艺术魅力
俄罗斯	克里姆林宫	克里姆林宫享有“世界第八奇景”的美誉，曾为莫斯科公国和18世纪以前的沙皇皇宫
意大利	罗马斗兽场	举世闻名的斗兽场位于意大利首都罗马市中心，建于公元72～82年，是古罗马文明的象征
	庞贝古城	庞贝古城在沉睡了千余年后，才被人们发掘，被联合国教科文组织定为世界文化和自然遗产，人们习惯称其为“天然的历史博物馆”

购：在欧洲，一次购个够

1.那些不可不知的热门购物地

欧洲几乎可以满足购物狂们所有的购物愿望，在这里没有他们买不到的东西。时尚、潮流、经典、高科技、品质……每一个形容商品的褒义词恐怕都无法单独形容欧洲散发出的购物诱惑。法国是我们熟知的时尚购物之地，那里有太多知名的世界品牌；意大利是时尚、优雅、设计的代名词，“意大利制造”一直是购物狂们梦寐以求的；瑞士，那自然是瑞士手表、瑞士军刀，精密是瑞士商品的特征……

欧洲主要国家热门购物地推荐		
国家	购物地	特色
英国	比斯特购物村	这里被誉为伦敦郊外最具时尚气息的街区，人气和口碑都很好。无论是大牌商品还是潮牌商品，这里常年都会有3～7折的折扣
法国	香榭丽舍大街	法国巴黎最著名的一条街道，是众多奢侈品牌的聚集地，Chanel、Dior、Givenchy、Hermes、LV等国际名牌都聚集在这里。此外，香榭丽舍大街还是一条十分美丽的街道，即使不购物，在这里走走也是一件享受的事
	老佛爷百货公司	巴黎最有名的百货公司，是很多人购物的第一站，其营业主楼共有8层，香水、化妆品、箱包、首饰、名表柜台，服装成衣店、酒窖……各季还会推出以世界各地风情为主题的促销活动，别具特色
德国	亚历山大广场	柏林最著名的广场之一，是理想的购物场所。这里有Galeria Kaufhof百货大楼，卖场总面积达到3.5万平方米；有ALEXA购物中心，销售面积为5.6万平方米，具有十分独特的氛围；除此之外，围绕广场的还有诸多各具特色的小店
俄罗斯	阿尔巴特街	莫斯科市中心的一条著名步行街，是绝佳的购物淘宝之地。街上小店铺一家挨一家，橱窗里是琳琅满目的饰品、精致小包、印有明星头像的T恤衫、绘有俄罗斯历届领导人形象的玩偶套人等

2.哪些特产值得买

欧洲有很多世界著名的特产：法国的香水、意大利的服装、瑞士的手表、俄罗斯的套娃……都是欧洲知名的商品，也是欧洲购物的必备精品。来欧洲旅游，你不仅要“舍得”观光，更应舍得大手笔购买精品，为自己留一份华丽的纪念。另外，买些特产或是极具当地风情的小饰品，带给亲朋好友们则是独特的礼物。

欧洲国家特产推荐	
国家	特产
英国	瓷器、古玩、羊毛制品、烟斗、皮鞋、苏格兰威士忌和格子呢等
法国	葡萄酒、服装、香水、手袋、奶酪、面包、精油等（带酒海关有限制，一人限2瓶）
德国	不锈钢刀、皮具、蔡司和莱卡相机、陶器、工艺品、黑啤、啤酒杯等
意大利	服装、葡萄酒、橄榄油、番茄酱、巧克力等
俄罗斯	套娃、鱼子酱、伏特加、琥珀等
希腊	羊皮及羊毛制品、希腊葡萄酒、仿古文物、OUZO酒、天然海绵、橄榄油香皂等
西班牙	橄榄油、雪利酒、葡萄酒、皮革制品、利比里亚火腿等
荷兰	蓝白瓷器、风车模型、郁金香制品、木屐、鲱鱼、Haagse Hopjes糖、油画等
瑞士	钟表、瑞士军刀、巧克力、八音盒、威廉牧师酒、珠宝首饰等

3.购物退税提前知

在欧洲购物，非欧盟国家游客在同一天、同一家商店里购物，如果所购的物品不在当地使用，并于3个月内携带离境的，只要到达一定的数额都可享有退税权。退税额一般为商品价格的

15%～16%，有些已打折的商品甚至会更低。

在欧洲的各大城市都设有免税购物商场或免税购物店，专门为外国旅游者提供服务。欧洲大多数免税商店的橱窗上贴有黑、蓝、银三色标签，奥地利免税商店贴有黑红两色的标签，几乎所有的免税店都会标明“TAX FREE”。在免税店购物后，记得向商店索要退税支票，然后正确填写相应表格，以确保能够及时获得退税。售货员会把你所购的每件物品在免费支票或发票上详细写明。若是写在发票上，售货员须把发票粘在支票下面的附单上（发票不允许和附单分开），售货员也会在免费支票上写明你能得到的返还金额。你可以选择退现金、退支票，也可以选择将金额退回到指定的信用卡账号中去。在离开欧洲前，游客可以持盖有“出口证明章”的免税支票在欧洲免税商店所属的任何一个现金付款处（设在机场、边境口岸、火车站）领回退税金额。

4.欧洲打折季

欧洲一年有2次大型的折扣购物季，一次在夏季的6月下旬，持续1个月的时间，另一次在圣诞节后的1个月，这2次打折季折扣力度都非常大，夏季的打折力度则更为“凶猛”一些。在这2季的打折期间，欧洲各国的百货商场、品牌专卖店都会推出4～6折不等的优惠活动。随着货品的销售，打折季越到后期，其折扣的力度就可能越大，低至2～3折也有可能。当然，这个时候剩下的商品种类、款式、尺码都会越来越少。所以，想要真正“血拼”一回的朋友，还是在打折前期疯狂Shopping一番比较明智。

F 娱：尽情享受娱乐趣味

1.欣赏舞台上的艺术

欧洲除了博物馆多外，还有为数众多的剧院，如英国的莎士比亚环球剧场、法国的红磨坊剧院、奥地利的维也纳歌剧院、俄罗斯的莫斯科剧院等都是世界闻名的剧院。这些剧院常年演出欧洲极具特色的艺术作品，如戏剧、歌剧、芭蕾舞等。在欧洲，若是有机会欣赏音乐、歌剧或芭蕾舞，那绝对是高端的精神享受！

欧洲著名剧院推荐		
名称	所属城市	其他
莎士比亚环球剧场	英国伦敦	莎士比亚环球剧场主要上演莎士比亚及其同时代人的剧作，话剧表演丰富有趣。因为剧场是露天的，因而仅在5~9月有戏剧演出，平常在这里可以参观剧场博物馆，内部会介绍一些环球剧场的背景历史
红磨坊剧院	法国巴黎	巴黎红磨坊剧院的标志性建筑是一个红风车。每到夜晚，亮丽的霓虹灯将红磨坊打扮得异常迷人，再加上动感俏皮的肯肯舞，美酒及热情奔放的人群，红磨坊便成为了巴黎夜晚最璀璨的一颗明珠。很多著名艺术家都曾在红磨坊进行过精彩的表演，令观众为之疯狂。电影《情陷红磨坊》就是在红磨坊取景的，由此可见其魅力
维也纳国家歌剧院	奥地利维也纳	维也纳国家歌剧院是世界上最著名的歌剧院之一，素有“世界歌剧中心”之称，歌剧院每年演出约300次晚场，节目提前半年排定，而且每晚必换。剧院上演的剧作以莫扎特和威尔第的作品为主，由世界上最著名的艺术家演唱。歌剧院除七八月歇夏外，全年开放，最佳的剧目一般安排在冬、春季的维也纳文化节期间
莫斯科剧院	俄罗斯莫斯科	莫斯科剧院是莫斯科有名的芭蕾舞与歌剧剧院，内部设施非常完善，具有极佳的音响效果。该剧院拥有世界一流的歌剧团、芭蕾舞团、管弦乐团和合唱团，是最具代表性的俄国大剧院

2.欧洲人的酒吧、咖啡厅情结

“我不在咖啡馆，就在去咖啡馆的路上……”（奥地利作家斯蒂芬·茨威格的名言）欧洲有很多酒吧和咖啡厅，游客在旅游闲暇之余走进一家酒吧或咖啡厅坐在靠窗的位置，品一杯香浓的咖啡，静静地观赏风景，与朋友闲聊，这样的闲适也许能给你增添一份不一样的旅游心得。在欧洲城市的街边，随处可以见到洋溢着浪漫气息的咖啡厅，大大的玻璃窗，将屋内的人与外界慢慢拉远，给人以温馨的感觉。

到了夜晚，酒吧的气氛便开始浓烈起来，动感的音乐、炫彩的霓虹灯、弥漫的烟雾，扭动腰身的酒吧客伴随着舞曲的节奏，就这样不眠不休地展示着黑夜里城市的魅力。领略了城市白天的风采，不妨就在黑夜找家热情四射的酒吧，伴着动感的音乐摇曳身姿，释放心情吧！

3.欧洲冬季欢乐多

事实上，欧洲在12月份后就进入了旅游淡季，这个时候的欧洲失去了夏天的热情，在很多人看来，冬季的欧洲是冷清的，旅游价值不大。不过，当你真正选择在冬季来欧洲旅行的时候，便会发现很多意想不到的惊喜。首先，这个时候来欧洲，机票很便宜，各个地方的消费水平也没有夏季那么高，因此可以省下一笔不少的费用。而且，冬季的欧洲给人一种静谧的、独特的美，皑皑的白雪配上古堡一样的建筑，绝对是十分养眼。而这个时候，欧洲也有很多与雪有关且令人欢乐的活动，滑雪、滑冰、拉雪橇、看冰雕、打雪仗等。对于滑雪爱好者而言，欧洲众多的顶级滑雪场将是他们旅程中最为美好的回忆。

欧洲顶级滑雪场推荐		
名称	所属国家	特色
霞慕尼	法国	拥有4个不同滑雪区域的霞慕尼小镇从来都不缺滑雪坡道，而那些前来挑战高难度滑雪的游客们可以预订一个冰川向导
库尔舍韦勒		库尔舍韦勒为不同水平的滑雪者提供了合适的滑道，在山坡上还有一条飞机跑道，资金充裕的朋友可以直接乘飞机到达滑雪场地
白云石山脉	意大利	白云石山脉拥有1500千米长的滑雪坡道，尤其适合初学者来此滑雪
圣安东	奥地利	圣安东是铁杆滑雪迷和狂欢者的天堂，拥有约280千米的滑雪道，180千米的越野滑雪道和85个缆车
策马特	瑞士	策马特拥有350千米长的滑雪坡道，其中包括海拔3820米的小马特洪峰，是欧洲没有缆车的最高山峰

知：欧洲旅行必知的5大生活细节

1.携带欧元最方便

如果你计划横穿欧洲大陆，携带欧元是最方便的。首先，在欧洲的大多数国家旅游不需要进行外币兑换。另外，即使是到了不使用欧元的国家，饭店、观光地等游客比较集中的场所也可以使用欧元结账。欧元支付主要以旅行支票、信用卡为主，欧洲各国很多地方都可以刷卡消费。带一些现金也是必要的，因为在欧洲，很多没有星级的旅馆都不可以刷卡，一些很有特色的纪念品商铺也只接受现金。不过，现金适当带一些，带多了也存在一定的安全隐患。

2.想要上网怎么办

欧洲网吧的数量不算太多，一般都是在购物休闲区的角落里，不容易找。但是很多地方可以上Wi-Fi，如机场、星级酒店、咖啡店等都可以上网。还有一些咖啡店的招牌上会写有“Wirless Internet”,就表明这家咖啡店可以上网。此外，图书馆通常也可以上网。在青年旅舍，一般也会有投币式的上网服务。

3.小心小偷

在外旅行，若是东西被偷，尤其是重要的东西，会为你的旅途带来很大麻烦。所以一定要多加小心，防患于未然。通常，酒店大堂、餐厅是小偷经常“光顾”的地方，而机场、车站、旅游景点，甚至加油站，更是小偷“大显身手”的地方，所以在这些地方一定要留神，以免让小偷“得手”。欧洲小偷比较多的城市主要是罗马、米兰、巴黎。在这些城市，一定要保持警惕。另外，建议游客将护照、机票、钱及贵重物品随身携带；出门在外，挎包最好是斜挎，以免歹徒乘摩托车从背后抢劫；最好不要使用手拿的那种公文包或者袋子；照相的时候不要把手提袋、公文包、照相机等放在地上。

4.乘车有讲究

欧洲人的环保意识比较强，为了避免空气污染，法律规定司机停车时不许开空调，否则会予以罚款。乘客在车上不可以抽烟、吃冰淇淋、吃带果皮的食物等，果核等垃圾一定要用纸包好放入垃圾桶。另外，游客不能在车上脱鞋，车子通常是封闭式的，若是有气味散不掉，便会引起人们反感。

5.讲究礼节有必要

所谓“礼多人不怪”，在欧洲随时不要忘了说“您好”、“谢谢”、“对不起”等文明用语。进商场、电梯的时候，要注意后面是否有人跟随，若有人的话则应扶好门请后面的人进门，且女士优先；绝对不允许随地吐痰、吸烟、乱扔垃圾，若要吐痰，应先吐在纸巾上，然后扔到厕所里；公共场所不大声说话，排队时绝对避免插队；严禁袒胸露背进入教堂；教堂、博物馆内禁止使用闪光灯拍照。

俄罗斯莫斯科克里姆林宫

英国大本钟和国会大厦

PART 1 去欧洲前

历史

在古老的欧洲大地上流传着这样一个传说，“万神之王”宙斯看上一名叫做欧罗巴的漂亮女子，就把自己变成一头公牛将欧罗巴带到欧洲，并以其名字命名欧洲，所以欧洲又有欧罗巴之称。显然，这只是一个美丽的传说，翻开厚重的欧洲史，我们从中可以看到，史前欧洲与我国历史一样，也经历了旧石器时代、新石器时代和青铜时代。在欧洲的古典时期，古希腊文明与古罗马文明的崛起，驰名世界。到了中世纪后，随着西罗马帝国的灭亡，整个欧洲陷入了黑暗的时代。直到近代欧洲，随着文艺复兴的伟大变革，欧洲才再次矗立于世界之林。

· 史前的欧洲

据史料考证，欧洲人的最早足迹可以追溯到公元前35000年，即欧洲的旧石器时代。考古学家在巴尔干发现了公元前7000年人类定居点的农耕技术和驯养家畜的遗迹，标志着欧洲进入了新石器时代。

新石器时代之后，铜是欧洲制作工具和武器的主要金属材料，历史学家把该时期命名为青铜时代。青铜时代的来临掀起了欧洲文明的新高潮，混乱和纷争也挡不住文明的脚步，欧洲第一个有文字记载的文明是克里特岛上的米诺斯文明，随后出现的是希腊邻近地区的迈锡尼文明。

· 古代欧洲

古希腊文明是欧洲文明的摇篮，其继承者是古罗马文明，古希腊和古罗马文化对欧美文化的影响十分明显，反映在当代欧洲的语言、思想、文学、艺术、法律和思维方式等当中。

古希腊

古希腊是西方文明的发祥地，爱琴文明是希腊历史的开始。

古代希腊包括希腊半岛、爱琴海诸岛、小亚细亚西部海岸和意大利南部地区。公元前2000年左右，爱琴海中的克里特岛出现了奴隶制国家。公元前1500年左右希腊半岛的迈锡尼也出现了奴隶制国家。克里特和迈锡尼的古老文明被称为爱琴文明。公元前8世纪至公元前6世纪，希腊兴起了以雅典和斯巴达为代表的众多奴隶制城邦，公元前5世纪，希腊的奴隶制度充分发展起来，进入经济、政治和文化全面繁盛时期。古希腊繁荣时期，绝大多数城邦废除了专制制度，实现了共和，一些城邦建立了公民享有充分权利的民主制。雅典在公元前594年进行了著名的梭伦改革，建立了民主政治。

公元前490年和公元前480年，波斯两次入侵希腊的“希波战争”均以希腊胜利告终。此后，雅典、斯巴达先后成为希腊的霸主，最后马其顿控制了整个希腊，公元前323年亚历山大病死，马其顿帝国分裂，古希腊历史结束。

古罗马

古罗马由位于意大利台伯河畔的罗马城发展而来。公元前510年，罗马建立了奴隶制共和国，公元前3世纪统一了意大利半岛，公元前215年到公元前168年发动3次马其顿战争，征服马其顿并控制了整个希腊，又通过罗马-叙利亚战争和外交手段控制了西亚的部分地区，建成一个横跨非洲、欧洲、亚洲，称霸地中海的强大的奴隶制国家。

罗马共和国后期，共和制度出现危机，社会动荡不安。公元前45年，恺撒夺得罗马最高权力成为独裁者，罗马进入奴隶制帝国时代。公元3世纪，罗马帝国爆发全面的社会危机，公元395年，帝国分裂为东罗马帝国（又称拜占庭帝国，首都君士坦丁堡）和西罗马帝国（首都罗马）两部分。

公元476年，西罗马帝国在日耳曼人入侵的冲击下灭亡。西罗马帝国的灭亡标志着西欧奴隶制社会的结束。

· 中世纪

欧洲的中世纪一般指5世纪西罗马帝国灭亡开始，到1453年东罗马帝国首都君士坦丁堡被穆斯林鄂图曼土耳其攻陷为止这段时间。中世纪大致可以分为三个阶段：

早期

大约公元500年到公元1000年间，西罗马帝国灭亡导致西欧政治体制崩溃，但却形成了一个统一的基督教统治结构，基督教神权超越世俗政治权力。西罗马皈依基督教后，古典文化与基督教文化、日耳曼文化相融合，促成了欧洲的诞生。公元800年，查理曼大帝被罗马教皇利奥三世加冕为罗马人的皇帝，西欧再次形成一个短暂政治统一时期，但是查理曼死后，他的后代将帝国瓜分，帝国一分为三——东法兰克王国（现在的德国），西法兰克王国（现在的法国），东、西部之间的地区则成了以后的意大利。法兰克人的语言分化，形成了法语、德语和其他西欧国家的民族语言。

中期

公元11世纪到公元13世纪，是中世纪兴盛期。1054年，东西方基督教分裂为东正教与天主教。从11世纪末期开始，天主教西欧对伊斯兰世界进行了长达2个世纪之久的十字军东征，最终以失败告终。天主教的神性受到质疑，人文主义的文艺复兴首先在意大利萌发。这一时期欧洲人口数量大大增长，经济发展，城市兴起，产生了许多不同形式的学术、宗教和文化、艺术杰作，三百年间精彩非凡。

晚期

公元14世纪到公元15世纪，欧洲几个世纪以来的繁荣和增长开始停滞。欧洲史上的最大灾难之一黑死病最严重的一次是在14世纪中期，系列的饥荒和瘟疫，人口减少，社会动乱，法国和英格兰经历了大规模的农民起义——扎克雷起义与英国农民起义，以及英法百年战争。统一的罗马天主教会分裂所。虽然有这些危机，但14世纪，欧洲在艺术和科学方面有着长足的进步。复兴的、对于古希腊和古罗马文献的兴趣，引起了后人所称的意大利文艺复兴。

· 近代欧洲

15世纪末至18世纪末，以地理大发现、宗教改革、民族国家的崛起为标志，欧洲进入近代时期。这个时期，欧洲的科学的重要性上升，技术进步突飞猛进，世俗公民政治和民族国家异军突起，资本主义经济开始萌芽发展，重商主义经济理论的发展及占据主导。大部分欧洲地区封建社会、农奴制以及罗马天主教会的权威的衰落与最终消失。

文艺复兴

16世纪在欧洲盛行的一场思想文化运动——文艺复兴运动带来一段科学与艺术革命时期，揭开了近代欧洲历史的序幕，被认为是中古时代和近代的分界。文艺复兴的影响遍及文学、哲学、艺术、政治、科学、历史、宗教和学术的其他方面。文艺复兴被视为西欧近代三大思想解放运动（文艺复兴、宗教改革与启蒙运动）之一。

宗教改革

16世纪至17世纪，基督宗教进行的一次改革，开始于1517年马丁·路德提出九十五条论纲，结束于1648年的威斯特法伦和约。宗教改革是欧洲资本主义发展的一个必然结果，也是基督教发展史上的一个里程碑。宗教改革对欧洲整体有着深远的影响。不仅国家之间被宗教划清界限，某些国家由于宗教纷争而四分五裂。

探索与征服

新兴国家对世界的广大地区进行探索和征服，特别是对亚洲（西伯利亚）和新发现的美洲。如整个澳大利亚和新西兰、印度的绝大部分，以及非洲和北美的许多地区成为英国的殖民地； 加拿大的一部分和印度、印度支那、非洲的许多地区以及加勒比群岛等地成为法国殖民地等。殖民扩张在接下来的几个世纪中持续进行。

启蒙运动

文艺复兴接续的是启蒙运动。17世纪到18世纪，欧美地区发生了一场知识及文化运动，该运动相信理性发展知识可以解决人类实存的基本问题。人类历史从此展开在思潮、知识及媒体上的“启蒙”，开启现代化和现代性的发展历程。启蒙时代认为科学和艺术的知识的理性发展对可以改进人类生活，产生了包含自由与平等概念的世界观。

· 现代欧洲

从1789年到1914年的“漫长的十九世纪”经历了激烈的社会、政治和经济变革，首先是工业革命、法国大革命和拿破仑战争，随后是欧洲政治版图在1815年的维也纳会议上的重新划分，民族主义的兴起、俄罗斯帝国和大英帝国鼎盛时期的到来，同时伴随着奥斯曼帝国的衰落。最后，德意志帝国和奥匈帝国的崛起引发了一系列事件，并在1914年第一次世界大战爆发之时到达最高潮。

工业革命

工业革命是在18世纪后期和19世纪早期的一段持续的工业化进程时期，农业、制造业和运输业发生了巨大变化，对英国社会经济和文化状况有着深远的影响，随后更传播至整个欧洲和北美以至全世界。纺织业的机械化、冶金产业的发展、煤炭需要的不断上升、运河建设、改善的公路系统和火车运输，蒸汽机（由煤炭提供动力）的发明和动力机械（主要在纺织业应用）大大提高了生产力。19世纪前二十年全金属机床的出现促进了其他产业的制造类机械的生产。它的影响远布整个19世纪的西欧和北美，最终影响了整个世界。这种变化对于社会的影响也举足轻重。

政治革命

1789年，法国爆发的资产阶级革命，史称法国大革命统治法国多个世纪的君主制封建制度在三年内土崩瓦解，法国经历着一个史诗般的转变：过往的封建、贵族和宗教特权不断受到自由主义政治组织及上街抗议的民众的冲击，旧的观念逐渐被全新的天赋人权、三权分立等民主思想所取代。期间最著名的事件是1789年7月14日巴黎市民攻占巴士底狱。

在法国拿破仑执政时期和拿破仑一世帝国时期（1799年—1815年），法国资产阶级为了

在欧洲建立法国的政治和经济霸权，同英国争夺贸易和殖民地的领先地位，以及兼并新的领土而发动了战争。它促使了欧洲的军队和火炮发生重大变革，特别是军事制度。法国国势在战争中迅速崛起，雄霸欧洲，但是侵俄战役惨败，之后一落千丈。拿破仑建立的帝国，最终战败，让波旁王朝于1814年和1815年两度复辟。

民族崛起

由于中产阶级深受法国大革命的民主理想深深影响，工业革命导致了重要的经济社会变化，德国、意大利、波兰、匈牙利等国民族主义运动涌现，它们寻求民族统一或从外族统治下解放出来。1815年至1871年期间大量革命运动和独立战争爆发。法国被普鲁士战败之后，在凡尔赛，普鲁士国王威廉一世被宣告为德国皇帝，现代德国产生。至1871年大多数欧洲国家都成为了立宪（而不是专制）君主制国家。

· 当代欧洲

从1914年到1991年，欧洲历经第一次世界大战、第二次世界大战和冷战，其间纳粹德国和苏联的崛起和衰落。这些灾难性的事件宣示了欧洲殖民帝国的终结，并吹响了非殖民化的号角。1989年至1991年苏联的解体使美国成为世界唯一超级大国，引发了铁幕的崩溃、德国统一和现仍进行中的欧洲一体化进程的加快。

1993年，欧盟成员国签署了欧盟条约。由此“欧洲计划”从具有诸多政治因素的经济共同体转变为更深层次的联盟。1985年的申根协定在其加入国之间实现了广泛的不需护照的边界开放。2002年，一种大多数欧盟成员国通用的货币——欧元投入使用，旧有货币退出流通，三个国家决定不加入欧元区（英国、丹麦和瑞典）。2004年欧盟进行了一次大规模东扩，接纳了10个新成员国，2013年7月1日克罗地亚正式加入欧盟，欧盟成员国达到28个。

文化

· 建筑

到欧洲旅游，最为闪亮的环节之一自然是欣赏欧洲丰富多彩的建筑了，无论是英国的威斯敏斯特教堂，还是法国的巴黎圣母院、埃菲尔铁塔，或是德国的夏洛滕堡宫、意大利的斗兽场、万神殿，以及希腊的雅典卫城……这些雄伟、精美的建筑，都让人深切感受到了欧洲建筑文化的巨大魅力，通过这些建筑，我们能“寻觅”这些国家的历史底蕴，感受爱琴文明风的光辉！

· 绘画和雕塑

早在古代时期，欧洲的绘画就以光辉灿烂闻名于世。文艺复兴及其后，欧洲绘画更是令世人惊艳。

14至16世纪的欧洲文艺复兴美术以意大利的达·芬奇、米开朗基罗和拉斐尔为代表。达·芬奇的杰作《最后的晚餐》、《蒙娜丽莎》等皆为世界名画之首。米开朗基罗在雕塑、绘画和建筑方面都留下经典之作，如《大卫》、《摩西》、《朝》、《夕》、《昼》、《夜》、《和被绑的奴隶》以及《垂死的奴隶》等。拉斐尔的圣母像秀美典雅，被誉为美和善的化身，充分体现了人文主义的理想。17世纪时期，追求激情和运动感的巴洛克美术由于意大利风靡欧洲，佛兰德斯的鲁本斯是巴洛克绘画的代表人物。18世纪，追求华丽纤巧和精致的洛可可风格从法国兴起，法国的热里柯的《梅杜萨之筏》被视为浪漫主义绘画的开山之作，经典作品为德拉克洛瓦的《希阿岛的屠杀》和《自由领导着人们》等。雕塑作品有法国吕德的《马赛曲》、卡尔波的《舞蹈》等，都是杰出的浪漫主义雕塑作品。19世纪，现实主义美术蓬勃兴起，代表作有法国库尔贝的《奥南的葬礼》、俄罗斯列宾的《伏尔加纤夫》、《宣传者被捕》、《托尔斯泰》等。法国伟大的雕塑大师罗丹创作了著名的雕塑作品《青铜时代》、《思想者》、《雨果》、《加莱义民》和《巴尔扎克》、《走路的人》等。19世纪后期，印象派在法国产生，马奈、莫奈、雷诺阿、德加、塞尚、凡·高等。马奈的《草地上的午餐》、莫奈的《日出·印象》、雷诺阿的《红磨坊的舞会》、凡·高的《向日葵》《星月夜》等为印象派代表作。20世纪以后，以马蒂斯为代表的野兽派、以毕加索为代表的立体派、以康定斯基为代表的抽象主义、以恩斯特、马格利特、夏卡尔、达利、米罗等为代表的超现实主义等艺术思潮精彩纷呈。

·古典音乐、歌剧

欧洲文艺复兴之前，欧洲唯一合法的、正统的音乐形式是起源于四、五世纪的宗教音乐“圣咏”。从艺复兴运动开始兴起的欧洲古典音乐是欧洲文化的结晶，包括交响乐、管弦乐、歌剧协奏曲、器乐独奏等形式。从产生以来，一部部光辉乐章滋润、抚慰着人们的心灵，丰富了人们的精神世界。

欧洲经典古典音乐数不胜数，如：巴洛克时期（1600年至1750年）的古典音乐旋律优美、柔和，代表作品有德国巴赫的《十二平均律》、《托卡塔及赋格》等；亨德尔的《水上音乐》、《皇家烟火》等；意大利维瓦尔弟的《四季》等；古典主义时期（1750年至1827年）的音乐主题鲜明、有一定的冲突性，代表作品是“维也纳三杰”海顿、莫扎特、贝多芬的作品，如贝多芬的《英雄》（第三交响曲）、《命运》（第五交响曲）、《田园》（第六交响曲）、《合唱》（第九交响曲，其中著名乐段《欢乐颂》在第四乐章），钢琴奏鸣曲《悲怆》、《月光》、弦乐四重奏《大赋格》等，莫扎特的歌剧和交响乐《 降E调第39号交响曲等；浪费主义和民族乐派（1827年至19世纪末）的古典音乐作曲形式多样化，有了一定改革，音乐表现有些委婉、抽象，且有号召力，有鲜明的民族风格。代表作品有舒曼的钢琴曲《狂欢节》、《交响练习曲》，舒伯特的《摇篮曲》、《鳟鱼》、《菩提树》，肖邦的《降E大调夜曲》、拉威尔的歌剧《阿伊达》）、柴可夫斯基的舞剧《天鹅湖》）、德沃夏克的《e小调第九交响曲》（自新大陆）、德彪西的管弦乐《大海》、《牧神午后前奏曲》、歌剧《佩利亚斯与梅丽桑德》等等。

近代西洋歌剧是16世纪末、17世纪初，随着文艺复兴时期音乐文化的世俗化而产生的。世界公认的第一部歌剧是蒙特威尔第的《奥菲欧》。经典歌剧剧目有莫扎特的《费加罗的婚礼》、《唐璜》、《魔笛》，比才的《卡门》，罗西尼的《塞维利亚理发师》，威尔第的《弄臣》、《茶花女》、《游吟武士》、《阿依达》、《奥赛罗》、《假面舞会》等。

芭蕾舞和芭蕾舞剧

欧洲古典舞蹈通称芭蕾舞，是在欧洲各民间舞蹈的基础上经过几个世纪的加工、丰富发展而形成的，是具有严格规范和结构形式的欧洲传统舞蹈，因19世纪后，芭蕾舞的一个重要特征是女演员要穿特制的舞鞋用足尖跳舞，所以也被称为足尖舞。芭蕾舞的历史可追溯到欧洲文艺复兴时代的意大利、法国宫廷。第一部完整的芭蕾舞剧《皇后喜剧芭蕾》上演于1581年。

世界经典芭蕾舞剧有俄国作曲家柴可夫斯基的《天鹅湖》、《睡美人》、《胡桃夹子》，法国作曲家亚当的《吉赛尔》，法国作曲家德利布的《葛蓓莉亚》等。世界六大芭蕾舞团中四个在欧洲，分别是排名第一：法国巴黎歌剧院芭蕾舞团，第二：俄罗斯圣彼得堡基洛夫芭蕾舞团，第三：莫斯科大剧院芭蕾舞团，第六：英国皇家芭蕾舞团。

体育

欧洲体育水平较高，是一片名副其实的体育热土。代表世界先进水平的运动项目很多，如足球、网球、赛车、斯诺克、田径、高尔夫、帆船、排球、篮球、国标等。世界著名的欧洲足球五大联赛中众豪门和足球巨星争奇斗艳，世界性体育盛会奥林匹克运动会及奥运会很多竞技项目发源于希腊，推动了全人类的体育水平，华丽流畅的交谊舞也在国标大赛的带动下普及。众多的赛事和体育盛会使全世界的眼球经常聚焦欧洲，可以说，欧洲的体育赛事和欧洲的时尚发布一样令人感到吸引力十足。

· 文学

爱琴海孕育了古希腊文明，古希腊文明对欧洲灿烂的文学艺术有着深远的影响。古希腊、古罗马文学是欧洲文学的开端，从古希腊的神话和史诗到现在，欧洲的文学经典作品仍熠熠闪光。从荷马史诗、希腊戏剧一路走来，著名的文学作品有但丁的《神曲》，拉伯雷的《巨人传》，塞万提斯的《堂·吉诃德》，莎士比亚戏剧，弥尔顿的《失乐园》，莫里哀的《伪君子》、伏尔泰的《俄狄浦斯王》，卢梭的《忏悔录》，歌德的《少年维特之烦恼》和《浮士德》，笛福的《鲁滨孙漂流记》，孟德斯鸠的《论法的精神》，席勒的《阴谋与爱情》，拜伦的《唐璜》，雪莱的《西风颂》，狄更斯的《大卫·科波菲尔》，简·奥斯汀的《傲慢与偏见》，维克多·雨果的《巴黎圣母院》，巴尔扎克的《人间喜剧》，海涅的《德国——一个冬天的童话》，司汤达的《红与黑》，果戈理的《死灵魂》，屠格涅夫的《罗亭》，陀思妥耶夫斯基的《罪与罚》，佐拉的《卢贡——马卡尔家族》，莫泊桑的《羊脂球》，哈代的《德伯家的苔丝》，易卜生的《玩偶之家》，托尔斯泰的《战争与和平》、《安娜·卡列尼娜》、《复活》，契诃夫的《套中人》，高尔基的“人间三部曲”，帕斯捷尔纳克的《日瓦戈医生》，肖洛霍夫的《静静的顿河》，罗曼·罗兰的《约翰·克利斯朵夫》，萧伯纳的《鳏夫的财产》、《华伦夫人的职业》，劳伦斯的《查泰莱夫人的情人》，卡夫卡的《变形记》，普鲁斯特的《追忆逝水年华》，乔伊斯的《尤利西斯》，萨特的《论想象》、《存在与虚无》等。

· 宗教

欧洲的宗教信徒91%为基督教徒，8%是伊斯兰教徒。基督教包括天主教、基督新教以及东正教。《圣经》是基督教各派共同的经典，包括《旧约》和《新约》。

经济

自17世纪以来，欧洲逐渐成为世界经济中心。19世纪，欧洲爆发了第一次工业革命，成为当时世界的经济中心。但经历两次世界大战之后，欧洲经济逐渐衰落。然而，欧洲经济的发展水平仍然居各大洲之首，工业、交通运输、商业贸易、金融保险等在世界经济中占重要地位。在科学技术的若干领域内也处于世界领先地位。欧洲绝大多数国家属于发达国家，其中，北欧、西欧和中欧的一些国家经济发展水平最高，而南欧一些国家经济水平相对较低。

地理

欧洲位于亚洲的西面，是亚欧大陆的一部分，北、西、南三面分别濒临着北冰洋、大西洋、地中海和黑海，东部和东南部与亚洲毗连，宛如亚欧大陆向西突出的一个大半岛。欧洲地形多种多样，主要以平原为主。可以将欧洲以波罗的海东岸到黑海西岸一线为界，分为东西两部分。东部以平原占绝对优势，地形比较单一；西部则山地和平原交错分布，地形比较复杂。欧洲主要山脉有阿尔卑斯山脉、亚平宁山脉、比利牛斯山脉、大高加索山脉等，主要河流有伏尔加河、多瑙河、乌拉尔河、莱茵河等，主要湖泊有拉多加湖、奥涅加湖等，主要岛屿有大不列颠岛、冰岛、爱尔兰岛、西西里岛等，主要内海有波罗海、北海、亚得里亚海等。

习俗

欧洲每年最盛大隆重的节日是圣诞节，其他共同的节日如元旦、万圣节、复活节等。由于文化大体同根，饮食、礼仪等大体类似，但各国习俗又小有不同。

英国

英国人很忌讳购物时讲价；英国人想上厕所，会说“去100号”，这样显得比较有礼貌；在英国付小费可遵守下面的原则：在餐厅用餐，午餐10%，晚餐15%，搭乘出租车10%，宾馆服务生如帮你提行李，可付1～2英镑。

法国

贴面礼是法国较为普遍的问候方式，女性与女性，女性与男性通常行贴面礼；法国人的一些手势的意义与我们有所不同，如他们用食指和大拇指分开的手势表示“二”，手指指向自己的胸膛时表示“我”；法国人认为杜鹃花、纸花不吉利，他们喜爱鸢尾花；法国人在同客人谈话时，总喜欢相互站得近一点，认为这样显得更为亲近；对法国的老年妇女不应称呼她们“老太太”，否则她们会很不高兴；关于小费，并不是什么场合都需付小费，餐厅用餐应付用餐金额的15%，在酒吧可付15%，乘坐出租车，也可付10%～20%的车费作为小费。

德国

德国人用餐时，吃鱼用的刀叉与吃肉或奶酪的刀叉不能混用；德国人喜欢矢车菊，并且将其定为国花。在德国，不宜随意将玫瑰或蔷薇送人，前者表示求爱，后者专用于悼亡；德国各地都有付小费的习惯，付小费可遵守下面的原则：出租车10%，餐厅10%～15%，酒店提行李2～3欧元。

意大利

意大利人非常热情，如果邀请你去他家做客，最好不要拒绝，不然会被认为不礼貌；意大利忌讳用手帕作为礼物送人，他们认为手帕是擦泪水用的；在意大利住旅馆、吃饭都要付一定的小费，付多少视情况而定，一般住高级旅馆小费可多付一些。

希腊

不要对希腊人的某样东西赞誉过度，否则会被人误以为你十分喜欢，而应该送给你；希腊的景点不能随意拍照片，拍照的时候也绝不能大摇大摆地立三脚架，立三脚架必须获得官署的准许；在喝酒的时候，希腊人不会让玻璃杯空着，他们总是不断地在酒杯里加酒，所以你要是不想喝了，让杯子保持满盈的状态，主人就会了解你已经喝够了；在希腊，餐厅等场合会给小费，但不必多给，乘计程车，给车费10%～15%的小费。

瑞士

与瑞士人交谈时应回避有关减肥和节食的话题，特别是在用餐时间；瑞士人忌讳猫头鹰、认为它是一种祸鸟；瑞士人不愿在公共场所看到晒衣服，认为这样做不雅观。

俄罗斯

俄罗斯人忌讳以左手接触别人，或用左手递送物品；与俄罗斯人交往时切忌用肩膀互相碰撞，这种行为一般只发生在挚友之间，否则身体碰撞是极为失礼的行为。

时差

欧洲大部分国家位于中时区、东一区及东二区，只有俄罗斯跨越了东二区至东十一区。但欧洲各国均采用夏时制（除冰岛以外），夏时制的时间是从每年3月的最后一个周末开始，到10月的最后一个周末结束。东一区的国家原本与中国相差7个小时，在夏时制时与中国相差6个小时。如中国是12:00时，夏时制时期间的东一区国家则是6:00。

时区	国家
中时区	冰岛、法罗群岛、英国、爱尔兰、葡萄牙
东一区	奥地利、比利时、克罗地亚、捷克、丹麦、法国、德国、荷兰、匈牙利、卢森堡、马耳他、意大利、梵蒂冈、摩纳哥、挪威、波兰、斯洛文尼亚、斯洛伐克、西班牙、瑞士、瑞典
东二区	保加利亚、塞浦路斯、爱沙尼亚、芬兰、希腊、拉脱维亚、立陶宛、罗马尼亚、土耳其和乌克兰、白俄罗斯，摩尔多瓦

2 出发前的准备

护照

出境旅游，首先需要准备的证件就是护照。如果你没有护照或者所持护照有效期不满6个月，就必须去办理或者更换护照。根据最新的规定，全国现在共有43个城市的外地人可以携带本人有效身份证或户口簿在当地办理，其他城市的人则需要携带有效身份证或户口簿在本人户口所在地办理。可以就近办理护照的城市有：北京、天津、石家庄、太原、呼和浩特、沈阳、大连、长春、哈尔滨、上海、南京、杭州、宁波、合肥、福州、厦门、南昌、济南、青岛、郑州、武汉、长沙、广州、深圳、南宁、海口、重庆、成都、贵阳、昆明、西安、无锡、常州、苏州、温州、嘉兴、舟山、泉州、株洲、湘潭、珠海、东莞、佛山。

护照办理步骤：

1.携带本人身份证或户口簿到户口所在地（可就近办理护照的43个城市除外）的县级或县级以上的派出所、公安局出入境管理部门、北京市公安局出入境管理处或者参团旅行社领取护照办理申请表。

2.填写申请表。

3.提交申请表。携带本人身份证或者户口簿相应证件；填写完整的申请表原件；彩色照片一张（需在出入境管理处或者是他们指定的照相馆照相）。

4.领取护照。公安局出入境管理处受理申请后，审批、制作和签发护照的时间是10～15个工作日。领取护照时，须携带本人身份证或者户口簿、领取护照《回执》和200元工本费。凡在《回执》上标明取证日期3个月后没

有领取证件的，公安局出入境管理处将予以销毁。

签证

办完护照，就可以办理签证了。欧洲目前有26个申根国家，向中国大陆开放个人旅游签证的有15个国家：法国、德国、意大利、荷兰、比利时、瑞士、瑞典、芬兰、丹麦、希腊、西班牙、奥地利、捷克、匈牙利、波兰。只要你持有任何一个国家的签证就可进入另外的25个申根国家。安道尔、梵蒂冈、圣马力诺、摩纳哥因与申根邻国没有实际上的边境检查，也可凭申根签证进入。英国、保加利亚、塞浦路斯、爱尔兰、罗马尼亚不属于申根国家，打算去这几个国家的，需另办签证。

办理申根签证，选择哪一个国家，可根据游客自身的情况来决定。一般情况下，打算在哪个国家待得久一些，就将该国作为申请国；如果每个国家停留时间差不多，可以办理第一个入境国家的签证；对于没有签证经验的游客可选择签证通过概率较大的国家作为申请国，签证较为容易的国家有意大利、德国、瑞典。

办理申根签证需要预约及面试（有些国家不需要面试，法国、意大利、比利时等需面试）。准备好申请签证所需的材料后，即可打电话到使馆，预约面试时间。面试时应着装得体、大方，在面试的当天应提前10分钟到达使馆，迟到可能会被拒签。递交申请材料后，签证官会检查你的材料是否完整，并询问一些问题，如旅行的目的、回程的日期、工作背景等，有时还可能会询问些要前往那些国家的历史知识，你只需如实回答，说话流利，表情放松即可。如果你英文很好的话，可用英文回答，否则用中文即可。

需准备的材料

● **个人资料：**护照原件、复印件及旧护照的原件、复印件；户口本原件、复印件；身份证原件、复印件；签证申请表，可在申请签证的申根国家的使馆网站上下载，并贴2寸免冠照片（最好是护照照片）；一份包括旅行日期、各申根国的停留日期、预订的酒店地址信息的行程单，要 体现出所办理签证的国家为主要目的国或第一个入境国；往返机票订单，订单上的时间要和行程单上的时间一致；另外，你也可以带上酒店订单，内容和行程单上的内容一致；一份适用于申根国家区域的医疗保险，保险保额不低于3万欧元。总之，个人资料准备得越齐全，办理签证也越顺畅。

● **资金证明：**在银行打印的最近3个月的进出账单，需银行盖章，余额要在5万元以上。

● **在职/读证明：**需提供本人所在工作单位的在职证明、准假证明、收入证明，其中包括姓名、性别、出生日期、工作起止日期、担任职务，并要单位加盖公章，还需提供所在单位营业执照复印件并加盖公章。在校学生需提供学生证复印件。无学生证时，需提供学校开具的在学证明，并加盖公章。

● **签证费用：**约60欧元（人民币500元左右），根据2014年3月31日的汇率，1欧元等于8.5408人民币元。

旅游达人游玩攻略

想要了解欧洲各个国家驻中国大使馆的具体信息，可登陆中华人民共和国外交部网站www.fmprc.gov.cn，找到外交动态—领事动态，上面有全世界各国驻中国使馆的信息。

费用

欧洲各国的物价差异很大，所以旅行费用的多少还会因所去国家及停留时间、旅行方式的不同而有所差异。总体来说，北欧的物价偏高，廉价住宿设施很少，就餐费用也较高；其次是西欧国家，南欧、东欧则要相对便宜很多，西班牙、希腊等国的物价就不怎么高。此外，欧洲国家中，瑞士、英国、挪威、瑞典、丹麦的物价较高。而每个国家中，大城市如首都等地的物价会比小城市高，可能是小城市的2倍。旅途中所需的费用包括：餐费、住宿费、交通费、观光费等。

饮食费用

早餐以咖啡或外卖的快餐为主，午餐和晚餐选择套餐，这样一天下来餐费也需要四五十欧元。若是在法国、英国、意大利，尤其是吃法式大餐，一天的费用更是高出很多。法国普通的餐馆，一般套餐的价格都在25欧元（约200元人民币）以上。所以想要在饮食上节省一些费用的话，就不要去当地的高档餐馆，而要选择一些快餐或是找提供早餐的住宿地。如果住的地方可以烧饭，也可从超市购买食物，自己做饭，那会便宜很多。

住宿费用

欧洲最便宜的青年旅舍费用可低至20欧元左右，想要住单间的话，价格会比较高。经济型的旅馆价格为30～80欧元，英国及北欧各国的住宿价格会高一点，英国伦敦的B&B也要60欧元左右。北欧的住宿费用比欧洲其他地方要高很多，最便宜的一天也要80欧元左右。如果你想找一个便宜的住宿地，可在网上找一些特惠价格的经济型住宿地，而在北欧的一些地方，季节适宜则可考虑搭帐篷。

交通费用

旅游费用中最大头的要数交通费，特别是大幅度地穿越欧洲各国。交通费用主要包括来往欧洲各国、本国各城市间的交通费，以及城市内的交通费。往返欧洲各国最主要的交通工具无非是火车或飞机，如果你的目的地国家较多且距离较近，购买几个国家的火车通票性价比较高。但如果目的地国家之间距离较远，飞机肯定比火车更经济，尤其是在有特价机票的时候。欧洲各国中，英国的铁路费较高，从伦敦到爱丁堡就需要人民币1600元左右。另外，法国、德国的高速火车价格也较高。事实上，如果你会开车的话，不妨在国内将自己的驾照到公证处公证一下，然后到欧洲就可以租车自驾了，这样交通费的支出可能要少很多。

观光费用

观光费用的弹性很大，要看你准备浏览多少个景点或是进多少个博物馆，如果打算什么都要玩一遍的话，那费用自然“可观”。不过欧洲也有一些博物馆是免费的，如伦敦的大英博物馆等。另外，有些国家和城市会有连票售卖，可以看很多博物馆或画廊。值得提醒的是，游客不妨根据自己的条件去办理国际学生证、国际青年证，这样也能省掉不少观光费。至于具体的观光费，游客可以依据自己要去参观的景点做出合理的预算，可参考本书正文部分给出的一些旅游资讯。

机票

行程规划做好后，就该订购机票了。一般提前半个月到一个月，可以买到价格比较优惠的飞机票。另外，航空公司在4、5、6、9、10这几个月份会推出低价机票，不过低价机票也常常会有些限制，如不能退票、不能更改航班等。时间不是很紧的游客，还可以选择经停或转机机票，要比直飞机票便宜很多。寻找廉价机票最简便的方法就是上网查询，很多网站都可以在线查询和订购机票。

机票订购网站

名称	网址	备注
天巡	www.tianxun.cn	有多数航空公司的实时票价信息，包括廉价航空，机票费包括了税费等
一起飞	jps.yiqifei.com	有一年内各国航空公司的航班，价格要便宜，可在不付款的情况下出飞机票订单
去哪儿	www.qunar.com	信息全面，有特价机票
携程	flights.ctrip.com	有低价机票

行李

护照、签证办好，行程规划也做好之后，就该着手准备行李了。准备行李是旅行出发前不可忽略的一部分，行李准备的妥当与否在很大程度上决定了你能否顺利旅行。建议在出发前一个星期左右着手准备行李，这样才能有足够的时间补充遗漏物品。

· 证件

护照、身份证、签证、证件复印件，以及2寸证件照数张。未满16周岁无身份证的游者，需带户口本。有国际青年旅舍会员卡、国际青年证、国际学生证的也应带上。

· 衣物类

出国旅行，行李自然是越少越好，去欧洲游玩要经几个国家，若带太多的行李，会给自己的出行带来很大的麻烦。所以，所带衣服就根据季节来，带几套家常衣服就行了，以吸汗、易干、轻便为主；鞋子就以耐穿、舒适的为主；帽子可带一顶，不仅能防晒，也能挡雨什么的。出发前，可以在网上查询一下旅游期间各个城市的天气情况。冬季去欧洲，可以选择挡风效果较好的外套，如防寒服、羽绒服等。去北欧等国家，要时刻注意那里的天气情况，通常那里比欧洲其他地方要冷，要携带保暖性好的衣物，以及手套、帽子等一系列防寒用具。如果去欧洲遇到突发的天气变化，也可在当地商场购买衣物。夏天去欧洲的话，也要带一件长袖外衣，因为欧洲早晚温差较大。另外，最好带一件正式的服装，去高档餐厅或是到剧院有可能用得着。

· 日常生活用品

出于环保的考虑，欧洲的宾馆一般不提供牙刷、牙膏等一次性洗漱用品，所以游客有必要在国内买好，当然也可以到当地买；雨具需要带上一套；准备欧标转换插头、变换器，用电设备较多时推荐携带接线板；防晒霜、防冻霜、驱蚊剂根据季节气候携带；照相机、摄像机、语言翻译器不可忘记。

· 药物类

去国外旅游，因饮食的原因，最可能生的病就是肠胃病，所以一定要准备些肠胃药、腹泻药、止痛药，另外也可带些感冒药、晕车药、消炎药等。如果你有慢性病，就要在国内带足药，并记得携带英文的诊断书，万一有事，当地的医生就可以据此尽快做出判断。不过，最好携带盒装或袋装药品，切勿携带药水或糖浆之类的水剂药物。

· 其他物品

行李箱选择带轮子的，这样方便自己托运，小背包、挎包适合参观景点的时候携带；带上信用卡，再在国内兑换一些欧元；带一副墨镜，不仅可以遮阳，还可在冬天下雪季节用到；小型热水器，欧洲的自来水是可以直接饮用的，但没有饮用热水提供；指南针在欧洲比较偏远的地区有可能用到，可携带；女性生理用品、男性剃须刀最好自备。

电话

· 在中国拨打欧洲电话

在中国打电话到欧洲，先拨国际冠码“00”，然后拨欧洲各国家代码，最后加上区域号码（区号前不加0）和电话号码。欧洲主要国家的国家代码：英国（44）、法国（33）、德国（49）、意大利（39）、西班牙（34）、希腊（30）、荷兰（31）、瑞士（41）、奥地利（43）、瑞典（46 ）。

· 在欧洲拨打中国电话

在欧洲拨打中国电话，先拨国际冠码“00”，然后拨中国国家代码“86”，最后拨区域号码和电话号码。（如拨打北京市话：拨00+86+10+座机号码）。

· 欧洲各国电话互打

欧洲各国电话互打步骤为：先拨国际冠码“00”，然后拨欧洲某个国家代码，最后加上地区代码和电话号码。

旅游达人游玩攻略

游客可以选择在国内开通手机的国际漫游功能，这样便可在漫游费便宜的国家使用，如中国移动在法国的漫游资费就比较低，从法国打中国国内手机只要1.99元/分钟，在法国打当地电话只需0.99元/分钟。另外，也可以购买一张欧洲国家的手机卡，购买哪个国家的电话卡则看你在哪个国家的停留时间较长，及哪个国家的电话卡漫游费更便宜，购卡后也需开通到其他欧洲国家的漫游功能。

另外，使用智能手机的游客，可先上APP下载免费的What’s App软件，这样便可以与同样有此软件的人，全世界免费发短信、传照片或者视频、音频。

保险

出境旅游，为自己投保一份旅游保险很有必要，尤其是在欧洲这个包含了诸多国家区域的地方。旅行中，无论是自身财物被盗、突发急性病或是遭遇交通事故，都会给你的旅行带来严重的影响。所以，购买一份包括意外和紧急救援医疗双重保障的境外旅行险尤为重要。

在决定购买一份境外旅行险之前，一定要多花些时间了解一下，这是不是一份值得托付的境外旅行险产品。保单的覆盖范围是否包含意外事故、遗失和被盗物品，以及医疗费用能否由保险公司垫付等问题。除了考虑这些问题，你还应根据自己的旅游行程，充分考虑好购买保险的保障期限，再来确定相应的保额和天数进行投保。此外，一定要看清楚保单上的责任免除条款，了解清楚保险公司将不承担哪些赔偿责任。如果旅行者在旅游过程中打算进行野外探险，就有必要购买一份承保高风险运动的意外险产品了。

3 入境那些事

入境检查

在飞机快要抵达目的地时，乘务员会发给乘客一张入境卡，入境卡（A表和B表）需由本人用黑、蓝色钢笔或圆珠笔亲自填写，如果不明白如何填写，可寻求飞机上的工作人员的帮助。下飞机后，乘客手持护照、机票、入境卡以及相关资料，到指定的地方办理入境手续。所谓的入境手续主要就是接受边防检查，边防检查以检查旅客的身份证件和入境材料为主，通常在机场出入关处进行检查。经过边防检查后，游客就可以去提取自己的行李，寻找“Luggage（Baggage）”的标志即可。

行李提取

在提取行李前，应在机场的大屏幕上找到自己行李的领取地。提取行李时，一定认真核对自己行李上所做的标记，避免拿错。如果在提取行李处，无法找到自己的行李，不要着急，可以直接前往行李遗失柜台申告。行李领取后就需要进入海关检查点进行行李检查，有申报物品的要从“Declare”（申报通道）经过，没有申报物品的从“No Declare”（无申报通道）经过即可。接受检查时，要积极配合，并如实回答工作人员提出的问题。有关允许携带物品及所申报物品的信息可参考外交部网站（www.fmprc.gov.cn）或目的地国使馆网站。

下榻酒店

如果游客没有预订酒店，到了机场可以前往游客信息处，那里通常会提供便宜的宾馆信息。如果是白天到达，不妨前往市内或车站附近的游客信息处，那里提供的酒店信息更为充足。此外，机场还有预约专用的信息处，很多酒店都可以直接打电话或上网预约。游客在选择下榻酒店时根据自己的预算，同时，还应考虑酒店所在的位置交通是否方便。交通方便的酒店，既可以为你节省交通费用，又能减少往返时间。

巴黎圣母院

PART 2
到达欧洲后

1 在欧洲的游玩计划

一家人的游玩线路

大英博物馆 → 牛津大学

大英博物馆

1 大英博物馆

到了英国伦敦，一定不能错过享誉世界的大英博物馆。一家人前来，不仅大人可以开阔眼界，小孩也能学到知识。慢步于这样一个气势恢弘的博物馆中，很容易就被欧洲浓厚的历史文化气息所感染。这里必将是你们的欧洲之旅的一段难忘的回忆。

2 牛津大学

离开了伦敦，徜徉于世界顶尖的牛津大学，想必是很多人的心愿。一家人来这所著名的学府走走，感受一下这里浓厚的学术气氛，欣赏这里的古老建筑。假如你和家人看过《哈利·波特》，那么在这里很容易就会找到许多共同的话题，一起细数古老的建筑，为孩子讲述牛津的历史，让他能更清晰地感知这所著名大学，开启他的梦想。

牛津大学自然历史博物馆

巴黎圣母院+巴黎迪士尼乐园 → 新天鹅堡

3 巴黎圣母院+巴黎迪士尼乐园

即使你没去过巴黎，雨果不朽的名著《巴黎圣母院》也已让你熟知了巴黎圣母院的名字，这座集宗教、文化、建筑艺术于一身的大教堂，见证了巴黎的过往，是一家人感受昔日巴黎的理想之地。从圣母院出来，一家人可以到巴黎迪士尼乐园去好好放松一下，从肃穆的圣母院出来进入动画乐园，感觉如同进入时光隧道，令人乐而忘返。

新天鹅堡

巴黎圣母院

4 新天鹅堡

从繁华的法国，来到被群山环抱的新天鹅堡，让人感觉仿佛从现实走进了童话世界。这座位于德国巴伐利亚的梦幻城堡高高耸立于山间，若隐若现于林中，一年四季，风光各异。每年都有很多人执着地来到这里，只为完成那个不知何时就开始萌芽的童话梦。

柏林动物园 → 迷你奇幻世界博物馆 → 哥本哈根

5 柏林动物园

今天将与动物来个亲密接触，前往的是充满奇趣的柏林动物园。这是德国的第一个动物园，在这里可以看到各种各样的动物。巨大的鸟舍容纳着几百种鸟类，宽阔的自然露天围栏饲养着美洲野牛、骆驼、北极熊等动物，在水族馆里还能看到海洋生物、鳄鱼、昆虫等，让你可以近距离亲近动物。

6 迷你奇幻世界博物馆

在汉堡的迷你奇幻世界博物馆里，你可以看到世界上最大的铁路模型，1150平方米，800多辆火车，5000多辆汽车，3500座建筑，20万个人物模型，铁路长达12千米，跑动的火车模型、奔驰的汽车模型，小朋友来到这里，一定会兴奋尖叫。

柏林动物园内的天鹅

哥本哈根罗森堡宫

7 哥本哈根

哥本哈根作为丹麦的首都，是著名的历史文化之城。它是一座集古老与神奇、艺术与现代于一身的城市，在这座童话之城，感受古堡与皇宫的童话气质，凝望在海边沉思的美人鱼雕像……丹麦，童话的故乡！

情侣族的游玩线路

伦敦眼 → 圣保罗大教堂

伦敦眼

摩天轮历来被视为幸福的象征，想要感受不一样的幸福，一定不要错过伦敦泰晤士河畔的巨大摩天轮——伦敦眼，这简直就是感受最极致的浪漫的地方。和心爱的TA坐上摩天轮，观赏伦敦的美景，晚上还可以漫步在泰晤士河畔，在伦敦眼美丽的剪影前，许下关于你们最美的诺言。

伦敦眼

圣保罗大教堂

2 圣保罗大教堂

离开了幸福的摩天轮，和恋人手牵手到世界著名的圣保罗大教堂来看看吧。在这个典型的古典主义建筑中，当年戴安娜与查尔斯的婚礼大典令人遐想。

盎格鲁大道 → 石头城

3 盎格鲁大道

带着期待来到了尼斯，沿着美丽的天使湾，你便会找到浪漫的盎格鲁大道。在蔚蓝的大海边，许下专属你们的甜蜜诺言；或在路旁找间别致的小咖啡厅，享受一下两人的温馨浪漫。在充满浪漫气息的法国，在盎格鲁大道，牵着TA的手散步、闻花香、看大海，简简单单、温情满满。

盎格鲁大道附近的尼斯海湾

4 石头城

下一站——美丽的普罗旺斯。在陪TA看遍了太多的薰衣草之后，可以换换眼睛，来到这座用石头建成的小镇。这里虽然没有薰衣草，也没有向日葵，却有象征久远和坚定的石头。站在石头城上居高远眺，吹着清风，看看美景。一座座的石头小屋周围遍布各色鲜花，一派田园风光。相信你们在这个美丽而安静的地方，定能触摸到心灵最深处的柔软。

石头城

米兰 → 彩色岛 → 维也纳国家歌剧院

彩虹岛的彩色房屋

5 米兰

米兰拥有世界时尚之都的美誉，在这里，你们必将成为最时尚的恋人。每条街道，每个商场，处处都洋溢着浪漫气息，在闻名世界的奢侈品大道——蒙提拿破仑街上逛一逛，悠闲地漫步在街头，你也会被路边壮观的教堂、剧院所深深吸引。晚上，你们还可以并肩进入美丽的斯卡拉大剧院，手拉着手欣赏一场经典而浪漫的戏剧表演。

6 彩色岛

离开了米兰，来到威尼斯，除了乘坐小船观赏这座美丽的小镇，你们一定要到世界上色彩最鲜亮的彩色岛去看看。这里美丽的房屋在无声地讲述着童话世界中五彩斑斓的故事。手牵手在这里逛上半天，感受最缤纷、甜美的气息，就赶快带上TA，来到这个多彩的世界，用镜头记录下彼此最美的微笑吧。

7 维也纳国家歌剧院

最后一站来到音乐之都维也纳，一定要看场世界最顶尖的歌剧，才能为这次浪漫的旅程画上完美的句号。坐在美丽的歌剧院中，欣赏最经典的歌剧，一切都美得无可挑剔。

维也纳国家歌剧院

背包族的游玩线路

白金汉宫 → 海德公园 → 卢浮宫 → 巴黎圣母院

白金汉宫前的卫兵

1 白金汉宫

即使你早就在明信片或是杂志中看过图片，当你亲眼看到这富丽堂皇的宫殿时，也不免为之震惊。欣赏精美的文物，了解英国的历史，感受英国王宫，切实感受英国——这个君主立宪的议会民主国家。

2 海德公园

18世纪海德公园曾是英王的狩鹿场。现在它是伦敦最大的皇家公园，在这个风光秀美的公园，北边有著名的演讲角，南边有骑兵营，清晨能看到训马。

3 卢浮宫

看过了富丽堂皇的英国宫殿后，再来到法国历史最悠久的王宫，全世界向往的艺术宫殿法国卢浮宫看看。这里汇集了来自世界各地的珍贵文物，一边参观宫殿建筑一边欣赏精美文物，你能感受到法国底蕴深厚的艺术文化。这座著名建筑见证了巴黎的历史，是所有来巴黎的人必去的历史古迹之一。

4 巴黎圣母院

如果想感受昔日的巴黎，气势恢弘的巴黎圣母院不可错过。爬上钟楼寻找雨果笔下的“钟楼怪人”，顺便将巴黎美景收入眼底，想象着雨果的时代，巴黎圣母院前广场上，一个美丽的吉卜赛女郎裙裾翻飞，翩翩起舞……

巴黎圣母院

苏黎世湖 → 花之圣母大教堂 → 古罗马斗兽场+罗马许愿池

5 苏黎世湖

每一个来到瑞士的人，都会不约而同地前往这个著名的湖泊，享受那种纯净。美丽的湖水、明净的天空、遍布的葡萄园与果园，都将给你留下深刻的印象。山与水完美地融合，让人陶醉。在湖区乘船漂流，然后在湖岸野餐、散步，度过悠闲的一天，傍晚时分在湖边看夕阳……

6 花之圣母大教堂

来到意大利，前往神话般的花之圣母大教堂。花之圣母大教堂是世界五大教堂之一，还被称为佛罗伦萨大教堂、圣母百花大教堂，而徐志摩叫它“翡冷翠”。它用白、红、绿三色花岗岩贴面，优雅、妩媚，曾被教皇惊叹——“神话一般”！

花之圣母大教堂

古罗马斗兽场

7 古罗马斗兽场+罗马许愿池

古罗马斗兽场被视为古罗马象征，那些写满历史沧桑的建筑展现了绚烂的古罗马文化。之后前往著名的罗马许愿池，这里总是挤满了从世界各地前来许愿的人，不管愿望能否实现，也来凑个热闹吧。

2 欧洲名片上的10大风景

卢浮宫

卢浮宫

卢浮宫是世界上最古老、最大、最著名的博物馆之一。这里收藏有很多来自世界各地的珍稀文物，藏品中的维纳斯雕像、蒙娜丽莎油画和胜利女神石雕被誉为世界三宝。规模之大、文物之多，令人惊叹。恐怕没有人能一次就认真看遍卢浮宫。

威斯敏斯特教堂

威斯敏斯特教堂是伦敦泰晤士河北岸的一座大型哥特式风格教堂。它一直是英国君主安葬或加冕登基的地方，已被列为世界文化遗产。教堂气势恢宏，装潢精美，是世界上最壮丽的教堂之一。它始建于960年，看着泰晤士河水流淌，千年矗立。

新天鹅堡

新天鹅堡是一座梦幻的童话城堡，由一生孤寂的巴伐利亚国王路德维希二世亲自参与设计。城堡耸立于高高的山上，四周有群山与湖泊环绕，一年四季，风光各异，此等美景成就了路德维希二世国王对童话世界的梦想。

巴黎圣母院 　雅典卫城

巴黎圣母院

巴黎圣母院是一座哥特式风格的基督教教堂，建于1163年至1250年间，享有“巴黎之心”的美誉。她位于巴黎市中心，入口上面巨大的玫瑰窗，中庭上方百米高的尖塔，内部无数垂直线条，几十米高的拱顶无不引人仰望、遐想。

雅典卫城

雅典卫城在希腊语中被称作“阿克罗波利斯”，它集古希腊建筑与雕刻艺术之大成，是希腊最杰出的古建筑群之一。卫城现存的最重要遗迹有巴特农神庙、山门、依瑞克提翁神殿以及雅典娜·尼基神庙等。

白金汉宫

白金汉宫

它是英国的王宫，是英国王权的象征，是英王办公和履行礼仪性职责的地方。每天清晨，白金汉宫会进行著名的禁卫军交接典礼，这是英国王室文化的一大景观。

古罗马斗兽场

古罗马斗兽场

古罗马斗兽场是罗马的标志性建筑物，以宏伟、独特的造型闻名于世。斗兽场在古罗马时期为野蛮的奴隶主和贵族看角斗而造，现为古罗马文明的象征，沧桑、残破，仿佛在向人们诉说着当年的血雨腥风。

克里姆林宫

克里姆林宫

享有“世界第八大奇景”美誉的克里姆林宫，是俄罗斯的象征，也是历史的瑰宝、艺术的宝库。雄伟的围墙、高大的钟楼、熠熠生辉的金顶教堂、古老的宫殿，傲然耸立在莫斯科河畔的高岗上，气势雄浑，瑰丽无比，是世界建筑史上不可多得的杰作。

佩纳宫

佩纳宫

佩纳宫是葡萄牙国王离宫，建于19世纪，享有“葡萄牙七大奇迹之一”的美称，是世界遗产之一。色彩明艳的佩纳宫被环抱在起伏的山峦间，树林阴翳更衬出宫殿的耀眼。

里亚托桥

这是意大利威尼斯400多座桥中最有名的一座桥梁，它的成名或多或少都与莎士比亚的名剧《威尼斯商人》在此取材有关。里亚托桥现为石桥，以白色大理石筑成，桥中央是一个优美的亭阁，桥身有精美的雕刻。

证件丢失了怎么办

如果护照不幸丢失了，应立即向当地警察机关报案，并索取报案证明(Police Report)。有了报案证明就可以向中国驻目的地国的大使馆领事部申请补发护照。补办护照时，你需要提交中国驻外使领馆签发的《中华人民共和国旅行证》，提交户口簿、身份证原件及相应复印件，中国驻外使领馆在核实后就会补发。需要了解中国驻欧洲各国使馆具体信息的，可以登录中华人民共和国外交部网站www.fmprc.gov.cn，找到“外交动态-领事动态”，上面有中国驻外使领馆的信息。

生病了如何求诊

要知道，在欧洲看病很贵，所以旅行过程中，你一定要量力而行，以及在美食当前节制自己。在出国前，可以备些常用的药物，如肠胃药、感冒药、防暑药等。有慢性病的人，在国内需要准备充足的药，并记得携带英文的诊断书，万一有事，当地的医生可以尽快做出判断。遇上感冒、肠胃不适等问题时，可以吃自己带的药，然后好好睡上一觉，补充体力。但如果感觉身体特别不舒服，建议你及时求助酒店的工作人员，要他们帮忙联系医生，或者带你去最近的医院就医。如果在旅途中感觉不舒服，你应该让身边的人叫救护车，或者前往最近的医院。

需要记住的紧急电话

在欧洲旅行，如果遇到突发情况，首先应冷静下来，第一时间拨打求救电话。若是碰到小偷、抢劫等，更不能鲁莽行事，可以先报警，然后等待警察救援。建议你记住这些常用应急电话，或者把它们记录在自己的本子上随身携带。

欧洲各国紧急电话

国家	紧急电话
英国	通用紧急999、112
法国	警局17，通用紧急112，救护车15
德国	警局110，火警或救护车112
意大利	警局113，救护车118，火警或灾害115
俄罗斯	警局02，救护车03，火警0，气体泄漏 04
瑞士	警局117，救护车144，火警118
芬兰	警局1002，通用紧急 112
奥地利	警局133，救护车144，火警122
比利时	警局101，通用紧急112，火警和救护车100
捷克	警局158，救护车 155，火警 150
波兰	警局9977，救护车999，火警998
立陶宛	警局02，救护车03，火警 01

欧洲常用紧急电话112，适用于奥地利、比利时、克罗地亚、塞浦路斯、捷克、丹麦、芬兰、德国、希腊、爱沙尼亚、法国、冰岛、爱尔兰、意大利、拉脱维亚、列支敦士登、立陶宛、卢森堡、荷兰、挪威、波兰、葡萄牙、斯洛文尼亚、西班牙、瑞典、瑞士、土耳其、英国

西班牙弗拉门戈舞剧《卡门》

白金汉宫

PART 3

英国热门旅游线路

从机场前往市区

伦敦最主要的机场为希斯罗机场（London Heathrow Airport），是伦敦最主要的联外机场，也是全英国最繁忙的机场之一。希斯罗机场拥有五座航厦和一座货运大厦，其中第四航厦是英国航空公司专属航站，与其他航厦是分开的，假如你想从其他航厦抵达第四航厦，可乘机场快线（Heathrow Express）到达。另外，在机场中有醒目的黄色指示牌，你可以根据指示牌找到乘坐火车的位置。

名称	希斯罗机场信息
地址	Croydon Road，Hillingdon, Greater London
电话	0844-3351801
网址	www.heathrowairport.com

机场至市内的交通	
名称	信息
地铁	乘地铁Piccadilly Line线，约1小时可到市区，地铁运行时间为周一至周六5:02～23:40，周日5:46～23:15
火车	Heathrow Express：15分钟一班，从1、2、3、5航厦至帕丁顿（Paddington）车站，4航厦需1～3航厦换乘，这是到达伦敦市区最快捷的交通方式
	Heathrow Connect：30分钟一班，1、2、3航厦至帕丁顿火车站，4、5航厦需到1～3航厦换乘
机场巴士	机场巴士包括A1与A2两条路线。A1路是由1、2、3、4航厦开往维多利亚车站，A2路开往拉塞广场站。两车每20～30分钟一班，70分钟车程
出租车	候机楼外有持有执照的伦敦出租车司机，乘出租车到达伦敦市中心的行程时间约1小时，40～70镑

乘轮船游伦敦

著名的泰晤士河是乘坐游船观光伦敦的最佳去处。乘坐游船既可以免去交通拥堵所带来的烦恼，还可以观赏河边绚丽的美景。

伦敦游船信息			
名称	主要途经区域	地址	电话
Thames Clippers	路堤、伦敦桥、塔桥、金融区、格林尼治	Unit 12, The Riverside Building	0871-7815049
Bateaux London/ Catamaran Cruisers	泰晤士河河岸、塔桥、格林威治	Embankment Pier, Victoria Embankment	020-76951800

乘地铁玩伦敦

伦敦地铁（Underground）常常被英国人称为Tube，这是伦敦市内最便捷的交通工具。每条地铁线路都用不同的颜色在运行图上标出，你可以在任何一个地铁站内免费索要地铁图。伦敦地铁共分6个区，其中以伦敦市中心为1区，到机场为6区。地铁票价根据所划分的区段不同而变化，也会因高峰时段和非高峰时段而异，5岁以下的儿童可以免费搭乘地铁、公交车。此外，在地铁站还可购买周票和月票，这样你就可以在地铁票的票区内随意搭乘地铁、公共汽车和火车。

乘公共汽车游伦敦

搭乘公共汽车游览伦敦是一种比较快捷便利的方式。公共汽车白天按点运行，也有前缀“N”夜间运营的公共汽车，在地铁停运后开始通宵运营。8:00~9:30、17:00~18:30是人们搭乘公共汽车的高峰时段，尽量避免在这一时段搭乘。需要注意的是，有些公共汽车站为Request Stop，这表示如车上无人下车，司机可以不必停车，假如你需要下车，那么要提前按铃通知司机停车。此外，双层公共汽车的第二层车厢内不允许站立。在巴士站有自动售票机，你可以在此购买单程车票和一日巴士直通票，车票自购买起1小时30分钟内有效。

乘出租车逛伦敦

在伦敦，你可以搭乘著名的黑色出租车，也就是当地人口中的Black Cab出行。在机场、火车站等地都会很容易打到出租车，只要你看到出租车挡风玻璃上有黄色灯光，就表示为空车，即可搭乘。出租车有两个计价器，其中一个为起价，一个为时间、距离的行程价，将两者加起来，便是出租车的费用。起价2.2英镑，大件行李另外加收费用，小费一般是总价的10%~15%。值得注意的是，在节假日出行应提前问好价格，有时费用会稍高。

白金汉宫

白金汉宫

白金汉宫(Buckingham Palace）是英国的王宫，是一座四层正方形灰色建筑。宫前广场有巍峨耸立的胜利女神像，宫内有典礼厅、音乐厅、宴会厅等六百多个房间，在宫殿的周围是一个英式风格的御花园。白金汉宫不仅仅是一个旅游景点，更是英国女王办公和履行礼仪性职责的地方。平日里，女王通常会在白金汉宫工作，只要女王住在宫中时，便会有君主旗帜在宫殿中央随风飘扬。

旅游资讯

地址： Buckingham Palace Rd.

交通： 乘地铁Circle线、District线、Victoria线在Victoria站下可到

电话： 020-776667300

门票： 17英镑

开放时间： 7月27日至8月31日9:30～19:00，最后入场时间为16:45；9月1日至29日9:30～18:30，最后入场时间为15:45（每年开放时间不同，以2013年夏季开放时间为例）

网址： www.royalcollection.org.uk

旅游达人游玩攻略

1.白金汉宫中有卫兵交接仪式，通常是11:30开始举行，5～7月每天举行，其余时间每隔一天举行，去之前最好在网站了解具体信息。

2.在白金汉宫中不允许带吃、喝的东西，在进入之前，需要将饮料和食品放入密封的包装袋中；参观结束后，可以到花园咖啡厅中选择一些茶、咖啡，蛋糕等饮料和食物，这个花园咖啡厅17:45关闭。

3.游览白金汉宫大约需要2小时，建议穿舒适的鞋子；在游览期间有免费的语音导览，为考虑到其他游客，在游览时需关掉手机。

议会大厦

议会大厦（Houses of Parliament）是英国国会的所在地，为哥德复兴式建筑的代表之一。议会大厦最古老的部分为威斯敏斯特大厅，这座房屋被称为中世纪英国木工最伟大的成就。大厦中最为著名的建筑为西北角的大本钟，现已更名为伊丽莎白塔，这已成为伦敦的地标。它巍然屹立在泰晤士河河畔，见证着伦敦这座城市的历史变迁。

旅游资讯

地址： House of Parliament

交通： 乘地铁Jubilee Line在Wesrminster站或Pimlico站下

电话： 020-72193000

门票： 15英镑

开放时间： 9:15～16:30

网址： www.parliament.uk

旅游达人游玩攻略

当上议院或者下议院召开会议时，除了首相问答时间外，游客都可排队进入旁听，但需在Cromwell Green visitor entrance等候，排队通常需要1～2个小时，在旅游旺季，等候的时间会大大延长。此外，每当议会召开会议时，大钟上的灯就会点亮，十分壮观。

威斯敏斯特教堂

威斯敏斯特教堂（Westminster Abbey）是伦敦泰晤士河北岸上的一座大型哥特式风格的教堂，一直是英国君主安葬或加冕登基的地点，已被列入世界文化遗产。教堂气势恢宏，装潢精致，是世界上最壮丽的教堂之一。它见证了泰晤士河的历史沧桑，是一座珍贵的历史博物馆。

旅游资讯

地址： 20 Dean's Yard

交通： 乘坐地铁Jubilee Lines在Wesrminster站下

电话： 020-72225152

门票： 15英镑

开放时间： 周一、周二、周四、周五9:30～16:30，周三9:30～19:00，周六9:30～14:30

网址： www.westminster-abbey.org

威斯敏斯特大教堂

大英博物馆

大英博物馆（British Museum）是伦敦的一所综合性博物馆，也是世界上规模最大、最著名的博物馆之一。博物馆中有藏品1300多万件，其中有一批是反映英国及世界其他国家古代与现代文化的艺术品及文物。博物馆中的镇馆之宝为“亚尼的死者之书”，其中最有名的段落为“秤心仪式”。

旅游资讯

地址：Great Russel St.

交通：乘坐地铁Central线、Northern线在Torrenham Court Rd站下，步行300米可到

电话：020-73238000

开放时间：10:00～17:30（周四、周五10:00～20:30），1月1日、12月24～26日闭馆

网址：www.britishmuseum.org

旅游达人游玩攻略

1.在博物馆门口可租用中文语音导览器；进入馆内，就可以看到大英博物馆阅览室，这里有许多19世纪著名思想家曾经经常光临的地方，值得去看一下。

2.博物馆很大，你很难一次性游览完所有的可供观赏的地方。面对这样的情况，你可以在11:00～15:45，参加免费的“大开眼界”之旅。此外，每天10:00、13:00、15:00会有一个半小时的“亮点”之旅，假如你是第一次前来，可以参加提到的旅行项目。

特拉法尔加广场

特拉法加广场（Trafalgar Square）是伦敦著名的广场，也是著名的旅游景点。宽敞整洁的广场往南通向国会大厦，北面是国家美术馆。在整个广场上，最突出的建筑当属南端的纳尔逊纪念柱，柱顶是英国民族英雄霍雷肖·纳尔逊将军的铜像。

特拉法尔加广场

旅游资讯

地址：Westminster

交通：乘地铁Bakerloo线、Northern线在Charing Cross站下可到

电话：020-79834750

网址：www.london.gov.uk

伦敦眼

伦敦眼（The London Eye）又称“千禧之轮”，为2000年喜迎新世纪而建，是最受伦敦当地人欢迎的观光点。在摩天轮座舱内，随着角度的不断变化，你可以纵观伦敦各种不同风格的建筑。英国人总喜欢爬上这个巨大的地标性建筑，换个角度看看自己的城市。

旅游资讯

地址：Minster Court

交通：乘坐地铁Jubilee线Waterloo and Waterloo East站下可到

门票：18英镑，网上订票10英镑

开放时间：10:00～20:30，各月份不同，建议提前在官网上查看

网址：www.londoneye.com

伦敦塔

伦敦塔(Tower of London)是伦敦市三大世界遗产之一。这里曾作为监狱特别关押上层阶级的囚犯，其最后一次作为监狱使用是在第二次世界大战期间，关押鲁道夫·赫斯。正是这段可怕而又耐人寻味的历史，使伦敦塔闻名于世。其中，最引人注目的是巨大的白塔，为罗马式建筑，有四个塔楼，现用以收藏皇家兵器。

旅游资讯

地址： Tower of London

交通： 乘坐地铁District Line或Circle Line在Tower Hill站下

电话： 0844-4827777

门票： 17英镑

开放时间： 周二至周六9:00～17:30，周日、周一10:00～17:30，最后进入时间为17:00

网址： www.hrp.org.uk

伦敦塔桥

伦敦塔桥（Tower Bridge）是一座横跨泰晤士河的大铁桥，有“伦敦正门”之称。大桥由起初的木桥改为石桥，桥基上建有两座方形高塔，远观这两座高塔，仿佛是两顶高高悬于天际的王冠。桥身分为上下两层，两侧有透明的玻璃窗，从桥上经过时，你可以全方位观赏泰晤士河两岸的美丽风光。假如你能遇上薄雾锁桥这一伦敦胜景，那就太幸运了。

旅游资讯

地址： Tower Bridge Rd.

交通： 乘地铁Circle线、District线在Tower Hill站下可到

电话： 020-74033761

网址： www.towerbridge.org.uk

国家美术馆

国家美术馆（National Gallery）又称“国家画廊”，在特拉法加广场正北面。成立至今，美术馆逐步拓展为以收藏绘画为主的国家级美术馆。由于美术馆免门票，因此每年都有大批游客慕名前来，欣赏这里的2300多幅珍贵的西欧名画，其中最珍贵的画包括桑德罗·波提切利的《维纳斯与战神》、凡·高的《向日葵》等。

旅游资讯

地址： Trafalgar Square

交通： 乘地铁Bakerloo线、Northern线在Charing Cross站下可到

电话： 020-77472885

开放时间： 周六至周四10:00～18:00,周五10:00～9:00

网址： www.nationalgallery.org.uk

旅游达人游玩攻略

参观国家美术馆无需付费，如不能一次性看完所有的作品，可以分多次前来浏览。假如你想进一步了解主要作品的背景，可以直接到服务台领取携带式导览设备，无需付费，十分便捷。此外，你还可以参加到11:00和14:00的团队解说活动中去。

伦敦塔桥

泰特现代美术馆

泰特现代美术馆（Tate Modern）是泰晤士河南岸的一座大型的美术馆，与圣保罗大教堂隔岸相望，并有千禧大桥将两者相连。这里收集有众多英国著名画家的作品，其中最抢眼的是特纳的作品，几乎挂满了整个洛克画廊。美术馆中可摆放艺术品，并设有主要通道和集散地功能的大厅。

旅游资讯

地址： Bankside

交通： 乘坐地铁Jubilee线在Southwark下可到

电话： 020-78878888

门票： 免费

开放时间： 周日至周四10:00～18:00，周五、周六10:00～22:00

网址： www.tate.org.uk

圣保罗大教堂

圣保罗大教堂（St Paul's Cathedral）为典型的巴洛克风格建筑，是世界著名的宗教圣地。隔着泰晤士河远远眺望美丽的大教堂，可以观其美丽壮观的圆形屋顶。进入教堂内部，你会被其奢侈华丽的装饰震撼。圣保罗大教堂的大型地下室中有纪念碑，以纪念300位军事领袖人物。

旅游资讯

地址： The Chapter Hous

交通： 乘地铁Central线在St. Paul's站下可到

电话： 020-72468350

开放时间： 周一至周六8:30～16:00

网址： www.stpauls.co.uk

海德公园

海德公园（Hyde Park）是英国伦敦最知名的公园，18世纪前，这里曾是英王的狩鹿场，现已成为一个巨大的娱乐休闲地。公园内的主要名胜有大理石拱门的演说者之角和骑马道。在园中九曲湖以南是戴安娜王妃喷泉，这个椭圆形石头环形喷泉，是一个非常优美的建筑。

旅游资讯

地址： Park Ln

交通： 乘地铁Central线在Lancaster Gate站下可到

电话： 020-0612000

网址： www.royalparks.org.uk

肯辛顿宫

肯辛顿宫(Kensington Palace)是戴安娜王妃、玛格丽特公主和爱丽斯王妃的官邸，因是戴安娜王妃的故居而闻名于世。肯辛顿宫的每个房间中都有详尽的解说，其中最让人大开眼界的是皇室服饰收藏，包括玛丽女王的结婚礼服、伊丽莎白二世女王的礼服，以及许多华丽的配饰。

肯辛顿宫

旅游资讯

地址： Kensington Palace State Apartments

交通： 乘坐巴士12、94等路到Bayswater Road下，或乘坐地铁Central线在Queensway站下

电话： 020-79379561

门票： 14.5英镑

开放时间： 11月至次年2月10:00～17:00，5～10月10:00～18:00

网址： www.hrp.org.uk

伦敦周边景点

巨石阵

巨石阵

巨石阵（Stonehenge）又称“索尔兹伯里石环”、“环状列石”。这些巨石耸立于绿色的旷野间，是英伦三岛最著名且最神秘的史前遗迹。巨石阵是英格兰最热门的旅游地之一，至今有众多谜团尚未解开，也正因为有神秘的气息，而具有很强的吸引力。

旅游资讯

地址： Salisbury Plain

交通： 从伦敦滑铁卢火车站（Waterloo Station）乘火车到索尔兹伯里（Sailsbury），后换乘3路公交车可到

英皇阁

英皇阁(Royal Pavilion)是英格兰南部海滨城市布莱顿的标志性建筑，这里是英国国王乔治四世的海边隐居地。布莱顿以布满鹅卵石的海滩闻名，每当夜晚来临，海滨上的各种俱乐部就变得十分热闹。海滨上分布着各种面朝大海的白色别墅，这也构成了布莱顿海滨上一道奢华的风景。

旅游资讯

地址： 4/5, Pavilion Buildings, Brighton

交通： 从伦敦维多利亚火车站（Victoria Station）乘火车到布莱顿（Brighton）站下，后步行可到

电话： 300-0290900

网址： www.brighton-hove-pavilion.org.uk

利兹堡

利兹堡（Leeds Castle）位于英格兰肯特郡梅德斯顿以东的伦河河谷中。整个城堡十分优雅地坐落在清澈的湖泊中，仿佛一个翩翩少女，散发着浓厚的女性气息，不愧为女王的城堡。如今利兹城堡主要分为两个部分，一部分是城堡的建筑，主体为卧室、会客厅、宴会厅等主人活动的地方；另一部分是城堡主人根据自身喜好增建的迷宫、鸟舍、观景台等景点。

旅游资讯

地址：Maidstone

交通：从伦敦国王十字火车站乘火车在利兹火车站下可到

电话：162-2765400

网址：www.leeds-castle.com

利兹堡

温莎古堡

温莎古堡（Windsor Castle）在素有“王城”之称的温莎小镇中，是英国王室的行宫之一。城堡内收藏有英国王室的无数珍宝，无论你到城堡中的哪个房间去，都会被其中淡淡的艺术气息所吸引。在温莎古堡中央，耸立着一座巍峨的圆塔，这曾是古代的炮垒，登上塔顶，你可以将温莎镇全景一览无余。

旅游资讯

地址：Windsor

交通：从伦敦维多利亚长途汽车站乘702路巴士可到，或在滑铁卢站坐火车到温莎下

电话：020-77667304

网址：www.windsor.gov.uk

旅游达人游玩攻略

温莎城堡南面是著名的温莎公园，花园内有很多自然景观，是一个十分寂静的地方。在园中向南的林荫上前行，可到达著名的阿斯科特赛马场（Ascot），这里每年都会举办一年一度的皇家赛马会，十分隆重。

温莎古堡

最容易让人忽略的景点

自然历史博物馆

自然历史博物馆

自然历史博物馆（Natural History Museum）是一座维多利亚式建筑，其主体建筑建于1873~1880年。这里除了有大家非常喜欢的恐龙馆外，还有地震体验、地球馆、昆虫馆、植物馆、鸟类馆等，非常适合带孩子去参观。此外，博物馆中还有很多生态科学和动物世界主题的互动式展台，你可以去亲身感受一下从未接触过的新事物。

旅游资讯

地址：Cromwell Rd.

交通：乘345路巴士到South Kensington站下即可

电话：020-79425000

门票：免费

网址：www.nhm.ac.uk

华莱士收藏馆

华莱士收藏馆(The Wallace Collection)收集了17、18、19世纪的艺术作品，其中以文艺复兴时期到19世纪的绘画作品最为有名，著名的弗拉戈纳尔的《秋千》、鲁本斯的《十字架上的基督》、哈尔斯的《笑脸骑士》等经典之作都藏于此。此外，你可以在众多18世纪的法国家具、赛夫尔瓷器、武器等精美物品中，深切感受到当时的英国贵族生活。

旅游资讯

地址：Hertford House, Manchester Square

交通：乘13、139路等公交在George Street（Stop J）站下可到

电话：020-75639500

网址：www.wallacecollection.org

伦敦地牢

伦敦地牢（London Dungeon)是世界上最阴森恐怖的景点之一。黑暗的地牢、赤裸裸的骨架和低沉的钟声，都真切地反映出中世纪时期伦敦最黑暗凄惨的一面。此外，地牢中还展示有各种可怕的场面，以及在伦敦发生的事件场景，如伦敦大火等。无论是音乐还是道具，都令人毛骨悚然，也正因此，这里深受年轻人的喜爱，每到周末和假期，都有很多学生前来排队。

旅游资讯

地址： Westminster Bridge Rd.

交通： 乘地铁Bakerloo线、Northern线等在Waterloo站下可到

电话： 020-74037221

网址： www.thedungeons.com

肯辛顿公园

肯辛顿公园（Kensington Gardens）位于肯辛顿宫附近，原为海德公园的一部分，现在独立出来。园中环境优美，空气清新，有成片的草地及茂盛的树木，还有很多小动物，美丽的公园充满了无限生机。

旅游资讯

地址： Greater London

交通： 乘地铁Central线在Queensway站下可到

电话： 0300-0612000

开放时间： 6:00～21:30

网址： www.royalparks.org.uk

肯辛顿公园内的雕塑

伦敦美食

伦敦有各种风味的美食可供选择，除了鱼和炸薯条等传统美食外，还有日本寿司、瑞士薯块、意大利面等。同时，伦敦也不乏一些专门的素食餐馆，假如你是一个素食主义者，那么你便可以在众多的素食美味中得到满足。英国的下午茶闻名世，伦敦人在喝下午茶时通常会搭配一份点心，如三明治、奶油松饼等食物。从热闹的英式酒馆、简单的小餐馆，到高雅的餐厅，各样的餐厅应有尽有。此外，在如今的伦敦，在室外就餐已越来越受欢迎，比如去海德公园野餐，别有情趣。如果你想更好地感受伦敦浓厚的历史氛围，可以到伦敦众多的大教堂餐厅中享用美味。其中，萨瑟克(Southwark)大教堂就是一个很不错的选择。

英式风味

· The Stockpot

这家餐厅在伦敦小有名气，实惠的价格是这里受欢迎的原因之一。在这里，你花10英镑就能吃上3道美味的菜肴。推荐品尝这里的意大利细面条（Spaghetti Bolognese）、俄式炒牛肉丝（Beef stroganoff）和肉排。

地址： 18 Old Compton St.
电话： 020-72871066
网址： www.stockpotlondon.co.uk

· Jack's at the Junction

这是一家美味的英式餐厅，这里的早餐尤其美味，一定不要错过。推荐品尝这里的小蘑菇、熏肉、荷包蛋。此外，这里还提供各种果汁及咖啡。

地址： 252 Lavender Hill
电话： 020-72289111
网址： wwwjacksclapham.co.uk

· Roganic

这是一家地道的英式餐厅，这里的午餐很精致，令人回味无穷。推荐这里创意十足的甜点，尤其是甜软芝士，配上多汁的水煮梨，给人以无限惊喜。虽然餐厅的空间不是很大，不过轻松的氛围不会让人有任何局促之感。

地址：19 Blandford St.
电话：020-74860380
网址：www.roganic.co.uk

· Anchor & Hope

这家坐落在泰晤士河南岸的餐厅，其菜肴曾多次获奖，很有名气。餐厅中的装饰十分优雅，其菜肴以英式菜为主。此外，还有多种桶装淡啤酒和葡萄酒可供顾客选择。

地址：36 The Cut
电话：020-79289898
营业时间：周二至周六12:00～14:30、18:00～22:30，周一18:00～22:30

中国风味

· 香港茶餐厅

香港茶餐厅（Cafe de Hong Kong）的装饰为现代化风格，这里将香港的茶餐厅文化带到了伦敦，深受人们喜爱。除了茶以外，这里还提供精美的菜肴和正宗的小点心，价格比较实惠，是人们用餐的好去处。

地址：47 Charing Cross Rd.
电话：020-75349898
营业时间：12:00～23:00

· 唐茶苑

唐茶苑（Yauatcha）是一家很有特色的点心餐厅，提供各式各样的精美点心，菜单也做得很精致。走上阶梯，进入茶室，你可以品尝到可口的甜点。

地址：15 Broadwick St.
电话：020-74948888
网址：www.yauatcha.com

· Hakkasan

这家中国餐厅的地理位置并不优越，但它却是伦敦第一家得到米其林星的中国餐厅。这家餐厅在伦敦拥有显赫的地位，其精美独特的设计，令人赞不绝口的鸡尾酒，以及精致的中国传统菜肴，都深受世界各国游客的喜爱。

地址：17 Bruton St.
电话：020-79071888
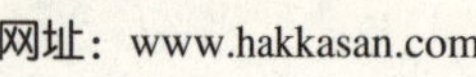
网址：www.hakkasan.com

世界美味

· Kazan

这是一家土耳其餐厅，餐厅内的装饰很具有抽象派艺术风格，有蜡烛和皮质座椅，整体上让人感觉很舒服。来到这家餐厅，就不要错过这里的烤肉和海鲜。此外，这里午餐时有薄干脆饼（flatbread）“三明治”供应，每块只要3.55英镑，非常划算。

地址：93-94 Wilton Rd.
电话：020-72337100
网址：www.kazan-restaurant.com

· Cay Tre

在餐厅的周围有3个地铁站，地理位置十分优越。这家越南快餐厅十分干净，简单朴素的黑白桌椅、白色暗花的木墙板，给人以温馨的感觉。这里的越南菜肴十分美味，深受生活在伦敦的越南人的喜爱。

地址：301 Old St.
电话：020-77298662
网址：vietnamesekitchen.co.uk

· Nando's

这家南非装修风格的烤鸡专卖店，在伦敦有很多分店。店内有非洲风情的画与植物，播放有南非风情音乐，让人们有种亲临南非的感觉。店中提供多种不同风味的辣椒酱，这是他们的特色，同时也提供外卖。

地址：66-68 Chandos Pl
电话：020-78364719
网址：www.nandos.co.uk

· Petrus

这家法国餐馆会让人感觉很特别，每道食物都是那样的无可挑剔。饭后，你还可以参观厨房，你会发现这家米其林星级餐厅的确很出众。在这里吃饭，比较划算的是套餐，既美味又实惠。

地址：1 Kinnerton St.
电话：020-75921609
网址：www.gordonramsay.com

· Cinnamon Brick Lane

这家印巴餐厅提供地道的印度菜，同时还有外卖。在餐厅附近的露天市场上有众多风味小吃的摊点，很受当地人欢迎。

地址： 134 Brick Ln
电话： 020-73775526
网址： www.cinnamonbricklane.co.uk

· The Ledbury

这家餐厅提供各种餐前小食，吃甜点前的面包十分美味，为美妙的晚餐锦上添花。这里的服务恰到好处，让每位客人都能够在轻松的氛围中就餐。这里提供高品质的葡萄酒，如果你喜欢的话，可以品尝一下。

地址： 127 Ledbury Rd.
电话： 020-77929090
网址： www.theledbury.com

伦敦购物

谈及购物，伦敦是一个令所有人都向往的地方，这里拥有多达数千家的商店，商品种类多得令人无法想象。从时尚的精品店到世界顶级设计师的品牌专卖店，应有尽有。除了在名牌专卖店中狂购一把，享受最为高级的奢侈待遇，你还可以尽情闲逛在众多活跃的跳蚤市场中，享受淘宝的乐趣。在伦敦购物，你会发现不同的区域便会出售与整体环境相对应的物品。比如说牛津街或是摄政街，就一心一意地出售最为奢侈的商品，邦德街出售的商品就出奇的时尚，而到了各种市集与跳蚤市场，你就会轻易地找到二手货、杂货、土特产等各种物美价廉的商品。总之，无论你对在伦敦的购物有何打算，这里都将会让你满意而归。

人气旺盛的购物大街

· 牛津街

牛津街（Oxford Street）是伦敦首要的购物街。在长长的街道两侧，布满了18世纪末期的精美建筑，这里拥有300多家的世界品牌店及大型商场。在这片广阔的购物区域内，所有的店铺紧紧地挨在一起，你没有机会错过任何你想要的东西。不过，千万不要认为在这里买英国当地的物品会比在别的地方便宜，毕竟这里的租金高居世界第三。

交通： 乘地铁Bakerloo Line、Central Line、Victoria Line到Oxford Circus站下

· 摄政街

摄政街（Regent Street）是毗邻牛津街的一条商业大街，以高品质的英国服装店著称。此外，这条大街历史悠久，早在18世纪，这里就已经是时尚达人们的天堂，是伦敦100多年来文化的象征。众多的商店英伦风范十足，在这里，你可以找到英国特有的优雅气质。这里跟牛津街一样，每年圣诞前都会举行亮灯仪式。到了夏季打折时期，更是人来人往，热闹非凡。

交通： 乘地铁Bakerloo线、Central线在Oxford Circus站下可到

· 邦德街&新邦德街

邦德街（Bond Street）上聚集有各种全球顶尖的国际品牌服饰。邦德街有新老之分，其中老街(Old Bond Street)园内有Tiffany、Cartier等奢侈的珠宝店、名表店，以及贵重的古董商店，可谓是伦敦商品最昂贵的地方之一；新邦德街(New Bond Street)云集了众多顶级设计师设计的名牌服饰，具有强烈的时尚感和设计感，往往是世界各地明星的采购站。

交通： 乘地铁Central线、Jubilee线等在Bond Street站下可到

名牌集中的大本营

· 哈罗兹百货

哈罗兹百货（Harrods）位于伦敦的骑士桥，是一座充满埃及特色的古老百货公司。这里聚集有330多个品牌，是一个十分高档的购物场所，全世界任何最顶尖的商品你都可以在这里找到。就像当地人所说："在这里，你可以买到别墅中所需的一切。"

地址： 87-135 Brompton Rd.

交通： 乘地铁Piccadilly Line到Knightsbridge站下

电话： 020-77301234

营业时间： 周一至周六10:00~20:00，周日11:30~18:00

网址： www.harrods.com

· 赛尔福里奇百货

塞尔福里奇百货（Selfridges）已有百余年历史，这家百货公司聚集着世界顶级的奢侈品专柜。这里不仅有一些大品牌，还有众多小品牌。此外，这里还有个壮观的食品大厅和欧洲最大的化妆品大厅。

地址： 400 Oxford St.

交通： 乘地铁Central Line、Jubliee Line到Bond Street站下

营业时间： 周一至周六9:30~21:00，周日11:30~18:00

网址： www.selfridges.com

·John Lewis

这是伦敦的一家大型百货商店，在众多购物中心里都有它的分店，奢侈商品众多。此外，这里还有很多中档价位的商店，适合大众消费。

地址： 300 Oxford St.（约翰-路易斯百货牛津街分店）
电话： 020-76297711
营业时间： 周一至周六9:30～20:00，周四营业时间延长到21:00；周日12:00～18:00
网址： www.johnlewis.com

·Topshop

Topshop世界上最大的时尚连锁店，仅在英国就有300多家分店，其中在牛津环形广场（Oxford Circus）上的分店，一直以合理的价格销售最新款式的衣服，深受“血拼”者的喜爱。

地址： 216 Oxford St. W1
交通： 乘地铁Bakerloo线、Central线在Oxford Circus站下可到
电话： 020-76367700

物美价廉的淘宝地

·Borough Market

这是一个农产品市集，自13世纪起就存在于此，号称伦敦最古老的“鲜活菜市场”。在这里，你能买到各种食品，从美味的红色大虾到沙拉三明治，应有尽有，真不愧是伦敦的“食品库”。

地址： 8 Southwark St.
交通： 乘地铁Jubilee线在London Bridge站下
电话： 020-74071002
网址： www.boroughmarket.org.uk

·Portobello Road Market

这里每天都人潮涌动，尤其是周六最热闹，会有很多小摊，销售各种珠宝、钱币和古玩等，是世界上最大的古董跳蚤市场之一。此外，在这里你还能找到很多特色的新款及老式服饰。

地址： Portobello Rd.
交通： 乘23路公交在Portobello Road (Stop PJ)站下可到
电话： 020-77277684
网址： www.rbkc.gov.uk

·Petticoat Lane Market

这里是专售便宜服饰的伦敦市场，在这里，你可以淘到各种物美价廉的商品和义卖物品。在市场附近的斯毕塔菲尔德（Spitalfields Marke），是一个时尚地带，你可以在这里找到许多年轻设计师设计的品牌服装。

地址： Middlesex St.
电话： 020-73641717
网址： www.towerhamlets.gov.uk

伦敦娱乐

在伦敦这个繁华的大都市，精彩纷呈的娱乐场所随处可见。每当夜幕降临，夜总会、剧院、音乐会、酒馆开始活跃起来，将引领你享受一个美好的夜晚。伦敦作为世界剧院之都，各种美妙的音乐剧将会深深吸引你前往繁华的街区。更有经典的古典音乐、摇滚、爵士乐、皇家芭蕾等。此外，繁华的伦敦，拥有难以数计的夜总会，你几乎可以在伦敦的任何地方找到一个项目齐全的俱乐部，这些俱乐部还会根据自己的具体情况随机地安排节目。最热闹的时间无疑是周五和周六，通常要早点去购票。

夜总会

·Cargo

这是当地一家很受欢迎的俱乐部，拥有一个庭院，你可以在此进行一个舒适的户外活动。这里还拥有当地和国际上著名的音乐主持人，因而是一个高水准的娱乐场所。

地址： 83 Rivington St.
交通： 乘26、48、67路等公交在Shoreditch Church (Stop P)站下可到
电话： 020-77393440
网址： www.cargo-london.com

·Plastic People

这是一家地下室俱乐部，拥有低矮的天花板，不过这不会让人感到丝毫的压抑。你会沉醉在美好的电光效果之中，尽情享受一个轻松的夜晚。

地址： 149 Curtain Rd.
电话： 020-77396471
网址： www.plasticpeople.co.uk

·Fabrik

这家俱乐部曾被选为“世界上最好的俱乐部”，每周五晚上这里会有DJ舞曲、嘻哈音乐和现场音乐表演，周六还有室内音乐、电子音乐等。

地址： 77A Charterhouse St.
交通： 乘地铁Circle线、Metropolitan线在Farringdon站下可到
电话： 020-73368898
网址： www.fabriclondon.com

剧院

·英国国家剧院

英国国家剧院（National Theatre）就在泰晤士河南岸，这里全年都有剧目上演。剧院中著名的经典剧作和全新上演的剧目相对比较便宜，你可以前来选择一个自己喜欢的剧目，津津有味地看上几个小时。

地址： South Bank
交通： 乘地铁Bakerloo线在Waterloo站下可到
电话： 020-74523000
网址： www.nationaltheatre.org.uk

·皇家歌剧院

皇家歌剧院(Royal Opera House)是伦敦最负盛名的老牌剧院，也是英国首屈一指的歌剧表演剧院。自20世纪后，这里上演了近4000部歌剧。歌剧院经过重修之后，更加引人注目，再加上皇家芭蕾舞团常常前来表演，这里的人气便更加旺盛了。

地址： Bow St.
交通： 乘地铁Piccadilly线在Covent Garden站下可到
电话： 020-73044000
网址： www.roh.org.uk

电影院

·BFI IMAX

这家电影院可容纳500名观众，拥有英国最大的电影屏幕，足足有20米高。在这样巨大的屏幕上观看3D电影，将给人带来空前的震撼感受。

地址： 1 Charlie Chaplin Walk
交通： 乘地铁Circle线在Farringdon站下可到
网址： www.bfi.org.uk

·National Film Theatre

这家在世界上首屈一指的实验性电影专场电影院，由英国电影协会经营。电影院中有试映的新片，还有罕见的旧电影。在大厅内，还出售有与电影相关的书籍、摄影集、录影带及唱片等相关物品。

地址： Belvedere Rd.
交通： 乘地铁Bakerloo线在Waterloo站下可到
电话： 020-76330274

现场音乐

·Barbican Centre

在这里，你能够欣赏到各种艺术表演，其中包括音乐、戏剧、舞蹈等。这里还是伦敦交响乐团的常驻地，他们曾在这里演奏过多场现场音乐。

地址： Silk St.
交通： 乘地铁Circle线在Barbican站下可到
电话： 020-76386114
网址： www.barbican.org.uk

·100 Club

这家富有传奇色彩的夜总会，常常有著名的乐队前来表演，因而人气很旺。在不同时间，这里有爵士乐、摇滚乐、摇摆乐等现场音乐演出。

地址： 100 Oxford St.
交通： 乘地铁Central线在Tottenham Court Road站下可到
电话： 020-76360933
网址： www.the100club.co.uk

伦敦住宿

伦敦是世界上消费最高的城市之一，尤其是市中心更是寸土寸金，因而酒店的价位普遍偏高，并且房间也较小。通常80～150英镑一晚的双人间是中等消费，350英镑以上为奢侈消费。在伦敦可以住在维多利亚区，这是伦敦最大的酒店区，除了高档酒店，还有不少家庭旅馆。此外，在伦敦更适合住青年旅馆，这些地方虽空间不大，但是基本的配备都有，平均收费为8～26英镑。还有，英国的大学及学院也会提供经济的住宿，不过这些住宿场所大部分仅在暑假及学校假期开放。

经济型酒店

名称	地址	电话	网址
London City Hotel	200 Borough High St.	020-73780415	www.london-city-hotel.co.uk
Days Hotel Waterloo	54 Kennington Rd.	020-79221331	www.hotelwaterloo.com
Stanley House Hotel	19-21 Belgrave Road	020-78345042	www.londonbudgethotels.co.uk
Acacia Hostel	14 Queensberry Pl	020-78237103	www.acaciahostel.co.uk
Custom House Hotel	272-283 Victoria Dock Rd.	020-74740011	www.customhouse-hotel.co.uk
The Hoxton Hotel	81 Great Eastern St.	020-75501000	www.hoxtonhotels.com

中档酒店

名称	地址	电话	网址
Hotel Novotel London Waterloo	113 Lambeth Rd.	020-77935730	www.novotel.com
Ibis London City	5 Commercial St.	020-74228400	www.ibishotel.com
Park Plaza County Hall	1 Addington St.	020-70211800	www.parkplazacountyhall.com
Queensway Hotel	147-149 Sussex Gardens	020-77237749	www.londonreservation.com

高档酒店

名称	地址	电话	网址
Charing Cross a Guoman Hotel	Strand, Charing Cross	020-78397282	www.guoman.com
Knightsbridge Hotel	10 Beaufort Gardens	020-75846300	www.firmdalehotels.com
Covent Garden Hotel	10 Monmouth St.	020-78061000	www.firmdalehotels.com
Jumeirah Carlton Tower	2 Cadogan Pl	020-72351234	www.jumeirah.com
The Athenaeum	116 Piccadilly	020-74993464	athenaeumhotel.com

2 伦敦→剑桥

Lundun→Jianqiao

剑桥交通

从伦敦前往剑桥

·乘火车前往

从伦敦乘火车前往剑桥最方便，也最实惠。至少每半个小时就有一班快车从伦敦国王十字火车站（King’s Cross)和利物浦街火车站（Liverpool Street）出发前往剑桥火车站，约45分钟到达剑桥。此外，伦敦北部也有几个小站有发往剑桥的火车，不过速度比较慢。

·乘长途汽车前往

从伦敦维多利亚长途汽车站（Victoria)有前往剑桥汽车站（Cambridge Parkside Coach Station）的长途汽车，耗时2小时10分钟左右，你可以在网上提前订票，这样可以买到便宜的票。此外，从伦敦斯坦斯特德机场前往剑桥的公共汽车每天1:55~19:45运行，每小时一班，行程55分钟，在剑桥Drummer St的巴士总站停车；从希斯罗机场乘坐公共汽车前往剑桥汽车站，需要2.5~3个小时。

乘小艇览剑桥

因为美丽的剑河穿越剑桥市区，所以你可以乘小艇沿剑河游览剑桥美景，这就是所谓的“撑篙”（Punting）。同时，你也可以到米尔码头租赁小艇或参与团队出行，每小时10英镑左右。

乘公交车游剑桥

剑桥公交车总站在市中心的Drummer St.，在搭乘之前，你可以先到巴士总站（电话01223-717740）了解相关的信息，或到剑桥旅游咨询中心（Cambridge Tourist Information Centre，Peas Hill，www.visitcambridge.org）购买一张旅行车票，凭此票可以在一天内随意搭乘剑桥市内的巴士。此外，剑桥还有城市观光巴士（City Sightseeing Bus），每50分钟一趟，全程1小时。

乘出租车逛剑桥

在剑桥乘坐出租车，最好提前打电话预订，大多星级酒店也可以代为租车。租车电话见下表。

出租车公司推荐

名称	电话
Camtax	01223-242424
Diamond	01223-523523
Panther	01223-715715
Andy Cabs	01223-571144

骑自行车玩转剑桥

剑桥城市比较小，租一辆自行车游览既方便又随意。你可以到剑桥旅游咨询中心领取一份租借自行车的清单，上面标有各类车型、价格和租借的场所。

自行车出租公司推荐

名称	电话	网址
City Cycle Hire	01223-365629	www.citycyclehire.com
Station Cycles- Grand Arcade	01223-307655	www.stationcycles.co.uk

剑桥景点

剑桥大学

剑桥大学

剑桥大学（University of Cambridge）是英国乃至全世界最顶尖的大学之一，英国许多著名的科学家、作家、政治家都是来自于这所大学。同时，剑桥大学也是诞生诺贝尔奖得主最多的高等学府。剑桥大学拥有的很多个学院，修建时代均不相同，建筑也各具特色。很多地方还保留着中世纪的风貌，还有很多按几百年前原样维修的古城建筑，并有美丽的剑河贯穿其中，无论你在剑桥大学的哪个地方漫步，都会有奇妙的感受。

旅游资讯

地址：The Old Schools, Trinity Lane

电话：01223-337733

网址：www.cam.ac.uk

旅游达人游玩攻略

剑桥大学并不是每个学院都可以进入参观的，另外，国王学院、王后学院、三一学院等需收取观光费用。大多数学院在复活节期间关闭，并且每年的开放时间也不尽相同，在前往之前，你一定要先联系学院，或通过官网了解相关的信息。

剑河

在徐志摩优美的《再别康桥》中，我们结识了美丽的“康河”，也就是著名的剑河（River Cam）。它是剑桥的象征，穿城而过，两岸尽是华丽的建筑。来到剑桥，“撑一支长篙”游览剑河，在水上饱览两岸风光，一定会忆起《再别康桥》。

剑河

旅游资讯

地址： Cambridge

旅游达人游玩攻略

1.乘船游览剑河，是你在剑桥不可不参加的活动，这在当地叫作“撑篙”（Punting），即漂流游览剑桥大学沿河景观。

2.可在剑桥银街（Silver Street）附近的米尔码头（Mill Lane）租船。其中，船分为小型和中型2种，小型可乘5～6人，中型可乘12人。剑河“撑篙”时间一般为每年3月末至10月末，运行时间为每天10:00～17:00，15～30分钟一趟。咨询电话：01223-359750。

国王学院

国王学院（king’s college）是剑桥大学内最有名的学院之一，学院由英国国王亨利六世亲自规划创建，因此得名国王学院。国王学院中最著名的建筑为国王学院礼拜堂，这座建筑你可能在很早之前就在明信片或影视节目中见过。

国王学院

旅游资讯

地址： King’s Parade

交通： 从米尔码头出发，沿剑河畔北上，过了数学桥和皇后花园即到

电话： 01223-331212

门票： 国王学院礼拜堂成人4.5英镑，12岁以上学生或65岁以上老人3英镑，12岁以下儿童、当地居民和学生免费；提供音频导游设备另收2英镑

开放时间： 开学期间周一到周五9:30～15:30，周六9:30～15:15，周日13:15～14:15；假期期间周一到周六9:30～16:30，周日10:00～17:00

网址： www.kings.cam.ac.uk

剑桥大学圣三一学院

剑桥大学圣三一学院（Trinity College）由英国国王亨利八世创立，是剑桥大学规模最大的学院。从这里走出过众多名人，其中包括伟大科学家牛顿、名哲学家培根等。此外，这里还培养出多位英国首相和诺贝尔奖得主。当你漫步在气势凌人的大庭院（the Great Court）、精美的校舍和古老的建筑中时，更多的是惊叹。

旅游资讯

地址： Trinity St.

交通： 从Drummer St汽车站步行10分钟即可到达

电话： 01223-338400

门票： 成人2.2英镑，儿童及老年人1.3英镑；当地居民和剑桥大学学生、校友免费，每年12月26日至次年3月12日游客免费。

开放时间： 每天10:00～17:00，其中6月17日至6月23日、6月30日、10月1日至10月4日、圣诞节当天不对外开放

网址： www.trin.cam.ac.uk

剑桥大学圣三一学院

王后学院

王后学院（Queen’s College）横跨剑河两岸，由著名的数学桥（Mathematical Bridge)相连，在河西的皇后花园中，是剑桥最优美的风景之一。这里有两个迷人的中世纪庭院，以及伊拉斯谟斯塔和旧礼拜堂（Old Hall）等建筑。此外，文艺复兴时期的思想家伊拉斯谟和著名诗人怀特都是这里的校友。

旅游资讯

地址： 银街（Silver St.）和Queens' Lane交口

电话： 01223-335551

门票： 1.5英镑，11月至次年3月免费

开放时间： 3月17日至4月9日、6月24日至9月30日10:00～16:30，4月10日至5月20日11:00～15:00

网址： www.queens.cam.ac.uk

圣约翰学院

圣约翰学院（St John’s College）由王太后玛格丽特·博福特创建，是剑桥第二大学院。学院中有铎式风格的前庭、中庭和后庭三座庭院，经过中庭到达剑河河畔，你可以看到著名的“叹息桥”（BridgeofSighs），这座桥因造型与威尼斯的叹息桥相似而得名。

旅游资讯

地址： Cambridge Street

电话： 01223-338600

门票： 2.5英镑

开放时间： 3～10月10:00～17:30，11月至次年2月的周末开放

网址： www.joh.cam.ac.uk

剑桥美食

剑桥有来自世界各地的学生，因而这里的美食也是包罗万象，英格兰本地菜、日本料理、希腊菜、印度菜、中国菜等……应有尽有。剑桥有很多中国餐厅，其数量仅次于本地的酒吧和快餐厅。当地数量最多的是连锁餐厅，尤其是市中心最多，你随意找一家小店，就可以吃得不错。

· Al Casbah

这家阿尔及利亚餐厅，主要提供北非人喜欢的经典热食。推荐这里的沙拉三明治、炸豆丸子、木炭烧烤等食物。

地址：62 Mill Rd.
电话：01223-561666
网址：www.al-casbah.com

· Clowns

这里提供英式早餐和实惠的午餐，主要有烤三明治、意大利面等食物，食物价格便宜，餐厅气氛很好，是一个不错的用餐之地。

地址：54 king St.
电话：01223-355711

· Chop House

这家餐厅地理位置十分优越，透过巨大的窗户，你可以看到繁华的班尼街。餐厅装有精致的木质地板，主要供应一些传统的英式美食。推荐这里的羊油布丁、牛排、火腿罐头、鱼馅饼等美食。

地址： 1 King's Parade
电话： 01223-359506
网址： www.chophouses.co.uk

· Rainbow

这家餐厅就在国王学院大门的正对面，是一家很受学生欢迎的素食餐馆。不管你是不是素食者，都可以到这里来品尝一下来自世界各地的健康美食。

地址： 9A King's Parade,
电话： 01223-321551
网址： www.rainbowcafe.co.uk

其他餐厅推荐				
名称	地址	电话	网址	菜系
Cotto	183 E Rd.	01223-302010	www.cottocambridge.co.uk	欧洲
The Oak Bistro	6 Lensfield Rd.	01223-323361	www.theoakbistro.co.uk	欧洲
Midsummer House	Midsummer Common	01223-369299	www.midsummerhouse.co.uk	当地
Pipasha Restaurant	529C Newmarket Rd.	01223-577786	www.pipasha-restaurant.co.uk	印度
De Luca Cucina & Bar	83 Regent St.	01223-356666	www.delucacucina.co.uk	意大利

剑桥购物

剑桥是购物者的天堂,拥有众多商铺和精品店。剑桥的主要商业街区在国王路附近，你可以到精品购物中心购物，也可以前往热闹的露天市场体验砍价的乐趣。 剑桥的商店一般周一至周六营业，周日大多数商店休息，只有少数小商店照常开放。周末你可以选择到米尔街（Mill St）和摄政街（Regent Terrace）上的跳蚤市场逛逛，可以很轻易地淘到一些精美的旅游纪念品。此外，这里还有很多二手商品店和老商品店，可以去逛逛。

·Grafton

这是剑桥市中心东边的一家大型购物中心，聚集了很多英国本地的品牌和欧洲著名品牌，有日用品、时尚服饰、首饰等。学生在此购物，有很多物品会有优惠。此外，这里还有美食，你可以随时找个餐厅休息一下或是吃点什么。

地址：East Rd.
电话：01223-316201
开放时间：周一、周二、周四、周五9:00～17:00，周三9:00～20:00，周六9:00～18:00，周日9:00～17:00
网址：www.graftoncentre.co.uk

·Grand Arcade

这是一个大型零售商场，位于剑桥市中心。这里是时尚的殿堂，每年春秋季，这里还会举行颇具规模的时装表演。这里还有一个时尚水疗中心，在狂购之后，你可以到这里来做个水疗。

地址：Management Suite 4th floor
电话：01223-302601
网址：www.grandarcade.co.uk

·Open Air Cambridge

这家购物中心主要提供户外运动服饰、鞋类以及各种户外活动用具，有Mountain Hardware、Meindl、Macpac、Lowe Alpine等名牌专卖店。这里所有的服饰、鞋类都以耐用和舒适为宗旨。假如你喜欢户外活动，偏爱休闲运动类商品，这里绝对物超所值。

地址：11 Green St.
电话：01223-324666
网址：www.openair.co.uk

剑桥娱乐

剑桥作为一座美丽的大学城，拥有来自世界各地的学生和络绎不绝的游客，因而这里的娱乐活动总是丰富多彩。你可以到喧闹的歌舞厅去放松，也可以到恬静的歌剧院欣赏莎士比亚的名剧。在城镇周围的布告牌上，常常会有一些关于戏剧表演、现场音乐表演的信息。

·The Eagle pub

这家酒吧历史悠久，早在15世纪就已成立，是当地人气最旺的休闲酒吧之一。这里拥有梦幻般的氛围，还提供各种优质的食品与饮料。

地址：8 Benet St.
电话：01223-505020
网址：www.gkpubs.co.uk

·Fez

这是剑桥大学最受欢迎的酒吧。在这里，你可以找到包括嘻哈乐、电子乐、乡土音乐在内的任何类型的音乐表演。假如你想享受高级待遇，可以选择广受欢迎的VIP室。

地址：15 Market St.
电话：01223-519224
网址：www.cambridgefez.com

·Cambridge Corn Exchange

这家大型剧院，拥有齐全的现代化设施，与完美的舞台、良好的音响效果。剧院定期会有歌舞剧、音乐会等表演。

地址：2 Wheeler St.
电话：01223-357851
网址：www.cornex.co.uk

·ADC

这个剧院是专门为喜爱戏剧的学生而设的表演场地，也是剑桥大学学生舞台剧团的中心。这里经常有学生组成业余剧团在此公开表演；此外，还有一些专业剧团前来，每周都会有一至两场戏剧公演。

地址：Park St.
电话：01223-300085
网址：www.adctheatre.com

·Art Theatre

这是剑桥著名的大剧院，是欣赏英伦歌剧的好去处。在这里，你可以看到各种精彩的戏剧表演，其中包括滑稽的哑剧、伦敦西区的首演戏剧等。

地址：6 St. Edward's Passage
电话：01223-503333
网址：www.cambridgeartstheatre.com

剑桥距离伦敦很近，各类星级酒店、中等宾馆和经济的青年旅舍、B&B应有尽有。在剑桥北郊的切斯特顿路（Chesterton Rd）有众多B&B。除了B&B之外，剑桥唯一一家国际青年旅舍就在Tenison大街上，其设施齐全，比较实惠。在7～9月，许多学校公寓因学生放假而闲置，收费一般为10英镑/人，你可以在剑桥旅游咨询中心查询预订。

经济型酒店			
名称	地址	电话	网址
Best Western Cambridge Quy Mill Hotel	Church Rd, Stow cum Quy	01223-293383	www.bw-cambridgequymill.co.uk
Regent Hotel	41 Regent St.	01223-351470	www.regenthotel.co.uk
Acacia Guest House	157 Mowbray Rd.	01223-244300	www.acacia-guesthouse.co.uk
YHA Cambridge	97 Tenison Rd.	0870-7705742	www.yha.org.uk
Roomz City	Station Rd.	01223-304050	www.cityroomz.com

中档酒店			
名称	地址	电话	网址
Best Western Plus The Gonville Hotel	Gonville Pl	01223-366611	www.bestwestern.co.uk
Arundel House Hotel	45-61 Chesterton Rd.	01223-367701	www.arundelhousehotels.co.uk
Lensfield Hotel	53 Lensfield Rd.	01223-355017	www.lensfieldhotel.co.uk
Acorn Guest House	154 Chesterton Rd.	01223-353888	www.acornguesthouse.co.uk
Lynwood House	217 Chesterton Rd.	01223-500776	www.lynwood-house.co.uk

高档酒店			
名称	地址	电话	网址
Hotel du Vin & Bistro Cambridge	15-19 Trumpington St.	01223-227330	www.hotelduvin.com
The Varsity Hotel & Spa	Thompson's Ln	01223-306030	www.thevarsityhotel.co.uk
Royal Cambridge Hotel	Trumpington St.	01223-351631	www.theroyalcambridgehotel.co.uk
Worth House	152 Chesterton Rd.	01223-316074	www.worth-house.co.uk

3 剑桥→爱丁堡

Jianqiao→Aidingbao

爱丁堡交通

从剑桥前往爱丁堡

· 乘火车前往

爱丁堡是苏格兰首府。爱丁堡最主要的火车站是韦弗士火车站（Waverley Station），是苏格兰的重要铁路枢纽。国家东岸特快列车（National Express East Coast）运营爱丁堡与伦敦之间的铁路路线。你可以从剑桥乘坐火车前往伦敦国王十字站（King’s Cross），然后再从这里乘坐发往爱丁堡国家东岸的特快列车，至少1小时发一班车，车程为4.5小时左右，其中头等车票价172英镑，二等车票价126英镑。具体的列车信息，你可以在英国国家铁路资讯服务中心网站（www.nationalrail.co.uk）查询。

·乘汽车前往

想要乘汽车前往爱丁堡，你需要先从剑桥Drummer大街上的巴士总站乘汽车前往伦敦维多利亚长途汽车站，运行时间为8:30～23:30，1～1.5小时一班，上午车程约2小时，下午车程2.5小时左右。然后，再从伦敦维多利亚长途汽车站前往爱丁堡公共汽车站（Edinburgh Bus Station），每天5班车，直达车车程需8～9小时。具体汽车时刻表信息可致电Traveline(0871-2002233)查询。

乘公共汽车游爱丁堡

爱丁堡的两大公共汽车运营商为爱丁堡第一公交(First Bus)公司和路锡安公交(Lothian Bus)公司。其中，First Bus主要服务于爱丁堡市内与其南部、西部、东部相邻的农村市镇。Lothian Bus线路主要在爱丁堡市区和近郊区域运行，是当地市民和游客最常使用的公交系统，同时该路线也有夜班车运行。在搭乘公共汽车前，你最好备好零钱，因为First Bus线路运行的一些公交车为投币式，不设找赎；Lothian Buses线路的公交车均需投币买票，不设找赎。此外，需要提醒的是，不同公司之间日票不可通用，也就是说不能用First Bus的日票乘坐Lothian Buses的公共汽车。

乘出租车逛爱丁堡

在爱丁堡有很多出租车公司，因而乘出租车出行非常方便。

出租车公司推荐		
名称	电话	网址
Central Taxis Ltd	0131-2292468	www.taxis-edinburgh.co.uk
Central Taxis Ltd	0131-2292468	www.taxis-edinburgh.co.uk
ComCab	0131-2728000	www.comcab-edinburgh.co.uk

骑自行车玩转爱丁堡

爱丁堡设有自行车道和专用自行车赛车道，因而比较适合游客骑自行车游览。游客可以在自行车店买份自行车地图，在骑自行车旅行之前，最好提前计划好游览路线，并携带地图或者电子导航。你可以在Biketrax（0131-2286633，www.biketrax)租赁自行车。

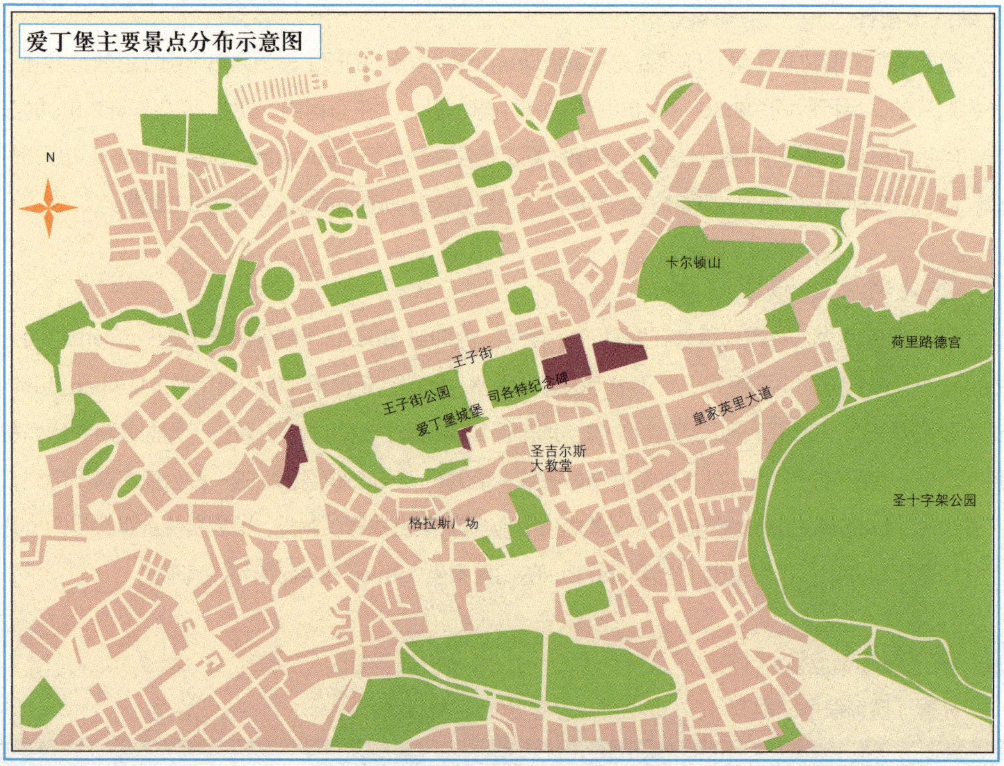

爱丁堡主要景点分布示意图

N
卡尔顿山
荷里路德宫
王子街
王子街公园
司各特纪念碑
爱丁堡城堡
皇家英里大道
圣吉尔斯
大教堂
圣十字架公园
格拉斯广场

苏格兰风笛

爱丁堡市区景点

爱丁堡城堡

爱丁堡城堡

爱丁堡城堡（Edinburgh Castle）是见证苏格兰和爱丁堡历史的重要建筑。它雄踞在死火山的花岗岩顶上，站在上面，你可以俯瞰到爱丁堡市中心的每个角落。从公元12世纪到16世纪，城堡便一直是苏格兰皇家城堡，17世纪起成为军事基地，它见证了苏格兰的历史发展。城堡内建于12世纪早期的圣玛格丽特礼拜堂，是16世纪的长期围城事件后保留下来的少数建筑之一。

旅游资讯

地址：Castle Hill

交通：乘坐巴士23、27、35、41、46路到Castlehill站下

电话：0131-2259846

门票：16英镑

开放时间：4～9月9:30～18:00，10月至次年3月9:30～17:00

网址：www.edinburghcastle.gov.uk

旅游达人游玩攻略

1.每年8月，爱丁堡会召开盛大的国际艺术节，活动期间，城堡前会云集来自各国的军乐队，它们会在此进行分列式演出，第一个出场的苏格兰军乐队是最有看点的表演。在分列式演出结束后，这里还有烟花和灯光表演。

2.爱丁堡城堡有10个参观点，全部参观下来至少需要大半天的时间，你可以从皇家英里大道进入城堡，然后在城堡前的售票口购票，进入城堡后，可以领取免费的导览视听器。

皇家英里大道

皇家英里大道（Royal Mile）是爱丁堡老城的中心大道，其两侧尽是古朴雄伟的建筑，历史气息浓厚。小巷与胡同错落有致，圆石铺成的地面早已磨亮。在大道上，你随处可见身着苏格兰裙的街头艺人在吹奏风笛，时刻提醒着前来的游客这里是苏格兰古老的中心地。

旅游资讯

地址：Edinburgh

苏格兰国家博物馆

苏格兰国家博物馆（National Museum of Scotland）的建筑视觉冲击力极强，与周围环绕的爱丁堡新旧城形成了和谐的整体。当你第一次进入博物馆大厅时，就会被其优雅的环境所感染。博物馆包括设计装饰艺术、科学、考古、世界自然等一系列展品，以及来自世界各地的历史标本。

旅游资讯

地址：Chambers St.

交通：步行前往

电话：0131-2474422

门票：免费

开放时间：周一至周六10:00～17:00，周二延长到20:00；周日12:00～17:00

网址：www.nms.ac.uk

圣吉尔斯大教堂

圣吉尔斯大教堂（St. Giles' Cathedral）是苏格兰长老会的礼拜场所，也是苏格兰的国家教堂，皇冠塔顶是仿照苏格兰王冠设计的，气势恢宏，意义独特。教堂中有一座20世纪增建的苏格兰骑士团礼拜堂，顶棚上屹立着16名身穿盔甲的骑士，其新哥特式的天花板以及雕刻十分精致。

旅游资讯

地址：High Street，Royal Mile

交通：乘坐巴士23、27、28、35、41、42路可到

电话：0131-2259442

门票：免费，建议捐献3英镑

开放时间：5月至9月，周一至周五9:00～19:00，周六9:00～17:00，周日13:00～17:00；10月至次年4月，周一至周六9:00～17:00，周日13:00～17:00

网址：www.stgilescathedral.org.uk

圣吉尔斯大教堂

荷里路德宫

荷里路德宫(Palace of Holyroodhouse)又名十字皇宫，由荷里路德修道院发展而来，是英国女王在苏格兰的皇室住所。美丽的苏格兰玛丽女王(Queen Mary)在当时是最美丽的女人，她曾经在这里度过了曲折的六年时光，并在三度结婚后的叛变中失掉王位，后被处死。

旅游资讯

地址： Canongate

交通： 乘坐巴士24、25、35路到达

电话： 0131-5567371

门票： 10.75英镑

开放时间： 4～10月9:30～18:00，11月至次年3月9:30～15:45

网址： www.royalcollection.org.uk

荷里路德宫

旅游达人游玩攻略

在参观完荷里路德宫后，你可以到附近的荷里路德公园看看，在爱丁堡艺术节期间，这里有时会举行露天演出。荷里路德宫在遇到皇室家族来访、国家集会期间通常不开放，在前来游玩之前，你最好先在官网上确认好具体相关信息。

克雷格米勒城堡

克雷格米勒城堡(Craigmillar Castle)是苏格兰的要塞，同时也是苏格兰保存最完好的中世纪城堡之一。城堡建于15世纪，厚厚的两重防卫幕墙，曾是苏格兰玛丽女王的避难所。城堡远离城市的喧嚣，是一个令人感到轻松的旅游胜地。

旅游资讯

地址： Craigmillar Castle Road

交通： 乘坐21、24、33等路巴士在 The Inch, opp Walter Scott Avenue站下可到

电话： 0131-6614445

门票： 4.2英镑

开放时间： 4～9月9:30～17:30，10月9:30～16:30；11月至次年3月周六至次周三9:30～16:30

网址： www.historic-scotland.gov.uk

卡尔顿山

卡尔顿山（ Calton Hill）就位于王子街东端，站在山顶上，可俯瞰爱丁堡众美景。山上有两座纪念碑，其一是纪念拿破仑战争中阵亡的将士们的国家纪念碑，另一座是为纪念海军上将纳尔逊而建的纳尔逊纪念碑。

卡尔顿山

旅游资讯

地址： Princes St.

爱丁堡周边景点

霍普顿宫

霍普顿宫（Hopetoun House)是苏格兰最负盛名的豪华古宅之一，最初为英国贵族林利思戈侯爵的宅邸。霍普顿宫的装修与设计非常奢华，是欧洲建筑的经典之作。宫殿内部有庚斯博罗、雷姆基和雷本等的艺术作品。每年夏季，霍普顿宫对外开放，有时这里还会举行古典音乐独奏音乐会。此外，在这里还可以看见东边著名的钢铁桥——福斯大桥。

旅游资讯

地址： South Queensferry

交通： 在爱丁堡火车站乘火车在林利斯戈（Linlithgow）站下，后乘23路公交在Newton站下步行前往

电话： 0131-3312451

网址： www.hopetoun.co.uk

罗斯林礼拜堂

罗斯林礼拜堂（Rosslyn Chapel)又被称作密码大教堂，因《达·芬奇密码》小说及之后根据小说拍摄成的电影而闻名世界。这座苏格兰最神秘的教堂建于15世纪中期，其内部拥有精美绝伦的石雕艺术品，除了鲜花、天使和圣经中的人物等外，还有一些新奇的植物石雕。

旅游资讯

地址： Chapel Loan, Roslin, Midlothian

交通： 从爱丁堡的Hillside乘坐15路公交在Roslin站下，步行约3分钟可到

电话： 0131-4402159

网址： www.rosslynchapel.org.uk

最容易让人忽略的景点

儿童博物馆

儿童博物馆（Museum of Childhood）被戏称为全世界最吵闹的博物馆，博物馆共有5个展区，展出有众多儿童玩具、纪念品以及专门针对儿童的趣味展览。这里不仅受到孩子们的喜爱，也极受成年人欢迎，置身博物馆中，人们都会回忆起自己美好的童年。

旅游资讯

地址： 42 High St.

交通： 乘地铁Central线在Bethnal Green站下可到

电话： 0131-5294142

网址： www.edinburghmuseums.org.uk

英国皇家游艇大不列颠号

英国皇家游艇大不列颠号（Royal Yacht Britannia）是苏格兰最受欢迎的旅游景点之一。它自1953年投入使用，直到1997年退役，一直是英国王室的移动皇宫。自退役后，它便永久地停留在海运大厦前面。这座漂浮的大宫殿中有各种的展览，仔细游览下来可以足足占据你一整天的时间。

英国皇家游艇大不列颠号

旅游资讯

地址： Ocean Terminal,Midlothian

交通： 乘22、36、50路等公交在North Leith站下可到

电话： 0131-5555566

网址： www.royalyachtbritannia.co.uk

苏格兰威士忌遗产中心

苏格兰威士忌遗产中心（The New Scotch Whisky Experience）中，通过历史、制作过程、实体模型的展示，让前来的游客进一步了解威士忌发展史，同时还可以品尝上等的苏格兰威士忌。在这里，你不要急于将杯中的威士忌一饮而尽，先闻其香，再细细地品其味，这样才能真正体会这“生命之水”的醇浓味道。

旅游资讯

地址： 354 Castlehill

交通： 乘23、27、35路等巴士在Castlehill站下可到

电话： 0131-2200441

网址： www.scotchwhiskyexperience.co.uk

动感地球展示馆

动感地球展示馆（Our Dynamic Earth）背靠索尔兹伯里峭壁，就像一个白色的大帐篷。动感地球展示馆为每一个前来的游客开启一程美妙的模拟发现之旅，步入其中就像是经历了一次穿越地球历史的历险。从大爆炸一直走到今天，无不令你对我们居住的这个星球产生好奇。

旅游资讯

地址： 112-116 Holyrood Rd.

交通： 从火车站步行约10分钟可到

电话： 0131-5507800

网址： www.dynamicearth.co.uk

爱丁堡美食

爱丁堡有不少苏格兰风味和国际风味的餐厅。大多数餐厅提供传统的爱丁堡菜肴，且这些餐厅都很实惠。有些餐厅提供印度美食和特殊配方烹制的法国餐。在爱丁堡，大大小小的咖啡店和啤酒屋遍布街头，可以坐下来喝一杯苏格兰威士忌或吃点甜点。大多数酒馆在午餐和晚餐时间，会提供烤三明治、鱼、炸土豆片以及意大利面等食物。假如你想吃到便宜的食物，可以选择到学生密集区寻找就餐场所，Nicolson大街周围的学校附近是不错的选择。

英式美食

· Amber

这家饭店就在苏格兰威士忌遗产中心，以威士忌为主题烹制的食物深受当地人喜爱。饭店中的食物不同于其他餐馆普通的餐馆，都是些趣味性的菜肴，如威士忌苹果酸辣酱浇猪扒等特色美食，值得品尝。

地址：354 Castlehill
电话：0131-4778477
网址：www.amber-restaurant.co.uk

· The Elephant House

J·K·罗琳就是在这家咖啡馆产生了灵感，从而创作了著名的《哈利·波特》，咖啡馆也因此闻名。推荐这里的法棍面包、糕点和咖啡。坐在咖啡馆里屋，遥想当年罗琳一边喝咖啡，一边创作的情景，挺传奇！

地址：21 George IV Bridge Edinburgh
电话：0131-2205355
网址：www.elephanthouse.biz

· Kitchin

这家餐厅是米其林一星级餐厅，素以采用当地新鲜的苏格兰时令食材烹制食物而闻名。这里的菜单随季节的改变而改变，你可以在夏天吃到新鲜的沙拉，在冬天吃到各种野味菜肴。

地址：78 Commercial St.
电话：0131-5551755
网址：www.thekitchin.com

世界美味

· Kismot

这家餐厅提供美味的印度菜和孟加拉菜，适合团体用餐、商务用餐、情侣约会等就餐形式。推荐这里的咖喱和面包。

地址： 29 St Leonard's St.
电话： 0131-6670123
网址： www.kismot.co.uk

· Outsider

餐厅装饰简单大方，有一个宽敞的大窗户，在窗前，你可以看到美丽的爱丁堡城堡。这里的绿色沙拉、烩饭、葡萄酒十分美味。

地址： 15 George IV Bridge
电话： 0131-226 3131

· Urban Angel

这里全天供应早、午餐，主要提供一些小吃及家常菜，如土豆烤饼、苏格兰熏三文鱼、咖啡等。用餐价格比较实惠，一般小吃的价格为3～7英镑，主菜的价格8～11英镑。

地址： 121 Hanover St.
电话： 0131-2256215
网址： www.urban-angel.co.uk

爱丁堡购物

爱丁堡的商店主要集中在王子街、皇家英里大道两侧、格拉斯广场处。你都可以找到各种精品店以及大型购物广场。苏格兰生产的羊毛纺织品和针织品是英国最著名的出口产品之一，在一些羊毛制品店里，可以看到各种优质的苏格兰羊毛织品，你可以买一条苏格兰裙，或是一件外套。推荐Designs On Cashmere，这里有各种传统及现代的羊毛织品。

人气旺盛的购物大街

·王子街

王子街（Princes Street）是爱丁堡最繁华的街道，长约1英里（约1.6千米），是这座城市中主要的交通干道和商业街，街北面是新城，南面是旧城，被赞为“全球景色最佳的马路”。街边时尚商店林立，摩登华丽。

地址： Princes Street
交通： 乘22、25路等公交在PF Princes Street站下可到

·乔治大街

乔治大街（George Street）位于王子街以北，曾经作为爱丁堡的金融中心，如今有了重大转变。现在的乔治街主要是一个商业区，沿街开设了许多商店、昂贵的设计师精品店。

地址： George Street
交通： 乘41、43路等公交在GS George Street站下可到

名牌集中的大本营

·Andrew's

这是爱丁堡另一个购买时尚商品的好去处，各种品牌商品的店铺，阿玛尼（Armani）、路易威登（LOUIS VUITTON）等都可以在这里找到。

地址： St Andrew Square　**交通：** 乘15A、42路等公交在YD St Andrew Square站下可到

·Marks and Spence

这家百货商店是英国最大的跨国商业零售集团，在英国的很多地方都分布有这样的商店。这里出售各种各样的商品，既有精品服饰，也有美食饮品。

地址： 54 Princes St.
交通： 乘22、25路等公交在PF Princes Street站下可到
电话： 0131-2252301
网址： www.marksandspencer.com

·Jenners

这家大型百货公司自1838年成立以来，就是苏格兰各大百货公司的领军者，主要出售高级的商品，其中包括经典的及当下流行的产品。

地址： 48 Princes St.
交通： 乘22、25路等公交在PF Princes Street站下可到
电话： 0131-2252442
网址： www.houseoffraser.co.uk

物美价廉的淘宝

·Greensleeves

这是一家二手服饰店，出售的商品包括服装、鞋帽、包等。这些商品均是出自于设计师的大品牌商品，因为是二手商品，所以价格便宜。

地址： 203 Morningside Rd.
交通： 乘101、102路等公交在Morningside站下可到
电话： 0131-4478042
网址： www.greensleeves-uk.com

· Edinburgh Farmers' Market

这是爱丁堡十分繁华的街头市场，你可以在这里买到鹿肉、牛肉等肉类产品，还有鸡蛋、奶酪、时令水果、蔬菜、有机啤酒、面包、巧克力、酸辣酱等。

地址： Castle Terrace, New Town
交通： 乘10、11、15路等公交在Lothian Road 站下可到
电话： 0131-6525940
网址： www.edinburghfarmersmarket.com

爱丁堡娱乐

爱丁堡一年四季都会有各种演出，这里拥有一流的剧院，是名副其实的戏剧之城。同时也有音乐厅、电影院与夜总会。此外，这里还有一些热闹的现场音乐表演场所，演出各种流行音乐、摇滚乐、爵士乐等表演。如果你想更充分地了解相关的娱乐信息，可以买一份 List目录杂志，大部分报刊经销处均有销售。

夜总会

·Bongo Club

白天这里就是一个普通的咖啡厅，而到了晚上，就会变成一个不折不扣的热闹之地。这里长期上演各种嘻哈音乐、乡村音乐等多种风格的音乐演出，还有各种舞曲演出，也值得你去看一看。不过各种节目的上演时间不同，应提前从网站上了解相关的信息。

地址： 66 Cowgate
交通： 乘2路公交在Asda站下可到
电话： 0131-5588844
网址： www.thebongoclub.co.uk

·Studio 24

这是爱丁堡的一家地下音乐活动中心，这里涵盖了家庭音乐、乡村音乐、瑞格音乐、电子音乐等多种节目类型。此外，这里还设有未成年保护区，14～18岁少年可以前往该区。

地址： 24-26 Calton Rd.
电话： 0131-5583758

剧院

· Traverse Theatre

这是英国最重要的剧院之一，主要上演生动的戏剧及舞蹈节目。此外，剧院还增建有两个酒吧与咖啡厅。

地址： 10 Cambridge St.
交通： 乘10、11、15路等公交在Lothian Road站下可到
电话： 0131-2283223
网址： www.traverse.co.uk

· Festival Theatre Edinburgh

这家剧院于1994年开放，面积仅次于英国皇家歌剧院，是英国最负盛名的场馆之一，举办国际大型音乐剧、芭蕾舞剧、流行歌剧等各种形式的演出。

地址： 13-29 Nicolson St.
电话： 0131-5296000
交通： 乘2、8路等公交在Nicolson Square站下可到
网址： www.edtheatres.com

电影院

· Filmhouse Cinema

这家影院是爱丁堡国际电影节的举办地，主要放映一些艺术电影、经典电影和国外电影。假如你对电影感兴趣，一定不能错过这里。

地址： 88 Lothian Rd
电话： 0131-2282688
交通： 乘1、10、11路公交在XA Lothian Road站下可到
网址： www.filmhousecinema.com

现场音乐

· Royal Oak

这里是民间音乐的聚集地，是很受民间音乐人欢迎的聚会场所。每周日20:00以后，这里便会准时进行现场音乐演出。

地址： 85-89 Clerk St.
交通： 乘7、31路等公交在Infirmary Street站下可到
电话： 0131-668 2019
网址： www.thequeenshall.net

· Queen's Hall

这里是苏格兰室内管弦乐队的聚集地，此外，还常常举办爵士音乐会、翻唱乐队表演等重大活动。

地址： 1 Infirmary St.
交通： 乘2、3、5路等公交在Queens Hall站下可到
电话： 0131-5572976
网址： www.royal-oak-folk.com

爱丁堡住宿

爱丁堡拥有很多不同档次的酒店和旅馆，不过在夏季高峰期和节日期间，房源还是比较紧张的，必须提前订房。尤其是在8月份爱丁堡国际艺术节期间，你很难在这里找到一间空房。爱丁堡的五星级酒店的住宿价格基本在每晚200英镑以上，小型家庭旅馆在每晚80英镑以下已经算很便宜的了。为了节省开支，你可以选择前往稍远的地方住宿，毕竟爱丁堡是个比较小的城市，从郊区到达市中心很方便。

经济型酒店			
名称	地址	电话	网址
Brodies Backpacker Hostel	12 High St., Edinburgh	0131-5566770	www.brodieshostels.co.uk
The Hostel	3 Clifton Terrace	0131-3131031	www.roomswhizz.com
Straven Guest House	3 Brunstane Rd. N	0131-6695580	www.stravenguesthouse.com
Emmaus House	14 Gilmore Pl	0131-2281066	www.emmaushouse-edinburgh.co.uk
AmarAgua Guest House	10 Kilmaurs Terrace	0131-6676775	www.amaragua.co.uk
Aaron Glen	7 Niven's Knowe Rd	0131-4401293	www. aaronglen.com

中档酒店			
名称	地址	电话	网址
Six Brunton Place	6 Brunton Pl	0131-6220042	www.sixbruntonplace.com
Ramsay's B&B	25 E London St.	0131-5575917	www.roomswhizz.com
94DR	94 Dalkeith Rd.	0131-6629265	www.94dr.com
The Hedges	19 Hillside Crescent	0131-6246677	www.thehedgesguesthouse.com
Fraoch House	66 Pilrig St.	0131-5541353	www.fraochhouse.com
Aaron Lodge	128 Old Dalkeith Rd	0131-6642755	www.aaronlodgeedinburgh.co.uk

从火车站前往市区

牛津火车站位于城市西部的Park End路上，这里有从牛津开往英国大部分地区的火车，在伦敦帕丁顿火车站乘火车可以直接到达牛津火车站。更多关于牛津火车站的详细信息可以到www.thetrainline.com上了解。牛津火车站距离市中心较近，一般15～20分钟就可以到达市区，如果你没有携带大件行李，可以直接徒步前往。不喜欢走路的话，可以在火车站前面乘公交车27号线前往市中心。此外，旅在站前广场上还有旅游巴士发出。

乘公共汽车游牛津

牛津市内主要的公共汽车公司是Stagecoach和Oxford Bus Company，其运行线路基本相同，票价也相近，你可以选择乘坐相对比较方便的一家巴士。此外，牛津还有一种红色的双层观光巴士（City Sightseeing Oxford），尤其适合观光旅游，其包含了牛津最著名的20个景点，行程约1小时，全程有中文普通话和广东话讲解。

骑自行车玩转牛津

自行车是牛津市内主要的交通工具之一，你完全可以租辆自行车，自由穿梭在牛津大学各个古老的学院中。在Beeline Bikes（01865-246615，www.beelinebicycles.co.uk ）和Cycle Analysts（01865-424444，www.cycloanalysts.com）这两家出租公司，你可以租到电动自行车和山地车。

牛津景点

牛津大学

牛津大学

牛津大学（University of Oxford）是英语世界中最古老的大学，共有39个风格各异的学院，优雅地耸立在牛津这片土地上，外边喧闹的世界似乎永远不会影响到这里和谐的氛围。这个令无数学子深深向往的地方，时刻充满着浓郁的学术氛围，当你漫步在这所世界顶级学府，被它那深刻的世界影响力所震撼时，更会为其历史悠久的学院建筑而痴迷。

旅游资讯

地址：University Offices, Wellington Square

电话：01865-270000

网址：www.ox.ac.uk

基督教堂学院

基督教堂学院（Christ Church College）是牛津大学最大、最著名的学院，同时也是最受欢迎的学院之一。这里是著名的电影《哈利·波特》中魔法世界的拍摄地，同时，《爱丽丝梦游仙境》中浪漫的童话世界也是以这个美丽的学院为背景进行创作的。在这里，你可以尽情享受浓浓的魔幻力量和浪漫气息。

旅游资讯

地址： Oxfordshire，St. Aldate's

交通： 步行前往

门票： 3英镑

开放时间： 5~9月周一至周六10:30～17:00，周日14:00～17:00；10月至次年4月10:30～16:30（13:00～14:00午休）

网址： www.chch.ox.ac.uk

旅游达人游玩攻略

基督教堂学院的正门在汤姆塔下，一般游客不允许从这里进入，需要从这里继续往南走，从侧门进入。此外，在进入学院后，要按照指定的参观路线游览，以免打扰师生日常的作息。

牛津大学图书馆

牛津大学图书馆（Bodleian Library），又称博德莱安图书馆，是世界上最古老的公共图书馆之一。图书馆内部珍藏有许多古籍珍本，内部的座位可以容纳2500多名读者，值得一提的是，图书馆内所有的藏书都只能阅览，不能外借。

牛津大学图书馆

旅游资讯

地址： Broad St.

电话： 01865-277000

网址： www.bodleian.ox.ac.uk

圣母玛利亚大学教堂

圣母玛利亚大学教堂（University Church of St Mary the Virgin）为哥特式风格，是牛津大学学生公用的礼拜堂。教堂的尖顶被一些历史学家称为英格兰最美丽的尖顶之一，登塔可以欣赏到牛津中心区景色，以及牛津典型的地标建筑——拉德克利夫楼。

旅游资讯

地址： High St.

电话： 01865-279111

门票： 2.5英镑

开放时间： 9:00～17:00，7～8月延迟到18:00；塔楼周日11:45～17:00开放；圣诞节期间不开放

网址： www.university-church.ox.ac.uk

阿什莫尔博物馆

阿什莫尔博物馆（Ashmolean Museum）被公认为英语世界成立的第一座大学博物馆，收藏艺术品和文物。博物馆为典型的新希腊风格建筑，十分惹人注目。在博物馆中，随处可见精致的瓷器、银器、乐器等。博物馆中还经常举办讲座和特殊的主题展览。

旅游资讯

地址： Beaumont Street

电话： 01865-278000

门票： 免费

开放时间： 周二至周六10:00～17:00，周日12:00～17:00，每周一、1月1日、复活节、12月24日至26日闭馆

网址： www.ashmolean.org

牛津城堡

牛津城堡（Oxford Castle）是一座拥有千年历史的城堡，原用于军事防卫，之后成为一座监狱，如今在城堡中你依然可以了解到犯人曾经在这里经历过的痛苦生活。圣乔治教堂塔楼是城堡的标志建筑，这里是你欣赏牛津美景的绝佳去处，在塔楼两旁还有中古时期风格的古城墙，如今看来仍坚固无比。

旅游资讯

地址： 44 New Rd.

电话： 01865-260666

门票： 9.25英镑

开放时间： 每天10:00开放，最晚进堡时间为16:20，圣诞节期间不开放

网址： www.oxfordcastleunlocked.co.uk

布伦海姆宫

布伦海姆宫（Blenheim Palace）也被称为丘吉尔庄园，为典型的巴洛克风格建筑，已被评为世界文化遗产。宫殿主要的大厅内珍藏有大量中国康熙年间的手绘瓷器，那美丽且精致的图案，令人拍案叫绝。大厅的天花板上有描述布拉姆战场景的壁画，栩栩如生，耐人寻味。美丽的长廊是接待国外元首和贵宾的重要场所，有无数装帧精美的藏书。

旅游资讯

地址： Woodstock

交通： 从牛津火车站乘坐20路巴士往伍德斯托克方向走，就可以到达布伦海姆宫的宫外，每半小时一班车，票价5英镑

电话： 01993-810500

开放时间： 10:30～17:30

网址： www.blenheimpalace.com

旅游达人游玩攻略

在丘吉尔庄园，你最好选择可以参观庄园内所有景点的联票，成人20英镑，儿童11英镑，家庭套票52英镑。无论你买什么样的门票，都可以在温斯顿·丘吉庄园入口处免费升级为年票，升级后的年票可以在12个月内无限次前来参观庄园。

牛津美食

牛津市不大，不过还是有不少的餐厅可供选择，尤其是连锁餐馆数量众多，遍布在乔治大街和城堡周围的步行街广场。此外，在Walton St、Clements St上也拥有众多富有特色的餐厅。

· The Big Bang

这家英国现代风格的餐厅所推出的营香肠配土豆泥，曾获得了英国美食杂志的推崇。这里所有的食材，如土豆等配菜和饮料，都来自于本地农庄。此外，每周三晚上还有本地乐队的爵士乐表演。

地址： 42 Oxford Castle Quarter
电话： 01865-249413
网址： www.thebigbangrestaurants.co.uk

· Yeti Nepalese Restaurant

这家餐厅主要提供印度及尼泊尔菜肴，食物均是新鲜出炉的，十分美味。如果你想在牛津吃到地道的印度菜，就一定不要错过这里。

地址： 237 Cowley Rd.
电话： 01865-295959
网址： www.yetinepalese.co.uk

· Vaults

这个餐厅拥有一个美丽的花园，环境很好，还可以俯瞰Radcliffe广场。餐厅提供美味的汤、沙拉、意大利面等食物，丰富多样的菜肴让人胃口大开。此外，这里还提供各种精美的素食菜肴，是素食主义者理想的就餐选择。

地址： 9 Little Clarendon St.
电话： 01865-316616
网址： www.pierrevictoire.co.uk

· George & Davis'

这家小小的简餐咖啡馆每天会营业到24:00，这相对于牛津大多数在23:00前结束营业的餐馆来说，无疑是一个绝对的优势，咖啡馆也正因此获得了很多人的喜爱。这里主要提供三明治等简餐，其中美味的各色雪糕格外受人欢迎。

地址： 55 Little Clarendon St.
电话： 01865-516652
网址： www.gdcafe.com

其他餐厅推荐				
名称	地址	电话	网址	菜系
SoJo	6-9 Hythe Bridge St	01865-202888	www.sojooxford.co.uk	中国
Organic Deli Cafe	24 Friars Entry	01865-364853	www.oxfordorganic.co.uk	意大利
Pierre Victoire	9 Little Clarendon St	01865-316616	www.pierrevictoire.co.uk	法国
The Bear and Ragged Staff	28 Appleton Rd, Cumnor	01865-862329	www.bearandraggedstaff.com	英国

牛津购物

在牛津，处处充满了浓浓的文化气息。在这个聚集了无数学术精英的地方也是一个购物的好地方。除了各大品牌，还有闻名遐迩的大型书店和文化氛围浓郁的各类店铺。繁华的玉米市场街（Cornmarket st. 7），是品牌店的聚集之地。此外，在市中心的女王街（Queen St.），拥有大型购物中心Westgate Shopping Centre和百货商店Marks&Spencer。在极具特色的布罗德街（Broad St.），坐落着大型的布雷克威尔书店。

· 布雷克威尔书店

布雷克威尔书店（Blackwell's Bookstore）就在牛津大学图书馆的对面，是牛津人文荟萃的知识殿堂中浓墨重彩的一笔。这座很有名气的百年老店不甚起眼，但有存书2万余册。书店的顶层为二手书店，经常能找到绝版的好书，你可以选几本自己喜欢的买来留念。

地址： 48-51 Broad St.

电话： 01865-792792

开放时间： 周一至周六9:00～18:00，周日11:00～17:00

网址： www.blackwell.co.uk

· 彼斯特名牌购物村

彼斯特名牌购物村（Bicester Villae）是英国最著名的购物地之一。购物村内有许多专卖店销售来自世界各地的名牌商品。这些专卖店大多分为两个区域，分别展示过季和当季的商品。这里的商品虽然大多不是应季商品，不过价格却可以低至市场价60%左右，只要你有耐心，总能淘到物美价廉的好东西。

地址： Bicester Village

· Alice's Shop

这家商店在基督教会学院对面，是《爱丽丝梦游仙境》中由一只羊经营的商店的原型。这家充满童趣的商店已有500多年的历史，店中有各种与爱丽丝的故事相关的纪念品，如果你想到这个摆满了各种新奇物品的商店中与爱丽丝仙境亲密接触，不妨在参观完基督教会学院后顺便来访。

地址： 83 St. Aldate's

电话： 01865-723793

网址： www.aliceinwonderlandshop.co.uk

牛津娱乐

牛津虽然有很多青年学子，但这里的夜晚却比较安静，喧闹的酒吧较少。学生们更喜欢在咖啡馆或者俱乐部中活动。此外，演出实验戏剧的小剧场、电影院也深受学生们欢迎。此外，白天划船游览牛津的各大学院也不失为一件乐事，在Folly桥或Bardwell路都可以租到小船。

· Jericho Tavern

这个时尚的酒吧，从新潮的墙纸到酷炫的大沙发，处处充满了时尚的元素。酒吧楼上为现场音乐表演场地。

地址：56 Walton St., Jericho
电话：01865-311775
网址：www.thejerichooxford.co.uk

· The 02 Academy

这是牛津最好的俱乐部，拥有很高的人气，再加上其新搭建的现场音乐演出舞台，以及所推出的各种风格演出，深受学生们的欢迎。这里有各种非主流音乐、硬音乐、乡土音乐等音乐表演。

地址：190 Cowley Rd.
电话：01865-813500
网址：www.o2academyoxford.co.uk

· Phoenix

这家影院开业于1913年，放映各种类型的影片，主要为经典电影、小成本电影以及外语影片。此外，在影院楼上有一个舒适的咖啡吧，你可以在电影开始前或看完电影后，同朋友一起来此喝点什么。

地址：57 Walton St.
电话：0871-9025736
网址：www.picturehouses.co.uk

· Sheldonian Theatre

这座气势恢弘的剧院是牛津大学举行入学和毕业典礼的地方，平时是公共音乐会的举办场地。剧院的设计灵感来自于罗马的古典剧院马尔凯，内部主大厅的屋顶上有一幅精美的17世纪绘画作品。站在剧院的穹顶上远眺，你可以360°观赏周围的建筑美景。

地址：Broad St.
电话：01865-277299
门票：2.5英镑
网址：www.ox.ac.uk

牛津的星级酒店主要集中在市中心，价格普遍偏高，不过一般都附带早餐。一些比较实惠的小旅馆主要分布在东部的伊夫利路、考利路，北面的班伯利路、阿宾登路等地。牛津城面积较小，因而住在郊区也是一种省钱的好方法。此外，5～9月为旅游旺季，需要提前预订房间。

经济型酒店			
名称	地址	电话	网址
New Oxford YHA Hostel	2A Botley Rd.	01865-727275	www.yha.org.uk
Blenheim Edge Guest House	226 Woodstock Rd.	01865-842355	www.blenheimedge.co.uk
Sandfield Guest House	19 London Rd.	01865-767767	www.sandfieldguesthouse.com
Tilbury Lodge	5 Tilbury Ln	01865-862138	www.tilburylodge.com
Gables Guest House	6 Cumnor Hill	01865-862153	www.gables-guesthouse.co.uk

中档酒店			
名称	地址	电话	网址
Bear and Ragged Staff	28 Appleton Rd.	01865-862329	www.bearandraggedstaff.com
Red Mullions	23 London Rd.	01865-742741	www. redmullions.co.uk
Burlington House Hotel	374 Banbury Rd.	01865-513513	www.burlington-hotel-oxford.co.uk
Cornerways Guest House	282 Abingdon Rd	01865-240135	www.yourhomelyhotel.info
Lakeside Guest House	118 Abingdon Rd.	01865-244725	www.lakeside-guesthouse.co.uk
Parklands	100 Banbury Rd.	01865-554374	www.parklandsoxford.co.uk

高档酒店			
名称	地址	电话	网址
Old Bank Hotel	92-94 High St.	01865-799599	www.oldbank-hotel.co.uk
Old Parsonage Hotel	1 Banbury Rd.	01865-310210	www.oldparsonage-hotel.co.uk
Macdonald Randolph Hotel	Beaumont St.	01865-256400	www. macdonaldhotels.co.uk
Cotswold Lodge Hotel	66A Banbury Rd.	01865-512121	www.cotswoldlodgehotel.co.uk
Oxford Spires Four Pillars Hotel	Abingdon Rd.	01865-324324	www.four-pillars.co.uk

5 牛津→巴斯

Niujin→Basi

巴斯交通

从牛津前往巴斯

从牛津乘坐火车前往巴斯、布里斯托尔等地，要在Didcot Parkway车站转车，火车每小时1班，其中到巴斯的火车，单程票价19.6英镑，约1.5小时到达。

乘公共汽车游巴斯

巴斯的公共汽车总站位于巴斯温泉火车站附近的Dorchester St.，每天都有众多公共汽车从这里发出，并穿梭在城区内，或往返于城区和郊区之间。你可以乘18路公共汽车从巴士总站出发，经繁华的高街（High St.）、普尔特尼街（Great Pulteney St.）开往Bathwick Hill，然后经青年旅舍到达巴斯大学。

巴斯景点

罗马浴场

罗马浴场

罗马浴场（Roman Baths）已有2000多年的历史，是世界上一处保存完好的历史名胜。罗马浴场环绕温泉而建，为经典的奢华装饰风格，建筑有圣泉、罗马神庙、罗马澡堂和博物馆。此外，这里还有神殿遗迹、密肄瓦神像、许愿池和各种礼器等文物，均具有很高的观赏价值。

旅游资讯

地址： Stall St.

电话： 01225-477785

门票： 12.25英镑

开放时间： 1～2月9:30～16:00，3～6月9:00～17:00，7～8月9:00～21:00，9～10月9:00～17:00，11～12月9:30～16:30

网址： www.romanbaths.co.uk

旅游达人游玩攻略

在巴斯市中心的游客中心（0906-7112000，www.visitbath.co.uk），你可以了解到巴斯主要的旅游景点和历史典故。此外，那里还提供免费的期刊《This Monthin Bath》，为游客介绍当前巴斯的应季旅游景点、节庆和剧院上映的节目等。

圆形广场

圆形广场（The Circus）由著名的建筑大师老约翰·伍德设计，设计灵感来自于罗马竞技场，而其优雅的外形又与罗马竞技场大相径庭，它的弧形立面上，使用了三种不同风格的古典柱式。这个拥有30个建筑的大型广场十分壮美，早已成为巴斯典型的地标性建筑。

旅游资讯

地址： Brock St.

交通： 从皇家新月楼沿Brock大街便可以到达圆形广场

门票： 参观皇家新月楼免费，博物馆门票4英镑，5岁以下儿童免费，20人以上团队3英镑

开放时间： 皇家新月楼周二到周日10:30～17:00

巴斯修道院

巴斯修道院（Bath Abbey）又被称为亚贝教堂，是英国一座杰出的中世纪教堂，同样也是巴斯的标志性建筑。修道院美丽的彩色玻璃及扇形天花板别具一格，同时这里也是巴斯国际音乐节和其他重大节日活动的举办地，因而来到巴斯一定不可以错过这个地方。

旅游资讯

地址： 12 Kingston Buildings

电话： 01225-422462

开放时间： 周一9:30～18:00，周二至周六9:00～18:00，周日13:00～14:30及16:30～17:30

网址： www.bathabbey.org

皇家新月楼

皇家新月楼（Royal Crescent）是一个宏伟的半圆形排屋，是巴斯最气势恢宏的大型古建筑群，同时也是英国最大的乔治式建筑之一。一号皇家新月楼已成为博物馆，展出众多珍贵的文物、肖像等，还有数量惊人的仿古家具，你可以在这里好好地体验一下乔治当初辉煌壮丽的生活。

旅游资讯

地址： Brock St.

皇家新月楼

简·奥斯汀中心

简·奥斯汀中心（Jane Austen Centre）内再现了著名女作家奥斯汀在巴斯期间生活、创作的生活场景，有文稿、服饰和家具摆设等。奥斯汀与巴斯有着很深的渊源，她在这里完成了自己的成名作《傲慢与偏见》，1801年又定居于此，并创作出著名的《劝导》和《诺桑觉寺》。

简·奥斯汀中心

旅游资讯

地址：40 Gay Street Queen Square

电话：01225-443000

门票：6英镑

开放时间：周一至周六9:45～17:30，周日10:30～17:30（在11月至次年3月的周日11:00～16:30）

网址：www.janeausten.co.uk

时尚博物馆

时尚博物馆（Fashion Museum）中展示有从16世纪至今的服装与首饰，款式多样，引人注目。博物馆中最有趣的是展示了裙子从古至今的变化与发展等，相信这是一个令所有女性心动的地方。

旅游资讯

地址：Bennett St.

电话：01225-477789

网址：www.nationaltrust.org.uk

时尚博物馆

巴斯美食

巴斯有世界各地的美味食物，可以满足口味挑剔的游客。巴斯不乏价格昂贵的餐厅，小餐馆和快餐店也随处可见。在巴斯，你一定不要错过用当地的矿泉水烹制的“泉水咖啡”，品尝著名的圆面包。

· Pump Room and Roman Baths

这是巴斯一家非常受欢迎的茶餐厅，有钢琴、小提琴现场演奏，你可以边聆听悠扬的音乐，边品尝丰富多样的咖啡与红茶，清香宜人的味道，很容易让你爱上这个优雅的地方。

地址： Stall St.
电话： 01225-444477
网址： www.romanbaths.co.uk

· Olive Tree restaurant

这家高档餐厅装饰奢华，提供精致的英国精品菜肴。这么光鲜亮丽的就餐环境，价格自然是昂贵的，不过当你尝到这里的食物时，又会感觉相当超值。推荐意式奶冻及红酒。

地址： 4-7 Russel St.
电话： 01225-447928
网址： www.olivetreebath.co.uk

· Sally Lunn's Refreshment House and Muse

这家餐厅是巴斯最古老的餐厅之一，自经营300多年来，这里的圆面包就是巴斯最出名的美食。现烤出的圆面包，可根据自己的口味添加美味果酱或培根、沙拉、西红柿等配料。

地址： 4 North Parade Passage
电话： 01225-461634
网址： www.sallylunns.co.uk

其他餐厅推荐				
名称	地址	电话	网址	菜系
Sotto Sotto	10 N Parade	01225-330236	www.sottosotto.co.uk	意大利
Menu Gordon Jones	2 Wellsway	01225-480871	www.menugordonjones.co.uk	英国
Rustico Bistro	2 Margarets Buildings	01225-310064	www.rusticobistro.co.uk	意大利
Circus Cafe & Restaurant	34 Brock St.	01225 466020	www.thecircuscafeandrestaurant.co.uk	英国
Tilleys Bistro	3 N Parade Passag	01225-484200	www.tilleysbistro.co.uk	英国

巴斯购物

巴斯从18世纪起就是英国西南部著名的购物集市。在巴斯联合街（Union St）、约克街（York St）等市中心的步行街，聚集了各档次的购物中心和市场。无论是时尚名牌、古董首饰，还是传统的手工艺品、著名的古罗马浴液应有尽有。如果你想了解更多的巴斯的购物信息，可以到旅游咨询中心获取免费的期刊和手册，这有很高的参考价值。

· 市政厅市场

市政厅市场（Guildhall Market）是巴斯著名的购物场所，已有700多年的历史。这里有众多摊点，主要出售各类礼品、玩具、家具及食品。在这里逛街，你可以在购物的同时，体验到浓浓的当地风情。

地址： High St.
电话： 01225-460808
网址： www.bathguildhallmarket.co.uk

其他购物场所推荐			
名称	地址	电话	网址
SouthGate Bath	12 Southgate St.	01225-469061	www.southgatebath.com
Milsom Place	Milsom St.	01225-789040	www.milsomplace.co.uk
Green Park Station	Green Park Station, Green Park Rd.	01225-787910	www.greenparkstation.com

巴斯是一座温泉城市，来到这里当然不可以错过温泉洗浴了。在巴斯大酒店和娱乐中心都有温泉洗浴场所，你可以享受天然、健康、舒适的温泉，让你的旅途锦上添花。此外，巴斯还有热闹的夜总会、优雅的剧院，在这里你不会感到丝毫的乏味。

·Moles

这家夜总会是巴斯最热闹的娱乐场所之一，这里经常有一些最新的剧目和时尚乐队表演。此外，这里还常常举办俱乐部狂欢夜活动。

地址：14 George St.
电话：01225-404445
网址：www.moles.co.uk

·Theatre Royal

这是巴斯首屈一指的大剧院，主要上演歌剧、芭蕾舞剧。此外，还演出尤斯蒂诺夫工作室的实验性作品，也很精彩。

地址：Sawclose
电话：01225-448844
网址：www.theatreroyal.org.uk

其他娱乐场所推荐			
名称	地址	电话	网址
Thermae Bath Spa	The Hetling Pump Room, Hot Bath St.	01225-331234	www.thermaebathspa.com
Porter Cellar Bar	15 George St.	01225-580834	www.theporter.co.uk
Little Theatre	St Michaels Pl	0871-9025735	www.picturehouses.co.uk
Moss Of Bath	45 St James's Parade	01225-331441	www.mossofbath.co.uk

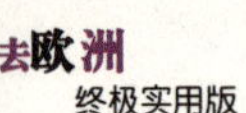

巴斯住宿

巴斯火车站附近的曼沃斯街（Manvers St）上分布有许多高档宾馆，不过价格偏高。如果你想要找个比较便宜的住宿场所，可以到普尔特尼桥（Pulteney bridge）附近选择较实惠的B&B旅店。在旺季时，巴斯的住宿比较紧张，需要提前预订，并且尽量不要赶在周末前往，因为周末这里的房价会大幅上涨。

经济型酒店			
名称	地址	电话	网址
Athole Guest House	33 Upper Oldfield Park	01225-320000	www.atholehouse.co.uk
One Three Nine Bath	Leighton House, 139Wells Rd.	01225-314769	www.139bath.co.uk
Badminton Villa	10 Upper OldfieldPark	01225-426347	www.badmintonvilla.co.uk
Number 10 Guest House	10 Warminster Rd.	01225-463032	www.number10guesthouse.co.uk
Glenade	Junction Road, Olfield Park	01225-36967	www.glenade.co.uk
Marisha's Guest House	68 Newbridge Hill	01225-446881	www.marishasinbath.com

中档酒店			
名称	地址	电话	网址
Hawkins of Bath	88 Newbridge Rd.	01225-334450	www.hawkinsofbath.co.uk
Chestnuts House	16 Henrietta Rd.	01225-334279	www.chestnutshouse.co.uk
Marlborough House	1 Marlborough Ln	01225-318175	www.marlborough-house.net
The Cedars	4 Bathford Hill, Bathford	01225-852897	www.roomswhizz.com
Three Abbey Green	3 Abbey Green	01225-428558	www.threeabbeygreen.com

高档酒店			
名称	地址	电话	网址
The Royal Crescent Hotel Bath	16 Royal Crescent	01225-823333	www.royalcrescent.co.uk
The Windsor	69 Great Pulteney St.	01225-422100	www.bathwindsorguesthouse.co.uk
The Ayrlington	24-25 Pulteney Rd.	01225-425495	www.theayrlington.easy2reserve.com

从机场前往市区

伯明翰国际机场(Birmingham International Airport)位于伯明翰以东，是伯明翰最重要的航空枢纽，有两个国际的航站楼。经停这里以及从此去往其他地方的航班非常多，可以前往欧洲多数国家及美国纽约。从中国飞往伯明翰，可以在伦敦、巴黎、法兰克福、慕尼黑、阿姆斯特丹等地转机。

希斯罗机场信息	
信息	伯明翰国际机场
电话	0871-2220072
网址	www.birminghamairport.co.uk

机场至市内的交通	
名称	信息
火车	是最便捷的方法，往返于伯明翰国际机场与New St火车站，运行时间为20分钟，每10分钟就有1班车
公共汽车	58、900路公共汽车，在Moor St与伯明翰国际机场之间运行，全程10~20分钟
出租车	单程约20英镑

乘有轨电车玩伯明翰

伯明翰有轨电车（ Metro）从Snow Hill，经珠宝角、Dudley开往伍尔弗汉普顿。票价根据目的地的远近而不同，在1.1~2.5英镑之间。有轨电车和公共汽车都由Centro公司运营，具体运行时刻表可以到新街火车站（0121-2002700，Centrowww.centro.org.uk）的咨询台进行咨询。

乘公共汽车游伯明翰

公共汽车也很方便，乘公共汽车即可以到达市区主要的景点。伯明翰的很多公共汽车线路比较长，可以前往伍尔福汉普顿、达德利、沃尔索尔、梅利山购物中心等地。每年6～9月是伯明翰的旅游旺季，这时伯明翰还会增加从维多利亚广场出发，经过市内众多景点的旅游巴士，你可以购买1日票，当天内不限次数使用，旅游巴士运行的时间是10:00～16:00。

维多利亚广场

维多利亚广场

维多利亚广场（Victoria Square）是伯明翰最大的广场，被气势宏伟的市政厅、凝重的花钟与美丽的喷泉所围绕，可以说是伯明翰的大门。这个广场处处充满着欢乐，尤其在圣诞节期间，广场就会变成市场被人流充满，异常热闹。此外，广场上还常常有主题摄影展览，是欣赏精彩的摄影作品的绝好去处。

旅游资讯

地址： Victoria Square
交通： 从New Street火车站步行可到
电话： 0121-6162748
网址： www.birmingham.gov.uk

伯明翰博物馆及美术馆

伯明翰博物馆和美术馆（Birmingham Museum & Art Gallery）中有大量维多利亚时期珍贵的艺术藏品，以及当地历史、考古学、世界文化等众多展览。作为久负盛名的美术馆，这里除了有西欧前拉菲尔时期的油画作品，还收藏了埃及，北美、南美等世界各地的美术作品。

伯明翰博物馆及美术馆

旅游资讯

地址： Chamberlain Square

交通： 从新街（New Street）火车站步行可到

电话： 0121-3031966

开放时间： 周一至周六10:00～17:00，周日12:30～17:00，元旦、圣诞不开放

网址： www.bmag.org.uk

珠宝角

珠宝角（Jewellery Quarter）是伯明翰乃至英国珠宝制造业的中心，所生产的珠宝首饰和银器工艺精湛，令人叹为观止。在这里的珠宝角博物馆（Museum of the Jewellery Quarter）中，你可以参观珠宝作坊内的工作流程和珠宝展示，也可以了解伯明翰珠宝的制造历史。

珠宝角

旅游资讯

地址： 75-79 Vyse Street Hockley

交通： 乘101路巴士到Quarter站下，然后沿Vyse街步行可到

门票： 免费

开放时间： 周二至周六10:30～16:30

旅游达人游玩攻略

珠宝角博物馆内有导游游览服务，你可以参加导游带领的团队；此外，博物馆中有庭院茶室、礼品店，因而你可以在博物馆中休息和购物。

吉百利巧克力世界

吉百利巧克力世界（Cadbury World）是巧克力热爱者的天堂，也是伯明翰的必游景点。作为以巧克力为主题的公园和工厂，园内有众多独特的巧克力景点散布，为甜食爱好者提供了一个绝佳的探索机会。置身其中，你不但可以了解巧克力的历史与制作过程，还可以制作专属自己的巧克力呢。

旅游资讯

地址： Linden Rd Bournville

交通： 从New Stree火车站搭乘Cross-City Line在Bournville station站下车，然后步行15分钟即到达Cadbury World

电话： 0844-8807667

门票： 14.3英镑

网址： www.cadburyworld.co.uk

旅游达人游玩攻略

吉百利巧克力世界每月的开放日期及开放时间不固定，你可以从官网上查询具体的信息，参观时需提前预订；在这里，一般游览时间大约需3小时，你可以坐上Beanmobile游览车前行，然后再沿着别具特色的Cocoa Rd散步。

吉百利巧克力世界

国家海洋生物中心

国家海洋生物中心（National Sea Life Centre）拥有一流的设施，汇集了很多海洋生物，是伯明翰最受欢迎的旅游景点之一。这里最令人惊喜的地方当属360°全透明的管道了，你可以站在里边观看各种海洋生物在你的周围游来游去。这里是孩子们的天堂，尤其是有趣的海龟保护处，格外受到孩子们的青睐。

国家海洋生物中心

旅游资讯

地址： The Waters Edge,3 Brindleyplace

电话： 0871-4232110

门票： 12.5英镑

开放时间： 10:00～17:00

网址： www.visitsealife.com

伯明翰美食

凡是在英国的咖喱餐厅中，你都可以见到巴拉蒂这道经典美食。此外，伯明翰还汇聚有各种英国本土菜肴，印度、西班牙、法国等众多风味美食。你可以参考当地游客中心的旅游指南类手册，获取详细的餐厅及当地用餐信息。

· Al Frash Balti

这家餐厅受欢迎最主要的原因是其招牌菜肴巴拉蒂尤为美味。此外，这里供应的其他食物多为大众口味的家常菜，价格实惠，很受人们青睐。

地址：186 Ladypool Rd.
电话：0121-7533120
网址：www.alfrash.com

· Simpsons

这家餐厅距离市区较远，环境很好，是品尝顶级料理的好去处。你可以在就餐时，一边享受美食，一边观赏外边的花园美景。此外，在餐厅的楼上还有几间豪华的客房，可以选择住在那里。

地址：20 Highfield Rd.
电话：0121-4543434
网址：www.simpsonsrestaurant.co.uk

· Mr Egg

这是一个再合适不过的廉价用餐处了，其营业时间较长，如果你在凌晨1、2点左右前来，仍然可以在这里大吃一顿。

地址：22 Hurst St.
电话：0121-6224344

其他餐厅推荐				
名称	地址	电话	网址	菜系
Annexe	220 Corporation S.t	0121-2361171	www.annexe.co	英国
Ju Ju's Cafe	Canal Square, Browning St.	0121-4563384	www.jujuscafe.co.uk	英国
Purnell's	55 Cornwall St.	0121-2129799	www.purnellsrestaurant.com	英国
Pushkar	245 Broad St, City Centre	0121-6437978	www.pushkardining.com	英国

伯明翰购物

伯明翰市中心有很多大型的购物场所，还有农贸市场、跳蚤市场，在这些市场上你可以享受淘货的乐趣，还可以讲价钱。

· The Bullring

这个大型的购物中心据说有26个足球场大，拥有160多家店铺。购物中心还包括圆弧形银色建筑中的Selfridges以及Debenhams这两部分。

地址：St Martin's Circus Queensway
电话：0121-6321500
网址：www.bullring.co.uk

· Selfridges

这家百货公司是伯明翰最富有特色的标志性建筑之一，销售最热门的设计师品牌商品，当地及世界著名品牌的商品，有服饰、鞋、包、香水，还有一些富有特色的小商品。

地址：The Bullring, Upper Mall East
电话：800-123400
网址：style.selfridges.com

· Jewellery Quarter

在英国各地商店都很容易看到这家店里的珠宝，Jewellery Quarter拥有100多家商店，销售用传统工艺加工而成的金银首饰、手表等。

地址：Warstone Road and surrounding areas
电话：0121-4647013
网址：www.jewelleryquarter.net

其他购物场所推荐			
名称	地址	电话	网址
Great Western Arcade	Colmore Row	0121-2365417	www.greatwesternarcade.co.uk
The Mailbox	61 Wharfside St.	0121-6321000	www.mailboxlife.com
The Pavillions	38 High St.	0121-6314121	www.pavilionsshopping.com
Marks & Spencer	42 High St.	0121-6434511	www.marksandspencer.com

伯明翰娱乐

伯明翰的夜生活极其丰富，有很多的夜总会、酒吧和俱乐部。此外，这里还有大剧院、音乐厅，都能让你深切感受伯明翰夜生活的真味。伯明翰大多数娱乐活动的门票你都可以在TicketWeb（电话：0870-0600100，网址：www.ticketweb.co.uk）上订到。

·Air

这个时髦的夜总会是当地最有名气的夜总会之一，是著名的Godskitchen之夜的举办地。活动时，那些来自英国各地的DJ高手将自己高超的技艺展现给人们，气氛十分活跃。

地址： 49 Heath Mill Lane
电话： 0121-7666646
网址： www.airbirmingham.com

·Electric Cinema

这家电影院已有100多年历史，可谓英国最为古老的电影院。这里的座位既舒适又有趣，你还能提前订餐，到时候便可以在座位上享用美食和饮料了。

地址： 47-49 Station St.
电话： 0121-6437879
网址： www.theelectric.co.uk

·Birmingham Repertory Theatre

这家著名的剧院主要上演一流的剧目，尤其重视当代作品。在这里，你可以欣赏到伯明翰最著名的剧目，也会被这里的气氛深深地感染。

地址： Broad St.
电话： 0121-2364455
网址： www.birmingham-rep.co.uk

·Symphony Hall

这是一座现代风格建筑的音乐厅，以超棒的音响效果而闻名，主要为古典音乐表演场地，伯明翰市交响乐队在此演奏。此外，这里还安排一些世界各地音乐特色节目表演。

地址： Broad St.
电话： 0121-7803333
网址： www.thsh.co.uk

其他娱乐场所推荐			
名称	地址	电话	网址
Bambu	Kotwall House, 1Wrottesley St.	0121-6224124	www.broad-walk.com
The Jam House	3-5 St Pauls Square	0121-2003030	www.thejamhouse.com
New AlexandraTheatre	Station St.	0121-2309002	www.atgtickets.com
Birmingham Hippodrome	Hurst St, Southside	0844-3385000	www.birminghamhippodrome.com

伯明翰住宿

伯明翰市中心有很多高档的商务酒店、连锁酒店，而经济型的B&B旅馆大多分布在离市中心4千米远的地方。通常艾吉巴斯顿地区比较适合自助游客们住宿，这里不在市中心，并且交通方便，选择多样。你可以上网查询，或到游客中心询问相关住宿信息，并且办理相应的预订业务。

伯明翰住宿推荐			
名称	地址	电话	网址
Norfolk Hotel	267 Hagley Rd.	0121-4548071	www.norfolkinn.co.uk
Ibis Hotel	1 Bordesley ParkRd	0121-5062600	www.ibishotel.com
Pebble Cottage B&B	44 Holly Ln, Marston Green	0121-7795339	www. pebble-cottage.com
Clover Spa & Hotel	759 Chester Rd.	0121-3506836	www.cloverspa.eu
Hotel La Tour	Albert St.	0121-7188000	www.hotel-latour.co.uk
Eaton Hotel	279 Hagley Rd.	0121-4543311	www.eatonhotel.co.uk
Old Rose and Crown Hotel	Rose Hill, Lickey	0121-4533502	www.oldroseandcrown.com
Radisson Blu Hotel Birmingham	12 Holloway Circus, Queensway	0121-6546000	www.radissonblu.co.uk

7 伯明翰→曼彻斯特

Bominghan→Manchesite

曼彻斯特交通

从伯明翰前往曼彻斯特

· 乘火车前往

伯明翰市内最主要的火车站是伯明翰新街车站（Birmingham New Street），从伯明翰到其他地方的火车大多从这里发出。从这个火车站到曼彻斯特火车站的火车每15分钟1班，全程需1小时45分钟。

· 乘汽车前往

汽车的票价比火车票相对便宜一些，不过耗时较长。从伯明翰前往曼彻斯特的汽车由National Express（08717-818181，www.natinalexpress.com）运营，每天有十几班车发往曼彻斯特，全程约2.5个小时。

乘轨道交通玩曼彻斯特

地铁和有轨电车担负着曼彻斯特交通的重任。曼彻斯特的地铁主要在维多利亚火车站、皮卡迪利火车站、G-Mex、索尔福德码头（Salford）区域运行。有轨电车将维多利亚火车站、皮卡迪利火车站、凯瑟菲尔德串联起来，途经莫斯利街，开往郊区的阿尔琴查姆和贝利。

乘公共汽车游曼彻斯特

公共汽车是曼彻斯特市内主要的交通工具之一，由First、Stagecoach公司运营。你可以乘坐免费的4路公共汽车，环绕曼彻斯特市中心游览，途经市内主要旅游景点。此外，曼彻斯特还有一种乘巴士观光的“曼彻斯特摇滚之旅”，你可以在此行中享受曼彻斯特的音乐历史，在圣彼得广场的旅游中心预订即可以。

曼彻斯特市区景点

艾伯特广场

艾伯特广场（Albert Square）是曼彻斯特的中心地带，它见证了英国工业革命的全过程。广场上最具代表性的是一座建于维多利亚时代的歌德式建筑，西面有著名的约翰·赖兰德图书馆（John Rylands Library），南面是圣彼得广场（St Peter's Square）。如今，这个古老的广场已成为曼彻斯特这座美丽城市的见证，也是人们休闲放松的好去处。

地址： Albert Square

曼彻斯特市政厅

曼彻斯特市政厅（Manchester Town Hall）是一座后哥特式建筑，是曼彻斯特主要的政治和外交场所。整个市政厅大建筑威严壮观，进入市政厅，迎面而来的便是精致的雕塑和华丽的装饰，走在铺着带有“蜜蜂”标志的马赛克地板上，驻足观望挂在大厅墙上的17世纪著名画家布朗的作品，敬仰之情油然而生。

地址： Albert Square
交通： 自火车站步行10分钟可到
门票： 团队游5英镑

科学与工业博物馆

科学与工业博物馆（Museum of Science & Industry）是曼彻斯特最大的科学博物馆，集中展示了曼彻斯特的历史、能源、通信、航空、交通等产业，其中最好的展览包括蒸汽机、工厂机械、火车头的展示。通过这些展览，你能深刻了解曼彻斯特在工业革命中所起到的关键作用。博物馆的外观十分朴素，馆内中运用历史原貌的展示手法，吸引了众多慕名前来的游客。

旅游资讯

地址： Liverpool Rd., Castlefield

电话： 0161-8322244

开放时间： 每天10:00～17:00（除12月24日至26日和1月1日）

网址： www.mosi.org.uk

中国城

曼彻斯特的中国城（China Town）是英国最大的唐人街，里面有众多中国小商店，每天前来的人络绎不绝。在中国城里，你不仅能吃到各式各样的中国美食，还能在中国人开的小超市找到那些真正从中国运来的食品、调料和烹调器具，如淀粉、酱油、蒸锅等。此外，每逢中国春节，这里都会有一年一度的舞狮表演。

旅游资讯

地址： Manchester

老特拉福德体育场

老特福拉德球场（Old Trafford Stadium）是英格兰足球俱乐部曼联队的主场，也是世界上最著名的足球场之一，素有“梦剧场”的美誉。老特拉福德体育场四面是与曼联球衣一样红色的看台，整体设计的色彩运用上追求的是庄严而瑰丽的视觉效果。无论你是不是曼联的球迷，来这里参观一下，都会收获不一样的体验。

旅游资讯

地址： Trafford, Sir Matt Busby Way

交通： 乘坐轻轨在老特拉福德下车即可

电话： 0161-8688000

网址： www.manutd.com

旅游达人游玩攻略

在老特拉福德体育场没有比赛的日子，你可以进入体育场参观其场地和博物馆，这里每十分钟接待一批游客，你可以在导游的带领下进入体育场参观；如果想要到球场观看曼联的比赛，你可以提前在曼联网站（www.manunited.com.cn）了解相关信息，并可以订票。

老特拉福德体育场

曼彻斯特周边景点

斯特拉夫德

斯特拉夫德（Stratford）位于雅芳河畔，是举世瞩目的大文豪威廉·莎士比亚的故乡，在穿越斯德拉夫德的布仑河岸边还有座莎士比亚塑像。充满神秘色彩的小镇上最宏伟的建筑，当属紧靠河边的“圣三一”教堂，教堂内安葬着莎士比亚，前来游玩的人，总是会首先到这里来看望一下这位文学巨匠。

旅游资讯

地址： Stratford UK

交通： 可以从曼彻斯特乘汽车前往，全程约2小时

峰区国家公园

峰区国家公园（Peak District National Park）是英国第一家国家公园，同时也是英国最大的国家公园，主要分为两部分：北部以沼泽和砂岩为主的黑山区，南部以石灰岩为主的白山区。这里有开阔的高沼地、风景如画的村庄，是你参加徒步、远足、攀岩等户外活动的最佳去处，也正因此，这里有“英国户外运动的天堂”的美称。

旅游资讯

地址： Aldern House, Baslow Rd, Bakewell, Derbyshire

交通： 在曼彻斯特坐火车，到达峰区，在威利大桥站下车；也可以在谢菲尔德乘坐火车前往峰区，在埃达尔下车

电话： 01629-816200

网址： www.peakdistrict.gov.uk

旅游达人游玩攻略

1.在峰区国家公园内可以乘坐观光火车游览，一天有5班火车，运行时间为11:00～17:20，在前往之前，你可以在公园的官网上了解相关信息。

2.时间充足的话，你可以安排2～3天的时间来游览

峰区国家公园

峰区。国家公园，因为这里的景点非常多，太过匆忙的话难以领略其风情。

曼彻斯特美食

曼彻斯特是一个融合了多种民族特色的地区。这里有很多咖啡屋和餐馆，你可以尝到正宗的豌豆泥、湖畔羊肉、腌牛肉、炖杂烩等美食。在唐人街上，你可以品尝到各种美味的中餐；在咖喱路（Curry Mile)上，你可以看到印度及巴基斯坦餐厅。此外，曼彻斯特有悠久的酿酒传统，一些小酒坊都是很好的廉价用餐场所，在那里，你可以尝到本地的Thwaites或Hydes鲜酿啤酒。

· Britons Protection

这是一家人气很旺的英国小酒馆，提供200余种不同类型的威士忌。除了多得令人眼花缭乱的威士忌外，还有野猪肉、鹿肉等类的都铎时期的菜肴。

地址： 50 Great Bridgewater St.
电话： 0161-2365895
网址： www.britonsprotection.co.uk

· Bluu

这是英国一家有名的连锁餐厅，在曼彻斯特的这家分店地理位置绝佳外观时尚，而受到一些潮流人士的欢迎。店里的食物为英国美食和欧洲其他国家的美食，原料都非常新鲜。

地址： Smithfield Market Buildings, Thomas St, Northern Quarter
电话： 0161-8397195
网址： www.bluu.co.uk

· Pacifica Cantonese

这是曼彻斯特第一家5星级粤菜餐厅，有着轻松的氛围，提供宴会餐、商务午餐，无论是和家人、朋友聚餐，还是公务就餐都是不错的选择。每道菜肴均采用新鲜食材精心烹制。此外，这里还提供各种鸡尾酒、红葡萄酒、甜酒等饮品。

地址： 5-7 Church Rd, Eccles
电话： 0161-7078828
网址： www.pacifica-cantonese.co.uk

· Simple

这是一家英式美食餐厅，餐厅装饰简洁大方，气氛十分温馨。推荐这里的湖畔羊肉、炖杂烩等食物。

地址： 44 Tib Street Manchester
电话： 0161-8328764
网址： www.simplebar.co.uk

其他餐厅推荐

名称	地址	电话	网址	菜系
The French	The Midland Hotel,Peter St.	0161-2363333	www.qhotels.co.uk	英国
Alexandros Greek Restaurant	337 Palatine Rd.	0161-9983390	www.alexandrosrestaurant.co.uk	希腊
63 Degrees	20 Church St.	0161-8325438	www.63degrees.co.uk	法国
The Rice Bowl	33A Cross St., CityCentre	0161-8329033	www.the-rice-bowl.com	中国

曼彻斯特购物

曼彻斯特有不少商店，你会找到很多1英镑店，里面的商品价格在1英镑左右，很实惠。在千禧街区、Wilmslow路中，你可以找到很多时髦店。这里大多数商场每天营业，有些店铺甚至到22:00才关门。

· Arndale Centre

这家购物中心拥有全英国最著名的品牌商品，从服装、首饰，到运动、时尚、家居、礼品、花鸟虫鱼等应有尽有。购物中心有从地面通向楼顶的直通梯，楼上还有咖啡吧、快餐店等饮食、休息的场所。

地址： Market St Manchester
电话： 0161-8339851
网址： www.manchesterarndale.com

· Northern Quarter

这里有为数众多的零售商店，出售各种街头城市服饰，怀旧风格的时髦服饰。此外，这里还有不少二手唱片店及一些有趣的小店。

地址： Northern Quarter Manchester

其他购物场所推荐			
名称	地址	电话	网址
Trafford Centre	Trafford Centte	0161-7491717	www.traffordcentre.co.uk
Vinyl Exchange	18 Oldham St.	0161-2281122	www.vinylexchange.co.uk
Corn Exchange	Exchange Square	0161-8348961	www.cornexchangemanchester.co.uk

曼彻斯特娱乐

曼彻斯特是英国繁华的大都市，集中了英格兰西北地区很有影响力的剧院、音乐厅等。其中，角屋（CornerHouse）早就有曼彻斯特艺术电影及视觉艺术中心的称号，哈仙达岗（Hacienda）曾是曼彻斯特的中心，古老的俱乐部文化被保留下来。总之，曼彻斯特的夜生活充满了传奇色彩，随处可见那些充满活力的俱乐部以及风格多样的音乐演奏场所。

· Music Box

这是曼彻斯特最受欢迎的夜总会之一，位于Jill’s Rockworld大楼里。这里每月一次的夜总会晚间节目，如精彩的单场表演等，都会吸引大批观众。

地址：245 Bury Old Rd., Prestwich
电话：0161-7730026
网址：www.musicbox-pianos.co.uk

· The Lowry

这是个大型的综合艺术中心，中有艺术展馆、剧院、商店等，还有可以看到海景的酒吧和餐厅。此外，里边还收藏着英国很受欢迎的艺术家劳瑞的300多幅画作。

地址：Pier 8, Salford Quays
电话：0161-8762020
网址：www.thelowry.com

· Cornerhouse

这家电影院主要播放经典的艺术电影。除了电影放映室之外，这里还有画廊、书店、咖啡屋。在看完电影后，随便逛逛，也很享受。

地址：70 Oxford St.
电话：0161-2001500
网址：www.cornerhouse.org

· Bridgewater Hall

这个巨大的音乐厅是闻名的哈雷管弦乐团的大本营。这里可以表演的节目种类多样，既有美妙的歌剧、当代音乐会，也有诙谐幽默的喜剧、儿童剧表演，还有淳朴的民间音乐剧表演。

地址：Lower Mosley St.
电话：0161-9079000
网址：www.bridgewater-hall.co.uk

其他娱乐场所推荐

名称	地址	电话	网址
The Bird Cage	Withy Grove	0161-8321700	www.birdcagelive.com
AMC Cinema	Unit 2, Great Northern, 235 Deansgate	0161-8173000	www.amccinemas.co.uk
Royal Exchange Theatre	St Anns Square	0161-8339833	www.royalexchange.co.uk
Band on the Wall	25 Swan St.	0161-8341786	www.bandonthewall.org

曼彻斯特住宿

在曼彻斯特，从廉价舒适的旅店，到奢侈的星级酒店应有尽有。值得一提的是，在8月至次年5月的足球季，尤其是赶上曼联主场比赛的话，便很难找到一个房间住宿，一定要提前预订才行。

经济型酒店

名称	地址	电话	网址
Manchester YHA	Potato Wharf	0161-8399960	www.yha.org.uk
Golden Tulip Hotel	55 Piccadilly	0161-2365155	www.gardenshotelmanchester.com
Ibis Hotel	96 Portland St	0161-2340600	www.ibishotel.com
Ibis Manchester Charles Street	Princess St	0161-2725000	www.ibishotel.com
Campanile Hotel	55 Ordsall Ln, Regent Road	0161-8331845	www.campanile.com

中高档酒店

名称	地址	电话	网址
Didsbury House	Didsbury Park, Didsbury Village	0161-4482200	www.didsburyhouse.co.uk
Velvet	2 Canal St.	0161-2369003	www.velvetmanchester.com
Radisson Blu Edwardian Manchester	Free Trade Hall, Peter St.	0161-8359929	www.radissonedwardian.com
Great John Street Hotel	Great John St.	0161-8313211	www.greatjohnstreet.co.uk
The Lowry Hotel Manchester	50 Dearmans Pl, Salford	0161-8274000	www.thelowryhotel.com

8 曼彻斯特→利物浦

Manchesite→Liwupu

利物浦交通

从曼彻斯特前往利物浦

· 乘火车前往

莱姆大街火车站（Liverpool Lime Street）是利物浦市中心最主要的火车站，有到英国各地的列车。从曼彻斯特火车站到达莱姆大街火车站约需50分钟。

· **乘汽车前往**

在Chorlton St的曼彻斯特中央汽车站（Manchester Central Coach Station），你可以乘坐由英国国家快运公司（National Express）运营的公共汽车前往利物浦，全程约需1小时。

乘轨道交通玩利物浦

轻轨是利物浦比较方便的交通工具，主要的轻轨车站有Centra、Lime Street、Moorfields、James Street，其中，从Dale Street前往利物浦商业中心的Moorfields轻轨线路最受欢迎。

乘公共汽车游利物浦

利物浦主要的公共汽车车站为Liverpool ONE Bus Station和Queen Square站，你可以购买Saveaway公共交通票，这样比较划算，利物浦的交通票适用于市内所有交通工具。

艾伯特码头

艾伯特码头(Albert Dock)是通往世界各地重要的货物集散地，同时也是利物浦最繁忙的城市亮点。艾伯特码头最大的价值在于其历史悠久一级保护建筑群，包括壮观的仓库与巨大的铸铁柱子。此外，还有各色精品商店、时尚咖啡馆、酒吧、餐厅云集于此。来到利物浦，你一定要先到这个利物浦最大的旅游景点参观一下。

旅游资讯

地址： Albert Dock

交通： 乘观光车在艾伯特码头站下

网址： www.albertdock.com

圣乔治大楼

圣乔治大楼（St George's Hall）是一座新古典风格建筑，是利物浦的标志性建筑。大楼建于1854年，外表酷似一座希腊大庙宇，内部的拱顶大厅和地砖均为罗马风格，极其奢侈华丽。圣乔治大楼最早是作为法院和音乐厅而修建的，近几年花重金维修后，重新面向世人开放，便更受世人的瞩目了。

旅游资讯

地址： William Brown Street

交通： 乘火车至利物浦来姆街火车站，然后步行前往

电话： 0151-2256909

开放时间： 周二至周六10:00～17:00，周日13:00～17:00

网址： www.stgeorgesliverpool.co.uk

甲壳虫乐队传奇博物馆

甲壳虫乐队传奇博物馆（The Beatles Story）是利物浦最受欢迎的博物馆，也是音乐爱好者们的必去之地。利物浦是甲壳虫乐队的家乡，博物馆中收藏有众多乐队成员曾经用过的演出服装、乐器等纪念品原件，这些物品都将令甲壳虫迷们兴奋不已。此外，还有一个令人着迷的按比例缩小的卡文俱乐部复制品安放于此。

旅游资讯

地址： Britannia Vaults Kings Dock St.
电话： 0151-7091963
门票： 12.5英镑
开放时间： 9:00～19:00
网址： www.beatlesstory.com

旅游达人游玩攻略

如果你想进一步了解甲壳虫乐队，可以参加当地的甲壳虫乐队迷小巴士旅游团。你可以从中了解到各种与甲壳虫乐队有关的故事。

利物浦大教堂

利物浦大教堂（Liverpool Cathedral）为一座新哥特式风格的建筑，是贾尔斯吉尔伯特斯科特爵士一生所设计出的作品中最出色的，同时也是世界最大的英国国教教堂。教堂内的中心大钟为世界第三大钟，管风琴为世界上最大的管风琴。教堂内常常会举办各种音乐会、博览会、独唱会、展览。

利物浦大教堂

旅游资讯

地址： St. James House 20 St James Rd. Liverpool
交通： 可以从火车站步行前往
电话： 0151-7096271
门票： 免费
开放时间： 8:00～18:00
网址： www.liverpoolcathedral.org.uk

利物浦世界博物馆

利物浦世界博物馆 (World Museum Liverpool)包括自然历史、科学、技术的主题展览，展品集自然、人类世界、地质、天文等方面。同时，博物馆兼具娱乐和教育功能，尤其是水族馆和昆虫馆趣味性很高，从中你可以了解大量的自然知识。

旅游资讯

地址： William Brown Street
电话： 0151-4784393
门票： 免费
开放时间： 10:00～17:00
网址： www.liverpoolmuseums.org.uk

利物浦周边景点

湖区国家公园

湖区国家公园

湖区国家公园（The Lake District National Park）为英格兰最美丽的一角，雄伟的山峰与风光旖旎的湖泊，构成了一幅幅绝美的画卷，吸引了众多作家和诗人，华兹华斯（William Wordsworth）和比阿特丽克斯·波特（Beatrix Potter）都曾在这里写下过经典的诗篇和文章。此外，这里还有英格兰最佳的徒步旅行和攀登路线，以及老少皆宜的娱乐活动。

旅游资讯

地址： Moot Hall, Market Square, Keswick

交通： 从利物浦乘坐火车，大约1.5个小时即可以抵达奥克森霍尔姆，换湖水线列车，大约20分钟就能抵达湖区大门的温得米尔

网址： www.lake-district.gov.uk

旅游达人游玩攻略

湖区的天气变化多端，在出行之前最好带上雨具；同时，如果要进行长时间的户外活动，还要做好相应的防晒措施。

斯皮克大楼

斯皮克大楼（Speke Hall）位于利物浦南9.6千米处，这幢典型的半木结构大楼是利物浦现存最古老的建筑之一。在斯皮克朴素的郊区，这座以黑白为主色的建筑格外引人注目，内部有几个教士的藏身所。

旅游资讯

地址： The Walk

电话： 0151-4277231

网址： www.nationaltrust.org.uk

利物浦美食

利物浦有很多美食小餐厅，除了传统的英式菜肴，还有很多餐厅提供法国、俄罗斯、泰国、印度等地的菜肴。在Hardman街、Slater街、Bold街、Albert Dock等附近区域，都能找到各种大众餐馆，这些餐馆主要提供一些实惠的平价食物。在Concert Square周边分布着众多咖啡店、小酒馆。此外，如果你想尝尝非洲、地中海等地的菜肴，可以在利物浦的小巷中转转。

· Tea Factory

这家餐馆中的菜单十分丰富，除了典型的英国美食外，还有各种风味小吃。餐馆的内部每个就餐的房间都有着不同的装饰，你可以找一间令你心仪的房间就餐。

地址： 79 Wood St.
电话： 0151-7087008

· Meet Argentinian

这是一家阿根廷风味餐厅，处处充满着浓郁的南美风情。餐厅的装饰优雅而浪漫，给人愉悦的感受。这里的特色食物为烤牛排，十分美味，值得品尝。

地址： 50 Brunswick St City Centre Liverpool
电话： 0151-2581816
网址： www.meetsteakhouse.co.uk

· Tokyou

这里主要提供实惠的亚洲美食，包括日本、韩国、中国等亚洲国家的特色美食。坐在餐厅里野餐风格的长椅上享受美食，或是打包外带食物，都是美妙的享受。

地址： 7 Berry St
电话： 0151-4451023

其他餐厅推荐				
名称	地址	电话	网址	菜系
Spire	1 Church Rd	0151-7345040	www.spirerestaurant.co.uk	欧洲
Puschka	16 Rodney St	0151-7088698	www.puschka.co.uk	英国
Shiraz	19 North John St	0151-2368325	www.shirazbbq.co.uk	土耳其
Etsu	25 The Strand	0151-2367530	www.etsu-restaurant.co.uk	日本

利物浦购物

在Bold St上能找到很多新奇的购物场所，在这里，你能找到很多很有个性的物品。也可以沿马修大街（Mathew St)前行，到达利物浦两个著名的时装王国Wade Smith和Reiss。利物浦的商店营业时间较长，通常21:00或22:00才关门，有些超级市场甚至24小时营业。利物浦著名的超级市场有Tesco、Safeway、ASDA、Iceland。

·Liverpool One

Liverpool One是利物浦市最集中的购物中心，在这里，你可以找到Zara、Armani、H&M等时尚的品牌，同时利物浦足球俱乐部官方商店也设在这里。此外，Liverpool One内有餐饮场所。

地址： 5 Wall St.
电话： 0151-2323100
网址： www.liverpool-one.com

·Wade Smith

Wade Smith有利物浦的时装王国之称，主要出售利物浦最时尚、潮流的品牌服饰，此外，利物浦还有一个与其知名度相当的Reiss，这个店主要出售自有品牌的服装产品。

地址： Mathew St.
电话： 0151-2551077

· Primark

在这里，你可以找到很多价格便宜的衣服、鞋子，是令当地人疯狂的淘宝地。有人将这里称为疯抢区，的确，无论你什么时候来，这里都是热闹、拥挤的。

地址：48-56 Church St.
电话：0151-7094635
网址：www.primark.co.uk

· Clayton Square Shopping Centre

这家购物中心主要以饰品、包、服饰、内衣、化妆品店为主，商品打折一般都打得比较厉害。在二楼设有上网区域，附近还有小吃餐厅。

地址：Great Charlotte St.
电话：0151-7094560
网址：www.claytonsquare.co.uk

利物浦娱乐

利物浦拥有不少剧院、酒吧、俱乐部，你可以在Bold、Seel、Slater大街上找到形形色色的酒吧及俱乐部。此外，在利物浦，利物浦足球俱乐部、埃弗顿足球俱乐部的赛场和比赛值得一看。

· Cavern Club

这个酒吧是甲壳虫乐队迷们不可以错过的地方，甲壳虫乐队曾在这里举行过200多场音乐会。如今，酒吧已成为了利物浦的一大景点，内部有甲壳虫乐队演出的各种照片和他们当年使用的乐器。

地址：10 Mathew St.
电话：0151-2369091
网址：www.cavernclub.org

· Unity Theatre

这是一个非主流剧院，主要表演独特、富有挑战性的戏剧。此外，这里还设有一个顶级酒吧。

地址：1 Hope Pl
电话：0151-7094988
网址：unitytheatreliverpool.co.uk

· Philharmonic Hall

这个美丽的建筑拥有一个极富艺术风格的大厅，是利物浦主要的交响乐团所在地。这里还常常上演John Cage、Nick Cave等前卫音乐家的作品。

地址：36 Hope St.
电话：0151-7093789
网址：liverpoolphil.com

· Liverpool Football Club

这是英格兰足球超级联赛的球队之一，也是英格兰最成功的足球俱乐部。你可以到利物浦队的主场安菲尔德球场（Anfield Stadium），现场体验一场精彩刺激的比赛。

地址：Anfield Rd.
电话：0151-2632361
网址：liverpoolfc.tv

利物浦住宿

利物浦有很多商务旅馆、连锁酒店，此外还有不少的新型旅馆。这里的住宿地主要集中在市中心地区，当利物浦球队主场比赛进行时，以及8月份最后一周甲壳虫纪念集会时期，往往很难预订到床位。

利物浦住宿推荐			
名称	地址	电话	网址
Radisson Blu Liverpool Hotel	107 Old Hall St.	0151-9661500	www.radissonblu.co.uk
Crowne Plaza Hotel	St Nicholas Pl, Princes Dock	0151-2438000	www.cpliverpool.com
The Liner Hotel	Lord Nelson St.	0151-7097050	www.theliner.co.uk
Liverpool Marriott Hotel City Centre	1 Queen Square	0151-4768000	www.marriott.com
Signature Living	56 Stanley St.	0151-2360166	www.signatureliving.co.uk
base2stay Liverpool	29 Seel St.	0151-7052626	www.base2stay.com
Staybridge Suites	21 Keel Wharf	0151-7039700	www.ihg.com

巴黎埃菲尔铁塔和塞纳河

PART 4

法国热门旅游线路

从机场前往市区

巴黎有三大机场，分别是戴高乐机场（Aeroport international Charles de Gaulle，CDG）、奥利国际机场（Orly，ORY）和伯韦机场（Beauvais，BVA）。

·戴高乐国际机场

戴高乐国际机场也被称为鲁瓦西机场（Roissy），距离巴黎市中心约25千米，是法国主要的国际机场，主要经停国际航班。中国的北京、上海、广州、香港都有直飞戴高乐机场的航班。机场有3个航站楼，其中2号航站楼又分为A-G不同的大厅，这些大厅也可以被称为单独的航站楼，因而可以说机场有9个航站楼，通常机票上以T1、T2A、T2B、T2C、T2D、T2E、T2F、T2G、T3标注。各航站楼间的距离较远，可乘坐免费的摆渡车（CDG VAL）往来。

机场与区域快铁（RER）系统以及高速铁路（TGV）系统相连，从机场2号航站楼可以乘坐TGV火车前往里昂、马赛、第戎、阿维尼翁、波尔多、勒芒等多座法国城市。机场的信息可以登录机场的官方网站（www.aeroportsdeparis.fr）查询。

戴高乐国际机场

中国航班停靠戴高乐国际机场信息		
出发地	航空公司	主要停靠点
北京（Beijing）	国航	T1
	东航、法航	T2E
上海（Shanghai）	东航或者和法航共享代码的法航	T2F
	法航	T2E
广州（Guangzhou）	国航	T1
	南航、法航	T2E
香港（HongKong）	国泰	T2A
	法航和Quantas	T2E
	新西兰航空公司（NZ）	T3

从机场前往市区的交通概况				
名称		前往区域	乘坐点	信息
区间快线B (RERB)		火车北站、Chatelet-Les Halles商业中心	3号航站楼（Terminal 3-Roissypole）与2号航站楼，1号航站楼有开往3号航站楼的免费摆渡车	4:56~23:40，约12分钟一班，全程约30分钟
机场大巴（Roissy Bus）		歌剧院广场（Place de l'Opera）	1号航站楼，到达层8号门； 2A与2C航站楼，A9门； 2D航站楼，B11门； 2E与2F航站楼，连接通道处5号门	6:00~23:00，约15分钟一班，全程约50分钟
法航班车-2号线		戴高乐星形广场（Place Charles-de-Gaulle Etoile）	3号航站楼，到达大厅 1号航站楼，到达楼层3号门； 2A 及2C航站楼，C2号门； 2D航站楼，B1号门； 2E与2F航站，连接通道处3号门	5:45~23:00，约30分钟一班,全程约1小时
法航班车- 4号线		蒙帕纳斯（Montparnasse）火车站	1号航站楼，到达楼层32号门 2A与2C航站，C2门 2D航站，B1门 2E与2F航站，连接通道处3号门	6:00~23:00，约30分钟一班,全程约50分钟
公交大巴及夜车（Noctilien）	350	火车东站	3号航站楼外巴士车站E站台	每15~60分钟一班，行程40~70分钟
	351	民族广场	2号航站楼：2B-2D 11号门，2A-2C 9号门，2E-2F 入境层；1号航站楼入境层 30号门	
	N 120	奥利机场，途经市区	2F到达层向环形内的方向出门	0:30~5:30
	N 121	途经市区，往凡尔赛方向		
	N 140	火车东站		

乘出租车前往：出租车站位于到达航站楼行李提取区域的出口，白天从巴黎戴高乐机场乘出租车前往市中心、巴黎拉德芳斯（La Defense）区或奥利机场等地，车费约50欧元。19:00至次日7:00前往巴黎郊区、17:00至次日10:00前往市内、周日及法定假日乘车时，需加收15%的费用。

戴高乐机场出租车乘坐点

航站楼	乘车点
1号航站楼	到达楼层的20号出口
2A、2C航站楼	6号出口
2D航站楼	7号出口
2E、2F航站楼	1号出口
3号航站楼	到达大厅出口

出租车预订服务信息

名称	公司	电话	服务范围
Taxis Parisiens	Alpha Taxi	01-45858585	巴黎市区以及邻接三区内的服务：92、93、94
	Les taxis bleus	08-91701010	
	Taxi G7	01-47394739	
	Taxi 7000	01-42700042	
	G7 Horizon	01-47390091	
Taxi Banlieue	Taxis Banlieue	01-42700042	巴黎市区以及邻接四区内的服务：77、78、91、95

凯旋门

· 奥利国际机场

奥利国际机场距离市中心约13千米，主要运营法国国内航班、部分近距离国际航班及廉价航空公司的航班。机场设有南航站楼(Orly Sud)和西航站楼(Orly West)，两航站楼间有免费的穿梭巴士往来。机场官方网站为www.aeroportsdeparis.fr。

从机场前往市区交通

名称		前往区域	乘坐点	信息
机场快车 +区间快线B（Orly Val+ RER B）		Chatelet-Les Halles商业中心	南航站楼到达层K出口，西航站楼出发层A出口	6:00～23:00，约4～8分钟一班，全程约25分钟
短途巴士+区域快线C（Shuttle Bus+RER C）		短途巴士到Pont-de-Rungis站，转乘RER C去市区或凡尔赛	南航站楼G门1站台，西航站楼到达层H门B站台	4:34至次日0:56，约15～30分钟一班，全程约35～50分钟
机场巴士（Orly Bus）		当费尔·洛希罗广场（Place Denfert- Rochereau）	南航站楼G门，西航站楼到达楼层D门B站台	6:00～23:30，约15～20分钟一班，全程约30分钟
法航机场大巴 1号线		蒙帕纳斯火车站、荣军院（Invalides）、凯旋门广场	南航站楼J门，西航站楼到达层D门A站台	6:00～23:40，约20分钟一班
公交大巴及夜车	Bus285（过路车）	7号线犹太城-路易·阿拉贡（Villejuif-Louis Aragon）站	南航站楼到达层H出口处沿标志走	全程约15分钟，适合行李不多者
	Jet Bus		南航站楼到达层H出口，西航站楼出发层D出口	单程6.4欧元，往返10.8欧元
	Bus 183	中国城 Porte Choisy（地铁M 7）	南航站楼到达层H出口	车次多，全程约50分钟
	夜车N31、N120	N31：里昂火车站 N120：戴高乐机场，经市区	南航站楼到达层H出口处沿标志走	0:30～5:30
出租车		市区各地	到达航站楼行李提取区域的出口	白天到市中心车费约30～50欧元

· 伯韦机场

伯韦机场离巴黎市中心较远，是一个小型的机场，主要由4家航空公司经营。绝大部分的航班来自瑞安航空（Ryan Air），其他航班来自东欧（Wizz Air）、布加勒斯特（Blue Air）、北海海岛(Blue Islands)。

从机场前往市区交通

交通方式	信息
巴士+地铁	每班飞机抵达时有机场巴士开往马约门（Porte Maillot）地铁站，乘地铁前往市区
火车	先乘出租车到Beauvais 市的SNCF车站（距离机场约2千米，出租车费用11～15欧元），乘火车直达巴黎火车北站，行程约70分钟，10.7欧元
出租车	机场距离巴黎市区较远，车费比较贵

乘轨道交通玩巴黎

巴黎市中心的地铁网络四通八达，地铁是当地人们出行主要的交通工具。这里的地铁有两个系统，在二环内的叫做“Metro”，地铁站入口有的用“M”作标志，有的用“Metro”或“Metropolitan”作标志；超出二环的叫作“RER（Reseau Express Regional）”，用“RER”标志。每条地铁线都有不同的编号、颜色和行驶路线，将巴黎及市郊地区连接起来，并与市内部分火车站连通。

乘坐地铁时，你可以在地铁站的售票窗口或自动售票机上购买车票，地铁车票与公交车票基本通用，可自由换乘。进站需检票，所检车票必须保留到你离开地铁站，否则将作无票处理。上车后会有人员查票，如被发现逃票或未检票，将予以罚款。

进站后，可按“Direction”标志牌前往要乘车的站台，换乘标志为“Correspondance”，在到站后按照出口指示（法文“Sortie”表示出口）出站。

地铁运行时间：周一至周四地铁首班车为5:30，末班车为次日1.15；周五、周六及节日前夜首班车为5:30，末班车为次日2:15。关于地铁的更多信息，可在其官方网站（www.ratp.info）上了解。

旅游达人游玩攻略

在巴黎乘坐公共交通工具，建议你买一张巴黎旅游交通卡（Paris Visite Pass），持有这张卡可以无限制地乘坐所有的公共交通工具。卡的种类比较多，有1天、2天、3天、5天以及1～3区和1～6区这几种。如果你需要到3区以外的次数比较多，比如去迪斯尼、凡尔赛宫或者机场，那么购买1～6区的票比较实惠。

巴黎旅游交通卡的费用是从使用当天起计算天数，而非购买的那天开始，因此可以提前购买。需要注意的是，交通卡一旦使用，当天运营时间内都算一天。比如从21:00使用该卡，也算作一天，并不是要到第二天的21:00才为一天。

乘地铁游重要景点

地铁线路	站名	景点
1、7线	Palais-Royal-musee du Louvre	卢浮宫
4线	Cite	巴黎圣母院
RER B、RER C线	Saint-Michel-Notre-Dame	
RER C线	Champ de Mars-Tour Eiffel	埃菲尔铁塔
6、9线	Trocadero	埃菲尔铁塔
1、8、12线	Concorde	协和广场
3、7、8线	Opera	巴黎歌剧院
RER A	Auber	
RER C	Versailles Rive Gauche	凡尔赛宫

乘公共汽车游巴黎

·公交车

巴黎的公交车有白天和夜间两种，覆盖范围很广。各路公交车均有编号，多数可以到达地铁无法到达的区域和近郊区。市区内公交线路众多，其中24、26、27、64路尤其适合观景。白天运行的公交，运营时间一般为6:30～20:30，有些线路运营至次日0:30甚至更晚。夜间公交运营时间一般为0:30～5:30，通行巴黎市区并可驶至周围50千米处（包括巴黎戴高乐机场）。

公交车票可以与地铁票通用，可以在自动售票机、报刊亭等地买票，也可以在车上买，只是票价会贵些。车票按区计价，市区划分为8个环，越向外越贵。乘车时需向司机举手示意，车停后从前门上，上车后需将票插入打票机验票。下车时，按一下车上的按钮，司机便知道有人要下车。

·观光巴士

在巴黎，你可以乘坐观光巴士进行参观，不过在巴黎圣母院、西岱岛、圣·路易岛、蒙马特高地一带等警察局划定的游览区，观光巴士不能停车。塞纳河游船则可以停靠上述景点。详情可上网（www.autocars.paris.fr）查询。

·有轨电车

巴黎及近郊地区有轨电车信息		
地铁线路	站名	运行时间
T1	Asnieres-Gennevilliers-Les Courtilles-Noisy-le-Sec	周一至周五5:30至次日0:40，周六5:15至次日1:59，周日7:00至次日0:40
T2	La Defense- Porte-de-Versailles	周一至周五5:30至次日0:30（周五1:30），周六5:30至次日1:30，周日6:30至次日0:30
T3	Pont-du-Garigliano-Porte-d' Ivry	周一至周日4:50至次日0:30（周五凌晨1:30），周六4:50至次日1:30，周日5:50至次日0:30

乘出租车逛巴黎

出租车是人们在巴黎旅行最常用的交通工具之一，你可以在火车站、机场、交通枢纽附近和设置在城市内的出租车候车点搭乘出租车，也可以在住宿、餐馆等处提前电话预订。在非出租车车站处遇上空车想要搭乘时，司机一般会拒载。

法国的出租车有三级计价法，计价方式很有意思，可以根据车顶灯下面的白、红、蓝三色灯来判断出租车不同时段的费用。白色表示A级，红色表示B级，蓝灯表示C级。需要注意的是，遇到堵车车速极低时也会计入等候时间。

出租车计价信息

车灯状态	运行信息	价格信息	额外收费信息
白灯级	白天在巴黎市区行车	市区平日：10:00～17:00，每千米0.86欧元；等候：每小时27欧元	成年乘客超过3人，第4人收2.85欧元。超过5千克的行李收费1欧元。车资多半不找零，而是作为小费
红灯级	夜间在巴黎市内或郊区行车	市区平日：17:00～10:00，周日7:00～24:00，公众假期全天，郊区平日7:00～19:00，每千米1.12欧元；等候：每小时31欧元	
蓝灯级	夜间在巴黎郊区，或任意时间在巴黎以外地区	市区周日：0:00～7:00，郊区平日：19:00至次日7:00，周日及公众假期全天，每千米1.35欧元；等候：每小时29.1欧元	

出租车预约服务	
名称	电话
巴黎统一叫车服务处	01-45303030
Taxi G7公司	01-47394739(英文)、3607(当地拨号)
Taxis Bleus公司	01-49361010(英文)、3609(当地拨号)

自驾车玩转巴黎

· 自助式自行车

巴黎市区大部分重要景点距离都很近，骑自行车游览是完全可行的。巴黎市政府在全城遍设停车点，基本上每隔300米就有一处，范围覆盖小巴黎、布洛涅以及文森森林附近。这种自助式单车的使用说明在说明板上用几种语言标出，租用自行车需要注册一个租借卡，在前30分钟免费使用，31～60分钟内加收1欧元，61～90分钟内再加收2欧元，90分钟以后每半个小时加收4欧元，所以建议每次使用不超过30分钟。可受理Visa、Mastercard、American Express、JCB 等银行卡，详情可登录网站查询www.paris.fr或www.velib.paris.fr。

需要注意的是，规定只有14周岁以上、身高1.5米以上的人才能租用自行车。建议你在自行车专道上骑行，右向行驶，注意红绿灯，转向打手势，禁止转借自己租用的自行车或者租借卡。

· 自助式电动汽车

在巴黎及巴黎大区的部分市镇提供电动汽车的短期租赁自助服务，使用完毕后无需归还至出发地点，只需持有汽车驾照、身份证明和银行卡即可通过自助终端注册使用或进行预订。可受理Visa、Mastercard、American Express等银行卡。

巴黎市区景点

卢浮宫玻璃金字塔入口

埃菲尔铁塔

埃菲尔铁塔（La Tour Eiffel）是为纪念法国革命100周年和迎接国际博览会而建，是巴黎最具代表性和象征性的建筑，被法国人亲切地称为“铁娘子”。铁塔共有三层，一、二层设有餐厅、咖啡座等，三层建有观景台，在观景台上，你可以欣赏到美丽的巴黎风光。

旅游资讯

地址：Avenue Anatole France

电话：08-92701239

交通：乘地铁6、9线在BirHakeim站下，RER C线在Champ de Mars站下，乘72、82路等公交在Tour Eiffel/Champs de Mars站下

门票：乘电梯至二层8.5欧元，乘电梯至顶层14.5欧元，走楼梯至二层5欧元

开放时间：9:30～23:00（1月1日至6月15日，9月3日至12月31日），9:00～24:00（6月16日至9月1日）

网址：www.tour-eiffel.fr

旅游达人游玩攻略

每当夜幕降临，埃菲尔铁塔便会亮起璀璨的灯光。灯光并不是一直都亮着，亮起的时间是在每个小时的前5分钟，千万不要错过。

卢浮宫

卢浮宫（Musee du Louvre）是巴黎的心脏，原为法国王宫，现在是世界上最古老、最著名的博物馆之一。卢浮宫内藏品丰富，分为绘画馆、雕塑馆、珍宝馆、东方艺术馆、古代古埃及文物、古希腊与古罗马艺术馆等展馆。藏品中的维纳斯雕像、蒙娜丽莎油画和胜利女神石雕被誉为世界三宝。

旅游资讯

地址： Musee du Louvree

电话： 01-40205317

交通： 乘地铁1、7线在Palais-Royal-musee du Louvre站下

门票： 8欧元，每月的第一个周日免费

开放时间： 9:00～18:00（周二闭馆），每周三和周五晚开放至21:45，每年1月1日、5月1日和12月25日闭馆

网址： www.louvre.fr

旅游达人游玩攻略

1.卢浮宫有几个入口，每个入口的开放时间都有所差别。玻璃金字塔入口及卡鲁塞勒长廊入口开放时间为9:00～22:00（周二闭馆）；黎塞留通道入口周三、周五开放时间为9:00～18:30，其他时间开放至17:30（周二闭馆）；狮子入口周二、周五闭馆，其余时间全天开放。

2.卢浮宫内的藏品部门用不同的颜色加以区分，如绿色代表古埃及文物部，红色代表绘画部等。各个藏品部门的不同展厅都配有一个相应的阿拉伯数字，这些不同的颜色与数字都标记在卢浮宫的导游图上，及各展厅内的方向指示牌、参观线路上随处可见的标志板上，因而可以很轻易地找到相应的展厅。

3.参观时，你一定要遵守馆内的相关规定，不能高声喧哗，不能在博物馆展厅内吃喝饮食或吸烟，也禁止使用手机。永久陈列馆内，你可以进行仅限于私人用途的照相或摄像活动，在照相或摄影过程中，不能使用闪光灯或其他带有照明闪光的设备，照相机或摄像机的固定脚架也禁止使用。此外，德农馆的一楼各展厅（有蒙娜丽莎厅、米洛的维纳斯厅、阿波罗廊等）内不能照相或摄像。

凯旋门

凯旋门（Arc de triomphe de l'etoile）位于戴高乐星形广场中央，为纪念奥斯特利茨战争的胜利而建，是巴黎四大代表性建筑之一。它全部由石材建成，四面各有一门，门上有许多各具特色的雕像。以凯旋门为中心，四周围绕着众多热闹非凡的大街，其中最有名的是香榭丽舍大街。

旅游资讯

地址： Place Charles de Gaulle

电话： 01-55377377

交通： 乘地铁1、2、6线在Charles-de-Gaulle-Etoile站下，乘RER A线在Charles-de-Gaulle-Etoile站下，或乘30、92路等公交在Balabus站下可到

门票： 9.5欧元，优惠价6欧元（18岁以下免费），11月1日至次年3月31日，每个月的第一个星期天免费

开放时间： 10:00～23:00（4月至9月），10:00～22:30（10月至次年3月）

网址： www.arc-de-triomphe.monuments-nationaux.fr

卢浮宫内维纳斯雕像

巴黎圣母院

巴黎圣母院(Cathedrale Notre Dame de Paris)矗立在西岱岛上，是一座哥特式风格的基督教教堂。它集宗教、文化、建筑艺术于一身，已有几百年的历史，是古老巴黎的经典象征。圣母院装修华丽，内有塔楼。博物馆及考古时发现的一座地下教堂，里面藏有大量13～17世纪的艺术珍品。

旅游资讯

地址：6 Place du Parvis Notre-Dame

电话：01-42345610

交通：乘地铁M4线在Cite站下，或乘RER B、C线在Saint-Michel-Notre-Dame站下

门票：教堂免费，塔楼8欧元，10月至次年3月每个月的第一个周日免费

开放时间：周一至周五8:00～18:45，周六至周日8:00～19:45，周日因弥撒仪式，参观有所限制

网址：www.notredamedeparis.fr

旅游达人游玩攻略

建议从教堂的北门（North Portal）进入参观巴黎圣母院，一进门你就可以看到3个漂亮的玫瑰画窗；在这里参观，如果想听免费的中文讲解，可以选择在每个月第一个星期一和第三个星期三的14:30前往。

巴黎歌剧院

巴黎歌剧院（Opera de Paris）又被称为加尼叶歌剧院，是世界上最大的抒情剧场。该剧院规模宏大，装饰精美华丽，是法国最经典的建筑之一。剧院内有豪华的大舞台，艺术氛围十分浓郁，是人们欣赏歌剧、社交的理想场所。

旅游资讯

地址：Angle Rues Scribe et Auber

电话：01-40011789

交通：乘地铁3、7、8线在Opera站下，或乘RER A线在Auber站下

门票：9欧元

开放时间：10:00～17:00

网址：www.operadeparis.fr

奥赛博物馆

奥赛博物馆(Musee d’Orsay)与卢浮宫隔河相望，由奥赛火车站改建而成。它是巴黎三大艺术宝库之一，馆藏涵盖绘画、雕塑、摄影、建筑等诸多领域，以收藏19、20世纪印象派画作为主，其中雷诺瓦的加雷特磨坊舞会、凡·高自画像、莫奈的蓝色睡莲等作品是十分珍贵的镇馆之宝。

旅游资讯

地址：1 rue de la Legion-d’Honneur

电话：01-40494814

交通：乘地铁在Solferino站下

开放时间：周二至周日9:30～18:00，周四开放时间延至21:45

网址：www.musee-orsay.fr

蓬皮杜文化中心

蓬皮杜文化中心（Centre Georges Pompidou）位于塞纳河右岸的博堡大街，当地人常称其为“博堡”。文化中心设计新颖、造型独特，外露的钢架以及五颜六色的复杂管线十分引人注目。徜徉于文化中心内，通过高科技展示手段，你可以进一步了解法国历史和文化的信息。

蓬皮杜文化中心

旅游资讯

地址： Place Georges-Pompidou
电话： 01-44781233
交通： 乘坐地铁4、11线在Rambuteau下，RERA、B、D线在Chateletles Halles站下可到
门票： 图书馆免费，每次展览单独设置门票
开放时间： 11:00～21:00,每周二和每年5月1日闭馆
网址： www.centrepompidou.fr

协和广场

协和广场(Place de la Concorde in Paris)是法国最著名的广场，也是世界上最美丽的广场之一。广场中央矗立着埃及方尖碑，方尖碑上面刻满了赞颂埃及法老丰功伟绩的文字。广场四周还围绕着8座雕像，分别象征着法国的8大城市。

旅游资讯

地址： Place de la Concorde
交通： 乘地铁M1、M8、M12线在Concorde站下

协和广场

圣心教堂

圣心教堂(Sacre-Ceour) 位于蒙马特高地的至高点上，是一座罗马式与拜占庭式风格相结合的建筑，以视角广阔和景色如画著称。教堂内有众多精美的浮雕、壁画和镶嵌画。站在教堂所在的高地上远眺，可将巴黎千年历史风光一览无余。

圣心教堂

旅游资讯

地址：35 Rue du Chevalier de la Barre

电话：01-53418900

交通：乘地铁2号线在Anvers站、4号线在Chateau Rouge站或12线在Abbesses站下

门票：5欧元

开放时间：夏季 9:00～18:45，冬季 9:00～17:45

网址：www.sacre-coeur-montmartre.com

葡萄酒博物馆

葡萄酒博物馆(Musee du vin) 坐落在塞纳河右岸，位于一个始建于15世纪的酒窖中。馆内陈列有大量法国传统葡萄酒酿造工具及其相关物品。同时，博物馆提供展品讲解、品酒介绍和团体用餐等服务。

旅游资讯

地址：5 Square Charles Dickens

电话：01-45256326

交通：乘地铁6号线在Passy站下

网址：www.museeduvinparis.com

卢森堡公园

卢森堡公园（Jardin du Luxembourg）风景如画，内有许多思想家、诗人题词的半身塑像与纪念碑。这里环境优美，更是人们进行打牌、下棋等休闲娱乐活动的好地方，孩子们游玩的小天地。公园内经常会举行不同的体育活动，偶尔还有歌剧演出。

旅游资讯

地址：15 rue de Vaugirard

门票：免费

开放时间：夏天7:30～21:30，冬天9:00～17:00

莎士比亚书店

莎士比亚书店(Shakespeare & Company)与巴黎圣母院隔河相对，主要以出售英文书籍为主。海明威、费兹杰拉德、斯坦因等都曾栖身于此，这里曾被喻为英语世界文学青年的庇护所和乌托邦。

旅游资讯

地址：37 Rue Bucherie

交通：乘地铁10号线在Maubert-Mutualite站下

开放时间：10:00～23:00

网址：www.shakespeareandcompany.com

凡尔赛宫

凡尔赛宫（Chateau de Versailles）是欧洲最宏伟、最豪华的皇宫，最初是法兰西的皇宫宫廷，主要包括皇宫城堡、花园、特里亚农宫等几大部分。建筑外观宏伟壮观，内部装饰豪华富丽。这里是追忆法国历史，感受艺术魅力，欣赏如画风景的好地方。

旅游资讯

地址： Place d'Armes, Versailles

电话： 01-30837800

交通： 乘RER C线至Versailles Rive Gauche站下步行可到，或在蒙帕那斯火车站乘火车在Versailles-Chantiers站下

门票： 15欧元（可以参观凡尔赛宫最著名的场所和临时展览）

开放时间： 周二至周日9:00～17:30（11月1日至次年3月31日），周二至周日9:00～18:30（4月1日至10月31日）

网址： www.chateauversailles.fr

凡尔赛宫

奥维小镇

奥维小镇（Auvers sur Oise) 是一个著名的艺术小镇，这里有“令人舒坦的空气，丰富而井然有序的绿野”。印象派画家塞尚、莫奈、毕沙罗以及凡·高曾来此找寻灵感，跟随着大师们的足迹，漫步于小镇的小街小巷之中，拜访大师们曾停留过的地方，说不定你就是下一个绘画大师。

旅游资讯

地址： Auvers sur Oise

交通： 从巴黎北站或圣拉萨站(Gare saint-Lazare)乘坐RER C1线到终点站彭杜瓦兹（Pontoise），再换车或步行前往

枫丹白露宫

枫丹白露宫(Le Chateau de Fontainebleau)位于塞纳河左岸的枫丹白露镇，是法国最大的王宫之一。王宫四周森林环绕，风景优美，气候宜人。整个建筑群由古堡、宫殿、院落和园林组成，各个时期的建筑风格大多可以在这里找到。宫内保留着众多历史古迹，值得人们细细观赏和品味。

旅游资讯

地址： Place du General de Gaulle，Fontainebleau

电话： 01-60715070

交通： 从巴黎里昂车站搭乘前往蒙特洱（Montereau）方向的火车，在枫丹白露站下车，然后转乘A线公交车在Chateau站下可到

门票： 大殿线路5.5欧元，小殿线路3欧元，每月的第一个星期日免费

开放时间： 主要大厅9:30～17:00，周二闭馆；森林区从日出至日落

网址： www.rmn.fr

枫丹白露宫

最容易让人忽略的景点

法国迪斯尼乐园

法国迪斯尼乐园（Parc Disneyland）是欧洲第一座迪斯尼乐园，由法国小镇大街、边界乐园、冒险乐园、幻想乐园和发现乐园（Discoveryland）组成。园内主题活动丰富多样，游乐设施齐全，你可以在这里尽情体验各种有趣的活动，寻找童年的乐趣。

旅游资讯

地址： Parc Eurodisney，Marne la Vallee

电话： 01-60306053

交通： 乘RER A4线在Marne laVallee-Chessy站下

门票： 40欧元 (1天通票,主题公园)，89欧元 (2天通票，主题公园+影视城)，110欧元 (3天通票，主题公园+影视城)，128欧元 (4天通票，主题公园+影视城，137欧元 (5天通票，主题公园+影视城)，3~11岁有优惠

开放时间： 10:00~20:00 (公园游行活动时延长到22:00)，影视城(Studio)在19:00关闭

法国迪斯尼乐园

先贤祠

先贤祠（Pantheon）是法国最著名的文化名人安葬之地。整个建筑呈古希腊十字形，教堂的圆顶是由里外三层半球体一层套一层构成，正面是由“科林斯柱”组成的柱廊，正厅中央悬挂着著名的福科钟摆。这里安葬着伏尔泰、卢梭、雨果、皮耶尔和居里夫人等曾为法国作出过非凡贡献的名人。

旅游资讯

地址： Place du Pantheon

交通： 乘地铁10号线在Cardinal Lemoine站下

门票： 8欧元

开放时间： 夏季09:30~18:30，冬季10:00~18:15

圣路易岛

圣路易岛（Ile Saint Louis）位于巴黎市中心，是塞纳河上的两个天然岛之一，享有“塞纳河上的明珠”的美誉。岛上建筑富有浓郁的殖民地风格，这里最诱人的地方当属享誉世界的贝蒂（Berthillon）冰淇淋店了。

旅游资讯

地址： 巴黎中心塞纳河上

交通： 乘地铁7号线在Pont Marie站下

巴黎美食

巴黎作为一个美食之都，拥有数不尽的美食。在这里，你除了可以吃到正宗的法式大餐和意大利餐，欧洲菜、亚洲美食、美洲美食、阿拉伯美食等世界各地美食。巴黎的美食多种多样，松露、蜗牛、鹅肝酱是法国的传统名菜，法式面包、法国奶酪、可丽饼、帕尼尼、卡苏莱（Cassoulet）、奶酪火锅、法式三明治等也很是赫赫名。

巴黎的米其林三星餐厅世界闻名，是富豪名流的常去之地。普通的巴黎人更喜欢流连于露天咖啡馆，街角实惠又地道的小餐馆。这里有多条美食街，如果想找特色小餐馆，可以到10区的圣安妮街（Rue Ste-Anne）；想吃中餐可以到唐人街、3区、11区、13区；想吃正宗的法国餐可以找招牌上带有“Cuisine Traditionnelle”字样的餐厅。

巴黎风味

· L'Ambroisie

这家店位于巴黎孚日广场内，外表很不起眼，但它是巴黎五家米其林三星店之一。餐厅以精湛厨艺而闻名，每晚只为40位客人服务。菜品简朴内敛，只有品尝后，你才能体会到那种与众不同的感觉。

地址：9 Place des Vosges 75004
电话：01-42785145
网址：www.ambroisie-paris.com

· Poilane

Poilane（波澜面包店）可以说是法国殿堂级的面包店，店内的面包有各种不同的造型，除了可以品尝外，还能当作日常生活用品或装饰品。

地址：38 Rue Debelleyme
电话：01-44618339
网址：www.poilane.fr

· Chez Clement Opera

Chez Clement Opera（克雷蒙之家）主要提供各种精美的法国菜肴，菜肴选用的都是新鲜食材，保证菜肴的原汁原味及美味，菜式价格合理，服务人员的服务也很周到。

地址：21 Boulevard Beaumarchais
电话：01-40291700
网址：www.chezclement.com

其他巴黎风味餐馆推荐			
名称	地址	电话	网址
Bistrotters	9 Rue Decres	01-45455859	www.bistrotters.com
Le Cinq	31 Avenue George V	01-49527154	www.fourseasons.com
Restaurant La Veraison	64 Rue de la Croix Nivert	01-45323939	www.laveraison.com
Esens'all	12 Rue Dulong	01-42276671	www.esensall.com
Epicure	17 Boulevard Malesherbes	01-53434340	www.lebristolparis.com
Les Papilles	30 Rue Gay-Lussac	01-43252079	www.lespapillesparis.fr

中国风味

· 一品味

一品味（Bleu Ciel）是一家川菜馆，食品材料一流，主打的是自助火锅。当然你也可以点菜，其实点菜会更便宜、更划算一些。

地址：24 Avenue de la Republique
电话：01-43554243
交通：乘地铁3、5、8、9、11号线在Republique站下
网址：particuliers.edf.com

· Shang Palace

这是一家装饰雅致的中餐馆，这里的粤菜非常好吃，点心很精致，虾饺值得推荐。虽然菜肴价格不便宜，但味道确实好。

地址：10 Avenue d'Iena
电话：01-53671992
交通：乘地铁9号线在Iena站下
网址：shangri-la.com

· 俏江南

俏江南（Qiao Jiang Nan）位于老佛爷百货华人团队服务区侧门附近。这家餐馆规模不算大，烹制的水煮鱼尤其美味，菜品可以与正宗的川菜相媲美。

地址：43 Rue de Provence
电话：01-48741340
交通：地铁7号线在Le Peletier站下

其他中餐馆推荐			
名称	地址	电话	网址
La Maison des trois thes	1 Rue Saint-Medard	01-43369384	www.maisondestroisthes.com
TaoKan	8 Rue du Sabot	01-42841836	www.taokan.fr
Tien Hiang	14 Rue Bichat	01-42000823	www.tien-hiang.fr
Delices du Shandong	88 Boulevard Hopital	01-45872337	www.deliceshandong.com
Elysees Hong-Kong	80 Rue Michel-Ange	01-46516099	www.elyseeshongkong.com

世界风味

· La Pena FesTayre

这是一家西班牙风味餐厅，在这里可以品尝美味的西班牙美食。餐厅用餐环境舒适，氛围也格外轻松，这里的海鲜饭及套餐值得品尝一下。

地址： 32,avenue Corentin Cariou
电话： 01-40050138
开放时间： 周三至周六12:00～14:00
网址： www.festayre.com

· Lengue

这家日本餐馆，环境优雅而温馨，菜品用料考究，烹调细致，主要提供便当，一份便当的价格大约20欧元。

地址： 31 Rue de la Parcheminerie
电话： 01-46337510
交通： 地铁5号线在Cluny-La Sorbonne站下
开放时间： 周二至周日 12:00～15:00，19:00～23:30

· Pho Banh Cuon 14

Pho Banh Cuon 14是一家很赞的越南餐馆，每到吃饭的时间，这里通常要排长队。这家餐馆的主打美食是越南米粉，一大碗牛肉粉和一杯饮料大概需要12.8欧元。此外，红豆冰和三色冰也很不错。

地址： 129 Avenue de Choisy
电话： 01-45836115
交通： 乘地铁7号线在Tolbiac站下

其他世界风味餐馆推荐				
名称	地址	电话	网址	菜系
La Table Russe	1 Rue de l'Ecole Polytechnique	01-53108241	www.latablerusse.com	俄罗斯
Maison Du Kashmir	8 Rue Sainte-Beuve	01-45486606	www.tandoori30.fr	泰国
Fajitas	15 Rue Dauphine	01-46344469	www.fajitas-paris.com	墨西哥
Ciasa Mia	19 Rue Laplace	01-43291977	www.ciasamia.com	意大利
La taverne du Cap Vert et du Bresil	25 Rue Daubenton	01-43314400	www.blogspot.com	巴西、南美

巴黎购物

巴黎是人们心中名副其实的时尚之都与浪漫之都，更是世界一线品牌、潮流产品的聚集地，新款产品上架最快、经典款式最全，还经常有特价促销活动，很多品牌商品的价格比国内便宜得多。此外，巴黎每年都有两次打折季，是大采购的好时机。打折季在冬季及夏季，冬季打折一般在圣诞新年假期后，持续3～6周；夏季打折则一般在6月底和7月初，持续一个月左右，大部分品牌都有30%～70%的折扣。不过，LV只有部分商品打折，折扣力度不大，基本不在打折的行列，CHANEL、GUCCI、Burberry等品牌一般都有打折促销活动。

在法国不得不提葡萄酒，你可以在超市、酒廊、机场免税店和酒庄（一般很少会到酒庄）购买葡萄酒。法国的Carrefour、Auchan两大超市是理想的购酒场所，在巴黎能找到的专营酒廊有Nicolas、Fauchon、Hediard和Lafayette(老佛爷)，其中Nicolas是全国连锁店，在法国很多城市都能看到。巴黎戴高乐国际机场是大部分国人出入法国的必经之处，其机场免税店酒水有时还有针对中国游客开展的促销活动，店内有会讲中文的导购人员，货架上有国人熟悉的顶级品牌。

旅游达人游玩攻略

每到大型的打折季，巴黎的各个酒店还会为住宿的客人准备特别优惠或赠送项目，一般会赠送早餐、客房升级、香槟等，每家酒店都有自己的方式。如果想进一步了解巴黎的购物信息，你可以在巴黎旅游局或旅游服务中心免费获取英法双语版的《巴黎购物指南》(Paris Shopping Book)，也可以登录网站www.parisinfo.com查阅。

人气旺盛的购物大街

·香榭丽舍大街

香榭丽舍大街被称为巴黎最美丽的街道。大街西段是高级商业区，各式各样的橱窗中摆满了潮流服饰、高级珠宝、名牌皮包及各种精品，让人应接不暇。LV、Cartier、Dior、 Chloè 等高级品牌均可在这里找到。

地址： Av.des Champs-Elysess

交通： 乘地铁1、9号线在Franklin D.Roosevelt站下

旅游达人游玩攻略

每年夏季及冬季的某段时间，香榭丽舍大道会有打折活动，有幸赶上的游客可不要错失良机了。

·蒙田大街

蒙田大街(Avenue Montaigne) 是巴黎著名的时装街，是游客购买高级时装的首选之地。在这里，Escada、Calvin Klein、Gianfranco Ferre等众多品牌你都可以找到，是名媛贵妇们经常光顾的地方。

地址： Avenue Montaigne

交通： 乘地铁1号线在Franklin D.Roosevelt站下

·拉丁区购物大道

拉丁区购物大道上的店铺主要售卖一些小品牌及手工商品，其款式较时尚年轻，尤其适合大学生人群。部分商店还经营二手书、二手服饰等，经济实惠。

地址： Quartier Latin

交通： 乘地铁4号线在Saint Germain Des-pres站下

旅游达人游玩攻略

拉丁区购物大道有不少各国的风味餐馆，装修简单舒适，价格合理，在这里就餐是很不错的选择。

·奥斯曼大道

奥斯曼大道拥有很多大型百货公司，其中以春天百货店及老佛爷百货最为出名。这里商品种类齐全，你几乎可以买到各种想要的商品。

地址： Boulevard Haussmann

交通： 乘地铁3、9号线在Havre-Caumartin站下

·圣一奥诺雷路

圣一奥诺雷路是奢侈品和古董等物品的云集之地，在这里，你可以找到Chloè、CHANEL、GUCCI等众多高档品牌的服饰、皮包、鞋子及款式奇特的欧洲古董。这条路上的Colette更是游客及时尚人士的必到场所。

地址： Rue du Faubourg-Saint-Honore

交通： 地铁1号线到Concord站

名牌集中的大本营

·老佛爷百货

老佛爷百货（Galeries Lafayette）曾凭借其豪华如宫殿般的装饰风格轰动一时，在这里购物，你可以真正体会到物质与艺术的双重享受。此外，这里还是选购葡萄酒的好地方，酒廊中的名牌酒种类比较齐全。

地址： 40 Boulevard.Hausmann

交通： 乘地铁7、9 号线在Chaussee d' Antin站下，地铁3、9号线在 Havre-Caumartin站下，或乘RER A线在Auber站下

开放时间： 周一至周三、周五至周六9:30～20:00
周四 9:30～21:00

网址： www.galerieslafayette.com

旅游达人游玩攻略

1.在老佛爷百货公司主馆零层（一楼）大厅的中文服务部，你可以免费索取中文商场导购图。服务人员还将提供各类购物信息，同时，免费提供巴黎地图。

2.老佛爷百货是旅行团的必访之地，通常人会比较多，在打折期期间，你会看到很多亚洲人穿梭其中。在这里购物，你只要带上银联标准卡就可以了，取钱时要注意ATM机上面的图标，银联卡略省钱一些。

· 春天百货

春天百货是巴黎最能体现创意与现代文化的商场，这里的商品与老佛爷中的绝对不会重复。商场给人极其奢华的感受，基本上每家店都像是一个大型的专卖店。

地址： 64 Boulevard Haussmann

电话： 01-42825787

交通： 乘地铁3、9号线在Havre Caumartin站下，或乘RER A线在Auber站下，RER E线在Haussmann St-Lazare站下

开放时间： 周一至周六9:35～20:00，周四营业至22:00

网址： www.printempsparis.cn

旅游达人游玩攻略

商店内配有多种语言翻译、免费接待和导购服务，其中包括中文翻译。在这里购物，所购物品可以免费速递到你所下榻的酒店，同时也可以寄往世界任何一个地方。

· Colette

Colette是时尚潮流的风向标，也是潮流人士的必去之地。在这里，你可以看到时装、手袋、化妆品以及各种稀奇古怪的商品，追求时尚的型男型女们是这里的常客。

地址： 213，Rue Saint-Honore

交通： 地铁1号线到Tuileries站下

旅游达人游玩攻略

Colette内有一间“水吧”，在这里，你可以看到来自世界各地的数十种矿泉水，非常奇特，值得参观。

· Bon Marche

Bon Marche是巴黎最古老且最气派的百货公司，在很多电影中你都能看到它的身影。商场3楼会定期举行主题展览，不容错过。

旅游资讯

地址： 26-38, rue de Sevre

交通： 地铁10、12号线到Sevres Babylone站下

物美价廉的淘宝地

名品折扣地

·山谷购物村

山谷购物村（La Vallee Village）拥有众多名牌折扣店，很多全球的热门品牌常年以4折起卖。除了购物，你还可以在这里感受十分浓厚的文化氛围。

地址：巴黎市郊迪斯尼乐园旁边

交通：乘RER A线在Val d'Europe站下

开放时间：周一至周日10:00～19:00（部分商店周日不营业），1月1日、5月1日、12月25日不营业

·Didier Ludot

这里是购买二手高级时装的宝地，你可以找到20世纪20年代的Chanel 大衣、20世纪50年代Pierre Balmain晚装裙和20世纪80年代的Dior皮草大衣等，虽然价值不菲，但货品精致，选择种类繁多，是一个不错的购物地。

地址：24 Galerie Montpensier

网址：www.didierludot.fr

·巴黎形象免税店

巴黎形象（Paris Look）在歌剧院旁边，是巴黎最大的免税店之一。在这里，你可以找到香水、化妆品、手表和其他时尚配件等商品，在购买时可以直接享受退税后的价格。

地址：16 Boulevard Haussmann

电话：01-44833045

交通：乘坐地铁7、9线在Chaussee d’ Antin La fayette站下

其他免税店推荐

名称	地址	电话	交通
铁塔免税店	41 Av. de la bourdonnais	01-56580378	地铁8号线在Ecolemiliaire站下
艾菲尔免税店	30 Av. de suffren	01-56580378	地铁 6、8、10号线在Lamotte Picquet站下
华亚香水免税中心	72 Av. d'lvry 75013Paris	01-45831212	地铁7号线在Porte d'lvry站下
巴黎13区名牌免税店	44 Av d'lvry	01-45829069	地铁7号线在Porte d'lvry站下
巴黎蓬皮杜免税中心	5～7 rue du Grenier St. Lazare	01-42778988	地铁11号线在Rambuteau站下
巴黎法国蓝免税店	91 rue de Provence	01-45267408	地铁3、7、8号线在Opera站下

跳蚤市场

·蒙帕纳斯花卉市场

蒙帕纳斯花卉市场（Marche aux Puces）是巴黎最大及最古老的跳蚤市场，横跨数条街道，可以细分为多个小市场。这里主要出售日常生活用品、服装、鞋子、宠物、花卉、古董、艺术作品等商品，在这里你一般都能淘到心仪的商品。

地址： Porte de Clignancourt

交通： 乘地铁4号线在Porte de Clignancourt站下

旅游达人游玩攻略

在这里购物可以讨价还价，如果砍价技巧高明，可以获得更多的优惠。这里的商品质量不一，需要好好识别。

·圣万门跳蚤市场

圣万门跳蚤市场(Porte de Saint-Ouen）是巴黎最大的跳蚤市场，有多个分市场，其中Vernaison市场很受淘旧货者的喜爱。你在这里经常可以看到一些新奇玩意，首饰、洋娃娃、各种织物、家具等均可以在此买到。

地址： Saint-Ouen

交通： 乘坐地铁4号线在终点Porte de Clignancourt下车

·旺午门跳蚤市场

旺午门跳蚤市场（Porte de Vanves）号称是巴黎最有品位的跳蚤市场。所摆的摊位多以年代或是主题为线索，贩售极有特色的产品，古典的、传统的、现代的，应有尽有。

地址： Porte de Vanves

交通： 乘地铁13号线或有轨电车T3a路在Porte de Vanves站下

其他著名跳蚤市场推荐

名称	地址	交通
蒙特利跳蚤市场（Marche Montreuil）	Av. De la Porte de Montreuil	地铁1、2、6、9号线在Nation站下
巴士底市场（Marche Bastille）	Bd. Richard Lenior，entre les Rues Amelot et St Sabin	地铁1、5、8号线在Bastille站下
圣图安市场(Marchede Saint-Ouen)	Between Porte de St-Ouen and porte de Clignancourt	地铁4号线在Porte de Clignancourt站
邮票市场（Marche aux Timbres）	Avenue Matignon，Rond-Point des Champs-Elysees	地铁1、9号线在Franklin D. Roosevelt站下

巴黎娱乐

巴黎是一个到处充满了浪漫气息的城市，在这里，你可以到博物馆、美术馆里欣赏大师级作品，可以到歌剧院欣赏唯美的歌剧，可以在华灯初上时登上游船，欣赏塞纳河两岸的风光。除了这些浪漫的休闲娱乐方式外，你还可以到充满激情的酒吧和夜总会，聆听富有节奏的音乐，品尝正宗的法国葡萄酒，感受巴黎不一样的浪漫。

夜总会

· 丽都夜总会

丽都夜总会（Le Lido）在著名的香榭丽舍大街上，这里开创了餐饮与观赏节目相结合的娱乐模式。在欣赏各种歌舞、魔术表演的同时，你还能享受到高质量的美食。

地址： 116 Bis Avenue des Champs Elysees

电话： 01-40765610

交通： 乘地铁1号线在George V站下

网址： www.lido.fr

· 红磨坊

红磨坊（Le Moulin Rouge）是巴黎著名的夜总会，以动感俏皮的法式康康舞而闻名。一到晚上，热情的人们便迫不及待地涌向这里，喝着美酒，欣赏精彩美妙的演出。

地址： 82 Boulevard de Clichy

电话： 01-53098282

交通： 乘地铁2号线在Blanche站下

网址： www.moulinrouge.fr

红磨坊

酒吧

· Le Harry's New York Bar

Le Harry's New York Bar是巴黎知名的老牌酒吧，装修古典，环境别致。这里的鸡尾酒很有特色，品种多样，深受人们喜爱。此外，这里曾有海明威等著名作家光顾过，因而人气一直都很旺盛。

地址： 5 Rue Daunou
电话： 01-42617114
交通： 乘地铁1号线在Opera站下
网址： www.harrysbar.fr

· Wide Open Space Bar

这家酒吧的气氛非常热闹，现场音乐动感十足，调酒师也很炫酷，美酒更是爽口，深受外国游客的欢迎。在重大体育赛事举办期间，这里的气氛更为劲爆。

地址： 184 Rue Saint-Jacques
电话： 01-43543048
交通： 乘RER B线在Luxembourg站下
网址： www.wosbar.com

其他娱乐场所推荐

名称	地址	电话	网址
Le Harry's New York Bar	5 Rue Daunou	01-42617114	www.harrysbar.fr
Le Bar	27 Rue de Conde	01-43290661	www.barparis.com
La Palette	43 Rue de Seine	01-43266815	www.cafelapaletteparis.com
Why Paris	60 Rue Jean-Jacques Rousseau	01-40264763	www. whyparis.fr
L'Empire Paris	48 Rue de l'Arbre Sec	01-40150606	www. lempire-paris.com
Unity Bar	176 Rue Saint-Martin	01-42727059	www. unity.bar.free.fr

巴黎夜景

剧院

· 巴士底歌剧院

巴士底歌剧院（Opera Bastille）是法国第二大歌剧院，也是欧洲最大的歌剧院之一。它与加尼叶歌剧院是法国国家歌剧院指定的两个歌剧演出场所。

地址： 120 Rue de Lyon
电话： 08-92899090
交通： 乘地铁1、5、8号线在Bastille站下
网址： www.operadeparis.fr

巴士底歌剧院

· 香榭丽舍剧院

香榭丽舍剧院(Theatre des Champs-Elysees) 是一座新艺术运动风格的建筑，在巴黎的艺术世界里，起着举足轻重的作用。二楼是包厢，在这里看演出很舒服。

地址： 15 Avenue Montaigne
电话： 01-49525050
交通： 乘地铁9号线在Alma-Marceau站下
网址： www.theatrechampselysees.fr

电影院

· Le Grand Rex

据说这家电影院是欧洲最大的电影院，曾是影视名流举行豪华晚宴的地方。电影院内部设施豪华，座位众多。在超大的巨幅银幕下看场电影，其感受一定让人难以忘怀。

地址： 1 Boulevard Poissoniere
电话： 01-142368393
交通： 乘坐地铁8号线在Bonne Nouvelle站下车

· Videotheque E3

这是一家很受电影迷和巴黎迷喜爱的电影院，主要上映一些关于巴黎的故事片和纪录片，同时还能看到古老的电影新闻周报。

地址： 2 Grande Galerie, Forunm, Porte St-Eustache
电话： 01-40263430

· UGC Cine Cite Les Halles

这是一家比较大型的电影院，放映的影片种类非常齐全，在这里，你几乎可以找到当下法国上映的所有影片。

地址： Forum des Halles-Niveau-3
电话： 08-92700000
交通： 乘地铁4号线在Les Halles站下
网址： ww.ugc.fr

巴黎住宿

巴黎有不少宾馆和酒店，从青年旅馆简单的床位到豪华的王宫式套房，选择多样，可以满足不同人群的需求。如果你想节省点住宿费用，可以选择入住经济型酒店、青年旅馆、当地人家庭旅馆和华人家庭旅馆等。经济型酒店主要分布在巴黎18、19、20区，价格大部分在50~100欧元，不过这些地方地处近郊边缘地带，治安较差；青年旅馆是学生和背包客的首选，一个床位的价格一般在15~35欧元，条件一般，有些会限制入住人年龄在35岁以下。当地人家庭旅馆（巴黎叫Chambre d'hotes，其他地区叫Gites）价格适宜，你可以深入了解法国人的日常生活，屋主甚至可以当你的导游。入住华人家庭旅馆看起来很方便，但住宿条件并不是很好，也不是正规的旅馆。

中心区住宿

青年旅馆			
名称	地址	电话	网址
Auberge Internationale des Jeunes	10 Rue Trousseau	01-47006200	www.aijparis.com
Foyer Des Jeunes Travailleurs De La Cite Des Fleurs	29 Rue Gauthey	01-40254835	www.fjtcitedesfleurs.org
AGRP La Passerelle	843 Rue du Marechal Juin	01-64391686	www.fjt-idf.fr
BVJ Louvre	20 Rue Jean-Jacques Rousseau	01-53009090	www.bvjhotel.com
Perfect Hotel And Hostel	39 Rue Rodier	01-42811886	www.paris-hostel.biz
Young And Happy Hostel	80 Rue Mouffetard	01-47074707	www.youngandhappy.fr
Le Village Hostel	20 Rue d'Orsel	01-42642202	www.villagehostel.fr
Woodstock Hostel	48 Rue Rodier,Paris	01-48788776	www.woodstock.fr

当地人家庭旅馆			
名称	地址	电话	网址
Manoir de Beauregard	43 Rue des Lilas	01-42031020	www.manoir-de-beauregard-paris.com
La Villa Paris	33 Rue de la Fontaine a Mulard	01-43471566	www.la-villa-paris.com
Bonne Nuit Paris	63 Rue Charlot	01-42718356	www.bonne-nuit-paris.com
B&B Guenot	4 Passage Guenot	01-42742384	www.bb-guenot.com
Maison Zen	35 Rue de Lyon	01-77111336	www.maisonzen.com
Un Ciel A Paris	3 Boulevard Arago	01-43361846	www.uncielaparis.fr
L'Ermitage	24 Rue Lamarck	01-42647922	www.ermitagesacrecoeur.fr
Good Morning Paris	43 Rue Lacepede	01-47072829	www.goodmorningparis.fr

经济型酒店			
名称	地址	电话	网址
9 Hotel	14 Rue Papillon	01-47707834	www.le9hotel.com
121 Paris Hotel	121 Avenue de Clichy	01-58592222	www.121parishotel.com
Hotel Paris Lecluse	17 Rue Lecluse	01-44700791	www.parislecluse.com
Plug-Inn Hostel	7 Rue Aristide Bruant	01-42584258	www.plug-inn.fr
Plug-Inn Hostel	7 Rue Aristide Bruant	01-42584258	www.plug-inn.fr
Villa Fenelon	23 Rue Buffault	01-48783218	www.villa -fenelon.net
Aloha Hostel	1 Rue Borromee	01-42730303	www.aloha.fr

圣路易岛

 郊区住宿

当地人家庭旅馆			
名称	地址	电话	网址
L'Ermitage	24 Rue Lamarck	01-42647922	www.ermitagesacrecoeur.fr
Loft Paris	7 Cite Veron	01-46065555	www.loft-paris.fr
Au Jasmin	11 Square Jasmin	01-78564159	www.aujasminbnbparis.com
Au sourire de Montmartre	64 Rue du Mont Cenis	06-64647286	www.sourire-de-montmartre.com
Une loge en ville studio d'hotes Paris	90 Rue Legendre	06-11391521（手机）	www.unelogenville.com
Chambre d'hote a paris	3 Rue Bretonneau	06-80154959	www.unechambredhoteaparis.com
Gite Chambre d'hotes	8 Impasse Poule	06-81353730	www.lapetitemaisondeparis.com
Une chambre d'hotes a Paris	124 Avenue de Flandre	06-20983331	www.hotesdeflandre.blogspot.com

经济型酒店			
名称	地址	电话	网址
Hotel Trianon Vincennes	44 Rue des Laitieres	01-43280328	www.hotel-trianon-vincennes.fr
Best Western Premier 61 Paris Nation Hotel	61 Rue de la Voute	01-43454138	www.61-paris-nation-hotel.com
Allegro	33 Avenue du Docteur Arnold Netter	01-40049090	www.hotelallegroparis.com
Grand Hotel Dore Paris	201 Avenue Daumesnil	01-43436689	www.grand-hotel-dore.com
Hotel Printania	55 Rue Olivier de Serres	01-45339677	www.paris-hotel-printania.com
Hotel Home Moderne	61 Rue Brancion	01-53680300	www.homemoderne.com
Hotel Clarisse	159 Boulevard Lefebvre	01-48281835	www.clarisse-paris-hotel.com
Peace & Love	245 Rue la Fayette	01-46076511	www.paris-hostels.com
Stars	Chilly-Mazarin 1 Rue Ampere	01-60118898	www.starshotels.com

2 巴黎→第戎

Bali→Dirong

从巴黎前往第戎

·乘火车前往

从巴黎里昂火车站，你可以搭乘TGV高速列车前往第戎，全程约需1小时40分钟，每天约15班车运行。从巴黎戴高乐国际机场2号航站楼，你也可以乘TGV高速列车直达第戎，车程约2小时，车次较少，车费较贵。第戎火车站在市中心的西面，到市中心的各个景点步行大多只需5～15分钟。从第戎到周边美丽的小城镇，你都可以搭乘大区内的列车TER。

· 乘汽车前往

从巴黎到第戎约300千米，走A6号高速公路，车程3小时左右。

乘公共汽车游第戎

第戎主要有Divia公共汽车和Diviaciti免费小公共汽车两种，非常方便人们出行。

公共汽车信息			
名称	运行区域	运营时间	费用
Divia公共汽车	第戎市区及周边乡村小镇	7:00～19:00，19:00以后有夜间班车，最后一班0:20左右经过市中心	单程票0.9欧元，一日票3.1欧元，第戎观光卡可免费搭乘
Diviaciti免费小公共汽车	第戎市中心环线，可到停车场、商业中心、行政机关等一些普通公共汽车不经过的地方	7:00～20:00，每10分钟一班，周日休息	免费

乘出租车逛第戎

第戎市内有普通出租车和游览出租车两种，其中普通出租车在火车站前就有站，你也可以打电话（03-80414112）提前叫车。游览出租车是一种专门为游客提供的出租车服务，是一种固定线路的游览车，行程分1小时15分钟和2小时2种，车上有英、法两种文字的光盘导览。

骑自行车玩转第戎

第戎城市较小，市区地势平坦，骑自行车旅行相当方便。市内设计有几条自行车专用道，以自行车图案作为标识。如果时间和体力都允许的话，你不妨骑自行车前往市区周边的田野和葡萄园，说不定遇到能不少惊喜。

自行车专用道线路有：从Dupuis广场到雾虚山谷（Ouche）入口、从共和广场（la place de la Republique）到威尔逊广场（la place Wilson）、从达尔西广场（la place Darcy）到10月30日广场（la place du 30 octobre）、从共和广场（la place de la Republique）到苏给广场（la place Suquet）、从火枪铁路桥（Pont de l' Arquebuse）通到威尔逊广场（la place Wilson）。

第戎景点

勃艮第公爵宫

勃艮第公爵宫

勃艮第公爵宫（Palais des Ducs et des Etats de Bourgogne）是历代勃艮第公爵的住所，现在人们看到的大部分建筑为古典主义风格。如今，这座大楼作为勃艮第议会所在地，宫内设有市政厅和美术馆。

旅游资讯

地址：1 Rue Rameau

电话：03-80745209

交通：从火车站步行5分钟

门票：3.4欧元，周日免费

开放时间：10:00～18:00，周日12:30～14:00休息

网址：www.mba.dijon.fr

第戎圣母院

第戎圣母院(Eglise notre dame)位于第戎市中心，是第戎首屈一指的教堂建筑，也是勃艮第地区最小的哥特式教堂。圣母院气氛庄严，正面以怪兽出水口和成排的圆柱装饰，十分引人注目。院内中殿放有著名的“Black Virgin”雕像。此外，这里还是当地人寻求精神、心灵慰藉的地方。

旅游资讯

地址：Place Notre Dame

交通：从火车站步行5分钟

开放时间：10:00～18:00,周日12:30～14:00休息

圣米歇尔教堂

圣米歇尔教堂（Saint Michael Church）建于16世纪，是第戎众多教堂中比较有特色的一座，教堂正面为哥特式风格，华丽的正门上可以看到以《圣经》和各种神话故事做题材的装饰，融合有文艺复兴的特点，显得格外壮观。

旅游资讯

地址：勃艮第公爵和政府宫殿南面

电话：03-80631780

开放时间：10:00～18:00

网址：www.saint-michel-dijon.com

达西广场

达西广场（Place Darcy）位于第戎市中心，临近商业区。高高矗立的格奥凯旋门(La porte guilaume)是广场的重要标志，也是第戎的地标性建筑。在广场旁边还有一个小区花园，花园入口处精致的白色大熊雕像，由著名的动物雕塑家弗朗索瓦·蓬朋(Francois Pompon）创作。

旅游资讯

地址：Place Darcy

交通：从火车站出来步行直走可到

旅游达人游玩攻略

从火车站步行前往达西广场时，你可以看到第戎游客咨询中心。游客咨询中心除免费提供关于第戎市的旅游、地图、食宿、文化活动与节庆等信息外，还提供关于勃艮第大区、法国其他大区及欧洲其他国家的旅游信息。此外，中心还会提供订房、导览、视听导览、“猫头鹰路线”手册、第戎观光卡、自行车出租、各项表演的门票出售等收费服务。此外，在这里还可以买到明信片、介绍第戎的书籍、“猫头鹰”主题的纪念品等。

第戎游客咨询中心

地址：34 rue des Forges

电话：08-92700558

达西广场

第戎美食

第戎是法国的美食天堂之一，有“红酒之乡”的美誉。谈及第戎的美食，不得不提这里的蜗牛菜、芥末和葡萄酒。法式餐饮中，名声享誉世界的蜗牛菜以第戎最为著名。第戎芥末，由高级的芥末子配上当地的葡萄酒与未成熟的葡萄发酵调制而成，风味独特。提起红酒，第戎是法国知名的酒乡，用葡萄酒做出来的红酒煮鸡蛋、红酒炖牛肉、白酒杂鱼汤等，都是当地传统的风味佳肴。在第戎用餐，如果少了葡萄酒佐餐，第戎的美味佳肴就会逊色好多。

每年10月底到11月中旬第戎都会举办美食节，届时，法国各地乡镇美食和邻近国家的代表性食物都会来此展示。节日期间，通常是免费对一般民众开放，葡萄酒、奶酪、鹅肝酱、松露、蜗牛、贝隆、生蚝等都会登场亮相。

第戎风味

· Le Bistrot des Halles

这家餐馆装饰简单，但可选择的菜肴比较多，据说在这里，人们可以品尝到第戎最好的本土菜。这里的菜肴相当美味，勃艮第炖牛肉、勃艮第蜗牛、洋香芹火腿冻等菜，非常值得品尝。

地址： 10 Rue Bannelier
电话： 03-80354507

· Restaurant Stephane Derbord

这家餐厅环境雅致，服务热情周到。最令人称道的是这里的食物，不仅美味，还很有创意，你不妨来这里感受一下美食的艺术。

地址： 10 Place du President Wilson
电话： 03-80677464
网址： www.restaurantstephanederbord.fr

中国风味

· Canard Laque

这是一家装修雅致的中餐馆，用餐环境比较安静。菜肴种类多样，菜品美观，口感也不错，同时工作人员非常友好，是一个不错的餐馆。

地址：47 Avenue Raymond Poincare
电话：03-80734876

· La Paillote

这家餐馆菜肴丰富，所选用的食材都非常新鲜，品质有保证。对于喜爱海鲜或贝类食物的人来说，这里无疑是用餐的理想之地。

地址：7 Rue Jeannin
电话：03-80673559
网址：www.la-paillote-dijon.doomby.com

世界风味

· La Petite Marche

在这家意大利风味餐厅，你可以吃到正宗美味的意大利面食。如果你是一个素食爱好者，这家餐馆很不错的选择。在这里吃一餐价格在10～15欧元。

地址：29 Rue Musette
电话：03-80301510

其他餐馆推荐

名称	地址	电话	网址	菜系
Maison des Cariatides	28 Rue Chaudronnerie	03-80455925	www.lamaisondescariatides.fr	法国
Chez Leon	20 Rue des Godrans	03-80500107	www.restochezleon.fr	法国
La Paillote	7 Rue Jeannin	03-80673559	www.la-paillote-dijon.doomby.com	中国
La Scala	11 Avenue Marechal Foch	03-80416225	www.restaurant-lascala-dijon.com	意大利
Sakura Sushi	9 Place du Theatre	03-80661999	www.sakurasushi-dijon.com	日本

第戎购物

第戎是法国的一个特色小城，来到这里，你一定不能错过葡萄酒、芥末酱、古董、红醋栗酒等当地有名的特产。此外，猫头鹰是第戎的吉祥物，当地的小礼品店里有很多大大小小、形态各异的猫头鹰工艺品出售。带一些猫头鹰纪念品给亲朋好友挺有意思。第戎适合购物的地方有很多，你可以到当地的市场、小商店去淘宝，最好的购物街有Rue de la Liberte、Rue du Bourg、 Rue Bossuet及Rue Verrerie等。

名品集中的大本营

· Boutique Maille

这是一家历史悠久的老字号店铺，这里的芥末在第戎家喻户晓，如果你想买到当地正宗的芥末，一定不要错过这里。

地址： 32 Rue de la Liberte
电话： 03-80304102
网址： maille.com

· Monique Buisso

这是一家古董爱好者非常喜爱的一个店铺，有很多17世纪的黄铜制品，你可以在这里慢慢地看、慢慢地选。

地址： 21 Rue Verrerie

其他购物地推荐

名称	地址	电话	网址
La Vie Saine	29 Rue Musette	03-80301510	www.laviesaine.fr
Pharmacie de la Liberte	44 Rue de la Liberte	03-80304169	www.pharmacie-cfa-dijon.com
Eye Like Bruno Curtil Dijon	17 Rue Piron	03-80302306	www.brunocurtil.fr
Jules	62 Rue du Bourg	03-80498545	www.jules.com
Dpam	65 Rue du Bourg	03-80301051	www.dpam.com
Interface	12 Rue Chancelier de l'Hospital	03-80671386	www.interface-art.com

第戎娱乐

第戎有很多酒吧及咖啡馆，夜总会集中在共和广场（Place de la Republique）一带，在这些地方，你可以一边品尝葡萄酒一边观赏表演。此外，这里每年都会举办很多别具特色的节日，包括国际民俗舞蹈及葡萄园庆节、国际美食节、古董展览等，翻翻当地的节日信息表，各类多样的活动多得令人惊讶。

娱乐场所推荐			
名称	地址	电话	网址
Bistrot Republique	16 Place de la Republique	03-80608645	www.bistrot-republique.com
La Paillote	7 Rue Jeannin	03-80673559	www.doomby.com
Toutalaplancha	78 Rue Vannerie	03-80318596	www.resto.fr
La Comedie	3 Place du Theatre	03-80671162	www.la-comedie.com
Osaka	13 Rue Musette	03-80501751	www.osaka-dijon.fr
DZ'envies	12 Rue Odebert	03-80500926	www.dzenvies.com
Brasserie Flo	18 Bis Rue Odebert	03-80308183	www.brasserie-flo-dijon.com

第戎住宿

第戎可以选择的住宿地非常多，有经济实惠的旅馆、高档且极富特色的酒店等。去第戎旅游前，提前预订好住宿地很有必要。

经济型酒店			
名称	地址	电话	网址
Fasthotel	1 Rue du Bailly	03-80748024	www.fasthotel.com
Hotel Republique	3 Rue du Nord	03-80733676	www.hotel-republique.fr
Hotel Du Stade	3 Boulevard de Strasbourg	03-80653532	www.hotel-dustade-dijon.com
Hotel De Paris	9 Avenue Marechal Foch	03-80429601	www.hotel-dijon.eu
Residence City Loft	96 Rue des Godrans	03-80542754	www.cityloftdijon.fr
Hotel Le Thurot	4 Passage Thurot	03-80435746	www.hotel-thurot.com
Hotel Montchapet	26 Rue Jacques Cellerier	03-80539500	www.hotel-montchapet.com
Kyriad Dijon Centre	24 Avenue Marechal Foch	03-80435378	www.kyriad.com
Hotel Des Ducs	5 Rue Lamonnoye	03-80673131	www.hoteldesducs.com
B&B Hotel DIJON Centre	5 Rue du Chateau	08-92707506	www.hotel-bb.com

高档酒店			
名称	地址	电话	网址
Sofitel Dijon La Cloche Hotel	14 Place Darcy	03-80301232	www.hotel-lacloche.fr
Mercure Dijon Centre Clemenceau	22 Boulevard de la Marne	03-80723113	www.hotel-mercure-dijon.fr
Ibis Central Dijon Hotel	3 Place Grangier	03-80304400	www.hotel-ibiscentral-dijon.fr
Best Western Hostellerie Du Chapeau Rouge	5 Rue Michelet	03-80508888	www.chapeau-rouge.fr
Mercure Dijon Centre Clemenceau	22 Boulevard de la Marne	03-80723113	www.hotel-mercure-dijon.fr

从机场前往市区

马赛普罗旺斯机场（Aeroport de Marseille Provence，马赛是普罗旺斯-阿尔卑斯-蔚蓝海岸大区的首府，法国第二大城市）位于市郊的马里尼亚纳区，距市中心约25千米。这里每天都有航班前往巴黎、阿姆斯特丹、伦敦、马德里、法兰克福等欧洲的大枢纽城市，与国内的巴黎等10多个城市有航班往来，从巴黎到马赛全程约1小时5分钟。

从机场前往市区交通	
方式	信息
机场大巴	到达大厅的1号站台(Quai 1)，有前往埃克斯公交总站的机场大巴，单程票价为7.6欧元，你可以提前订票，也可以在机场售票处购买，运营时间5:30～23:00
机场小巴	乘坐机场小巴到Vitrolles火车站，然后坐火车到马赛圣夏荷勒火车站，火车运营时间7:22～22:40，单程票价4.8欧元
火车	从机场开往马赛圣夏荷勒火车站，运营时间5:10至次日0:10。单程票价8.5欧元，25岁以下5.6欧元，6至11岁的儿童4欧元，6岁以下免费。往返票12.8欧元。大件行李须放在车下面的行李厢中，不要拿到车上
出租车	24小时服务，可提前预订。白天到马赛市中心约50欧元，晚上60欧元，价格均不包括过路费及行李的小费(2～5欧元)，乘坐出租车最好准备现金，如果用信用卡付款要提前跟司机确认。预订电话：04-42881144

乘轨道交通玩马赛

・地铁

地铁叫作“Metro”，马赛市内共有两条地铁线，有 1号线(Ligne 1)和2号线 (Ligne 2)。地铁周一至周四运行时间为5:00 ~ 21:00，周五至周日或马赛 Velodrome球场有比赛时，运行时间为5:00至次日1:00(最后一班0:30发车)。

线路	颜色	地铁换乘站	主要站点
1号线	蓝色	St.Charles(火车站)、Castellane	隆尚宫、火车站、老港
2号线	红色		新港、火车站、阿拉伯菜市场(Noaille)、Castellane广场、Rond Point Du Pardo

旅游达人游玩攻略

地铁2号线的Rond Point Du Pardo站是公交车站较集中的站点，在这里，你可以换乘21路公车前往Luminy的峡湾，也可以换乘19路公车到达普拉多海滩公园。如果晚上乘坐地铁和公交，最好在人多的车站等车，并看好自己的行李和贵重物品。

・有轨电车

有轨电车（Tramway）目前有两条线路，分别为T1和T2线，一般运行时间为5:00至次日0:35。

名称	颜色	运行线路
T1	绿色	从阿拉伯菜市场出发， 延伸到马赛东面
T2	黄色	从新港出发，经过La Canebiere大街、改革者教堂、隆尚宫，最后到达火车站

・马赛观光小火车

马赛观光小火车（Petit Train）有两条线路，在老港码头上乘坐。具体信息你可以查看网站：www.petit-train-marseille.com。

名称	线路	运行时间	费用
参观古老的马赛	经过圣洛兰教堂、玛卓大教堂，在古救济院前下车，可以参观由古救济院改建成的马赛非洲、大洋洲及亚美尼亚艺术博物馆、Panier老街区或逛古董店	4月至11月15日：10:00 ~ 12:30，14:00 ~ 18:00，每30分钟发一班	成人6欧元，儿童3欧元，City Pass免费
参观弗里乌岛	参观岛上的建筑和古迹	6月15日至9月1日：10:00 ~ 12:20，13:40 ~ 18:20，每20分钟发一班；12月至次年3月每40 分钟发一班，下午就到16:00	成人7欧元，儿童4欧元，City Pass免费

乘公共汽车游马赛

马赛公共汽车线路很多，并有白班车和夜班车之分，根据季节不同，时刻表还分蓝、绿两种，公共汽车上贴有时刻表。需要乘车时，看到车来，你需要向司机招手示意，前门上车，中门下车。

可以上车直接把钱放到司机旁边的收费箱中，不找零；也可以把提前买好的公交票在前门或中门插卡的地方把票插进去，打印日期后，车票才能生效。需要下车时，按一下车厢里柱子上的红色按钮即可。

公共汽车运行时间：白班车一般为5:00～21:00(根据不同季节和节假日会有变更)，夜班车(Ligne de Soiree)21:30至次日0:30。

关于马赛公共汽车的信息，你可以登录网站www.rtm.fr查询。

旅游达人游玩攻略

为方便出行，你可以购买一种可任意换乘地铁、电车及公交的交通套票。套票分为一日套票、三日套票和一小时内有效的票。交通套票，可以在位于地铁站内的自动售票机或售票窗口购买，或直接到公共汽车和带有RTM（地铁、公车）标志的烟草店购买。此外，城市通用卡通票（City pass）中包含RTM票。

乘出租车逛马赛

马赛的出租车非常多，一般起步价为2欧元，白天单程1.64欧元/千米，19:00至次日7:00，单程1.06欧元/千米。此外，还会收取额外的行李费用。下车时记得让司机开发票，如果有遗漏行李或者需要投诉的情况，可以在发票上找到电话号码和车辆编号。需要注意的是，出租车内禁止吸烟。此外，出租车提供全天电话预订服务。不过，马赛的公共交通十分便捷、便宜，不一定需要坐出租车。

出租车公司推荐	
名称	电话
Taxi Radio Marseille	04-91022020
Les Taxis Marseillais	04-91929292

骑自行车玩转马赛

在马赛市区的许多主要街道上都能看到自行车站，用完后，你可以到任何有自行车站的地点还车。在海边和老港地区平坦的道路上骑车很享受，尤其是在普拉多海滩公园，有专门的自行车道，在海边骑车会非常惬意。

租车费用：临时使用可以办理7日卡，卡费1欧元，每次使用半小时内免费，1个小时1欧元，从信用卡中直接扣除；经常使用可以办理年卡，卡费5欧元，用卡每次使用半小时内免费，1个小时0.5欧元。

马赛景点

加尔德圣母院

加尔德圣母院(Basilique Notre Dame de La Garde) 又被称为守护圣母教堂，是马赛的象征。教堂外观气势宏伟，主体建筑上有一座金色的圣母像，据说在任何角度都可以看到这尊闪闪发光的圣母像。由于教堂建在山丘上，这里可以俯瞰马赛全城风光，还能远眺地中海美景。

加尔德圣母院

旅游资讯

地址： Rue Fort du Sanctuaire

交通： 乘坐地铁1、2号线在Castellane站下

电话： 04-91134080

门票： 免费

开放时间： 10月至次年4月：7:00～19:30；5～9月：7:00～21:00

网址： www.notredamedelagarde.com

马赛旧港

马赛旧港（Marseille Old Port）可以说是马赛真正的中心区。每天清晨这里的鱼市场都热闹非凡，到处可以听到人们谈论捕鱼的收获，码头则布满了小渔船及小艇。旧港的两边分别是圣约翰城堡和圣尼古拉城堡，港口附近还有意大利风格的广场。

旅游资讯

地址： 34 Quai du Port

交通： 乘地铁1号线在Vieux-Port Hotel de Ville站下

隆夏宫

隆夏宫（Palais Longchamp）建于拿破仑三世统治时期，曾是拿破仑三世的行宫，装饰华丽。宫内有群雕和喷泉，还有马赛历史博物馆和美术博物馆。漫步于宫殿内，你可以感受到马赛昔日的繁华。

旅游资讯

地址： 4th Arrondissement

交通： 乘坐T2路车在Longchamp站下可以到达

电话： 04-91552551

开放时间： 周二至周日 10:00～17:00（10月至次年5月），周二至周日11:00～18:00（6～9月）

伊夫堡

伊夫堡

伊夫堡（Chateau d' If）位于伊夫岛上，城堡有三座塔楼，曾历经多次战争的洗礼，因大仲马在《基督山伯爵》里将其描写得神秘传奇而名声大噪。伊夫堡守卫相当森严，想要进入城堡需经过一座木制古桥，这座古桥与中国古代城池外护城河上的吊桥有异曲同工之妙。从城堡远眺，你可以看到美丽的地中海风景。

旅游资讯

地址： 1 Quai de de la fraternite

交通： 从马赛旧港东端的Quai des Belges乘船前往伊夫岛，约需20分钟，往返费用为10欧元，每小 时1班

电话： 04-91465465

门票： 免费

开放时间： 7～8月7:30～21:00，9月至次年6月7:30～19:00

法罗宫

法罗宫（Palais du Pharo）位于摩尔岬边，在宫中可以远眺美丽的伊夫堡以及繁华的老港口，是马赛市赠与拿破仑三世的礼物。法罗宫，内有美丽的花园，花园下有礼堂以及几座会议室，偶尔举行的艺术展览活动，是游客们全面感受法罗宫的绝佳时机。

旅游资讯

地址： 58 Boulevard Charles Livon

电话： 04-91146495

网址： www.palaisdupharo.marseille.fr

圣文生教堂

圣文生教堂(Eglise Saint-Vincent-de-Paul) 是一座罗马天主教的本堂区圣堂，俗称重整会教堂。教堂建筑为哥特式风格，有包裹青铜的大门和美丽的花窗玻璃，高耸的双塔十分吸引人眼球。

旅游资讯

地址： 4 Cours Franklin Roosevelt

交通： 乘地铁1号线在Reformes Canebiere站下，然后步行前往

电话： 04-91485745

最容易让人忽略的景点

卡斯德兰喷泉圆环广场

卡斯德兰喷泉圆环广场

卡斯德兰喷泉圆环广场(Fontaine Castellane)是马赛一个十分重要的休闲广场。广场中央矗立着一座造型独特的喷泉，是泥瓦匠朱尔斯·坎缇尼赠送给马赛的礼物，由马赛著名雕刻家Allar设计。基架的顶部是一座象征马赛的雕塑。

旅游资讯

地址： Place Castellane，Marseille

马赛历史博物馆

马赛历史博物馆（Musee d'Histoire de Marseille）是马赛著名的历史与考古博物馆，也是法国第一个城市历史博物馆。馆内藏品丰富，长期展出关于马赛历史的藏品，是一个了解马赛历史文化的好地方。

旅游资讯

地址： Square Belsunce

交通： 乘有轨电车T2线在Belsunce Alcazar站下

电话： 04-91553600

开放时间： 周二至周日10:00～18:00

网址： www.marseille.fr

马赛历史博物馆

普罗旺斯的薰衣草

普罗旺斯是法国东南部的一个地区，毗邻地中海，与意大利接壤，境内有马赛、艾克斯、阿维尼翁等名城，是世界闻名的薰衣草故乡。“普罗旺斯”已不再是一个单纯的地域名称，在彼得·梅尔的《山居岁月》里，它是另一处世外桃源，是一个可以让人忘掉一切的地方。普罗旺斯是浪漫的化身，而薰衣草则是其中的主角。这种紫蓝色的小花，花语为“等待爱情”，让人迷醉。此外，这里还有那些凡·高画笔下的向日葵。

·观赏薰衣草的最佳地点

在普罗旺斯，薰衣草花田一年四季都有着截然不同的景观。每年5～10月（7～8月是薰衣草盛开的季节)是观赏薰衣草的最佳时间，这里最出名的薰衣草观赏地位于吕贝隆山区（Luberon）塞南克修道院（Abbaye de Senanque）及施米雅那山区（Simiane-la-Rotonde）的施米雅那。

塞南克修道院

塞南克修道院是普罗旺斯地区最著名的薰衣草观赏地，大多数明信片取景于此，《山居岁月》里的故事就发生在这里。修道院始建于12世纪，修道院前有一大片薰衣草花田，有不同颜色的薰衣草。站在花田里，整个心田都会被浓郁的紫色淹没。需要注意的是，花田虽然可以免费参观，但未经申请不允许进入。咨询电话：04-90720586，网址：www.senanque.fr。

施米雅那

施米雅那是一座极具特色的山城，紫色的薰衣草花田在这里随处可见，无边蔓延。在施米雅那山顶，耸立着建于12～13世纪的罗通德城堡，城堡周围环绕着大片的薰衣草花田。薰衣草迎风绽放，散发出普罗旺斯最令人难忘的气息。具体信息可咨询当地的旅游局（电话：04-92731134，网址：www.simiane-la-rotonde.fr）。

·薰衣草产品

在普罗旺斯除了可以看到紫色薰衣草花海翻腾的景象，还能看到各式各样的薰衣草制品，最常见的有薰衣草香薰、香精、香皂、蜡烛等。在一些药房与集市中，还可以看到分袋包装好的薰衣草花草茶。

瓦伦索勒

瓦伦索勒（Valensole）是最经典的普罗旺斯小镇之一，这里也是薰衣草生长的乐园。每年7月的第三个周日这里会举办一年一度的薰衣草节，节日期间当地居民穿着传统服饰，拿着薰衣草产品和农具在小镇上表演，非常热闹。集市上的各式薰衣草的产品让人大开眼界。咨询电话：04-92749002，网址：www.valensole.fr。

普罗旺斯集市

在普罗旺斯，一定不要错过普罗旺斯集市（Les Marches De Provence），每个小镇每周都会有一天露天集市，在集市上可以购买新鲜的食材或淘选旧货。每个小镇的集市信息可上网（www.marches-provence.com)查看。

马赛美食

马赛是品尝普罗旺斯地区特色美食的好地方，这里的美食食材主要采用的是普罗旺斯的新鲜农产品和大批不同的鱼类，再辅以不同的佐料制作而成，味道鲜美。这里的名菜首推普罗旺斯鱼汤（Bouillabaisse）、蒜泥酱、梭子饼(Navettes)，同时，羊脚、羊肠汤也是很有特色的美味。

马赛餐厅很多，随便走进一家餐厅，都可以找到特色食物。马赛也有很多家中餐馆，想吃中餐的朋友可以很容易得到满足。找餐馆用餐时要注意，在旧港沿街的一些餐厅可能出现对游客者不诚实的情况，你可以避免去那些地方用餐。

餐馆推荐				
名称	地址	电话	网址	菜系
La Table du Fort	8 Rue Fort Notre Dame	04-91339765	www.latabledufort.nuxit.net	法国
Le Saigon	26 Rue du Grand Four	04-90565245	www.restaurant-lesaigon.com	中国
Jaipur	2 Quai Rive Neuve	04-91330703	www.jaipur-restaurant.com	印度
Terre di Sicilia	via Bruderi, 81	094252531	www.bbterredisicilia.it	意大利

马赛购物

马赛可以购物的地方非常多，既有大型的购物商场，也有小巧的精品店，此外还有定期举办的特色市集，可以满足人们不同的购物喜好。来到普罗旺斯的首府城市，你可以带些熏衣草的制品给家人和朋友，或带一瓶地中海橄榄油，蒜泥蛋黄酱更是法国料理爱好者必带的酱料。

马赛购物区主要集中在卡努比埃尔大街两边、旧港附近，这些地方汇集了很多大型购物中心、特色手工艺品商店等，其商品琳琅满目。如果你不知道买什么好，可以到集市上去看看，定会发现很多有特色的小玩意。

对于购物一族来说，购物时间一定要注意。马赛商店的营业时间从周一至周六，一般为8:00～12:00、14:00～17:00，午休时间不营业，一些商店周日也不会营业。如果对于当地商店的开放时间不太了解，你可以向当地人打听下。

马赛购物地推荐

· Cours Julien

这里每天都会有不同的物品出售，物品按主题分，其中周三和周六是鲜花市集，周五是蔬果市集，隔周六是旧书摊市集，周日则是邮票和古书摊市集。此外，在这里，你还可以买到一些二手陶器或家具等产品。

旅游资讯

地址： Cours Julien

开放时间： 8:00～13:00

· 鲜鱼市场

这里每天都会供应最新鲜的鱼货，要想买到新鲜的海鲜，你一定不能睡懒觉，在渔民卸货的时候购买绝对是最明智的选择。

旅游资讯

地址： Quaides Belges

交通： 乘地铁1号线在Vieux-Port Hotel de Ville站下

开放时间： 8:00～12:00

· Centre Bourse

这是一家大型的购物中心，位于马赛旧港，商品种类齐全，价格公道，是个理想的购物地。

旅游资讯

地址： 17 Cours Belsunce

电话： 04-91140050

网址： www.centre-bourse.com

其他购物场所推荐			
名称	地址	电话	网址
Centre Bourse	17 Cours Belsunce	04-91140050	www.centre-bourse.com
Four des Navettes	136 Rue Sainte	04-91333212	www.fourdesnavettes.com
La Bonneterie Centrale	52 Rue Tapis Vert	04-91906313	www.fashionexpress-bc.com

马赛娱乐

马赛是一个拥有多元文化的城市，娱乐项目丰富多样。喜欢艺术文化的朋友，可以到博物馆、展览馆、电影院、剧院等休闲娱乐场所。如果你想感受马赛热情奔放的夜生活，不妨到酒吧、俱乐部和夜总会等热闹之地去好好体验一把。此外，这里还有马赛狂欢节（Marseille Carnival）、马赛国际纪录片电影节、音乐节等众多传统节日庆典，均带给人无限欢乐。

娱乐场所推荐			
名称	地址	电话	网址
Le Red Lion	231 Avenue Pierre Mendes France	04-91251717	www. pub-redlion.com
La Fabrique	3 Place Jules Verne	04-91914048	www.lafabrique.idhii.net
Part des Anges	33 Rue Sainte	04-91335570	www. lapartdesanges.com
Cubaila Cafe	40 Rue des Trois Rois	04- 91489748	www. cubailacafe.fr
Le Pointu	18 Cours Honore d'Estienne d'Orves	04-91556153	www. lepointu.eu
Barberousse	7 Rue Glandeves	04-91337813	www. barberousse.com
Baloo Bar	26 Cours Honore d'Estienne d'Orves	04-91339478	www. baloo-bar.com
Les Arcenaulx	25 Cours Honore d'Estienne d'Orves	04-91598030	www. les-arcenaulx.com

马赛住宿

马赛旅馆有很多，相对集中的地方是车站前的雅典大街一带和伽农比尔大街一带。此外，这里还有背包客非常喜欢的青年旅馆。其中，Auberge de Jeunesse de Bois-Luzy和Aubergede Jeunesse Bonneveine接待了无数来自全世界的背包客。

旅游达人游玩攻略

根据法国政府观光局的规定，凡是提前8天以上进行旅馆预约者，到达旅馆后，可在旅游问询处得到一份游览手册（里面附有优惠券），并可在旅馆办理入住手续时，向旅馆提交该优惠券，这时，旅客将得到该旅馆的优惠表格。据此，如果在星期五、六、日三天住两天以上者，除了可以获得5%的优惠外，还可享受出租车半价特惠，非常合算。

中心区

火车站附近			
名称	地址	电话	网址
Hotel Le Printemps	44 Boulevard Charles Nedelec	04-91900691	www.hotel-restaurant-leprintemps.com
Casa Ortega	46 Rue des Petites Maries	09-54327437	www.casa-ortega.fr
Vertigo Centre	42 Rue des Petites Maries	04-91910711	www.hotelvertigo.fr
Hotel Massilia	59 Rue des Dominicaines	04-91906987	www.concorde-hotels.fr

其他推荐			
名称	地址	电话	网址
Hotel Suisse et Blancarde	4 Rue Emile Duclaux	04-91347816	www.hotel-suisse.fr
Hotel Montgrand	50 Rue Montgrand	04-91003520	www.hotel-montgrand-marseille.com
Residence Du Vieux Port	18 Quai du Port	04-91919122	www.hotel-residence-marseille.com
New Hotel Vieux Port	3 Rue Reine Elisabeth	04-91992323	www.new-hotel.com
Lutetia Hotel	38 Allee Leon Gambetta	04-91508178	www.hotelmarseille.com

郊区

名称	地址	电话	网址
Comptoir Equipement	16 Boulevard de Pont de Vivaux	04-91789928	www.comptoirequipement.fr
Media No Mad-Be Noot	37 Rue Guibal	04-95046744	www.be-noot.com
Voxinzebox	37 Rue Guibal	04-91955540	www.zevisit.com
Villages Clubs du Soleil	Le Silo 35 Quai du Lazaret	04-91048700	www.villagesclubsdusoleil.com
Hotel hotelF1 Marseille Valentine	117 Traverse de la Montre	08-91705301	www.hotelformule1.com

4 马赛→波尔多

Masai→Bo'erduo

波尔多交通

从马赛前往波尔多

· 乘飞机前往

从马赛普罗旺斯机场乘飞机前往波尔多，每天都有频繁的航班抵达波尔多梅里捏克机场（Bordeaux-Merignac Airport），航程约1小时10分钟。这个机场位于波尔多城西12千米处，有航班可直达巴黎、斯特拉斯堡、里昂、马赛、图卢兹等地。从机场可以坐巴士到市区，车程约需45分钟。

· 乘火车前往

从马赛圣夏尔火车站（Gare Saint-Charles）乘TJC 列车可以直达波尔多圣让车站（Gare Saint Jean），全程约6个小时。波尔多的圣让车站（Gare Saint Jean）距市中心约2.5千米，有多种方式可到达市中心。

从波尔多圣让车站前往市区	
方式	信息
巴士	乘7、8号线巴士，约15分钟可到达科梅迪广场
有轨电车	乘有轨电车C线可到达市中心及更北部，终点站为Quinconces
步行	约需30分钟

乘有轨电车玩波尔多

波尔多市内有A、B、C三条有轨电车线路，有轨电车网络全长40多千米，有89个车站，非常方便人们出行。

乘公共巴士游波尔多

· 公交车

公交车是波尔多市区主要的交通工具之一，搭乘公交车，你可以到达市区的任何主要景点。其中波尔多圣让火车站（Gare Saint-Jean）、胜利广场（Place de la Victoire）、康孔斯广场（Quinconces）是波尔多市的主要区域，各区域间都有公交往来。

公交单程票价为1.4欧元，最好自备零钱。较划算的买票方式是，购买5张5.4欧元的套票或10张10.6欧元的套票；也可以购买4.1欧元的天票或10.6欧元的周票。车票可以在火车站、康孔斯广场等处购买，可以无限换乘。

· 电动巴士

波尔多的电动巴士（la navette du centre-ville）主要在市区的行人道路上行驶，你可以随意招手上车，没有固定的站点，上车后需要向司机报告下车地点。

乘出租车逛波尔多

在波尔多搭乘出租车需要到固定的候车点，否则将搭不到车，你可以在上车前和司机商量好价钱。如果你想在波尔多市内自驾车游览，需要注意的是，旧市区的道路几乎全为单行道，在行车时要特别注意各种道路标志。

波尔多市区景点

加连宫

加连宫（Palais Gallien）是波尔多现存最完好的高卢-罗马遗迹，曾是古罗马人观看表演或角斗等活动的剧场。后来遭遇大火，仅有部分石质建筑在大火中残存下来。想要观看建筑遗迹，你可以前往阿尔伯尔-巴侯博士路、艾米勒-浮岗路或加连宫路即可找到。

旅游资讯

地址： 8 Rue du Docteur Albert Barraud

电话： 05-56484805

门票： 3欧元

开放时间： 14:00～19:00

圣安德烈大教堂

圣安德烈大教堂（Cathedrale St.Andre）位于市中心，有人称它是“集纳了哥特式建筑精髓的代表作”。教堂气势宏伟，北侧门上雕刻有精美的《最后的审判》，登上东侧的钟楼，你可以眺望整个城市风景。

旅游资讯

地址： Place Pey-Berland, Bordeaux

电话： 05-56871718

开放时间： 7:30～18:00，11:30～14:00午休，1月的周一至周五闭馆

波尔多大剧院

波尔多大剧院（Grand Theatre de Bordeaux）位于喜剧广场，被誉为是艺术和光明的圣殿。剧院门廊由12根巨大的“考兰天柱”支撑，每根柱子顶端都立有1尊神像，其中有9位男神和3位女神。波尔多国家歌剧院、波尔多国立芭蕾舞团常驻于此。

波尔多大剧院

旅游资讯

地址： Place de la Comedie

电话： 05-56008595

门票： 4.8欧元

网址： www.opera-bordeaux.com

罗昂宫

罗昂宫（Palais Rohan）现为波尔多市政府所在地，以当时的罗昂大主教的名字来命名。该宫殿始建于1771年，历经十几年才完成。虽然这个宫殿以罗昂的名字命名，但是罗昂大主教却从未在这里生活过。

旅游资讯

地址： Place Pey Berland

交通： 乘有轨电车A、B线在Hotel de Ville站下

康孔斯广场

康孔斯广场（Esplande des Quinconces）位于加伦河畔，是一个面积非常大的广场，也是当地人休闲放松的地方。广场上矗立着吉伦特派纪念碑、名人孟德斯鸠和蒙田的塑像，还有壮观的圆形石雕喷泉。

康孔斯广场

旅游资讯

地址： Place des Quinconces，Bordeaux

交通： 从市中心步行5分钟即可

门票： 免费

开放时间： 全天

旅游达人游玩攻略

在广场周边的加伦河边有一个适合观景的平台，那里是你观赏整个广场的最佳位置。

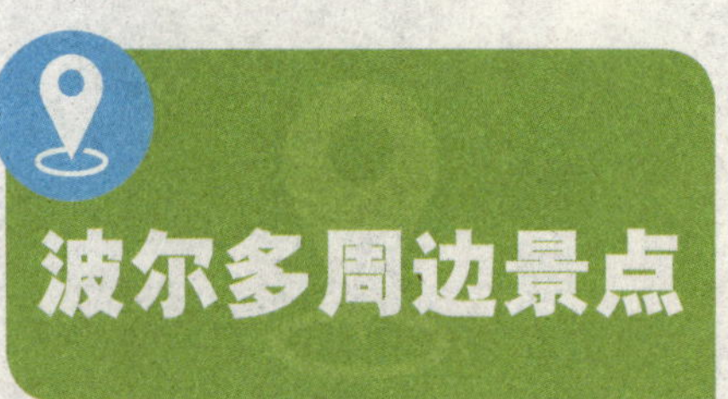

波尔多周边景点

圣达美隆

圣达美隆（St-Emilion）是著名的世界遗产小镇和葡萄酒产区。这个古色古香的中世纪小镇，风景绝佳，众多精致的教堂都值得一看。到这里最主要的活动是参观酒庄，很多酒庄都可以对外参观品酒，不过一般要提前预订，你可以参加旅游咨询中心组织的团游。

旅游资讯

地址： 波尔多市东面

交通： 从波尔多圣让火车站乘火车前往，从火车站出来后步行约20分钟到达镇中心

最容易让人忽略的景点

波尔多公园

波尔多公园（Jardin Public）位于市中心南面，紧贴着凡尔登大街，是一个具有英国风格的公园。公园里有一个植物园，植物品种多样，并且经过了细致的分类。此外，这里还有一个自然历史博物馆和儿童乐园。

波尔多公园

旅游资讯

地址： Esplanade Linne

交通： 乘4、15路公交在Jardin Public站下

葡萄酒大厦

葡萄酒大厦（Maison du Vin de Bordeaux）是一个可以了解更多的波尔多葡萄酒知识的地方，一些周边酒庄的信息也可以从这里获得。如果感兴趣，你还可以提前预约，参加这里的葡萄酒和干酪的知识课程。

旅游资讯

地址： 1 Cours du 30 Juillet

交通： 乘有轨电车B、C线在Quinconces站下

电话： 05-56002288

网址： www.bordeaux.com

葡萄酒大厦内的酒窖

波尔多美食

波尔多是一个较为著名的美食城，既有供应法国各地美食的餐厅，也有世界各地不同风味的餐厅，主要餐厅集中在甘贝塔广场周边。波尔多的大多数餐厅都供应新鲜的海鲜料理，及用波尔多酒烹调的菜肴。很多人都用“美食配美酒”来形容波尔多的菜肴，当地的特色美食以鹅肝、红酒煮鳗鱼等最为著名。

波尔多餐馆

· L'Entrecote

这家店的牛排可谓大名鼎鼎，据说其酱汁为祖传秘方，虽说价格有点小贵，但值得一吃。此外，这里还提供采用新鲜土豆炸制而成的薯条。

地址：4 Cours du 30 Juillet
电话：05-56817610
网址：www.entrecote.fr

· Solena

这家店主要供应种类多样的法式美食，背包客对此店评价颇高。这里是品尝海鲜和葡萄酒的好地方，价格合理，味道也不错。

地址：5 Rue Chaufour
电话：05-57532806
网址：www.solena-restaurant.com

· Little Italy

这是一家意大利餐厅，供应各种各样的意大利美食，在保留意大利风味的同时，有些还融入了传统的法式风味，独特的口味，让人久久难忘。

地址：13 Rue des Faussets
电话：05-56510552

其他餐馆推荐				
名称	地址	电话	网址	菜系
Le Croc Loup	35 Rue du Loup	05-56442119	www. crocloup.fr	法国
Noorn Akorn	8 Cours d'Albret	05-56445048	www.noorn-akorn.fr	泰国
Le Rajwal	17 Rue des Faussets	05-56442597	www.rajwal-restaurant.fr	印度
Maharajah	21 Rue Saint-Remi	0954799789	www.maharajah-bordeaux.fr	印度
Arbol restaurant	4 Rue de la Merci	05-33518552	www. arbol-restaurant.com	墨西哥
Ristorante Livenza	6 Rue de la Boetie	05-56231505	www.ristorante-livenza.com	意大利
El Asador	7 Quai de la Monnaie	05-56331153	www.restaurant-espagnol-bordeaux.com	西班牙
Thai Paradise	70 Rue des Ayres	05-56526043	www. thaiparadise.fr	泰国
Influence Wok Sarl	3 Rue Martignac	05-56817543	www. influencewok.com	泰国
Pho.	24 Rue du Pas-Saint-Georges	0982605529	www. pho-food.fr	越南

波尔多购物

波尔多素有“小巴黎”之称，路易威登、卡迪尔、香奈儿、迪奥等国际品牌都可以在这里找到，价格比巴黎便宜些。除了名牌商品，波尔多的各种艺术品、旅游纪念品等也值得一淘。波尔多的商店大多集中在波尔多的“金三角”——昂代当丝林荫大道、乔治·克莱蒙林荫大道和多赫尼各林荫道相交的地带，这个购物区域既有高档商店、特色市场，也有精品小店，商品可谓是多种多样。

来到波尔多，自然少不了与葡萄酒有关的话题。波尔多地区以波尔多城为中心，各个葡萄酒产区分散在波尔多市四面八方。位于波尔多地区的顶级酒庄有拉菲酒庄、奥比昂酒庄、拉图酒庄、木桐酒庄、玛歌酒庄、伊甘酒庄（贵腐酒庄）等。购买顶级葡萄酒，你可以到顶级酒庄、葡萄酒商店、精品超市以及机场免税店。波尔多市内最有名的葡萄酒商店是位于歌剧院对面、有着旋转楼梯的L'intendant。

人气旺盛的购物大街

·圣-卡特琳娜街

圣-卡特琳娜街（Ste-Catherine）是一条横穿波尔多旧城的街道，拥有各式各样的商业店铺，大商店、流行服饰店、酒吧、餐厅等应有尽有。

· 圣母街

圣母街（Rue Notre-Dame）位于夏尔特龙（Chartrons）街区的中心，是一条古董商和旧货商聚集的街道，各种古董、怀旧商品等都可以在这里找到。

物美价廉的淘宝地

· Marche Saint-Michel

这是一个以出售新鲜蔬菜瓜果、肉类等为主的市场，同时也是一个二手交易市场。在这里，你可以深切感受当地人热闹的生活气氛，还能淘些自己喜欢的东西。

地址： Pl Canteloup Saint Michel

开放时间： 每周二、周六的早晨

· 古董市场

古董市场是一个购买古董的好地方，市场在每周日上午开放，从市中心步行约700米可到。

地址： Place St-Michel

其他购物场所推荐			
名称	地址	电话	网址
Saint Christoly Bordeaux	17 Rue du Pere Louis Jabrun	05-56529867	www.saint-christoly.com
Axsum	24 Rue de Grassi	05-56011869	www.axsum.fr
H&M	50-60 Rue Sainte-Catherine	05-56000100	www.hm.com
Mexicana	137 Rue Sainte-Catherine	05-56001160	www.mexicana.fr
Cache Cache	145 Rue Sainte-Catherine	05-56446440	www.cache-cache.fr
Art Et Or	55 Rue Saint-James	05-56444769	www.artetor-bordeaux.fr
Deco Orientale	5 Rue Clare	05-56312653	www.decorientale.fr
Quiksilver	1 Rue des 3 Conils	05-56011595	www.quiksilver-store.com
Dock Games	12 Rue des 3 Conils	05-56819703	www.dockgames.com
Pharmacie La Fleche	33 Place Meynard	05-56916463	www.pharmacie-la-fleche.fr
Roxy	99 Rue Sainte-Catherine	05-56389479	www.roxy-europe.com
Lush France	100 Rue Sainte-Catherine	05-57343852	www.lush.eu

波尔多娱乐

波尔多的娱乐生活非常丰富，你大可以前往夜总会、电影院、剧院等娱乐场所度过一个美好的夜晚。但很多人来波尔多，都是冲着举世闻名的葡萄酒庄而来，以便体验多种与葡萄酒有关的活动。品酒、参观酒庄、去酒吧喝酒……都让人尽情沉醉在葡萄酒的天堂。在波尔多，很多夜店都会营业至1:00，有些甚至还会到4:00或5:00。

此外，如果你6月底到波尔多，还可能赶上这里举办的葡萄酒节或河流节。葡萄酒节期间，你可以品尝到各种各样的葡萄酒；在河流节举办时，则可以品尝到产自大西洋的海产品。不过，这两个节日并非年年都有，葡萄酒节在偶数年举行，河流节在奇数年举行。

娱乐场所推荐			
名称	地址	电话	网址
Le Break	23 Rue de Candale	05-56929207	www.le-break.com
Edwood Cafe	8 Rue Castelnau d'Auros	05-56482781	www.edwoodcafe.free.fr
Le Wine Bar	19 Rue des Bahutiers	05-76005054	www.degustation-groupe33.com
The Houses Of Parliament	11 Rue Parlement Sainte-Catherine	05-56793803	www.hop-pub.com
L'Ombriere	14 Place du Parlement	05-56448269	www.restaurantlombriere.com
Accro	1 Rue Poquelin Moliere	05-33200092	www.accro.fr
Tbwa Comp Act	4 Cours de l'Intendance	05-56006880	www.tbwa-compact.com
Little Big Studio	34 Rue du Cancera	09-51912369	www.littlebigstudio.fr
Restaurant Le Vin	23 Rue Neuve	05-56431749	www.levinrueneuve.com
The Frog and Rosbif	23 Rue Ausone	05-56485585	www.frogpubs.com

波尔多住宿

波尔多的住宿地主要集中在市区和火车站附近，虽然很多人说到波尔多旅行完全不用担心住宿问题，但你最好提前预订，尤其是在旅游旺季。

名称	地址	电话	网址
Hotel Touring	16 Rue Huguerie	05-56815673	www.hotetouring.fr
Le Dauphin	82 Rue du Palais Gallien	05-56522462	www.coalachr.com
La Maison Bord'Eaux	113 Rue du Docteur Albert Barraud	05-56440045	www.lamaisonbord-eaux.com
Petit Labottiere	14 Rue Francis Martin	05-75678621	www.petithotellabottiere.fr
Adare House	8 Rue Emile Zola	05-57344305	www.bordeaux-bnb.com
la Villa Chaleemar	67 Rue Mandron	05-57873307	www.villa-chaleemar.com
Hotel Du Parc	10 Rue de la Verrerie	05-56527820	www.hotelduparc-bordeaux.com
Ecolodge des Chartrons	23 Rue Raze	05-56814913	www.ecolodgedeschartrons.com
Hotel Majestic	2 Rue de Conde	05-56526044	www.hotel-majestic.com
Hotel De France	7 Rue Franklin	05-56482411	www.hotel-france-bordeaux.fr
Hotel Du Theatre	10 Rue de la Maison Daurade	05-56790526	www.hotel-du-theatre.com
Hotel Saint-Remi	34 Rue Saint-Remi	05-56485548	www.hotelsaintremi.fr
Acanthe Hotel	12 Rue Saint-Remi	05-56816658	www.acanthe-hotel-bordeaux.com

圣安德烈大教堂

新天鹅堡

PART 5 德国热门旅游线路

从机场前往市区

柏林勃兰登堡国际机场尚在建设当中，因而柏林依旧是由舍纳菲尔德机场与泰格尔机场主要提供国内外的航班服务。其中舍纳菲尔德（Schoenefeld）机场位于柏林的东南方，主要运行往返于东欧、美洲、亚洲和非洲的航班。

机场至柏林市内的交通

机场名称	交通方式	信息
舍纳菲尔德机场到市区	SXF1号巴士	每天5:00～23:00，每20分钟发一趟车，在舍纳费尔德机场与柏林地铁和轻轨等快轨交通的枢纽站——南交叉口之间运行，运行时间约20分钟。在南交叉口可换乘前往柏林各地的交通工具
	区域火车	乘区域火车可前往市中心柏林地铁和轻轨等快轨交通的枢纽站——亚历山大广场，只需要22分钟
	公交车	在机场出口处，可乘171路公交车到达地铁7号线的终点站Rudow
泰格尔机场到市区	JetExpressBus TXL	在泰戈尔机场与米特区之间运行，途经菩提树下大街或亚历山大广场等著名景点，全程运行30分钟
	U7线	地铁站Jakob-Kaise-Platz离机场最近，在此可乘坐U7线，前往西柏林的中部地区、动物园火车站
	公交车	乘坐109路公交车到达市区，需要30分钟，2.2欧元

泰格尔机场位于柏林西北部，主要运行往返德国国内和西欧的航班，此外，从纽约出发的德尔塔航空公司和大陆航空公司直达柏林的航班也在这里降落。

乘轨道交通玩柏林

柏林有9条地铁线，15条轻轨，其中地铁是柏林最便捷的公共交通工具，营业时间为4:00～24:00，周五、周六及节假日，除了U4线，其余线路通宵运行。假如你出行的距离较远，可以选择停靠站较少的城铁（S-Bahn），其运营车次没有地铁频繁。此外，在柏林东部旅行，你可以乘坐便捷的有轨电车，其中M10、N54、N92等有轨电车在晚上会继续运行。

乘公共汽车游柏林

柏林的公共汽车运行时间为4:00～24:00，坐在双层公共汽车二层，你可以欣赏城市风景。公共汽车站都有明显的“H”(Haltestelle）标志，后面写着站名。从周日至周四，会有夜间班车运行，大约每30分钟一班。柏林分为A、B、C三个区，你既可以单独购买各区间的车票，还能购买AB、BC、ABC联程车票。其中A区为柏林的内城区，以轻轨环线为界；B区是从轻轨环线到柏林市区的边界；柏林市区以外约15千米的区域为C区。

乘出租车逛柏林

在地铁或轻轨车站等交通枢纽或较大的景点，你可以很容易地找到出租车站点，可在站点处等候或拨打19410、210101或210202预订出租车。柏林出租车起步价为3.2欧元，7千米内每千米1.58欧元，之后每千米1.2欧元。此外，对于体积较大的行李，每件要收1欧元的额外费用。如果只需要短途接送，2千米内一律收取4欧元，这就是所谓的短程价格。你在路上叫停一辆出租车，并在司机启动计程器之前要求这样的特价才行，超出2千米就按正常价格收费了。

柏林景点

柏林大教堂

勃兰登堡门

勃兰登堡门（Brandenburger Tor）是柏林乃至德国的重要标志，象征着德意志的神圣统一，被柏林人称为“命运之门”。这座巍峨壮丽的大门是一座新古典主义风格的砂岩建筑，门顶最高处屹立着一尊精美的胜利女神铜制雕塑，象征着战争胜利。勃兰登堡门因在柏林高高在上的特殊地位，而顺理成章地成为了德国各种大型庆典活动的举办地。

旅游资讯

地址： Pariser Platz

交通： 乘坐城铁S1、S2、S25线或地铁U55线在Brandenburger Tor站下

电话： 030-25002333

网址： www.berlin.de

波茨坦广场

波茨坦广场（Potsdamer Platz）是新柏林的魅力之处，周围云集了餐馆、购物中心、剧院及电影院等宏伟建筑，是城市中浓墨重彩的一笔。众所周知的索尼中心（Sony-Center）及奔驰中心都在其中，尤其是索尼中心的七栋大楼环抱在一起围成的露天帐篷造型屋顶，每当夜幕降临，在璀璨的灯光照耀下，便成为了柏林最美丽的夜景之一。

旅游资讯

地址： Potsdamer Platz

交通： 乘坐城铁S1、S2、S25线及地铁U2线在Potsdamer Platz站下

德国国会大厦

德国国会大厦（Reichstag Building）位于柏林市中心，是融合了古典式、哥特式、文艺复兴式、巴洛克式多种风格的建筑，是德国的象征。如今的国会大厦不仅仅是联邦议会的所在地，更以其别具一格的穹形圆顶成为最受欢迎的旅游胜地。

旅游资讯

地址： Platz der Republik 1

交通： 从勃兰登堡门步行可到

电话： 030-22732152

门票： 免费

开放时间： 8:00～24:00

网址： www.bundestag.de

柏林大教堂

柏林大教堂（Berliner Dom）是基督教路德宗教堂，曾是德意志帝国霍亨索伦王朝（Haus Hohenzollern）的宫廷教堂。这一座文艺复兴时期的大教堂，从外部看不仅仅是对罗马圣彼得大教堂的简单模仿，同时还有着自己鲜明的特色。教堂内部宽敞明亮，装饰也极为华丽，与那些外表华丽内饰简朴的哥特式教堂形成了极为鲜明的对比。

旅游资讯

地址： Am Lustgarten

交通： 乘坐地铁U2、U5、U8线在U-Bhf Alexanderplatz站下可到

电话： 030-20269136

门票： 7欧元

开放时间： 周一至周六 9:00～20:00，周日及其他公共假期 12:00～20:00

网址： www.berlinerdom.de

犹太博物馆

犹太博物馆（Jüdisches Museum Berlin）主要展出的是德国犹太人两千年来的历史文物与生活记录。博物馆并不是简单地通过文献、绘画或是播放记录等来表现犹太人的历史生活，而是将德国犹太人的历史故事渗透在博物馆空间之中。你可以在博物馆中充分了解犹太人在文化上的贡献、犹太人争取解放的艰苦卓绝的过程等内容。

旅游资讯

地址： Lindenstrasse 9-14

电话： 030-25993300

门票： 成人5欧元，家庭10欧元

开放时间： 周一10:00～22:00，周二至周日10:00～20:00

网址： www.jmberlin.de

柏林博物馆岛

柏林博物馆岛（Museum Island）由柏林老博物馆、新博物馆，国家美术馆、博德博物馆及佩加蒙博物馆这5座博物馆组成，博物馆的风格各异且和谐统一，并有施普雷河从两侧流过，使其气势更加浑厚。这个历史悠久的博物馆岛曾在二战时遭受过严重毁坏，想要将博物馆恢复到原来的面貌，还需要一个任重道远的过程。

旅游资讯

地址： Unterden Linden

交通： 乘坐地铁U6线在Friedrichstrae站下可到

门票： 可以购买博物馆岛的一日券，14欧元

开放时间： 佩加蒙博物馆、老博物馆和国家美术馆的开放时间是周一、周三、周五的10:00～18:00及周二、周四的10:00～22:00

柏林博物馆岛

柏林美食

从路边优雅宁静的正式饭店，到街头清淡的小吃店，应有尽有。你可以在各种小吃店吃遍柏林的美食，而且这些地方往往消费较低，有很多就餐之地仅仅2、3欧元就可以吃得不错。在柏林，你除了可以品尝到众多本地风味食品，还有澳大利亚、赞比亚等世界各国美食可以满足你的味觉需求。此外，德国啤酒世界闻名，坐在啤酒排档或湖边河畔的树下，畅饮香醇的德国啤酒，真是太惬意了。选帝侯大道以北的Kantstrasse、施普雷河边的Scheunenviertel、波茨坦广场及广场周边，十字山区的Bergmannstrasse等都是美食餐馆的集中地。

· Zur Letzen Instanz

这是柏林最古老的餐馆之一，古老的家具，使其颇具怀旧气息。餐厅的特色菜肴是烤猪肘（Eisbein），其先经腌渍后再用文火慢炖而成，口感十足且不油腻，德国一般的烤猪肘是无法与其相媲美的。

地址： Waisenstrasse 14-16
电话： 030-2425528
网址： www.zurletzteninstanz.com

· Oderquelle

挑一个人少的时间，来餐厅要一份简单美味的德国菜和一杯啤酒，慢慢享受美好的就餐时光，别提多惬意了。不过这家餐厅总是很火爆，你很难在20:00之后找到一个座位，提前预订是个明智之举。

地址： Oderberger Strasse 27
电话： 030-44008080
网址： www.oderquelle.de

· Cafe Jacques

这家咖啡厅环境十分迷人，美丽的枝形吊灯、醉人的葡萄酒、浪漫的鲜花，营造出一个近乎完美的约会场所。在享受幸福的同时，你一定不要忘了细细品味这里的法国和北非大餐。

地址：Maybachufer 8
电话：030-6941048

· Schneeweiss

这家以白色为主色调的餐厅，处处洋溢着温馨的氛围，虽然整体环境高档，价格却很合理，绝对是物有所值。这里主要提供阿尔卑斯式欧洲菜肴，并随时供应点心，早餐、午餐和晚餐都各有特色。

地址：Oderberger Strasse 27
电话：030-29049704
网址：www.schneeweiss-berlin.de

其他餐厅推荐				
名称	地址	电话	网址	菜系
Heising	Rankestrasse 32	030-2133952	www.restaurant-heising.de	法国
Fassbender-Rausch	Charlottenstrasse 60	030-20458443	www.fassbender-rausch.de	咖啡厅
Don Camillo	Schlossstrasse 7	030-3223572	www.don-camillo-berlin.de	意大利
Steakhouse ASADOR	Wilhelmstrasse 22	030-25931818	www.restaurant-asador.de	德国烧烤

柏林购物

作为德国的首都，柏林是一个繁华的购物之地。人气旺盛的选帝侯大街（Kurf ü rstendamm）、波茨坦广场等都是人们狂热追崇的购物胜地。你可以在柏林繁华的街区里，找到各种独具特色的商场、跳蚤市场与农贸市场。在柏林，可选购的商品有很多，科隆香水、柏林熊、德国啤酒杯、电音唱片等都是你不容错过的纪念商品。值得一提的是，这里一些规模较小的商店只收现金，不接受信用卡付款。

人气旺盛的购物大街

· 菩提树下大街

菩提树下大街（Unter den Linden）是柏林最迷人的道路之一，街道两边坐落着众多著名建筑，中间一大段路程聚集了很多特色商店，在这里既可以欣赏美丽的建筑，也可以购买一些特色商品。

地址： Unter den Linden

交通： 乘坐城铁S1、S2、S25线或地铁U55线在Brandenburger Tor站下

· 库达姆大街

库达姆大街(Ku'damm）也被译为选帝侯大街，是柏林最有名也是最受欢迎的购物街之一。这里聚集了众多品牌商店、百货公司、精品店，是游客购物的首选地区。如今的库达姆大街不仅是高级时装和时尚商店的聚集地，更是咖啡屋、剧场、戏院、电影院的大熔炉。

名牌集中的大本营

· KaDeWe

这家著名的百年老店，拥有极丰富的商品，从精品服饰、鞋包，到葡萄酒、瓷器，应有尽有。在这里狂购一笔之后，你不要忘了到6楼久负盛名的美食大厅去补充下能量。

地址： Tauentzienstrasse 21

电话： 030-21210

网址： www.kadewe.de

· Departmentstore Quartier 206

这家大型的奢侈品专卖店，主要销售国际设计师设计的时装、配饰、美容产品、珠宝、书籍、艺术品和鲜花。

地址： Friedrichstrasse 71

电话： 030-20946800

网址： www.quartier206.com

物美价廉的淘宝地

· Flohmarket Strasse des 17 Juni

这是柏林历史最为悠久的跳蚤市场，不仅销售各种廉价的二手商品，还有很多特色商品以及艺术品，其中包括仿古家具、古籍、邮票等，都是值得购买的纪念品。

地址：Strasse des 17 Juni
开放时间：每周六、日的10:00～17:00。
网址：www.berliner-troedelmarkt.de

柏林娱乐

柏林人的夜生活极为丰富，其夜总会是欧洲最为原始自然且形式多样的娱乐场所，前卫的俱乐部与音乐厅中随时有朋克、拉丁、非洲音乐等各种音乐表演。从傍晚一直到凌晨，柏林的俱乐部、夜总会中都挤满了时尚的年轻人。此外，柏林还拥有多家顶级歌剧院，以及大大小小的影院与音乐厅。

夜总会

·Berghain–Panorama

这里曾被称为世界最好的夜总会，内部装修豪华，拥有一个令人震撼的舞池、风格不同的吧台及360°的观景楼。一流的DJ，动感的音乐，这里是享乐主义者不忍离去的天堂。

地址：Am Wriezener Bahnhof 1
电话：030-29360210
网址：www.berghain.de

剧院

·Berliner Ensemble

剧院的设计十分华丽，其建筑气势恢宏，艺术气息浓厚。主要上演前负责人布莱希特和其他欧洲20世纪剧作家的作品，有时还会上演莎士比亚、席勒及莱辛的戏剧。

地址：Bertolt-Brecht-Platz 1
电话：030-28408155
网址：www.berliner-ensemble.de

·Friedrichstadt-Palast

这个大型的剧院，拥有先进的硬件设施，曾有无数优秀的艺术家在此施展才华。此外，这里的芭蕾舞团和女子舞蹈团曾荣获60多个国际奖项。

地址：Friedrichstrasse 107
电话：030-23262326
网址：www.show-palace.eu

电影院

·Arsenal

这是家实验性影院，播放各种影片，包括英文原著电影、纪录片以及无声电影。此外，这家影院在索尼中心还有2个放映厅，也很受欢迎。

地址： Potsdamer Strasse 2
电话： 030-26955100
网址： www.arsenal-berlin.de

现场音乐

·Deutsche Oper Berlin

这是柏林最大的歌剧院，那出类拔萃的音响效果吸引了一批极为出色的歌唱家前来，因而这里的演出具有相当高的水准。这里会上演各种不同的剧目，其中上演的歌剧作品都以作者的母语演唱。

地址： Bismarckstrasse 35
电话： 030-34384343
网址： www.deutscheoperberlin.de

·Konzerthaus Berlin

这是德国古典建筑的杰作之一,柏林音乐厅管弦乐团是这里的首席乐团，同时也有一些其他乐团前来演出。音乐厅每年举办各种音乐艺术活动550余场，每个音乐季举行约100场音乐会。

地址： Gendarmenmarkt
电话： 030-203092330
网址： www.konzerthaus.de

柏林住宿

柏林有无数的住宿场所，简直让人眼花缭乱。在柏林，你可以找到风格独特的豪华顶尖酒店，实惠整洁的青年旅舍，也能找到家具齐全的公寓。柏林的住宿价格跟其他大城市比算得上是比较便宜的，所以假如你手头宽裕的话，选择时尚的精品酒店住一宿，绝对能让你感受到不一般的舒适。

经济型酒店			
名称	地址	电话	网址
Circus Hostel	Weinbergsweg 1a	030-20003939	www.circus-berlin.de
Grand Hostel Berlin	Tempelhofer Ufer 14	030-20095450	www.grandhostel-berlin.de
Cat's Pajamas	Urbanstrasse 84	030-61620534	www.thecatspajamashostel.de
EastSeven Berlin Hostel	Schwedter Strasse 7	030-93622240	www.eastseven.de
PLUS Berlin	Warschauer Platz 6	030-21238501	www.plushostels.com

中档酒店			
名称	地址	电话	网址
Melia Berlin	Friedrichstrasse 103	030-20607900	www.meliaberlin.com
Adina Apartment Hotel Berlin Checkpoint Charlie	Krausenstrasse 35-36	030-2007670	www.adina.eu
Hotel-Pension Bregenz	Bregenzer Strasse 5	030-8814307	www.hotelbregenz-berlin.de
Arcotel John F	Werderscher Markt 11	030-4050460	www.arcotelhotels.com

高档酒店			
名称	地址	电话	网址
Casa Camper Berlin	Weinmeisterstrasse 1	030-20003410	www.casacamper.com
Schlosshotel Im Grunewald	Brahmsstrasse 10	030- 895840	www.schlosshotelberlin.com
The Ritz-Carlton	Potsdamer Platz 3	030-337777	www.ritzcarlton.com
Hotel Adlon Kempinski	Unter den Linden 77	030-22610	www.hotel-adlon.de

2 柏林→慕尼黑

Bolin→Munihei

慕尼黑交通

从柏林前往慕尼黑

·乘飞机前往

从柏林的泰戈尔机场有多个前往慕尼黑弗朗茨·约瑟夫·施特劳斯国际机场的航班，全程运行时间为1小时15分钟。

弗朗茨·约瑟夫·施特劳斯国际机场（Flanz Josef Stlauss International Airport）位于慕尼黑市区东北方向29千米处。这个繁忙的国际机场每周有多达2100架次的航班往返于此，是通向欧洲各地的理想大门。这里不仅有众多航班可以直接飞往国内各大城市，还有航班飞往大部分欧洲国家的首都、纽约、洛杉矶、开普敦和德国其他主要城市。

· 乘火车前往

柏林四通八达的火车与德国国内各个城市以及欧洲其他国家的铁路相连。柏林的主火车站位于政府区的正北方，是欧洲最大和最现代化的铁路枢纽，主要是往返于国内和国际各个方向的长途列车。其中，从柏林直达慕尼黑中央车站（Munchen Hauptbahnhof）的火车，全程运行约6个小时，需134欧元。

乘轨道交通工具玩慕尼黑

慕尼黑的地铁覆盖范围很广，南北纵贯慕尼黑市中心区，是市内最快捷的一种交通工具。从市区南面的哈拉斯车站（Harras）到市区北面的弗赖海特站（Munchener Freiheit），有U3和U6两条线运行，U3线通往奥林匹克会场（Olympiazentrum），U6线通往Kieferngarten。此外，在中心点玛利亚广场（Marienplatz）有通往郊外的轻轨（S-Bahn），与纵贯铁路交叉，在MVV网站（www.mvv-muenchen.de）上可以查询轻轨的具体时间表。

慕尼黑风光

乘公共汽车游慕尼黑

慕尼黑的公共汽车分为三种，包括两位数路号的Metrobus，三位数路号的Stadtbus，以及N开头的夜班线路。其中，夜班线路又分为每日夜班线路(N40至N45）和假日夜班线路(N46至N49及N81）。大多数公共汽车首班车发车时间为17:00，末班车时间为18:00至次日1:00，还有一些Stadtbus线路周六日不运营，请注意查看站台或站牌上的时刻表。

乘出租车逛慕尼黑

慕尼黑的出租车为米黄色车身以及黄黑两色车顶，很容易辨认。你可以在分散在市区各地的出租车站，以及火车站和机场打到出租车。慕尼黑出租车的起步价为3.3欧元，5千米以内每千米收取1.7欧元；5千米以上10千米以内每千米收取1.5欧元；10千米以上每千米收取1.4欧元。

慕尼黑景点

玛利亚广场

玛利亚广场(Marienplatz）是慕尼黑市中心广场，也是慕尼黑的标志。广场中间矗立着玛利亚纪念柱，其顶端有金色的圣母玛利亚雕像。北面是哥特式建筑——市政厅（Rathaus），其中间有85米高的钟楼。在市政厅西北面不远处是著名的圣母教堂(Frauenkirche）。

玛利亚广场

旅游资讯

地址： Altstadt

交通： 乘坐城市铁路S1至S8线或者地铁U3/U6线到Marienplatz站

网址： www.marienplatz.de

英国花园

英国花园（Englischer Garten）从慕尼黑市中心向东北方向延伸到城市边界，是欧洲最大的城市花园之一，甚至比纽约中央花园还要大。因园林在设计上效仿英国，主要以顺应自然为主，极少人工雕琢，因而得名为英国公园。园内有个历史悠久的楼阁式五层木塔，被称作中国塔，在周围绿长椅的点缀下，显得格外清幽。

英国花园

旅游资讯

地址： Englischer Garten 2

交通： 乘坐地铁U3、U6线在Odeonsplatz站下即可

电话： 089-38666390

门票： 免费

开放时间： 周一至周六 9:00～20:00，周日及其他公共假期 12:00～20:00

网址： www.muenchen.de

宝马博物馆

宝马博物馆

宝马博物馆（BMW Museum）的展厅为环绕式空间设计，根据年代与时间不同，分7个不同主题展示历年来所产出的各类与“宝马”相关的车辆样品，同时运用现代声、光、电、多媒体等高科技手段及图片音像资料，全面阐述了宝马汽车公司的成长与发展史。

旅游资讯

地址： Am Olympiapark 2

交通： 乘坐地铁U3线在Olympiazentrum站下可到

电话： 089-125016001

门票： 12欧元

开放时间： 周二至周五9:00～18:00，周六、周日及节日10:00～20:00，周一休息

网址： www.bmw-welt.com

慕尼黑王宫

慕尼黑王宫（Residenz München）是德国最大的市内宫殿，整个王宫建筑群主要由马克斯-约瑟夫广场北侧的国王殿、面朝王宫大街的老宫殿，以及面临王宫花园的宴会厅这三部分组成。此外，值得一提的是，王宫内的赫拉克勒斯厅是巴伐利亚广播交响乐团的主要表演场地。

旅游资讯

地址： Residenzstrasse 1

交通： 乘坐地铁U3、U6线在Marienplatz站下可到

电话： 089-290671

门票： 王宫博物馆7欧元，珍宝馆7欧元

开放时间： 4月1日至10月15日9:00～18:00，10月16日至次年3月31日10:00～17:00

网址： www.residenz-muenchen.de

圣彼得教堂

圣彼得教堂（St Peterskirche）是慕尼黑市中心最古老的教堂，其主体为哥特式风格建筑，内部装饰为巴洛克式风格建筑。你可以探访教堂内部典藏室中陈列的众多珠宝饰品和带发骸骨，也可以登上尖塔观景台饱览慕尼黑市内美景，甚至还能看到阿尔卑斯山脉的壮丽风光。

旅游资讯

地址： Rindermarkt 1

交通： 乘坐地铁U3、U6线在Marienplatz站下可到

电话： 089-604828

门票： 教堂免费，登塔1.5欧元

开放时间： 教堂7:00～19:00，周三下午不开放；塔9:00～18:00，周末及节日10:00～18:00

网址： www.alterpeter.de

宁芬堡宫

宁芬堡宫

宁芬堡宫（Nymphenburg Palace）曾是巴伐利亚历代王侯的夏宫，为巴洛克风格。整座城堡中处处流露出和谐的田园风格，其主厅格外富丽堂皇，就连周围的房间也异常的精致华美，最著名的当属墙上挂满美女的“美人画廊”，这里曾令路德维希一世流连忘返。这座花园中的宫殿，在砾石铺就的小径与潺潺流水的点缀之下，显得格外典雅迷人。

旅游资讯

地址： Schloss Nymphenburg 1

交通： 乘坐有轨电车16、17线在Schloss Nymphenburg站下可到

电话： 089-179080

门票： 宫殿5欧元

开放时间： 4～10月09:00～18:00，11月至次年3月10:00～16:00

慕尼黑美食

“饮食使身心健全”是慕尼黑人一直恪守的巴伐利亚古老格言，作为巴伐利亚的首府，慕尼黑拥有德国最传统的美食。慕尼黑素以啤酒节而闻名遐迩，市内啤酒馆林立，美酒要配上美食才更完美，因而慕尼黑也不乏各种特色美食。

· Tantris

这家餐厅拥有很高的荣誉，所供应的食物都是顶级的，还有最贴心的服务，可以让你在这里收获最高级的待遇。假如条件允许，享受高档的就餐环境和氛围，那么这里一定是你在慕尼黑就餐的不二之选。

地址：Johann-Fichte-Strasse 7，München
电话：089-3619590
网址：www.tantris.de

· Haxnbauer

这家餐馆专门制作猪肉料理，走在店外你就能远远地闻到那沁香的烤肉味，假如你对烧烤情有独钟，那么一定不要错过这里。

地址：Sparkassenstrasse 6，München
电话：089-2166540
网址：www.kuffler.de

· Rue des Halles

这家法国餐厅烹制出的食物很有新意，因而很受那些喜欢追求新事物的当地人喜爱。餐厅宽敞明亮，装饰简朴大方，推荐这里的套餐。

地址：Steinstrasse 18
电话：089-485675
网址：www.rue-des-halles.de

其他餐厅推荐				
名称	地址	电话	网址	菜系
Rusticana	Grillparzerstrasse 5	089-4703887	www.rusticana.de	美国
Nam Giao	Maistrasse 31	089-59988033	www.namgiao31.de	越南
Pfistermuhle	Pfisterstrasse 4	089-23703865	www.pfistermuehle.de	德国
Geisel's Vinothek	Sch ü tzenstrasse 11	089-551370	www.excelsior-hotel.de	意大利

慕尼黑购物

慕尼黑各种高档的名牌商店主要分布在马克西米连街（MaximilianstraBe）、剧院街（TheatinerstraBe）、王宫大街（ResidenzstraBe）等主要街道上。在慕尼黑，你可以选择各种质地的啤酒杯、啤酒杯造型的各种工艺品留作纪念。在慕尼黑王宫前的布里恩纳街(Brienner St）上，还有销售麦森高级瓷器的专卖店。

·马克西米连街

马克西米连街（Maximilianstrabe）可谓慕尼黑豪华与魅力的象征，从国家剧场一直延伸到旧城环线（Altstadtring）。街道西部以时装店、奢侈品商店、珠宝店著称，你可以在这里尽享购物的乐趣。

·Ludwig Beck

这是慕尼黑历史最悠久的百货商店，其中有各种款式新颖、价格合理的服装。此外，你还能在这里找到各种时髦的咖啡厅、餐厅等。

地址： Theatinerstrasse 14

电话： 089-236910

网址： ludwigbeck.de

·维克托利亚集市

维克托利亚集市（Viktualienmarkt）是慕尼黑最大的食品市场，你在这里能找到全球各地的特产，各式各样的瓜果蔬菜、香草、奶酪、香肠、鲜鱼等吸引了众多人的目光。无论是周末还是平时，这里几乎都是人山人海，游客可以在这里享受美食大餐。

地址： Burgstrasse

交通： 乘坐地铁U3线在Marienplatz站下可到

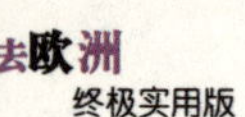

慕尼黑娱乐

慕尼黑的夜生活极为丰富，每当黄昏来临，这座城市便开始了狂欢，这时你应该像当地人那样从街道或路口中出来，前往咖啡厅、酒吧、啤酒公园、俱乐部。此外，你也不要错过慕尼黑美妙的古典音乐、爵士乐及歌剧盛会。

·KultFabrik

这是一个聚集了酒馆、酒吧、俱乐部的村落，也是慕尼黑最热闹的娱乐场所之一。在这里，你可以欣赏到迪斯科舞曲、重金属音乐等，喜欢派对的人一定可以在这里玩得非常痛快。

地址： Grafingerstrasse 6，Munich

电话： 089-49949170

网址： www.kultfabrik.de

·慕尼黑室内音乐厅

慕尼黑室内音乐厅（Mü nchner Kammerspiele）常常上演由德国作家创作的大型戏剧，同时也不乏一些译为德语的外国剧作家的作品。

地址： Maximilianstrasse 28

电话： 089-23337100

网址： www.muenchner-kammerspiele.de

·国家剧院

国家剧院（Nationaltheater）是德国巴伐利亚国家歌剧院和巴伐利亚国家芭蕾舞团的主要演出场地，也是德国顶尖级的歌剧院之一。国家剧院以其雄伟的外观、精美的设计和先进的声乐设备而广受赞誉。此外，每年7月慕尼黑的歌剧节也在这里举行。

地址： Maximilianstrasse 28

电话： 089-23337100

网址： www.muenchner-kammerspiele.de

其他娱乐场所推荐

名称	地址	电话	网址
Jazzclub Unterfahrt	Einsteinstrasse 42	089-4482794	www.unterfahrt.de
Cinema	Nymphenburger Strasse 31	089-555255	www.cinema-muenchen.de
Deutsches Theater Mü nchen	Werner-Heisenberg-Allee 11	089-55234444	www.deutsches-theater.de
Night Club Bar	Promenadeplatz 2	089-2120994	www.bayerischerhof.de

慕尼黑住宿

慕尼黑的一些高档而古典的旅店多分布在比较安静的老城区及其周边地区。在火车总站附近，聚集了众多经济实惠的旅店。在宁芬堡、海德豪森区（Haidhausen）等地有为数不少的现代化酒店。值得注意的是，在秋季啤酒节等旅游旺季期间，慕尼黑的房价很高，并且难以预订房间，来之前应提前预订酒店。

火车总站周边酒店

名称	地址	电话	网址
Euro Youth Hotel Munich	Senefelderstrasse 5	089-59908811	www.euro-youth-hotel.de
A&O Munchen Hauptbahnhof	Bayerstrasse 75	089-4523575700	www.aohostels.com
Winters Hotel Muenchen City Center	Arnulfstrasse 12	089-551390	www. winters.de
Haus International	Elisabethstrasse 87	089-120060	www.haus-international.de
VI Vadi Hotel	Marsstrasse 6-10	089-545190	www.vivadihotel.de

老城区及周边酒店

名称	地址	电话	网址
Hotel Blauer Bock	Sebastiansplatz 9	089-231780	www.hotelblauerbock.de
Motel One Munchen Sendlinger Tor	Herzog-Wilhelm-Strasse 28	089-51777250	www.motel-one.com
Stadthotel Asam	Josephspitalstrasse 3	089-2309700	www. hotel-asam.de

3 慕尼黑→菲森

Munihei→Feisen

菲森交通

从慕尼黑前往菲森

假如想从慕尼黑尽早到达菲森，以便多游览几座城堡的话，那么你要赶最早的火车，需要从慕尼黑火车总站（M ü nchen Hauptbahnhof）候车大棚外的附属车站施滕贝格火车站(Sternberger Bahnhof），乘第一班车前往菲森及慕尼黑西南方向。第一班车4:48发车，6:49到达菲森，中间还会在BIESSENHOFEN换乘一次。

乘公共汽车游菲森

从菲森火车站（Fussebn Bahnhof）可乘73路、78路RVO公共汽车前往城堡景区。

骑自行车玩转菲森

菲森是个美丽的地方，在它周围是壮美的阿尔卑斯山，以及遍布湖泊的平原，可谓是自行车游览者的天堂。推荐自行车租赁公司：

名称	电话	网址
Alpen Bikes	08362-924665	www.alpen-bikes.de
Radsport Zacherl	08362-3292	www.radsport-zacherl.de

菲森景点

新天鹅堡

新天鹅堡（Schloss Neuschwanstein）是一座梦幻般的童话城堡，多少年来，有无数人不辞辛苦行千万里路来到这里，只为完成自己心中那个童话梦想。城堡是由一生孤寂的巴伐利亚国王路德维希二世亲自参与设计的，耸立于高高的山上，四周有群山与湖泊环绕，一年四季，风光各异，此等美景成就了路德维希二世国王的童话梦，也成就了世界各地游人的童话梦。

旅游资讯

地址： Neuschwansteinstrasse 20

交通： 在菲森火车站，乘310路公车可到天鹅堡山脚，然后乘公车前往新天鹅堡

电话： 08362-930830

门票： 12欧元，18岁以下儿童免费

开放时间： 4月至9月8:00～17:00,10月至次年3月9:00～15:00

网址： www.neuschwanstein.de

新天鹅堡

旅游达人游玩攻略

1.假如想远观新天鹅堡全景，你可以顺着路标绕到城堡后方，继续前行3～5分钟后可找到横跨于深谷之上的马利亚桥，这座大桥恰好位于新天鹅堡的上方，你可以在此全方位欣赏城堡，也可以用相机记录下这个美丽的童话世界。

2.在游览城堡时，你需要在导游的带领下完成。需要注意的是，应该在城堡脚下的票务中心购买城堡门票，而不是在城堡门口买，在夏季时，尽量8:00之前赶到，不然很难买上当天的票。

3.通常新天鹅堡会与高天鹅堡一并游览，这两座城堡之间有30～40分钟的路程，道路比较崎岖，你可以选择乘坐马车前往。

高天鹅堡

高天鹅堡（Schloss Hohenschwangau）是国王路德维希二世度过童年的地方，同时也是德国浪漫主义时期的一块瑰宝。这座浅黄色的城堡给那位年轻的国王带来了很大的影响，就是这里的浪漫主义风格建筑，造就了他极具浪漫和童话色彩的性格。这座城堡比新天鹅城堡低调一些，到处充满了质朴的氛围。

旅游资讯

地址： Alpseestrasse 12

电话： 08362-93083

门票： 成人12欧元

开放时间： 4月至9月8:00～17:30,10月至次年3月9:00～15:30

网址： www.hohenschwangau.de

维斯教堂

维斯教堂(Wieskirche）坐落在环境优美的阿尔卑斯山谷中，是巴伐利亚最著名的巴洛克式教堂之一。教堂布局合理，内部装饰古朴大气，有一个椭圆形身廊和长方形大厅。这个典雅的大教堂每年都有千万人聚集于此瞻仰教堂的庄严与威仪。5月1日是维斯每年朝圣的开始，6月14日和接下来的星期日为“耶稣的眼泪”节。

旅游资讯

地址： Wies 12

交通： 从菲森乘坐73路RVO公共汽车可到

电话： 08862-932930

开放时间： 4月至9月8:00～20:00,10月至次年3月8:00～18:00

网址： www.wieskirche.de

高天鹅堡

菲森美食

菲森拥有不少特色美食，如酸菜面条(Krautspatzen）、白啤酒、什锦杂烩(Chop Suey）等。在菲森大街小巷中穿行，你便可以品尝到各种地道的烹饪美食。

· Gasthof Krone

这家人气旺盛的巴伐利亚餐厅，为中世纪风格的装饰，工作人员十分热情，并且会讲英语。这里的食物都非常精美，你还可以选择在室外就餐。

地址： Schrannengasse 17
电话： 08362-7824
网址： www.krone-fuessen.de

· Restaurant Il Pescatore

这家餐厅提供的食物品质优良，并且十分有创意，在这里享受美味的食物，并品尝与之相匹配的葡萄酒是种美好的享受。推荐这里的自制面条、新鲜的鱼料理、经典的意大利比萨饼以及各种肉类美食。餐厅中推出的食物，采用的均是当地最新鲜的材料，因而这里的菜单是随季节不同而变化的。

地址： Franziskanergasse 13
电话： 08362-924343
网址： www.ilpescatore-fuessen.de

其他餐厅推荐				
名称	地址	电话	网址	菜系
Casa Veda	Brunnengasse 21	08362-5056736	www.casa-veda.de	素食
Herzl am Rathaus	Lechhalde 4	08362-9300979	www.herzl-fuessen.de	德国
Hirsch	Kaiser-Maximilian-Platz 7	08362-93980	www.hotelfuessen.de	当地

菲森购物

在菲森繁华的街道与幽静的胡同中，服装、首饰、手工艺等本地或国外的商品一应俱全。

购物场所推荐			
名称	地址	电话	网址
allgau outlet	Immenstadter Strasse 11	08321-60772200	www.allgaeuoutlet.de
Drogeriemarkt M ü ller	Kemptener Strasse 1	08362-9387	www.mueller.de
V-Markt F ü ssen	Kemptener Strasse 107	08362-939040	www.v-markt.de

菲森住宿

在菲森，可以选择的住宿地有很多，并且大部分旅馆的价格十分合理。你可以前往旅游局办事处，在工作人员的帮助下预订包房，那样价格会更为实惠。

菲森住宿地推荐			
名称	地址	电话	网址
Sonne Hotel	Prinzregentenplatz 1	08362-9080	www.hotel-fuessen.de
Fischer am See	Uferstrasse 25	08362-9269990	www.hotel-fischer-am-see.de
Hotel Am Hopfensee Fuessen	Uferstrasse 10	08362-50570	www.hotel-am-hopfensee.de
Kurhotel Wiedemann	Am Anger 3	08362-91300	www.hotel-wiedemann.de
Hotel Christine	Weidachstrasse 31	08362-7229	www.hotel-christine-fuessen.de

从机场前往市区

汉堡国际机场是德国历史最悠久的机场，有一个4层的航站楼，两个彼此相通的终点站（Terminal）。从机场有众多航班飞往德国国内各个城市以及欧洲的各大城市，其中包括汉莎航空、英国航空公司、法国航空公司等廉价航空公司运营的航班。

信息	汉堡国际机场
地址	Hamburg Airport, Flughafenstrasse 1-3
电话	040-50750
网址	www.flughafen-hamburg.de

机场至市内的交通	
名称	信息
城铁S1号线	直接连通机场与市中心，无需换乘，每10分钟一趟，机场到中央火车站约需25分钟，运行时间为4:33至次日0:13
机场汽车	每20分钟一趟，可直达中央公交车站（ZOB,Busbahnhof）
公交车	周一至周四有606路，可达市中心；周五、周六则为274路
出租车	在两个Terminal的出口都有出租车站点，从机场到达市中心，约需25分钟

乘轨道交通玩汉堡

目前，汉堡有3条地铁线、6路城内快速高架列车、3路城郊快速连接火车以及9路地区火车。汉堡的轨道交通分别是：R为地区火车(Regionalbahn），A为城郊快速连接火车(Anschlussbahn），S为城轨(S-Bahn），“USAR”中的U指的是地铁(U-Bahn）。轨道交通经过汉堡主要景点及区域，有些线路连接汉堡周边城市。其中，城轨运行线路长、班次少，且每站间隔路程较长。地铁的班次多，车站间隔短，比较频繁，其中U3是汉堡中心区的环线。假如你想在自动售票机上购买地铁或城市轻轨票，首先应在旁边的名单上找出相应的车站，然后把车站旁边的数字输入到自动售票机里，这样，显示器上就会显示出相应的车票价格了。

汉堡市政厅

乘公共汽车游汉堡

汉堡的公共汽车有普通慢车和特快车之分。慢车通常在各大生活区域及景点设有站点，这样的车绕路多，车程较长；特快车停靠的站点相对少很多，主要连接各大交通枢纽和景点。周日至周四深夜将运行夜间班车，运行时间为00:30～4:00，夜班车聚集在Rathausmarkt。

乘出租车逛汉堡

汉堡老城区内的景点和购物中心都相对比较集中，通常不需要打出租车。不过在前往机场、火车站或者一些大型交通枢纽站时，你就可以选择乘出租车前往。

出租车公司推荐		
名称	电话	网址
Taxiruf	040-441011	www.autoruf.de
City Taxi	040-210070020	www.city-taxihamburg.de
Autoruf GmbH	040-441011	www.autoruf.de

骑自行车玩转汉堡

在汉堡市内骑自行车游览各大景点是比较实用的交通方式。你可以租辆自行车，骑车穿行在汉堡的大街小巷中，逛逛热闹非凡的周末市场，或者到各大博物馆、美术馆去转转，都别有风情。

自行车出租公司推荐		
名称	电话	网址
Fahrradstation Dammtor	040-41468277	www.fahrradstation-hh.de
Fahrrad Hertel	040-5278080	www.fahrrad-hertel.de

汉堡景点

市政厅

汉堡市政厅（Hamburger Rathaus）为19世纪后半期建成的新巴洛克式风格的建筑物。市政厅整体建筑用砂岩砌成，除了铜绿色的屋顶外，外观整体呈烟灰色。气势恢弘的市政厅约有640多个房间，比英国白金汉宫的房间还要多。市政厅大楼最显眼的建筑当属中央的尖塔，这是汉堡市最醒目的建筑物之一。

旅游资讯

地址： Rathausmarkt

交通： 乘地铁U3线到Rathaus站下，或乘公交车31、34、35、36、37、102路到Rathausmarkt站下，或由中央车站徒步15分钟可到

电话： 040－428312010

门票： 成人3欧元、家庭套票6欧元

开放时间： 10:00～15:00（周五至13:00、周六至17:00、周日至16:00）

市政厅

汉堡港

汉堡港（Hamburger Harbour）是德国最大的港口，也是欧洲第二大集装箱港。与其他欧洲海港相比，汉堡港有着得天独厚的优势，由于其特殊的地理位置，使之成为欧洲最重要的中转海港。海港已有800多年的历史，现如今工商业发达，是德国的造船工业中心，同时也发展成为世界上最大的自由港。

旅游资讯

地址： Hamburg

网址： www.hafen-hamburg.de

仓库城

仓库城（Speicherstadt）由七层楼砖结构的哥特式建筑构成，静静地站立在宁静的汉堡港上，见证着汉堡数百年来的历史沧桑。新哥特式风格的山形墙壁后面，储存着咖啡、茶，以及地毯、高档的电子产品等来自世界各地的“珍宝”，其中最引人注目的是世界上最大的东方地毯仓库。

旅游资讯

地址： Kehrwiedersteg 2-4

交通： 城市快轨S1、S2线 至Landungsbrucken站可到达

圣米迦勒教堂

圣米迦勒教堂

圣米迦勒教堂（St. Michaeliskirche）是汉堡最著名的大教堂，也是该市最醒目的地标。大教堂的正门上方是表现天使长米迦勒战胜魔鬼的青铜雕塑，教堂就是以米迦勒命名的。大教堂最受瞩目的就是那雄伟的巴洛克尖顶了，这里是你观赏城市和港口景色的绝佳地点，任何驶进易北河的船只都会首先看到这个明显的标志物。

旅游资讯

地址： Englische Planke 1

电话： 040-376780

开放时间： 5月至10月9:00～20:00,11月至4月10:00～18:00

网址： www.st-michaelis.de

迷你奇幻世界博物馆

迷你奇幻世界博物馆（Miniatur Wunderland）中拥有世界上最大的模型铁路，大量可识别地标复制品，简直令人惊叹。那些精致且逼真的模型，别提多受孩子们欢迎了。当你看到跑动的火车模型、奔驰的汽车模型，以及表情丰富的人群时，不要惊讶，因为你看到的仅仅是博物馆中展品的一小部分。

迷你奇幻世界博物馆

旅游资讯

地址： Kehrwieder 2

电话： 040-30068000

开放时间： 周一、周三至周五9:30～18:00,周二9:30～21:00,周日8:30～20:00

网址： www.miniatur-wunderland.de

旅游达人游玩攻略

每天都有太多的人前来，并且在进入馆内的时候会控制人数，因而排队买票往往很困难，你最好在官网上提前预订参观时间。

汉堡美食

汉堡作为一个著名的海港城市，拥有最新鲜的海鲜美食。在港口附近的餐馆里，你可以品尝到各种鲜鱼和异国风味美食。此外，汉堡街边的小吃，价格比较实惠。

汉堡人比较重视早餐，因而饭馆中提供的早餐相当丰富，有面包、水果、蔬菜、香肠等不同种类的食物。

· Warsteiner Elbspeicher

这家餐厅提供地道的德国美味，坐在餐厅里，你可以享受易北河和汉堡港的迷人风光。此外，在餐厅的露台上还能够俯瞰啤酒花园，是个不错的户外用餐场所。

地址： Grosse Elbstrasse 39
电话： 040-382242
网址： warsteiner-elbspeicher.de

· Ti Breizh

这家位于港口边上的餐厅，墙上挂满了时尚的美术作品，很有艺术氛围。在这里，你可以品尝到各种美味的薄饼以及布里多尼葡萄酒。

地址： Deichstrasse 39
电话： 040-37517815
网址： www.tibreizh.de

· Weinrestaurant Kleinhuis

这家餐厅很受欢迎，因为这里的美食都是采用当地新鲜食材精心烹制而成的现代德国美食。除了美食，餐厅中的酒水单有100多种可选择，有进口葡萄酒和德国本土的葡萄酒。

地址： Fehlandtstrasse 26,Hamburg
电话： 040-353399
网址： weinrestaurant-kleinhuis.de

其他餐厅推荐				
名称	地址	电话	网址	菜系
Apples Restaurant	Bugenhagenstrasse 8	040-33321771	www.apples-restaurant.de	当地美食
Fischereihafen	Grosse Elbstrasse 143	040-381816	www.fischereihafenrestaurant.de	欧洲菜肴
STOCKs Fischrestaurant	An der Alsterschleife 3	040-6113620	www.stocks.de	德国菜肴
EAST	Simon-von-Utrecht-Strasse 31	040-309930	www.east-hamburg.de	亚洲融合菜肴

汉堡购物

汉堡是个名副其实的购物天堂，繁华的蒙贝克大街（Moenckebergstrasse）和市政厅广场有许多大大小小的商店聚集。此外，还有火车总站附近的斯比塔勒大街（Spitalerstrasse），同样也是商店比较集中的地方。还有就是市中心Grosse Bleichen街上的汉萨区（Hanse-Viertel），也有很多精品店。

·少女堤

少女堤（Jungfernstieg）是汉堡人十分喜爱的购物和散步之地，开设了很多大型商场和精致的商店。你在这里可以买到各种文化商品、贵重的物品，以及一些极具传统特色的商品。在购物之余，你还可以乘船观赏湖泊及运河风景。

地址： Alsterarkaden 1

交通： 乘地铁u3线在Jungfernstieg站下

网址： www.alsterarkaden.de

·阿尔斯特湖拱廊

阿尔斯特湖拱廊（Alsterarkaden）是一个紧靠阿尔斯特湖敞开的商店通道，具有优雅的文艺复兴风格，在这里，你会发现众多有趣的商店。漫步走廊中，你可以一边购物，一边欣赏阿尔斯特湖里优雅的天鹅。

地址： Jungfernstieg 12

电话： 040-39181053

·Neuer Wall

这是汉堡前卫的名牌设计时装街，主要出售各种名贵的国际时装。作为汉堡名副其实的奢侈品一条街，这里聚集着众多世界著名的高档品牌商店，如阿玛尼（ARMANI）、乔普（JOOP!）等。

购物场所推荐			
名称	地址	电话	网址
Mutterland	Ernst-Merck-Strasse 9	040-28407978	www.mutterland.de
Douglas	Heegbarg 31	040-23935543	www.douglas.de
Levantehaus	Monckebergstrasse 7	040-326816	www.levantehaus.de

汉堡娱乐

汉堡人的夜生活十分丰富，有各种音乐剧演出，酒吧、夜总会、电影院林立。此外，从小剧场到德国国立大剧院，各种剧院更是应有尽有。

· China Lounge

这家时尚的主流酒吧，在当地很有影响力。酒吧主要分为四个区域，分别表演电子音乐、室内音乐、嘻哈音乐、R&B音乐。

地址：Nobistor 14
电话：040-31976622
网址：www.china-hamburg.de

· Deutsches Schauspielhaus

这是德国十分著名的大剧院，演出契诃夫、歌德、莎士比亚的经典作品。此外，这里还常常上演一些新作品。

地址：Kirchenallee 39
电话：040-248710
网址：www.schauspielhaus.de

· Elbphilharmonie

在这个音乐厅中很容易就能眺望港口、易北河以及整个城市的独特风光。无论是古典音乐还是21世纪音乐，以及高品质的流行音乐，都会在这里演出。

地址： Am Kaiserkai,Hamburg
电话： 040-35766666
网址： www.elbphilharmonie.de

其他娱乐场所推荐			
名称	地址	电话	网址
Molotow Club	Spielbudenplatz 5	040-4301110	www.molotowclub.com
Abaton Kino	Allende-Platz 3	040-41320320	www.abaton.de
English Theatre	Lerchenfeld 14	040-2277089	www.englishtheatre.de
Staatsoper	Grosse Theaterstrasse 25	040-35680	www.hamburgische-staatsoper.de

汉堡住宿

在中央车站附近和阿尔斯特湖周边有很多特色酒店，经济旅馆主要分布在中央车站东口到离湖畔较远的地方。此外，在离汉堡不远的小城吕贝克，住宿也很方便，你可以在那里找到各种档次的宾馆。

汉堡住宿地推荐			
名称	地址	电话	网址
DJH Auf dem stintfang	Alfred-Wegener-Weg 5	040-5701590	www. jugendherberge.de
Grand Elysee Hamburg	Rothenbaumchaussee 10	040-414120	www.grand-elysee.com
Ibis Hamburg St. Pauli	Simon-von-Utrecht-Strasse 63	040-650460	www.ibishotel.com
Arcotel Rubin	Steindamm 63	040-2419290	www.arcotelhotels.com
Hotel Alsterblick	Schwanenwik 30	040-22948989	www.hotel-alsterblick.de

5 汉堡→汉诺威

Hanbao→Hannuowei

从汉堡前往汉诺威

从汉堡中央火车站（Hauptbahnhof）前往汉诺威火车站约需1.5个小时，需要54欧元。

乘轨道交通玩汉诺威

汉诺威的轨道交通包括地铁和有轨电车，均由Ustra（0511-16680，www.ustra.da）运营。大部分从火车总站出发的地铁线路都在火车站北侧，包括到Messe的地铁8号线，而地铁U10与U17线与之不同。此外，还有从火车站南侧旅游局办事处附近出发的地上有轨电车。

汉诺威景点

新市政厅

新市政厅

新市政厅（News Rathaus）有“绿色大都会”之称，是你认识汉诺威的好去处。厅内一楼大厅展示着汉诺威的城市发展史，其中有一些逼真的模型分别反映了战前、战后不久的、城市面貌。“二战”期间，市政厅曾遭到严重破坏，之后经多年修复最终重新面向世人开放。乘独特的斜形电梯登上顶层观光台，极目远眺，你可以观看汉诺威全貌。

旅游资讯

地址： Trammplatz 2

电话： 0511-1680

门票： 乘弧形电梯成人2.5欧元，优惠价2欧元

开放时间： 4～11月周一至周五9:30～18:00，周六、周日10:00～18:00

网址： www.hannover.de

赫轮豪泽园林

赫轮豪泽园林（Herrenhauser Garten）是汉诺威最值得游览的景点之一，由大花园、山顶花园、格奥尔格花园和威尔芬花园组成。园林在很大程度上模仿凡尔赛园林模式建造而成，是欧洲为数不多的基本结构保存完好的巴洛克式花园。在拥有300多年历史的大花园中，你可以参观尼基·德·圣法尔洞室（Niki de Saint Phalle Grotto）。

旅游资讯

地址： Herrenhauser Strasse 4

交通： 乘地铁4号、5号线至Herrenhauser Garten站下

电话： 0511-16844543

开放时间： 9:00至日落

网址： www.hannover.de

汉诺威展览中心

汉诺威展览中心（Hannover Exhibition Center）拥有完美的基础设施以及艺术家级别的技术手段，是世界上最大的展览中心。展览中心除了独具特色的展厅，还有35间会议室、大厅、全玻璃走廊，以及富有个性的露天广场。

汉诺威展览中心

旅游资讯

地址： Deutsche Messe Messegelande

电话： 0511-890

玛什湖

玛什湖（Maschsee）是汉诺威人最喜欢的划船、游泳场所之一。这里距离市中心很近，约需30分钟的步行路程，这是其受欢迎的主要原因之一。此外，这里还是划船比赛和一年一度的龙舟竞赛场地。隆重的玛什湖节是这里众多节庆中的高潮之一，此时将有百万游客前来玛什湖畔欢呼庆祝。

旅游资讯

地址： Hanover

交通： 乘100路公交车在Sprengelmuseum/Maschsee站下

开放时间： 全天

玛什湖游船

汉诺威美食

汉诺威可以说是一座博览会城市，这里既有德国特色的美味佳肴，也有不少充满异国风情的世界各国美食。汉诺威不仅有各种正餐店与快餐店，还有数量众多的饮品店。到了秋季，你几乎可以在任何餐馆中品尝到绿皱皮菜加香肠、咸肉的本地特色菜。

· Brauhaus Ernst August

这家位于汉诺威市中心的啤酒屋，屋内装饰有很多塑料葡萄架，用餐的时候让人有种置身户外的感觉。推荐品尝这里的维也纳炸牛排、猪肉腿和辣排骨、椒盐脆饼。美食搭配上一杯啤酒，感觉很不错。

地址：Schmiedestr 13
电话：0511-365950
网址：www.brauhaus.net

· Georxx

无论你是商务人士，还是购物者或疲惫的旅行者，都会爱上这个地方。这里有亚洲口味与充满欧洲风情的食物，还有令人轻松的用餐环境。夏天的时候，餐厅还设有环境优雅的户外用餐区。

地址：Georgsplatz 3
电话：0511-306147
网址：www.georxx-hannover.de

· Hiller

这是汉诺威一座十分古老的素食餐馆，内部装饰十分时尚，店里的气氛也十分温馨，是一个不错的就餐地点。这里的套餐分量很足，假如你想点套餐，一定要确认自己的肚子有足够的空间。

地址：Blumenstrasse 3
电话：0511-321288
网址：www.restaurant-hiller.de

其他餐厅推荐				
名称	地址	电话	网址	菜系
Clichy	Weissekreuzstrasse 31	0511-312447	www.clichy.de	法国
Meteora	Hamburger Allee 37	0511-315237	www.meteora-hannover.de	希腊
Plumecke	Vossstrasse 39	0511-660969	www.restaurant-tipp-hannover.de	德国
Bavarium	Windm ü hlenstrasse 6	0511-323600	www.bavarium.de	德国

汉诺威购物

在汉诺威市中心，你看到的大多是时尚的购物商店，这就是汉诺威的理想购物场所。其中，Innenstadt的时尚中心有各种百货商店、高档精品店。在非同一般的大型步行区里，购物商场更是令人眼花缭乱，无论你是哪个消费层次的人，都能买到称心如意的商品。此外，在市区还有很多高级购物大街和购物长廊。汉诺威主要的购物区由Aegidientorplatz到Steintor，一直延伸到Bahnhofstrasse，这一带云集了市区各种大型百货公司和名牌商店。此外，每周六7:00～16:00，在历史博物馆后面的三教母附近，有定期举办的跳蚤市场（Hoher Ufer）。

购物场所推荐			
名称	地址	电话	网址
Galerie Luise	Luisenstr. 5	0511-2609080	www.galerie-luise.de
Street One	Ernst-August-Platz 2	0511-1238823	www.street-one.com
Jack Wolfskin Store	Schuhstrasse 1	0511-3631674	www.jack-wolfskin.com
Flea Market	Am Hohen Ufer 1	0511-12345111	www.hannover.de

汉诺威娱乐

汉诺威的夜生活很丰富，在这里，你从不会感到枯燥，相反你可以在热闹的俱乐部中听各种经典的音乐，还可以在歌剧院中观赏音乐剧及舞蹈表演。

其他娱乐场所推荐			
名称	地址	电话	网址
Club Acanto	Dragonerstrasse 28	0173–5465170	www.acantohannover.de
Capital	Schwarzer Bar 2	0511–929880	www.capitol–hannover.de
Apollo Kino	Limmerstrasse 50	0511–452438	www.apollokino.de
Klecks Theater	Kestnerstrasse 18	0511–2834159	www.klecks–theater.de

汉诺威住宿

在交易会举办期间，这里的房价会高出平常三四倍，你可以登录城市网站（www.hannover.de）向旅游局办事处咨询交易会举办时间，从而尽量避免在那段时间前去访问。旅游局的工作人员可以为你安排旅馆客房，但要收取额外费用。

住宿地推荐			
名称	地址	电话	网址
Maritim Grand Hotel	Friedrichswall 11	0511–36770	www.maritim.de
Inter City Hotel	Rosenstrasse 1	0511–1699210	www.intercityhotel.com
City Hotel	Limburgstrasse 3	0511–36070	www.cityhotelhannover.de
Grand Palace Hotel	Lavesstrasse 77	0511–543600	www.grand–palace–hannover.de
Aden Hotel	B ü ttnerstrasse 19	0511–8984400	www.aden–hotel.de

从机场前往市区

法兰克福机场（Frankfurt Airport）位于市中心西南12千米处，是德国最繁忙的机场，德国大多数航班都会经过法兰克福机场。法兰克福机场有两座航站楼，其中A、B、C登机门在1号航站楼，D、E登机门在较新的2号航站楼。两座航站楼由走廊连接。

信息	法兰克福机场
电话	1806-3724636
网址	www.frankfurt-airport.de

机场至市内的交通	
名称	信息
61路公交车	30分钟一班，往返于萨克森豪森区的火车南站与一号航站楼
城铁S8、S9号线	15分钟一班，在火车总站、Hauptwache、Konstablerwache、威斯巴登和美因茨等地停靠

乘轨道交通玩法兰克福

法兰克福有8条地铁线，均在市区内运行，每站间隔距离较近，在地铁入口有明显的“U”标志，很容易识别。通常，地铁站内的信息屏上会显示即将到达的车次，以及到达的终点站和所经过的主要站点。运营时间一般为4:00至次日1:30。

此外，法兰克福还有9条轻轨线，可以通往威斯巴登、美因茨等其他附近城市。通常轻轨入站口为黄绿色“S”标志，有时会与地铁共用一个入口。轻轨的线路比较复杂，你应该仔细看清交通图。轻轨一般运营时间为4:00至次日1:00，每班车的运行时间间隔比地铁长。

乘出租车逛法兰克福

出租车的平均价格为起步价2.75欧元，夜间费用较高，之后每一千米增加1.65欧元。大部分司机都接受信用卡付费。你可以在全市范围内等候出租车，也可以拨打250001、20304电话呼叫出租车。

骑自行车玩转法兰克福

法兰克福设有专门的自行车道，因而骑自行车游览法兰克福也是一种不错的选择。推荐自行车租赁公司有：

名称	电话	网址
Call-a-Bike	069-42727722	www.callabike.de
Fahrradstation	069-95114061	www.fahrradstation-frankfurt.de
Hotel Hessischer Hof	069-75400	www.hessischer-hof.de

法兰克福景点

法兰克福主塔楼

法兰克福主塔楼

法兰克福主塔楼（Main Tower）是法兰克福著名的地标性建筑，高200米，登临塔楼，你可以俯瞰整个市区。在平台上向市区东南望去，你可以看到中世纪风格的罗马贝格广场，还可以远眺美因河对岸的萨克森豪森区。

旅游资讯

地址： Neue Mainzer Strasse 52-58 Main

电话： 069-913201

门票： 成人票5欧元，学生和老人票3.5欧元

开放时间： 夏季，周日至周四10:00～21:00，周五至周六10:00～23:00；冬季，周日至周四10:00～19:00，周五至周六10:00～21:00

网址： www.maintower.de

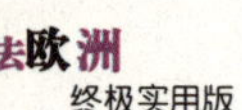

老市政厅

老市政厅（Rathau）静立于古老的罗马广场上，由三座精美的连体哥特式楼房组成，有别具特色的阶梯状人字形屋顶，历经世间沧桑，算得上是法兰克福的一个象征。在正中雷玛大楼的第二层有一个帝王厅（Kaisersaal），曾是神圣的罗马帝国皇帝举行加冕典礼的地方，有神圣罗马帝国从查里曼大帝到弗朗茨二世共52名皇帝的肖像画。

老市政厅

旅游资讯

地址： Romerberg 23　　**电话：** 069-21234814

门票： 成人票2欧元，学生票1欧元

开放时间： 10:00～13:00和14:00～17:00（活动期间关闭）

棕榈树花园

棕榈树花园（Palmengarten）是市中心的一个植物王国，也是德国最大的植物园。你可以在花园内看到来自世界各地的植物，花园地处漫步小径与绿化带之间，还设有躺椅，环境十分迷人。此外，花园内还有热带温室、玫瑰花园、儿童游乐场等场所，园内还会经常举办一系列的主题展览。

旅游资讯

地址： Siesmayerstrasse 61 Frankfurt am Main

电话： 069-21233939

交通： 乘地铁U4、U6、U7在Bockenheimer Warte站下

门票： 4欧元

开放时间： 9:00～18:00

网址： www.palmengarten.de

法兰克福大教堂

法兰克福大教堂（Frankfurt Cathedral）又名“皇帝大教堂”（Aiserdom）。大教堂从14世纪修建至今，已有600多年历史，虽几经战火，最终幸免于难。大教堂最宏伟的建筑是壮美的哥特式塔楼，你可以登上塔顶，俯瞰整个城市的景色。

法兰克福大教堂

旅游资讯

地址： Domplatz 1

交通： 从火车站步行15分钟即可到达，或乘地铁U4、U5线在Dom/Romer站下

电话： 069-692970320　　**门票：** 3欧元

开放时间： 9:00～12:00和14:00～18:00，周五上午不开放

法兰克福美食

在法兰克福，你可以在市中心、火车站、老城区、萨克森豪森区等地找到各种餐厅。在法兰克福任意一家酒馆中，你几乎都可以品尝到美味的苹果酒。要注意苹果酒略带酸味，当你喝习惯之后会觉得非常适口，因而不小心就会喝多喝醉。法兰克福作为国际化大都市，饮食多样，你可以尝到来自不同国家的各种美食。

· Apfelwein Solzer

这家正宗的德国餐厅，主要提供地道的德国美食，推荐这里的炸肉排、沙拉。此外，你一定不要错过可口的苹果酒。

地址： Berger Strasse 260
电话： 069-452171
网址： www.lzer-frankfurt.de

· Karin

这家咖啡厅在歌德故居附近，参观完歌德故居之后，你可以来这里吃点东西。咖啡厅内主要提供德国及多国的美味，如果在这里吃早餐，你可以享受18种不同的美食。值得注意的是，这里只收现金。

地址： Grosser Hirschgraben 28
电话： 069-295217
网址： www.cafekarin.de

其他餐厅推荐				
名称	地址	电话	网址	菜系
Trattoria i Siciliani	Walter-Kolb-Strasse 17	069-61993321	www.trattoriaisiciliani.de	意大利菜肴
Erno's Bistro	Liebigstrasse 15	069-721997	www.ernosbistro.de	法国菜肴
Quattro	Gelbehirschstrasse 12	069-293777	www.quattro-frankfurt.de	意大利菜肴

法兰克福购物

法兰克福的购物虽然不能与柏林、巴黎、伦敦等城市相比，不过其购物场所也丰富多彩。其中著名的采尔步行街（Zeil），是市区主要的购物区，街上云集了不少大型购物中心。此外，在歌德大街（Goethestrasse）上，还有很多高档时装店，席勒大街(Schillerstrasse）是优质瓷器和家居用品的聚集区。每周六上午，美因河岸上的旧货市场里会出售各种小百货、古董和服装。

购物场所推荐			
名称	地址	电话	网址
Kleinmarkthalle	Hasengasse 5	069-21233696	www.kleinmarkthalle.de
MyZeil	Zeil 106	069-29723970	www.myzeil.de
Zeilgalerie	Zeil 112	069-9207340	www.zeilgalerie.de
Hayashi	Borsenplatz 13	069-21997255	www.hayashi-shop.com

法兰克福娱乐

在法兰克福，你会看到众多大大小小的俱乐部、夜总会、剧院和电影院。其中，在萨克森街集中了众多德国啤酒吧，这些店里大多有小型乐队演奏，很有情调。你可以在报摊或报刊亭购买一份Jounal Frankfurt，其中有酒吧、演出方面的详细信息介绍。

· King Kamehameha

这是法兰克福一家十分著名的夜总会，拥有专属自己的80年代室内乐队，在这里经常要排队购票，并且价格不菲，但还是有很多人乐此不疲地前往。值得一提的是，周四有现场音乐会，周末有音乐舞蹈。

地址：Hanauer Landstrasse 192
电话：069-48009610
网址：www.king-kamehameha.de

· Mampf

这家小型的爵士乐俱乐部，自1972年营业开始一直深受人们的喜爱。在这儿你能够听到各种优美的爵士乐，这里每周都会举办2～3次现场音乐会，通常在周三和周六20:00以后开始。

地址：Sandweg 64
电话：069-448674
网址：www.mampf-jazz.de

· 老歌剧院

老歌剧院（Alte Oper）是巴黎歌剧院的复制品，外形为古希腊风格，内部为华丽的巴洛克风格。新建成的老歌剧院大厅音响效果一流，全年会举行各种现代合唱、音乐剧、爵士音乐、摇滚音乐、古典音乐等演出。

地址：Opernplatz 1
电话：069-13400
网址：www.alteoper.de

其他娱乐场所推荐

名称	地址	电话	网址
Living XXL	Kaiserstrasse 29	069-2429370	www.livingxxl.de
English Theatre	Gallusanlage 7	069-24231620	www.english-theatre.org
Cinema	Rossmarkt 7	069-21997855	www.harmonie-kinos.de

法兰克福住宿

法兰克福的旅馆层次分明，在这里，你很容易就能找到适合自己的旅馆。火车站地区往往会有一些比较便宜的旅馆，你可以选择在这里住宿，你也可以在火车站周围的Poststrasse、Baseler等街道找到体面的酒店。在交易会期间，房价会比平时涨3～4倍。

火车站区住宿推荐			
名称	地址	电话	网址
Adler Hotel Frankfurt	Niddastrasse 65	069-50504380	www.hotel-adler-frankfurt.de
Ramada Hotel Frankfurt City Center	Weserstrasse 17-19	069-310810	www.ramada-frankfurt.com
HOTEL MONOPOL	Mannheimer Strasse 11	069-227370	www.hotelmonopol-frankfurt.de
Leonardo Hotel Frankfurt City Center	Münchener Strasse 59	069-242320	www.leonardo-hotels.com
Angel Hotel	Moselstrasse 34	069-26958837	www.angelhotel.de

保罗教堂

7 法兰克福→科隆

Falankefu→Kelong

从法兰克福前往科隆

·乘飞机前往

从法兰克福机场乘坐ICE航班前往科隆-波恩机场（Flughafen Koln-Bonn），需要56分钟。科隆-波恩机场（Flughafen Koln-Bonn）在科隆与波恩中间，是两座城市共用的机场，机场航班大多为欧洲廉价航线，每天有多班航线通往德国主要城市与欧洲其他国家的重要城市。

· **乘火车前往**

你可以在法兰克福市中心以西的火车总站，乘坐开往科隆火车站的火车前往，运行时间1个多小时。

乘轨道交通玩科隆

科隆市内的有轨电车、地铁、城铁交通网络十分完善，由VRS（01803-504030，www.vrsinfo.de）运营。你可以根据自己的需要选择不同的交通工具，其实如果你只想观光，步行就已经足够了。

骑自行车玩转科隆

推荐自行车租赁公司有：

名称	电话	网址
Radsyation	0221-1397190	www.radstationkoeln.de
Radwald GmbH	0221-39892331	www.radwald.de
Rent a Bike	0211-5590635	www.fahrradverleih-duesseldorf.de

科隆大教堂

科隆大教堂（Kolner Dom）是欧洲北部最大的教堂，也是中世纪欧洲哥特式建筑艺术的经典之作。科隆大教堂素以轻盈、雅致闻名于世，绕大教堂一周，从不同角度瞻仰雄伟的双尖塔，你会为塔上精致的镂空图案动容。教堂内部绘有圣经人物的彩色玻璃，在柔和的光线照射下，格外美丽。

旅游资讯

地址： Domkloster 4

电话： 0221-17940200

开放时间： 5月至10月6:00～22:00，11月至次年4月6:00～19:30

网址： www.koelner-dom.de

科隆大教堂

巧克力博物馆

巧克力博物馆（Schokoladen Museum）将古老建筑艺术和现代建筑风格完美地结合在一起，共拥有2000多件展品。走进博物馆，清香的巧克力味迎面而来，让人精神愉悦。整个博物馆的展示主要分为两大部分，第一部分主要展示了欧洲巧克力的发展历程，第二部分全面展示了采用现代化工艺生产特色巧克力的过程。

巧克力博物馆

旅游资讯

地址： Am Schokoladenmuseum 1A

交通： 旅游旺季有叮当电车从大教堂广场出发，你可以乘它游览

电话： 0221-9318880

门票： 成人票7.5欧元，优惠价7欧元，团体票21欧元

开放时间： 周二至周五10:00～18:00，周六至周日11:00～19:00

网址： www.schokoladenmuseum.de

霍亨索伦桥

霍亨索伦桥（Hohenzollern Bridge）是跨越莱茵河之上的一座桥梁，也是科隆市的标志性建筑。此外，霍亨索伦桥及其附近的科隆主火车站是德国和欧洲铁路网最重要的枢纽之一。即使你对这座大桥的历史及名号没有多大兴趣，它那可以锁住爱情的传说，一定能让你为之心动，也值得你千里迢迢来到这里，在大桥上挂上自己的爱情锁。

旅游资讯

地址： Kennedy-Ufer 2a

交通： 乘地铁U5、U6、U18线在Dom/Hbf站下，或乘地铁U1、U9线在Bf Deutz/Messe站下

法里纳香水博物馆

法里纳香水博物馆（Fragrance Museum）就在法里纳历史故居中，关于法里纳香水的传奇就从这里开始。从1709年起，这里生产的香水就已遍布全球，在“二战”结束后，法里纳公司将生产基地搬往科隆南部，但公司总部仍保留在此，并同时设立了法里纳香水博物馆。博物馆共分为3层，介绍了300年来香水的发展史。

旅游资讯

地址： Obenmarspforten 21

电话： 0221-3998994

交通： 乘地铁到Heumarkt站下

门票： 4欧元（包括3欧元的香水）

网址： www.farina-haus.de

科隆美食

科隆拥有多元的文化，因而也有众多美食可供你选择。从优雅的高级餐厅，到著名的酒馆应有尽有。在德国的其他城市，你很难找到如此多的小酒馆和一流的餐馆。

· Brauerei zur Malzmuehle

这家餐厅提供美味的德国传统美食，每道菜肴都是正宗的当地口味，是一个性价比较高的用餐之地。推荐品尝肉片菜、土豆、炖牛肉和沙拉。此外，这里的啤酒也很好喝，你甚至会想买两瓶啤酒带走。

地址：Heumarkt 6
电话：0221-210117
网址：www.muehlenkoelsch.de

· Früh am Dom

这家正对着科隆大教堂的啤酒馆兼餐馆，很受人们欢迎。你在这里可以品尝到各式各样的香肠，其中，施拉哈特普拉梯套肠尤其美味，但价格稍贵。这里空间很大，人也总是很多，夏季你可以在餐馆外边用餐。

地址：Am Hof 12-18
电话：0221-2613211
网址：www.frueh.de

· Brauhaus Peters

这个安静的小酒馆，很受那些不太喜欢热闹的人群的欢迎。你可以在这里畅饮美味的科隆啤酒，还可以品尝到土豆烤饼、苹果泥、熏鲑鱼等美味。

地址：Muhlengasse 1
电话：0221-2573950
网址：www.peters-brauhaus.de

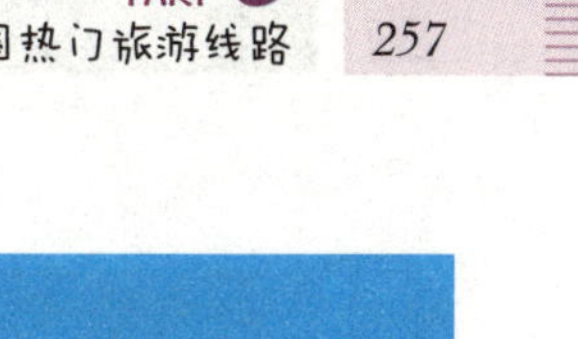

其他餐厅推荐				
名称	地址	电话	网址	菜系
Bulgogi Haus	Neusser Strasse 654	0221-2788896	www.bulgogi-haus.de	韩国料理
Cafe Reichard	Unter Fettenhennen 11	0221-2578542	www.cafe-reichard.de	欧洲菜肴
Le oissonnier	Krefelder Strasse 25	0221-729479	www.lemoissonnier.de	法国菜肴

科隆购物

科隆自古就是欧洲一个重要的商业与金融中心，这里有无数精品店、名牌店和百货商店。一瓶正宗的科隆香水应该是你这次出行的最佳选择。提及科隆香水，最著名的还要数4711古龙水。你可以前往德国最古老的步行购物街区之一的霍赫街（Hohe Strasse）上的科隆香水总店4117，花几欧元购买价格很公道的香水。此外，希尔德街（Schildergasse）是科隆最著名的购物街，同时也是霍赫大街（Hohe Strasse）和新市场（Neumarkt）之间的连接点，你可以在这里买到各种时尚服装、化妆品、香水等商品。

· 新市场长廊

新市场长廊（Neumarkt Passage）就位于新市场内，拥有众多高档专卖店。你可以在这科隆市中心亮丽的风景线上尽情购物。

地址： Neumarkt 18-24

电话： 0221-20909359

网址： www.neumarktpassage.de

购物场所推荐			
名称	地址	电话	网址
Arcaden	Kalker Hauptstrasse 55	0221-992030	www.koeln-arcaden.de
Stadt Center	Kuhgasse 8	0221-2060170	www.stadtcenter-dueren.de
DuMont-Carre	Breite Strasse 80-90	0221-2725090	www.dumont-carre.de

科隆娱乐

科隆拥有多座著名的歌剧院、剧院以及音乐厅，科隆爱乐乐团是科隆有着150多年历史，极具传统风格的交响乐团，在音乐厅中欣赏科隆爱乐乐团的演出，是你在科隆不容错过的娱乐活动。

· Underground

这是一个大型综合场所，包括一间酒馆以及两间音乐演奏室，常常会有另类摇滚乐队在此演出。此外，夏天这里还会有花园露天啤酒馆开放。

地址： Vogelsanger Strasse 200
电话： 0221-542326
网址： www.underground-cologne.de

· Kolner Philharmonie

这座宏伟的现代音乐大厅毗临著名的科隆大教堂，是科隆最重要的文化艺术中心。音乐厅的主场乐队是著名的科隆爱乐乐团，你可以上网或打电话订票。

地址： Bischofsgartenstrasse 1
电话： 0221-204080
网址： www.koelner-philharmonie.de

其他娱乐场所推荐

名称	地址	电话	网址
Roonburg	Roonstrasse 33	0221-2403719	www.roonburg.de
Studio 672	Venloer Strasse 40	0221-9529940	www.stadtgarten.de
Theater am Dom	Glockengasse 11	0221-2580155	www.theateramdom.de

科隆住宿

科隆的住宿场所十分丰富，你可以根据你的实际情况选择住宿场所，在火车总站旁边有适合青年人的招待所。科隆的住宿消费水平不低，尤其是在春季和秋季，价格往往会比较高，应做好预算。

住宿地推荐			
名称	地址	电话	网址
City Hotel Koln	Clemensstrasse 8	0221–3500868	www.cityhotelkoeln.de
Rhein–Hotel St. Martin	Frankenwerft 31	0221–2577955	www.rheinhotel–koeln.de
Hotel Servatius	Servatiusstrasse 73	0221–890030	www.servatius–koeln.de
Excelsior Hotel Ernst	Trankgasse 1–5	0221–2701	www.excelsior–hotel–ernst.de
Hyatt Regency Cologne	Kennedy–Ufer 2a	0221–8281234	www.cologne.regency.hyatt.com

科隆

意大利威尼斯

PART 6 意大利热门旅游线路

从机场前往市区

罗马有两个机场，分别为列费米齐诺国际机场（Aeroporto Internazionale di Roma-Fiumicino）和浛米皮诺机场（Aeroporto di Roma Ciampino）。

·费米齐诺国际机场

费米齐诺国际机场原名达芬奇机场，位于罗马市区西南约35千米处， 是主要的客机起降机场。入境大厅在一楼，二楼为出境大厅。乘飞机来往罗马与欧洲各国之间航程最多不超过4小时，非常方便。机票价格虽然昂贵，但提前预订往往可以拿到不错的折扣，也有很多廉价航空公司可以选择。乘飞机出境建议提前两小时到机场办理手续，如需退税，应提前更多时间。

从机场前往市区的方式	
方式	信息
火车	每30分钟有一班前往市区。Metropolitan Train FM1去往Roma Tiburtina、 Fara Sabina、Poggio Mirteto and Orte
轨道交通（Leonardo Express）	从机场可以直达市中心的Termini站，全程耗时约30分钟。单程票价14欧元。运行时间：机场—Termini站6:38～23:38，电话：06-65951，网址：www.adr.it
机场巴士（Terravision airport bus）	提供廉价的往返于机场与市中心之间的巴士服务，全程耗时约55分钟。票价：单程4欧元。运行时间：5:30～22:55
出租车	比较贵的方式。大概需要花费35欧元，晚上和周日价格要上涨，帮你提个包也要2.5欧元费用
租车	机场有许多租车公司

机场租车公司信息	
公司	电话
Avis-Budget	06-65957885
Europcar	06-65761211
Hertz	06-65955842
Maggiore	06-65047568
Locauto Rent	06-65048215
Auto Europa	06-65017450
Sixt	06-65953547
Italy by car	06-65010261

· 洽米皮诺机场

洽米皮诺机场位于罗马的东南部，主要是Easyjet、Ryanair、Wizzair等廉价航空公司的航班在此起落，其主要负责一些国内的廉价航空和一些军事任务，这座机场夜晚会关闭。洽米皮诺机场问询电话为06-794941。

从机场前往市区的方式	
方式	信息
Terravision 巴士	洽米皮诺机场—罗马中央火车站，从机场出发：8:40至次日00:02（约40分钟到达，15分钟一班），单程：8 欧元,往返车票：13.5欧元
SCHIAFFINI 旅游巴士	洽米皮诺机场—罗马中央火车站, 机场抵达大厅前的销售亭出发：周一至周六12:10～19:45，周日及节假日：12:05～19:30，单程：8 欧元，往返车票：13.5欧元
巴士+火车	机场附近的恰米皮诺市火车站每15分钟有一趟火车前往罗马中央火车站，运行时间6:00～23:00。从机场可以乘坐COTRAL/SCHIAFFINI巴士前往这个火车站，约5分钟可到，巴士票价1欧元，可在上车前或上车后购票。
出租车	时间约35分钟，费用约需30欧元，最多乘坐4人

乘轨道交通玩罗马

罗马主要有A和B两条地铁线，城内大部分景点都可以乘坐地铁达到。A线（红色）由西北方向经过Vatican到东南；B线（蓝线）由西南方经过Colosseum到达东北，两线均经过中央火车站。另外，罗马市区内还有城铁、国铁线路和站点，可以前往郊区。

地铁的标志是红底白色M符号，非常醒目，乘地铁需提前买票。如果使用Roma Pass，将其出示给人工检票口的工作人员看即可乘坐地铁。

地铁线路信息			
线路	颜色	运行信息	重要站点
A线	红色	运营时间：周日至周四5:30～23:30周五至周六5:30～次日01:30 票价：BIT单程1.5欧元（60分钟有效），BIG单日通票4欧元 电话：06-57003 网址：www.atac.roma.it	Ottaviano（梵蒂冈）、Spagna（西班牙广场）、Barberini（威内特大道）、Repubblica（共和国广场）、SGiovanni（拉特拉诺·圣乔凡尼教堂）
B线	蓝线		Colosseo（圆形竞技场、古罗马广场）、Circo Massimo（卡拉卡拉浴场）

旅游达人游玩攻略

如想罗马三日券有两种可供选购，一种30欧元；一种36欧元，包括乘车券加上两个景点免费门票的Roma Pass。这两种通票在所有带标识为“i”的服务中心都可购买，票用盖章计算次数，不要折损。

此外，推荐大家购买Roma Pass，除了可以免费乘坐罗马市内除机场线外所有公交车、地铁、轻轨，还可以不用排队直接免费进入两个景点。两个免费景点推荐古罗马斗兽场和罗马国立博物馆。

乘公交巴士游罗马

罗马公交巴士分日班车和夜班车，日班车主要有橘红色的巴士与蓝色的旅游巴士，不同线路公交巴士运行时间不一样。

橘红色的市内公交巴士行驶时间是5:30～24:00，线路很密集，几乎覆盖整个市区。116、117路电车在古迹密布的市中心行驶，行驶线路可以非常靠近古代遗迹。蓝色的旅游巴士票价比一般巴士贵，优点是可以直达景点，省时省力。夜间巴士行驶时间为0:10～5:30，编号上标有字母“N”。

主要公交巴士线路推荐	
巴士名称	运行线路
23路	从圣天使城堡沿台伯河往南，至特拉斯提弗列区的波特赛门
56路	从特拉斯提弗列区至威尼斯广场
64路	从特米尼车站至威尼斯广场和梵蒂冈
75路	从特米尼车站至威尼斯广场和特拉斯提弗列区
85路	圣西尔维斯特（San Silvestro）广场至十字大道（Via Corso）、威尼斯广场、圆形竞技场、古罗马广场
90路	由卡拉卡拉浴场开往威尼斯广场
118路	由古阿匹亚路至圣卡利克斯特墓窟（Catacombe di San Callisto）、卡拉卡拉浴场、圆形竞技场

乘出租车逛罗马

罗马正规的出租车车身颜色一般为白色或黄色。在机场、火车站、景点和市中心的一些广场上有固定停车站，街上出租车很少见。出租车起步价一般为2.33欧元，超出后以0.11欧元的幅度增加。在罗马乘坐出租车价格不菲，而且需要提前预约，预约电话为06-6645/06-4994。距离较短打一次车的费用一般都在20欧元左右，去机场为定价，从罗马市区内去到费米齐诺国际机场统一收40欧元。此外，需要警惕市区的黑车，主动搭讪的车最好不要理会。

罗马市区景点

古罗马斗兽场

古罗马斗兽场（Colosseo）是罗马的标志性建筑物，以宏伟、独特的造型闻名于世，古罗马时期专为野蛮的奴隶主和贵族们观看角斗而建造，现为古罗马文明的象征。向上看，斗兽场外观呈正圆形，俯瞰时为椭圆形，围墙共分四层，前三层均有柱式装饰，依次为多利克柱式、爱奥尼柱式、科林斯柱式。

旅游资讯

地址： Piazza del Colosseo,1

交通： 乘3路有轨电车，地铁B线在Colosseo站下可到

电话： 06-39967700

门票： 12欧元，套票（包含斗兽场、古罗马遗址和帕拉迪诺山）16.5欧元

网址： www.il-colosseo.it

旅游达人游玩攻略

1.如果买了“Roma Pass”，可以用它来参观斗兽场，还有专门的通道进入，可省去排队之苦。“Roma Pass”可在书报摊等地购买，36欧元。

2.在古罗马斗兽场可以看到一些穿古代战袍的剑斗士，想和他们合影，只需花上几欧元。不过，若是有装扮成骑兵模样的人主动要求与你合影的话，最好拒绝，因为他们的收费通常会比较高。

古罗马斗兽场

许愿池

许愿池

许愿池（Fontana di Trevi）是罗马的母亲泉，也是罗马最知名的喷泉，因电影《罗马假日》而闻名于世。这座喷泉是全球最大的巴洛克式喷泉，又叫做幸福喷泉，传说会给人带来幸福。喷泉建筑采用左右对称形式，一尊被两匹骏马拉着奔驰的海神像矗立于广场中央。

旅游资讯

地址： Piazza di Trevi

交通： 乘地铁A线在Barberini站下，或乘52、53路等公交在Via del Corso站下

电话： 06-67103238

门票： 免费

网址： www.sovraintendenzaroma.it

旅游达人游玩攻略

很多游客来到许愿池，都会很自觉地在喷泉边排着队往里抛硬币，完成自己的一个小小心愿。在罗马有一个美丽的传说，只要背对喷泉从肩以上抛一枚硬币到水池里，就有机会再次访问罗马。在清澈的池底有许多各国钱币，罗马政府定期收集这些硬币，当作慈善基金。

万神殿

万神殿是世界上至今仍保存完好的唯一一座罗马帝国时期建筑，被米开朗基罗赞叹为“天使的设计”。 万神殿曾受火灾损毁大部分，后重新修复。殿内供奉着罗马的所有神灵，还有许多英雄的雕像。

万神殿

旅游资讯

地址： Piazza della Rotonda

交通： 乘62、64路等公交在Largo Argentina或 Via del Corso站下

电话： 06-68300230　**门票：** 免费

开放时间： 周一至周六8:30～19:30；周日9:00～19:00，节日9:00～13:00

图拉真广场

图拉真广场是罗马最大的广场。广场的建筑风格参照了东方建筑的特点，采用轴线对称、多层纵深布局。有意识地利用室内室外、雕刻和建筑物交替，展现艺术的极致美感。变幻莫测的手法，让人看了叹为观止。

图拉真广场

旅游资讯

地址： Via IV Novembre 94

开放时间： 夏季9:00～18:30，冬季9:00～16:30，周一、1月1日、圣诞节休息

旅游达人游玩攻略

图拉真广场内有一座半圆形的建筑，那是图拉真大帝的集市，也是古罗马的“购物中心”，所卖的物品包罗万象，鲜花、香料、蔬果、海鲜都有，还有裁缝店和修鞋的匠人。来这里逛逛也很不错。

古罗马广场

古罗马广场是罗马城的核心区域，周围有历代统治者修建的庙宇、宫殿、会议场所、政府机构等，大多规模宏大，装饰精美。这些建筑见证了当时的统治阶级奴役人民的历史，也反映了当时艺术的辉煌成绩。

旅游资讯

地址： Via dei Fori Imperiali Largo Romolo e Remo 5

电话： 06-39967700

门票： 免费

古罗马广场

真理之口

真理之口（Bocca della verita）是一个人形面孔，有鼻有眼，张着一张大嘴。据说，谁不说真话，它就会咬住谁的手。它位于科斯美汀圣母教堂（Santa Maria in Cosmedian）内，在电影《罗马假日》里曾吓坏了可爱的公主，也因为这，真理之口名声大噪。到这里观光的游客，都要把手伸进去试试，现在它的“口”已经被摸得发亮。

真理之口

旅游资讯

地址： Via della Greca,4

电话： 06-488991

交通： 乘地铁B线在Circo Massimo站下

罗马国立博物馆

罗马国立博物馆是世界著名艺术博物馆，馆内的许多文物是贵族府邸、神庙、公共设施和墓室的装饰品，非常珍贵。其中，以公元前5世纪到早期基督教时期的希腊、罗马纪念物最丰富。

旅游资讯

地址： Viale Enrico de Nicola 79

交通： 乘地铁A线在Repubblica站下

电话： 06-48903506

门票： 2.5欧元

开放时间： 周二至周六9:00～14:00，周日、假日9:00～13:00

圣天使古堡

圣天使古堡

圣天使古堡建于139年，原是罗马帝国皇帝哈德良的陵墓，中世纪时成为监狱、兵营，现为兵器博物馆。天使桥连接着城堡，桥上有八座栩栩如生的天使雕像。站在城堡上，可以看到梵蒂冈的美景。电影《罗马假日》曾在此取景。

旅游资讯

地址： Lungotevere Castello 50

电话： 06-6819111

门票： 8.5欧元

网址： www.castelsantangelo.com

罗马周边景点

梵蒂冈

梵蒂冈

梵蒂冈是世界上最小的主权国家，是一个典型的城中之国。这个全世界最小的国家，却是全世界天主教徒的精神中心。梵蒂冈的景点不少，著名的有圣彼得大教堂、圣彼得广场、梵蒂冈宫和梵蒂冈博物馆等，每年吸引着上百万的游客前来参观、游览。

旅游资讯

地址：罗马城西北角的梵蒂冈高地

交通：在罗马中央车站前的伊诺蒂大街前乘40路快车在和解大街下，或在中央车站乘坐64路公交车在卡瓦莱杰里车站下

蒂沃利

蒂沃利是意大利拉齐奥区的一个古镇，有阿尼埃内河流经。这里环境优美，一栋栋豪华别墅掩映于苍郁的层峦茂林与如画般的泉水瀑布之间，其中的哈德良别墅是世界文化遗产。漫步于古镇，它的恬静，原汁原味的历史定格，让人有种时空交错感。

旅游资讯

地址：罗马以东30千米

交通：在罗马市内的蒂沃利总站乘公交前往，1小时左右，票价1.5欧元

罗马尼城堡

罗马尼城堡实际上并不是一座城堡，而是一个小村庄的总称。这个小村庄十分迷人，曾经有很多罗马贵族在这里建造豪华别墅，从那些残存的遗迹可以看出。此外，这里还是著名的葡萄酒产地，小山丘上全是葡萄园。

旅游资讯

地址：罗马东南方向25千米处阿尔巴尼山上

交通：在中央车站乘坐火车可以到达

罗马俯瞰

罗马美食

罗马的餐馆有很多，意大利面、提拉米苏、比萨、意式咖啡等都是让人垂涎三尺的美味。要想吃到正宗的罗马美食，可以到餐厅比较集中的纳沃纳广场、费奥里广场和特米尼车站东侧的罗马大学，沿台伯河和特拉斯特维莱区也是不错的选择。

需要注意的是，在意大利用餐，站着吃和坐着吃价格是不同的，另外适合吃午餐的地方未必适合吃晚餐。在意大利，晚餐时间一般在19:00～23:00，如果餐厅在20:00就要关门，建议不要选择这家店用晚餐。

餐馆推荐

· Pizzera il Leoncino

Pizzera il Leoncino位于繁华的Via del Corso大街附近，这家店非生意常好，价格也相当便宜，当地人经常选择到这来畅饮啤酒。

地址： Via del Leoncino 28

· PastartO Pizzar

罗马传统的意大利面名店，这里的招牌是各式各样的干面，嚼劲十足的面条衬上各式佐料，那种美味让人难忘。

地址： Via Gioberti 25

· GUSTO

在罗马很有名的价廉物美的饭店，菜品和主食都是标准的罗马风味，推荐这里的比萨，任何口味的都好吃。

地址：Piazza Augusto Imperatore 9

· 厚德福中餐厅

厚德福中餐厅（Mr Chow Ristorante）的装修有明显的中国特色，这里主要提供花样繁多的中餐。

地址：Via Barberini

其他餐馆推荐

名称	地址	电话	网址	菜系
Ristorante Il Giardino Romano	Via del Portico D'Ottavia,18	06-68809661	www.ilgiardinoromano.it	意大利
Ad Hoc	Via di Ripetta,43	06-3233040	www.ristoranteadhoc.com	意大利
Dao	Viale Jonio, 328	06-87197573	www.daorestaurant.it	中国
Krishna 13	Via Foscolo,13	06-7005267	www.krishna13ristorante.com	印度
La Cucaracha	Via Mocenigo,10	06-39746373	www.lacucaracha.it	墨西哥
Pasticceria De Bellis	Piazza del Paradiso	06-68805072	www.pasticceriadebellis.com	法国

罗马购物

在罗马可以买到各种带有异国风情的食品和装饰品，除了时装外，从高级用品到时髦小挂件都有，最具代表性的有各式小雕塑和画作，还有各式糖果和点心。游客采购最多的物品有巧克力、橄榄油和葡萄酒。

罗马购物地主要集中在西班牙广场对面的Condotti、Borgognona、Frattina等街道。此外，Porta Portese 跳蚤市场有数千个摊位，可以淘到许多当地特色产品，不过一般在周末才有。

在罗马，商店的营业时间一般为9:00 ~ 13:00、16:00 ~ 20:00。周日和周一的上午几乎所有的商店都不营业。此外，每年的大减价季也值得人们期待。大减价每年两次，冬季从年初开始约1个月，夏季从7月上旬开始到 9 月。

人气旺盛的购物大街

·巴别诺路

巴别诺路在波波洛广场附近，在这里可以找到Armani、Chanel 、Tiffany等高级时装与古董店。此外，还有很多巴洛克风格的家具、绘画及古玩。

地址： Via del Babuino

·孔多蒂街

孔多蒂街是罗马最有名的精品购物大街。LV、Gucci、Prada等许多品牌都汇集这里，还有许多在国内认知度不高的品牌也可以找到。

地址： Via dei Condotti

名牌集中的大本营

·西班牙广场周边

西班牙广场不仅是罗马当地著名的旅游名胜，广场周边都聚集了宝格丽、巴宝莉、路易威登等众多世界顶级品牌的专卖店。此外，位于西班牙阶梯旁的科尔索大道（Via del Corso）也有很多价格亲民的大众品牌。

地址： 格兰维亚大道与公主街交接处（西班牙广场）

·罗马机场精品店

这家位于机场里的精品店，购物免税。这里的Channel产品除了有滞销货的超级折扣之外，普通款或是人气款几乎是全球最低价。

地址： 罗马市区西南约35千米

物美价廉的淘宝地

· 鲜花广场市集

鲜花广场市集（Piazza Campo de' Fiori）在星期一至星期六开市，是当地居民采购新鲜水果、蔬菜及日用品的好去处，也是近距离体验罗马原汁原味的市集文化的绝佳场所。

地址： Piazza Campo de' Fiori

交通： 乘64路公交车在Vittorio Emanuele Ⅱ站下

营业时间： 7:00开市，14:00不到就结束

· 波特塞门市场

波特塞门市场是当地人眼中的“宝库”，数之不尽的古董、艺术品、手工制品以及生活用品让人目不暇接，能不能淘到好东西，就要靠大家的眼光与运气啦。

地址： Via di Porta Portese

交通： 乘75路公交车在Via di Porta Portese站下

营业时间： 每周日6:30～13:30

· 纳沃纳广场圣诞市场

在每年12月8日到次年1月6日，纳沃纳广场圣诞市场成了人们购买玩具、糖果、节日装饰物等新鲜有趣小玩意的好地方。

营业时间： 9:00～13:00，16:00～20:00，周日和周一上午几乎所有商店都不营业

纳沃纳广场圣诞市场

罗马娱乐

作为意大利首都，罗马当然少不了现代化的酒吧、舞厅、俱乐部等娱乐场所。有人说罗马人这样分配他们的休闲时间：1/3的时间在酒吧，1/3的时间在旅游，还有1/3的时间在剧院。所以，到了罗马一定要去剧院看一场歌剧。罗马的剧院不仅节目内容丰富多彩，而且大多数门票价格低廉，对团体、老人和青年还有优惠，一般旅游者能够承受得起。不仅如此，罗马还有随处可见的露天剧场，可以免费欣赏露天音乐会的表演。

在罗马，还有很多的音乐季，比较重要的音乐季有两个，冬季的表演场所主要在罗马歌剧院，夏季的则在卡拉卡拉浴场露天演出。

娱乐场所推荐			
名称	地址	电话	网址
Bar del Fico	Piazza del Fico 26	06-68808413	www.bardelfico.com
Hotel Romulus	Via Salaria	06-8801669	www.hotelromulus.com
Trinity College	Via del Collegio Romano 6	06-6786472	www.trinity-rome.com
St. Teodoro Srl	Via dei Fienili 50	06-6780933	www.st-teodoro.it
The Perfect Bun	Largo del Teatro Valle 4	06-45476337	www.theperfectbun.it
Pascucci	Via di Torre Argentina 20	06-6864816	www.pascuccifrullati.i
Nag's Head	Via 4 Novembre 138	06-6794620	www.nagshead.it
Ristorante Tucci	Piazza Navona, 94/100	06-6861547	www.ristorantetucciroma.it

罗马住宿

罗马作为欧洲的热门旅游城市，这里有用古老的宫殿改造的奢华饭店，贵族宅邸改造的雅致旅馆，还有经济实惠的青年旅馆，不同价位的住宿可以满足不同游客的需求。住宿主要集中在中央火车站、梵蒂冈及台伯河岸区。

需要注意的是，意大利各地的住宿地每年会进行1～2次的价格调整，由地方旅游部门决定，淡季和旺季也有一定的浮动。房价及有效时间都贴在各房门的内侧，可检查一下是否与报价一致。

住宿地推荐

名称	地址	电话	网址
Hotel Bled	Via di Santa Croce in Gerusalemme 40	06-7027808	www.hotelbled.it
Genio Hotel Rome	Via Giuseppe Zanardelli 28	06-6833781	www.hotelgenioroma.it
Hotel Regno	Via del Corso 330	06-6976361	www.hotelregno.com
Soggiorno Comfort	Via Palermo 37	06-4741546	www.soggiornocomfort.com
Hotel York	Via Cavriglia, 24/26	06-8102222	www.yorkhotel.it
Hotel Romulus	Via Salaria 1069	06-8801669	www.hotelromulus.com
Hotel Castle	Salita di Castel Giubileo 196	06-8804084	www. hotelcastle.it
Trastevere	Via Luciano Manara	06-5814713	www.hoteltrastevere.net
Hotel Italia	Via Venezia 18	06-4828355	www.hotelitaliaroma.it

2 罗马→威尼斯

LuoMa→Weinisi

从罗马前往威尼斯

·乘火车前往

威尼斯岛上的火车站叫桑塔露西亚站（Stazione S.Lucia），是直达站；在威尼斯岛对岸的威尼斯梅斯特雷（Venezia Mestre）站，距离威尼斯约5千米，需转车才能到达威尼斯岛上。欧洲各主要城市和意大利的各大城市均有火车发往威尼斯的桑塔露西亚站，从罗马中央车站、蒂泊蒂娜火车站乘火车到威尼斯约5小时。火车站外有水上巴士候车站，可乘水上巴士前往威尼斯各处。

· 乘飞机前往

从罗马的费米齐诺国际机场可以乘飞机前往威尼斯的马可·波罗机场，这个机场距离威尼斯市中心约13千米，主要停靠意大利国内航班，中国目前没有直飞这里的航班。机场位于威尼斯火车站正对面、水上巴士总站站前，从航站楼步行前往威尼斯的水上运输点约需7分钟。

· 从机场前往市区交通

从马可·波罗机场出口，向南过马路即是威尼斯火车站，再往前走约5分钟即是水上巴士总站。如果你想前往威尼斯市区，须在此乘坐水上巴士。如果乘坐水上出租车，价格较贵，约需60欧元。

乘水上交通玩威尼斯

威尼斯是一个建在水上的城市，市内交通以船为主，主要有水上巴士、水上出租车、贡多拉。

· 水上巴士

在威尼斯游玩，乘坐水上巴士是最经济的一种交通方式。水上巴士可以到达包括威尼斯本岛在内的众多岛屿，其中1路线、快速82路线等都是颇受旅游者青睐的交通线路。另外，威尼斯城市很小，你可以徒步前往圣马可广场，不论怎么走，只要有1个小时就能抵达这里。水上巴士参考票价为5欧元/人，团体票（3个人以上，包括3人）根据人数的不同，会有特别的优惠。此外，还有24小时内可多次乘坐水上巴士的票种，票价为7.7欧元/人。

· 水上出租车

水上出租车有按固定路线航行和里程制这2种，夜间和节假日行驶加收费用。起步价一般为8.7欧元，如果电话预定要多收费。水上出租车最多可坐15人，比较拥挤。在威尼斯火车站和Rio Novo等地，都有水上出租车的专用码头。

· 贡多拉

贡多拉是威尼斯独具特色的水上交通工具，这种船一次可以乘坐5人，价格较贵，起步价41欧元，超过50分钟，每25分钟收费21欧元，20:00以后还会加价，在乘坐前先谈好价钱。

威尼斯市区景点

圣马可广场

圣马可广场又称“威尼斯中心广场”，是威尼斯嘉年华的主要场所，拿破仑曾经把它誉为“全欧洲最高雅的客厅”。广场四周环绕着公爵府、圣马可大教堂、新旧行政官邸大楼、圣马可图书馆等文艺复兴时期的精美建筑，见证着威尼斯曾经的繁华和风情。

圣马可广场

旅游资讯

地址：威尼斯中心

交通：乘1路水上巴士在Vallaresso站（广场西）、S.Zsccaria站（广场东）下船

旅游达人游玩攻略

圣马可广场周围分布着大大小小各式各样的精品店，这些店面虽然不大，但装修一流，风格独特，视觉感很强。此外，这里还有很多优雅的咖啡厅、酒吧和餐馆，在这里徒步旅游会很不错。

圣马可大教堂

圣马可大教堂矗立在圣马可广场上，曾是中世纪欧洲最大的教堂，也是一座藏品丰富的艺术宝库。其建筑融多种风格于一体，正面大门为罗马式，顶部有东方式与哥特式的尖塔及各种大理石塑像、浮雕、花形图案。藏品中的金色铜马神形皆备，惟妙惟肖。

旅游资讯

地址：Piazza San Marco

交通：从罗马广场乘1路水上巴士、52路直线等可到，或从火车站乘坐1路、82路直线可到

电话：041-5225205

门票：圣马可博物馆3欧元，Pala d'oro 1.5欧元，珍宝馆2欧元，钟塔6欧元

开放时间：10月至次年3月9:45～16:45，4月至9月9:45～17:00

旅游达人游玩攻略

在圣马可教堂里面参观一定要注意衣着。穿无袖衫、短裤、迷你裙等服装的人不可以入内，如果带了帽子一定要脱帽，且禁止拍照。此外，来这里参观的游客很多，建议早点来。

总督府

总督府又称“威尼斯公爵府”，为欧洲中世纪罗马风格建筑。总督府现在是世界上最有趣的艺术博物馆之一，看似不合逻辑的正面建筑，引人入胜、新鲜而明亮，让这里充满了艺术气息，隐藏着无穷智慧。

旅游资讯

地址： San Marco 1

交通： 乘1路、82路水上巴士在San Marco站下

电话： 041-2715911

门票： 11欧元

开放时间： 11月至次年3月9:00～17:00，4月至10月9:00～19:00，12月25日、1月1日和5月1日关闭

金宅

金宅是威尼斯哥特式府邸中最著名的一座建筑，现为乔治·弗兰凯蒂画廊。这座府邸是全威尼斯大运河沿岸最美的哥特式宅邸典范，立面的莲花形拱窗，是威尼斯各大宅邸争相效仿的对象。

旅游资讯

地址： S.Sofia

交通： 乘水上巴士1路在Ca’ d’ Oro站下

电话： 041-522349

门票： 5欧元

开放时间： 周一8:15～14:00，周二至周日8:15～19:15，关闭前半小时停止进入，12月25日、1月1日、5月1日关闭

穆拉诺岛

穆拉诺岛是威尼斯湖中的一个岛，这其实是群岛，岛与岛之间有桥梁连接，形如一个岛。这个地方以制造色彩斑斓的穆拉诺玻璃器皿而闻名于世，其中以拉丝热塑最有名。岛上有玻璃艺术博物馆、拜占庭时代风格的教堂等景观。

旅游资讯

地址： 威尼斯以北约1.6千米

交通： 从威尼斯火车站或者从圣马可广场东侧的车站乘坐41路、42路水上巴士到达

穆拉诺岛的玻璃杯纪念品

叹息桥

叹息桥是古代从法院向监狱押送死囚的必经之路，因桥上死囚的叹息声而得名。桥的造型属早期巴洛克式风格，桥呈房屋状，上部穹隆覆盖，封闭得很严实，只有向运河的一侧有两个小窗。桥的两端连接着威尼斯共和国执政官宫总督府（都卡雷宫）和威尼斯监狱。

旅游资讯

地址：圣马可广场后面

交通：乘坐1路、82路水上巴士在San Zaccaria下

里亚托桥

里亚托桥（Ponte di Rialto）连接了火车站和市中心，是威尼斯最著名的桥，也是威尼斯的象征。这座桥全部用白色大理石筑成，桥顶有一座浮亭，两侧有多家首饰商店和卖纪念品的小摊。莎士比亚的名剧《威尼斯商人》就是以这里为背景写作的。

旅游资讯

地址：Ruga degli Orefici （Rialto） San Polo

交通：乘坐1路、82路水上巴士在Rialto下

威尼斯周边景点

维罗纳竞技场

维罗纳

维罗纳是意大利最古老、最美丽的城市之一，因莎士比亚的名作《罗密欧与朱丽叶》而驰名中外，是世界青年男女向往的爱情场所。古城历史悠久，拥有阿莱纳圆形大剧场、科洛塞奥斗技场、罗马剧场等众多罗马史迹。

旅游资讯

地址：Stazione Porta Nuova内（旅游中心）

交通：从米兰或者威尼斯乘国铁约1个半小时可到，从博洛尼亚乘地方铁路约需2个小时

电话：045-8000861

旅游达人游玩攻略

在维罗纳，出租车一般集中在机场、火车站和布拉广场，你在街道上基本叫不到出租车，想在市内乘坐出租车需打电话预订。此外，骑自行车游览维罗纳也是一个不错的方式，在维罗纳市中心的布拉广场上，当地旅游局专门为游客准备了可以借的免费的黄色自行车，借车时间为9:00～17:30，你只要出示本人护照就可以了，但必须在规定时间内归还。

帕多瓦

帕多瓦是意大利北部城市，曾是罗马帝国最为繁荣的城市之一。这个城市闻名中外，除了拥有古老的历史，还有罗马哥特式大教堂、圣安东尼奥教堂、欧洲最古老的植物园以及欧洲著名的帕多瓦大学。

帕多瓦

旅游资讯

地址：Galleria Pedrocchi（旅游中心）

电话：049-8767927

开放时间：旅游中心9:00～13:30、15:00～19:00

博尔扎诺

博尔扎诺是一座古色古香的小城，也是意大利唯一一座说德语的城市。城内楼宇建筑充满了恬静风情，街上陈列的商品充满了德国和奥地利的特色。这个城市还有着丰富的文化形态，很多博物馆与城堡，非常值得一看。

旅游资讯

地址：Piazza Walther 8（旅游中心）

交通：可以从维罗纳乘坐特快列车前往

电话：0471-307000

博尔扎诺

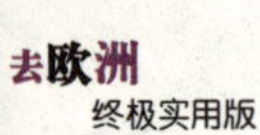

在威尼斯就餐，总的来说价格非常昂贵，但不要轻信路旁的巨幅广告，这里也有相对便宜的快餐和自助餐。这里的特色菜主要有柠檬土豆酥饼、西红柿填馅、茄汁烩肉饭、扇贝螃蟹沙拉、醋渍沙丁鱼、蛤仔意大利面等。

其他餐馆推荐			
名称	地址	电话	菜系
Ristoranti Cinese 'La Grande Cina	Via Perasto, Venezia	041 5261332	中国
All'Arco	Sestiere San Polo, 436	041-5205666	意大利
Algiubagi ò	Fondamenta Nuove	041-5236084	意大利
Pasticceria Rizzardini	Localita S. Polo,1415	041-5223835	意大利
La Bella Pollastrella	Sestiere Cannaregio	041-5227613	墨西哥
Mirai Creative Sushi	Rio Tera Lista de Spagna	041-2206517	日本
Trattoria Alla Scala	Corte Lucatello, 571	041-5220767	地中海

威尼斯以盛产装饰品和手工艺品而闻名，花边、玻璃器具、皮件、纸浆品等都是威尼斯的特色手工艺品。穆拉诺岛（Murano）的玻璃器具和布拉诺岛（Burano）的饰带，都是威尼斯很有名气的手工艺品。威尼斯有很多的饰品商店和展示厅，商品都很迷人，但质量参差不齐。

威尼斯购场所推荐			
名称	地址	电话	网址
Gruppo Coin S.P.A.	Calle San Grisostomo	041-5203581	www.coin.it
Ortopedia Gomiero	Barbaria delle Tole	041-5287774	www.gomiero.com
Mittsu S.r.l.	192 S. CROCE	041-2756196	www.parapharmacy.it
Art Gallery of Silvio Cannizzo	Santa Croce 743	041-5240615	www.silviocannizzo.it

威尼斯娱乐

在威尼斯这个独一无二的水城，大街小巷里有各种规模的酒吧，你可以与当地人喝酒聊天，完全融入到威尼斯的生活当中去。在威尼斯最为热闹的圣马可广场上，有许多街头艺人在这里展示自己的才艺，如唱歌剧、画人像，还有杂技等精彩的表演。有许多咖啡屋也会请音乐家或是乐队在固定的时间表演，你可以一边喝着意大利口味的卡布奇诺、提拉米苏，一边看表演。

每年2月，威尼斯都会举行盛大的威尼斯狂欢节。在狂欢节上，人们带着不同的面具，身着不同的服饰，扮演着与现实生活不一样的角色，还有许多杂耍、歌唱等表演，让人可以尽兴地狂欢一回。

旅游达人游玩攻略

在威尼斯，如果你想去看表演，可以从当地的报纸、广告宣传、免费赠送的《威尼斯游客》手册和户外报刊亭出售的《马可·波罗》月刊中获取演出的节目表，也可以通过旅行社和所在饭店获知，门票可以让旅行社与所在的饭店帮忙预订。

娱乐场所推荐

名称	地址	电话	网址
Al Ponte	Sestiere Castello, 6378/a	041-5206632	www.ostariaalponte.com
Osteria Al Ponte Sas	Sestiere Cannaregio	041-5286157	www.ostariaalponte.com
Bacaro Jazz	San Marco	041-5285249	www.bacarojazz.com
Orange	Sestiere Dorsoduro	041-5234740	www.orangebar.it
Ca' Sagredo Hotel	Campo Santa Sofia	041-2413111	www.casagredohotel.com
Majer Venezia	S. Agostino	041-722873	www.majer.it
Birraria la Corte	Campo San Polo	041-2750570	www.birrarialacorte.it

威尼斯狂欢节

威尼斯住宿

在威尼斯有限的空间内几乎都是古建筑，因而房价有些贵，如果你要在威尼斯住得舒服，一定要把所有情况了解清楚。此外，如果你在旅游旺季想寻找更合适的旅馆，也可以住在帕多瓦或梅斯特雷。威尼斯每隔10分钟就有一列火车开往梅斯特雷。

住宿推荐			
名称	地址	电话	网址
Domus Orsoni	Sestiere Cannaregio	041-2759538	www.domusorsoni.it
B&B Antico Portego	Cannaregio	347-4958326	www.bbanticoportego.com
Residenza Maddalena	Cannaregio	349-6020573	www.veniceaccomodation.it
B&B Al Gallion	Calle Gallion	041-5244743	www.algallion.com
Ca Bonvicini	Sestiere Santa Croce	041-2750106	www.cabonvicini.com
B&B Al Pozzo	Campo San Polo	041-5244796	www.venisejetaime.com

里亚托桥

3 威尼斯→米兰

Weinisi→Milan

从机场前往市区

·乘飞机前往

从威尼斯到米兰的航班较多，出行比较方便。米兰境内有两个飞机场，分别为米兰马尔彭萨机场（Milan Malpensa International Airport）与米兰利纳特机场（Milan Linate Airport），有专门的巴士往来于两个机场。马尔彭萨机场主要是用于国际航班的起降，而利纳特机场主要是用于意大利国内航班的起降。如果从中国前往米兰，航班就会停靠在米兰的马尔彭萨机场，这个机场的问询电话为02-74852200。

从米兰的马尔彭萨机场前往市内

机场巴士：从机场前往米兰市内的机场巴士可以到达中央车站（Milano Centrale）和斯福尔扎城堡附近的米兰火车北站。车票可以在机场出口的售票处购买，也可以在车上购买。如果前往中央车站附近，全程需要50分钟，从机场出发的巴士的运行时间为5:55～22:45。

机场快轨：从机场前往米兰市内的米兰中央火车站和卡多尔纳区，车票在乘车地点的售票处购买，全程约需50分钟，从机场发出的列车运行时间为6:00至次日1:30。

从利纳特机场前往市内

从机场乘坐73路公共汽车（1欧元）、机场大巴（2.5欧元）等都可以到达市内。巴士从机场开往市中心的车程为60分钟，在米兰市内的中央火车站和加里波的（Garibaldi）火车站停靠。

·乘火车前往

从威尼斯乘火车前往米兰约需4小时。米兰共有8个火车站，以米兰中央火车站为首，从这里乘火车约5小时可以到达罗马，约4小时可到佛罗伦萨。米兰中央火车站内有地铁站、公共汽车站及出租车定点乘车处，方便旅客到达米兰各处。火车站之间，有地铁M2线相连。

乘出租车逛米兰

米兰出租车的参考价格约为2欧元/千米，晚上出租车通常还要收取额外费用。在米兰乘出租车，你可以走到最近的出租车招呼站，通常在市中心和地铁站附近都有。在市中心，大教堂广场以及斯卡拉广场都有出租车招呼站。

在米兰也可以联系Radio Taxi，起步价为3.1欧元，夜间增加3.1欧元，周末则增加1.55欧元。许多旅馆的前台都很乐意帮你叫车，即使你不是他们的客人，可以拨打电话02-4040、02-6767、02-8585、02-5353或者02-8383叫车。

乘公共汽车游米兰

米兰的公共汽车线路较多，有专门运营市内线路的公交车，也有通往意大利国内重要城市及欧洲主要城市的线路。市内的公共汽车票价为1欧元/人，你可以在75分钟内多次乘坐任意的公交车，车票可以在车站附近的小商店、报刊亭等处购买。

乘轨道交通玩米兰

地铁是米兰市内最方便的交通工具。米兰的地铁线路一共有3条，分别为M1（Linea Rossa）、M2（Linea Verde）、M3（Linea Glalla），乘坐这3条线路可以到达各主要景点和购物点。在米兰大教堂等米兰市内较大的景点，以及米兰中央火车站等重要的交通枢纽，都会有相应的站点停靠，方便游客到达。地铁的票价为11欧元/人，在75分钟内持地铁票还可以免费乘坐公共汽车，地铁车票多在途中查验，需要保存好。车票可在车站附近香烟店购买。

在米兰市中心有有轨电车运行，速度比地铁慢得多。如果你不赶时间，乘有轨电车倒是很好的城市观光方式。

米兰市区景点

米兰大教堂

米兰大教堂

米兰大教堂是意大利著名的天主教堂，也是世界最华丽的教堂之一，其规模仅次于梵蒂冈的圣彼得大教堂。这座白色大理石砌成的主教堂，集歌德、文艺复兴、新古典等多种建筑风格于一体。登上教堂的顶部，你可以欣赏教堂屋顶上的雕塑之美，还可以俯瞰米兰全景。

旅游资讯

地址： Piazza Duomo 18

交通： 乘1、3路公交在Duomo站下

电话： 02-72022656

门票： 5欧元（乘电梯），7欧元（可参观博物馆），3.5欧元（徒步），团体（15人以上徒步）2欧元

旅游达人游玩攻略

前往米兰大教堂，穿短裤、迷你裙以及无袖衫的人不能进入里面参观。如果在夏天参观，建议你带上长袖或者外套，把肌肤遮盖起来。此外，不要多带东西，因为工作人员也会随时检查。

斯卡拉剧院

斯卡拉剧院是世界最著名的歌剧院之一，意大利人把它当成音乐的象征。整座歌剧院装修十分华美，内部雕梁画栋，金碧辉煌，是世界上音响效果最好的剧院之一。如果有时间，你可以来这里欣赏一场歌剧，体验世界最尖端的歌剧院的音响效果。

旅游资讯

地址： Via Filodrammatici 2

交通： 乘地铁M1、M3线可到

门票： 5欧元，团体4欧元

开放时间： 9:00～12:30、13:30～17:30（17:15停止进入），复活节、元旦、五一劳动节、圣诞节等节日休息

感恩圣母堂

感恩圣母堂是米兰市内的一座完整的建筑联合体，你在这座教堂旁的修道院内可以看到达·芬奇的巨作《最后的晚餐》。为了保护这幅巨作，人们运用了多种方式，在参观画作时禁止用闪光灯拍照。

感恩圣母堂

旅游资讯

地址： Piazza Santa Maria delle Grazie

交通： 在大教堂广场乘16路公交可以到达

门票： 成人6.5欧元，学生3.25欧元

开放时间： 周二至周日8：15～19：00（18:45是最后进入时间），周一、1月1日、5月1日、12月25日关闭

旅游达人游玩攻略

参观感恩圣母堂，需要提前预约，预约电话为02-89421146，预约时间为周二至周五9:00～18:00、周六9:00～14:00。根据电话的提示，你在参观前到教堂旁边的窗口取票就可以进入教堂。如果没有预订好的话，你可以参加旅游中心组织的旅行团，价格虽不便宜，但能看到壁画《最后的晚餐》，所以还是比较划算。参观感恩圣母堂非常严格，一次只限25人，一次15分钟，不能拍照。在现场有导游，一个人收费2.5欧元，不过要携带护照以作身份证明。

斯福尔扎城堡

斯福尔扎城堡

斯福尔扎城堡作为伯爵封地而建，是城市历史沧桑的象征，也是米兰著名的建筑之一。城堡四周有高墙，内有一个大公园和城堡博物馆，博物馆里收藏有众多具有很高艺术和历史价值的作品，还有家具、雕刻等。

旅游资讯

地址： Piazza Catello

交通： 乘地铁M1线在Cairoli站下

电话： 02-62083940

门票： 免费

开放时间： 9:00～17:30，周一休息

米兰周边景点

加尔达湖

加尔达湖位于中阿尔卑斯山南麓，是意大利最大且风景最多姿多彩的湖泊，主要入口在西南部的德森查诺镇。湖中盛产鳗鱼、鲤鱼、鳟鱼等鱼类，周围环境清净。沿湖有公路环绕，与城镇间有小汽艇往来，是广大旅客旅游度假的好地方。

加尔达湖

旅游资讯

地址： Giardini di Porta Orientale 8（旅游中心）

交通： 从米兰中央车站乘去往威尼斯的列车，约需1个小时，从维罗纳或布雷西亚出发则需15～20分钟。到达车站后，步行15分钟左右就到渡口，乘坐2路公交车10分钟就可以到达

电话： 0464-554444（旅游中心）

科莫

科莫是一个如丝绸般美丽的地方，是意大利的丝绸之乡，也是欧洲最大的丝绸中心。这里的湖光山色不仅吸引了大批富豪来这里建房购地，还吸引了很多影视剧组前来拍摄外景。此外，这里是意大利最著名的自然和历史学家大普林尼和小普林尼的出生地。

主要景观

科莫湖：以气候和繁茂的植被资源闻名，湖边有一些很有历史价值和建筑艺术价值的别墅，非常吸引人，许多欧美社会名流为能在科莫湖畔拥有一栋别墅而骄傲。

贝拉角：贝拉角是科莫最有名的一个小镇，也是科莫湖畔吸引游客最多的小镇。据说天气晴好的时候，你可以看到米兰大教堂，甚至还可以看到意法边境的勃朗峰。

旅游资讯

地址： Piazza Cavour 17（科莫旅游中心）

交通： 从米兰的中央车站或者加里波第车站乘坐FS线到科莫车站，需0.5～1小时；车站距离科莫市中心只有几百米，你可以步行前往；此外，在米兰市中心还有私铁到达科莫

电话： 031-269712

贝加莫

贝加莫被法国作家司汤达说成是“地球上最漂亮的地方……我所见过的最美丽的地方”。市内的每一座塔、尖顶和城墙都散发着中世纪建筑风格的气息，其中著名的景观有拉乔内宫、维基亚广场、马焦雷教堂、圣灵教堂、卡拉拉美术馆等。

贝加莫

旅游资讯

交通： 从米兰中央火车站乘火车约1小时可到钟可到，贝加莫与米兰机场之间也

曼托瓦

曼托瓦是一座享有盛名的中世纪古城，有“人间乐土”和“举世无双的文艺复兴时期的城市建筑群”之称。城内最有名的景观为戴乐俄比广场、戴尔布罗兰托广场、索单罗广场。此外，这里还拥有意大利北部最壮观的建筑和用奇珍异宝砌成的宫殿——公爵宫（Palazzo Ducale）和泰宫（Palazzo Te）。

旅游资讯

地址： Piazza Sordello（旅游中心）

电话： 0376-432432

交通： 从米兰中央车站可以乘由克雷莫纳前往曼托瓦的直达列车，约需1.5小时，从维罗纳前往只需要35分钟

曼托瓦

米兰美食

米兰素有“美食天堂”之称，餐馆种类齐全，多以大米、鱼类、玉米、牛肉等为主料烹制食物。著名菜肴有面包粉烤牛肉片、浓味蔬菜炖牛骨、蔬菜猪油浓汤等。米兰的甜点闻名天下，玉米糕是其中的代表。

餐馆推荐				
名称	地址	电话	网址	菜系
Le Tournedos	Via Imperia, 7	02-89503255	www.letournedos.it	意大利
Jubin2	Via Padova, 7	02-26141020	www.jubin2.com	中国
Blue Ginger	Viale Carlo Troya, 22	02-47718603	www.blueginger.it	中国
Pasticceria Castelnuovo	Via dei Tulipani, 18	02-48950168	www.pasticceriacastelnuovo.it	俄罗斯
Sarla Restaurant	Via Stampa, 4a	02-89095538	www.sarla.it	印度
Parrilla Mexicana	Via Piero della Francesca,29	02-33608301	www.cubeyou.com	墨西哥

米兰购物

米兰被誉为“世界四大时装之都”之一，在米兰购物，最大的享受不是买到什么，而是在店中、橱窗外欣赏各式精品。这里的服装品种非常丰富，而且款式漂亮。在米兰，最著名的地段当属被称为“黄金四角区”的地段：由Montenapoleone大街、S.Andrea大街、Spiga大街以及Borgospesso大街围绕而成的区域，几乎所有的世界名牌都集中在这里。

米兰商店的一般营业时间为9:30~13:00、15:30~19:30，周日及周一上午公休。此外，在夏季与冬季，米兰各有一次打折季，时间为7月上旬至8月上旬、1月下旬至2月下旬，当季商品可以打5~7折，但部分高级名牌店不参与这样的优惠活动。

维多利奥·埃玛努埃尔二世回廊

人气旺盛的购物大街

·蒙提拿破仑街

这条街可是世界最为著名的奢侈品大道，可以与法国巴黎的香榭丽舍大街相媲美。你在这里可以买到法国的 CHANEL、Hermès、KENZO，德国的ESCADA、AIGNER等标志性的名牌。

·马提欧地大道

这是米兰比较著名的购物街，你能看到Max Mara、Bruno Magli、Marella等意大利名牌。衣服胜在价格，款式也不错，值得你去淘货。

·布埃诺斯·阿依雷斯大街

这条大街上的漂亮时装店就不用说了，超市、鱼店、五金店、文具店、露天鞋店、皮带店、项链专卖店等大众消费商店一应俱全，你可以去看看。

名牌集中的大本营

·维多利奥·埃玛努埃尔二世回廊

维多利奥·埃玛努埃尔二世（Galleria Vittorio Emanuele II）回廊位于米兰教堂左侧，这是米兰十分重要的购物场所，有很多国际知名的服装专卖店、餐馆、咖啡馆等。

·COIN

意大利遍布最多的连锁百货公司，在米兰Cinque Giornate广场上的这家最为高端和商品齐全，主要经营范围有一二线品牌的服装、鞋帽、化妆品、日常用品等。

·La Rinascente

米兰最大的百货公司，商场拥有Gucci、Armani、FENDI、Bottega Veneta等顶级奢侈品牌。此外，你还可以找到小饰品、家用小电器、女装、女鞋等产品。

物美价廉的淘宝地

· 纳维利运河市集

每月最后一个周日，市集人头涌动，石雕、钟表、陶瓷、珠宝、衣饰、玩具、书刊、银器、家具、蕾丝等商品应有尽有。

其他购物地推荐			
名称	地址	电话	网址
Centro Commerciale Piazza Lodi	Viale Umbria	02-59901538	www.centropiazzalodi.it
Puma	Viale Monte Nero,22	02-59902227	www.puma.com
Ferrari Store	Piazza del Liberty	02-76017385	www.store.ferrari.com
La Rinascente	Via Santa Radegonda	02-88521	www.rinascente.it
Armani Megastore	Via Manzoni	02-72318600	www.armani.com

米兰娱乐

米兰的娱乐生活可以让人从另一个角度感知意大利的文化，感受意大利的风土人情。米兰传统的娱乐方式很多，这里最不能错过的是世界四大时装周之一的米兰时装周（每年两次，9、10月上旬为春夏时装周，2、3月为秋冬时装周），炫目的时装秀绝对让人难忘。你也可以坐在古典气息浓郁的剧院里，静静欣赏唯美的歌剧。此外，在AC米兰和国际米兰的主场看一场精彩的足球赛，也很有吸引力。

米兰有许多夜总会和迪斯科舞厅，年轻人一般喜欢聚在这些地方听音乐、跳舞、聊天。

娱乐场所推荐			
名称	地址	电话	网址
Martini Bar, Milan	Corso Venezia	02-76011154	www.dolcegabbana.com
Bar Basso	Via Plinio	02-29400580	www.barbasso.com
Roialto	Via Piero della Francesca	02-34936616	www.roial togroup.it
Bhangrabar	Corso Sempione 1	02-34934469	www.bhangrabar.it
New York	Via Fabio Filzi 33	02-66711225	www.cubeyou.com
Nabi Srl	Via Orefici 26	02-72093510	www.nabi.it

米兰住宿

米兰的旅馆有面向商务人员的高级酒店，也有面向青年人的简易旅馆。米兰是一个大都会，所以要找到便宜又舒适的旅馆确实比较难。

住宿推荐			
名称	地址	电话	网址
Mi Hotel	Via dei Fontanili,26	02-39831433	www.mihotel.it
Hotel Mediolanum	Via Mauro Macchi,1	02-6705312	www.mediolanumhotel.com
Hotel Adam	Via Palmanova,153	02-26305123	www.hoteladam.com
Hotel Lombardia	Viale Lombardia,74-76	02-2892515	www.hotellombardia.com
Hotel Pavone	Via Dandolo Enrico,2	02-55192133	www.hotelpavone.com
Zebra Hostel	Viale Regina Margherita,9	02-36705185	www.zebrahostel.it
Apollo	Via Giuseppe Ripamonti	02-5393446	www.apollohotelmilano.it
Atahotel Quark	Via Gioacchino Murat,17	02-895261	www.atahotels.it

从机场前往市区

· 佛罗伦萨机场

佛罗伦萨机场在城市西北5千米处，佛罗伦萨机场是佛罗伦萨区域的主要机场之一(另一个是比萨机场)，是一个小型的支线机场，不能起降大型客机，航线以中短途为主，主要运营意大利国内的航班、法国、德国、 西班牙、瑞士等邻近国家的国际航班和廉价航空公司的航班。

· 从机场前往市区交通

从佛罗伦萨机场前往市内，你可以乘坐由SITA和ATAF公司共同运营的巴士，它在机场的正面发车，运营时间为6:00～23:30，每30分钟一趟。从机场到佛罗伦萨市内的路程约需30分钟，车票可以在车上、机场的小站或者巴士购票地点购买，大约5欧元。

· 比萨伽利略国际机场

比萨伽利略国际机场可以起降大型客机，航线也遍布世界各地，去往欧洲各地的廉航通常降落在佛罗伦萨附近的比萨伽利略国际机场。比萨伽利略国际机场的廉价航空公司主要有Thomsonfly、Easyjet、Ryanair、Transavia、Wizzair和HLX。机场有大巴前往佛罗伦萨和锡耶纳等城市。

· 从机场到市区的交通

比萨伽利略国际机场离比萨市区很近，坐公交车只要10分钟就可以到达火车站，30分钟到达比萨斜塔。比萨伽利略国际机场还有专用的火车站。具体时刻表可以参考机场官网：www.pisa-airport.com

乘公共交通工具游佛罗伦萨

· 公交车

乘公交在佛罗伦萨旅行是一种不错的交通方式。乘坐佛罗伦萨公共汽车时，你需要在车站附近的报刊亭、小商店等处购买车票，票价为0.8欧元/人。与其他城市一样，佛罗伦萨的公交是后门上车，中门下车。上车后一定要在一个黄色的小机器上盖章，上面会标记你上车的时间，如果逃票，被发现后将罚款30欧元/人，因此乘坐公共汽车时需要保管好自己的车票。在佛罗伦萨的公交线路中，13路公交车从中央车站前往米开朗基罗广场，循环运行，沿途有很多旅游景点的站点。

· 佛罗伦萨电车

佛罗伦萨有一条电车线，从市中心的主火车站开往西南部斯堪第奇（Scandicci）郊区。运营时间为5:00至次日00:30，发车间隔3 ~ 11分钟。

· 观光游览车

佛罗伦萨市的观光游览车（City-sightseeing）是一种招手即停的游览大巴，价格较贵，但是比较方便，还有中文解说。路线分为1小时和2小时两种，单日票15欧元。

乘出租车逛佛罗伦萨

佛罗伦萨的出租车并不便宜，乘出租车并不是游览城市最经济的方式。出租车起步价为2.4欧元，之后0.8欧元/千米，周日会上涨4 ~ 5欧元。乘出租车可在出租车固定乘车点上车，也可提前预订，如果你在街上直接拦车，成功概率很低。很多餐厅、商店都提供预订出租车业务而且不收小费。需要注意的是，在佛罗伦萨乘坐出租车需要给司机小费。

佛罗伦萨市区景点

花之圣母大教堂和乔托钟楼

花之圣母大教堂

花之圣母大教堂是一座庄严雄伟的教堂，教堂用白、红、绿三色花岗岩贴面，将文艺复兴时代所推崇的古典、优雅、自由诠释得淋漓尽致。这座教堂将古典艺术与科学完美结合，美得让人惊叹，曾有一位音乐家专门为它作了一首协奏曲。

旅游资讯

地址： Piazza del Duomo

交通： 乘1、6、17路等公交可到

电话： 055-2302885

门票： 教堂免费，圆顶6欧元，博物馆6欧元，塔楼6欧元，洗礼堂3欧元

乔托钟楼

乔托钟楼因为由建筑师、画家乔托设计而得名。钟楼成正方形，乔托设计的部分是第一层，为无窗闭合式结构，四面是由乔托设计的浮雕，内容描绘了人类起源以及人类的生活，2～4层为另外两位建筑师设计，5层是挂大钟之处。钟楼镶嵌有各色大理石，图案精美。

旅游资讯

地址： Piazza del Duomo

电话： 055-2302885

开放时间： 8:30～19:30

旧桥

旧桥是跨越阿尔诺河上的一座最古老的桥梁，所以人们称之为“旧桥”或是“老桥”。这座桥是阿尔诺河上唯一的廊桥，把乌菲齐美术馆和比蒂宫连成一体。在旧桥边上还有许多专门经营金饰品等贵重饰品的商铺，熙熙攘攘，非常热闹。

旅游资讯

地址： Via Por Santa Maria

交通： 乘坐B、D路公交车可到

开放时间： 全天开放

米开朗基罗广场

米开朗基罗广场因广场上的大卫雕像而闻名，广场由朱塞佩·波吉设计。在广场上，你可以眺望整个佛罗伦萨的市景。景色包括城内的红色砖瓦、古式建筑、阿尔诺河、花之圣母大教堂的圆屋顶等，古老和典雅的佛罗伦萨让人看得清清楚楚。

旅游资讯

地址：佛罗伦萨市区南端

交通：乘12、13路公交在Piazzale Michelangelo站下

但丁故居

但丁故居(Casadi Dante) 在佛罗伦萨甚至是整个意大利，可以算得上是所有故居中最为简陋的一处，却吸引了很多但丁的崇拜者前来参观。故居展品以图片和文字资料为主，其中最吸引人的是由羊皮纸装订成的《新生》、《宴会》、《神曲》等诗作的手稿。

旅游资讯

地址：Via S.Margherita 1

电话：055-284944

门票：4欧元

新圣母玛丽亚教堂

新圣母玛丽亚教堂位于火车站对面，外表看起来比较不起眼，好像是用土黄色的砖块砌成的城堡，但教堂的建筑与内部的装饰大有来头。这个教堂建于1279～1357年，正面在1470年又由建筑师阿尔贝第整修过，教堂没有过多繁冗的装饰，一切都是恰到好处，给人一种很明亮的感觉，最让人惊叹的是它对几何比例的应用。整个立面充满着各种几何图形，让人忍不住啧啧称奇。

旅游资讯

地址：Piazza Santa Maria Novella6

交通：乘6、11、12路等公交可到

电话：055-282187

门票：2.7欧元，儿童2欧元

开放时间：周一至周六9:00～17:00，节假日和周日9:00～14:00

韦奇奥宫

韦奇奥宫又名“旧宫”，现为市政厅。整栋建筑为方形，齿状的顶部矗立有四方钟楼，钟表至今仍走时准确。韦奇奥宫与欧洲其他宫殿相比建筑平实，除了各层的拱形双扇窗，外部的唯一装饰便是正门上的皇座状装饰。

韦奇奥宫

旅游资讯

地址：Piazza della Signoria

电话：055-2768325

门票：5.7欧元

开放时间：9:00～14:00，周日及国际节假日为8:00～13:00

佛罗伦萨周边景点

锡耶纳

费埃索莱

费埃索莱有“佛罗伦萨之母”之称，是一座保存完好的中世纪小城，曾被《十日谈》提到过。这里环境优美，是城中居民休闲的好去处。城内保留有多处文艺复兴时期风格的庄园，以美第奇庄园最为有名。漫步小城中，你会有回到远古的感觉。

旅游资讯

地址： Via Portigiani 3/5（旅游中心）

交通： 从佛罗伦萨乘7路公交车在终点站下

电话： 055-5978373

锡耶纳

锡耶纳是一座中世纪古城，位于恬美的托斯卡纳乡村的环抱之中，如一件珍贵的艺术品，散发着令人着迷的魅力。这座历经千年洗礼的古城，仍保持着蓬勃的生机，它以田园广场为中心，与周围环境融合得天衣无缝。

旅游资讯

地址： Piazza del Campo 56（旅游中心）

交通： 从佛罗伦萨乘火车或巴士前往需1个多小时

电话： 0577-280551

蒙特卡蒂尼

蒙特卡蒂尼位于阿普安纳山脉的南麓，拥有连古罗马贵族也赞赏不已的美丽温泉，还有保存完好的中世纪堡垒、护城墙。勃朗宁夫人曾说：“这里的空气似乎能穿透你的心扉。”当然，比空气更能穿透你的心扉的，还有作为文艺复兴发源地的名望。

蒙特卡蒂尼

旅游资讯

地址： Viale verdi 66（旅游中心）

交通： 从佛罗伦萨乘坐巴士或者地铁约1小时可到

比萨

比萨位于佛罗伦萨西北方向，是一座历史悠久的城市。比萨的名气，在很大程度上受惠于比萨斜塔。这座塔可能由于它的斜，和别的地方不一样，名气“歪打正着”，变得越来越有名，参观者络绎不绝。

旅游资讯

地址： Piazza della Stazione（旅游中心）

交通： 佛罗伦萨有列车直达比萨，约需1小时；乘坐巴士大约需要2个小时

电话： 050-42291

开放时间： 9:00～19:00，周日、节假日9:30～15:30

旅游达人游玩攻略

乘火车前往比萨，一定要在Tabaki等提前买好返程的车票，因为在斜塔附近没有买车票的地方。如果在公共汽车上跟司机买票，需要1.5欧元。比萨所有的参观景点都需要门票，厕所要付钱。

比萨斜塔

佛罗伦萨美食

佛罗伦萨美食带给美食家的满足，就如同佛罗伦萨艺术品带给艺术家的满足一样。城里最好的餐厅都集中在圣十字（Santa Croce）区，当地人通常会去历史城区之外觅食。这里性价比最高的地方恐怕要数劳伦佐集市（Mercato di San Lorenzo）周边了。有些餐厅通常点不到比萨，要吃比萨可以到花之圣母大教堂附近的小店里找找。

餐馆推荐				
名称	地址	电话	网址	菜系
Il Bufalo Trippone	Via dell'Anguillara	055-290518	www.ilbufalotrippone.it	意大利
I'Pizzacchier	Via San Miniato, 2/1	055-2466332	www.pizzacchiere.com	意大利
Enoteca Pinchiorri	Via Ghibellina,87	055-242757	www.enotecapinchiorri.it	法国
Il Mandarino Ristorante Cinese	Via della Condotta,17	055-2396130	www.ristoranteilmandarino.it	中国
Ristorante Indiano Haveli	Viale Fratelli Rosselli, 31-33r	055-355695	www.florenceindianrestaurant.it	印度

佛罗伦萨购物

佛罗伦萨购物，可以到The Mall。The Mall不是传统商场，每个品牌都有自己的独栋别墅作为店面，价格便宜得让人想不到，到了换季的时候，部分品牌还会有折上折。详细信息可以参考www.themall.it网站。

购物场所推荐			
名称	地址	电话	网址
The Mall	Via Europa,8	055-8657775	www.themall.it
Coin	Via dei Calzaiuoli,56/R	055-280531	www.coin.it
Centro Sesto	Via Petrosa,19	055-42531	www.centrosesto.it
Librerie Feltrinelli Srl	Via De Cerretani,30 - 32r	055-2382652	www.lafeltrinelli.it
Zara	Piazza della Repubblica,1red	055-210773	www.zara.com
Ugol ni A & Figli	Via dei Calzaiuoli, 65/R	055-214439	www.augoliniefigli.com
Case dei Tessuti	Via dei Pecori, 20	055-217385	www.casadeitessuti.com

佛罗伦萨娱乐

佛罗伦萨的娱乐活动精彩而特别，你在这里可以看到最有趣的街头艺术家表演，可以参加最热闹的音乐节，还可以欣赏歌剧和芭蕾舞表演。佛罗伦萨作为歌剧的发祥地，看歌剧可以到著名的佛罗伦萨市立剧院（佛罗伦萨五月音乐节承办地之一）、佩尔戈拉歌剧院。此外，这里还会举办很多传统的活动和表演。

娱乐场所推荐			
名称	地址	电话	网址
Negroni	Via dei Renai,17r	055-243647	www negronibar.com
La Rotonda	La Rotonda	055-2654644	www.larotondacecconi.it
Harry's Bar	Via Lungarno Amerigo Vespucci,22R	055-2396700	www.harrysbarfirenze.it
Rivoire	Piazza della Signoria,5	055-214412	www.rivoire.it
Coquinarius	Via delle Oche,15R	055-2302153	www.coquinarius.it
Giubbe Rosse	Piazza della Repubblica,13/14r	055-212280	www.giubberosse.it
Colle Bereto	Piazza Strozzi,5	055-283156	www.cafecollebereto.com

佛罗伦萨住宿

佛罗伦萨是一个比较热门的旅游城市，住宿的价格稍贵。在老城区以外，你可以找到一些不错的廉价旅馆，在离市区稍微远的地方更是能找到不少好的住宿地。在中央车站东口一带， Via Nazionale大街及与之交叉的街道Via Fiume、Via Faenza一带，住宿地比较集中。

住宿推荐			
名称	地址	电话	网址
Hotel Roma	Piazza Santa Maria Novella,8	055-210366	www.hotelromafirenze.com
Palazzo dal Borgo	Via della Scala,6	055-216237	www.hotelaprile.it
Hotel Martelli	Via Panzani, 8	055-217151	www.hotelmartelli.com
Hotel Perseo Florence	Via De Cerretani,1	055-212504	www.hotelperseo.it
San Giovanni	Via De Cerretani,2	055-288385	www.hotelsangiovanni.com
Aldobrandini	Piazza di Madonna degli Aldobrandini,8	055-211866	www.hotelaldobrandini.it
Hotel Perseo Florence	Via De Cerretani,1	055-212504	www.hotelperseo.it
A Florence View	Piazza San Giovanni, 2	055-213879	www.florence-view.eu
B&B Al Pozzo	Piazza della Repubblica,7	055-27351	www. hotelsavoy.it

5 佛罗伦萨→都灵

Foluolunsa→Duling

都灵交通

从佛罗伦萨前往都灵

从佛罗伦萨前往都灵，你可以选择乘火车。火车从佛罗伦萨的中央火车站（Firenze SMN）出发，最终到达都灵新港火车站（Troino Porta Nuova），全程用时约2小时50分钟。

乘巴士游都灵

都灵市内交通方便，公交线路有公共汽车和有轨电车，市内观光有游览大巴，游客买一张票就可以游览全程，可以在14个车站自由上下。

游览大巴运行时间是每年的7～9月，外加每周周末和圣诞节或复活节期间，价格为5欧元，12岁以下的孩子3欧元，持有都灵游览卡的人可以免费搭乘。在古老的波河上乘游船观光有3条路线，价格为1.55欧元起。另外，都灵拥有几十千米的自行车专用通道，年轻人可以选择骑自行车观光。

旅游达人游玩攻略

都灵专门推出一种游览卡，持卡者可免费乘坐旅游大巴或市区内所有交通工具，免费参观都灵市和皮埃蒙特大区的120座博物馆、城堡、堡垒、王宫、皇家行宫，还可以免费乘坐安东内里尖塔内的电梯登顶，同时还可以享受影剧票、音乐会票以及导游费用35%的折扣。这种卡可以在都灵市政府旅游局问讯处、当地一些大型旅馆、意大利汽车俱乐部、苏培尔佳大教堂内购买。这种卡分4种，分别为：48小时卡18欧元一张，72小时卡20欧元一张，5天卡30欧元一张，7天卡35欧元一张。使用这种游览卡会非常方便，也非常值。

都灵市区景点

圣卡洛广场

圣卡洛广场

圣卡洛广场是都灵市中心最大的广场，是市民休闲娱乐的中心，也是尤文图斯的球迷经常庆祝的聚会场所。广场周围的巴洛克风格的建筑，很吸引眼球。此外，广场上还有许多运动名牌专卖店。

旅游资讯

地址： 都灵市中心

交通： 步行前往

萨沃王宫

萨沃王宫是17世纪意大利最著名的建筑之一，在几个世纪里得到了不同程度的改建和扩张。王宫内部装修奢华，每个房间都按照萨沃王朝贵族的风格进行了装饰，钟表、瓷器、银器及各种古老的家具等是最常见的装饰物。

旅游资讯

地址： Piazza Castello　**电话：** 011-4361455

交通： 乘13、15路有轨电车或55、56路等公交在Fermata 472-Castello站下

门票： 6.5欧元，18岁以下3.25欧元，65岁以上免费

开放时间： 周二至周五8:30～19:30

埃及博物馆

埃及博物馆是世界上第二大古埃及文物收藏博物馆，是人们学习和了解埃及文明极其丰富的历史文化遗产的重要场所。馆内有各种塑像、文字、画卷、莎草纸、棺椁和日常生活用品，向人们集中展示了古埃及文明。

旅游资讯

地址： Via Accademmia delle Scienze 6

交通： 乘ST1、ST2路公交在Fermata 4058-Roma站下

电话： 011-5617776

门票： 6.5欧元

开放时间： 周二至周日8:30～19:30，周一不开放

主教堂

主教堂

主教堂是文艺复兴时期的建筑，里面供奉都灵的保护神圣约翰。教堂正立面有雕工精湛的大门。走进教堂，你可以看到一个高拱顶的圆形礼拜堂，礼拜堂内保存着举世闻名的“耶稣裹尸布”。关于这块裹尸布的真伪，几百年来一直是众说纷纭，非常离奇。

旅游资讯

地址： Piazza San Giovanni

电话： 011-4361540

开放时间： 周一至周日上午8:00～12:00，周一至周五下午15:00～19:00，周六15:00～18:00，周日15:00～17:20

都灵周边景点

斯都比尼基宫

斯都比尼基宫

斯都比基尼宫由建筑师尤瓦拉尔设计，是典型的巴洛克风格建筑。这个宫殿是在18世纪初期为了利用宫殿背后广阔的森林进行狩猎而建。这里采用从中央向左右扩展的结构，很有法国建筑的格调，尽显高雅华贵。宫殿内部现在已经成为美术馆、家具博物馆。

旅游资讯

地址： Piazza Principe Amedeo

交通： 在中央火车站附近的Via Sacchi车站乘63路公交车，在Caio Mario站换乘41路可到

门票： 5欧元

电话： 011-3581220

开放时间： 10:00～18:00（周一关闭）

奥斯塔

奥斯塔是罗马时代残留下来的美丽的城市，是一个很有魅力的地方。城市四周被高山包围，是一个纯净的自然世界，古老的传统依然存在，古老的生活方式仍然保留。奥斯塔几乎完整保存了2000年前罗马都市的样子，以它最原始的方式静静地等待着游人的访问。

奥斯塔市内街道

旅游资讯

地址： Piazza E.Chanoux 2（旅游中心）

交通： 从都灵的新门车站乘坐FS线，2小时就可以到达奥斯塔；也可以从米兰乘长途巴士到达

电话： 0165-236627

开放时间： 周一至周六9:00～13:00、14:30～21:00，周日、节假日9:30～13:00

奥斯塔外部景观

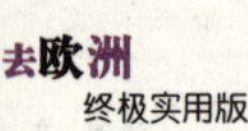

都灵的餐馆集中在市中心以及波河岸上，有不少中餐馆，据说都是“中国南方菜”。都灵本地最有特色的美食当属松露、巴罗洛葡萄酒和巧克力。此外，博瑟林巧克力热饮很受当地人欢迎，到了这里，你千万不要错过。

餐馆推荐

名称	地址	电话	网址	菜系
Garden Wok	Corso Potenza, 14	011-7499685	www.gardenwok.it	中国
Ristorante Zheng Yang	Via Principi D'Acaja, 61	011 4476422	www.ristorantezhengyang.com	中国
Ristorante Indiano Jaipur	Corso Orbassano, 230	011-3298932	www.jaipur.to.it	印度
Namaste India	Corso Monte Cucco, 26	011-796579	www.namastey-india.com	印度
El Pollo Loco	Corso Unione Sovietica, 395	011-0209883	www.elpollolocotorino.com	墨西哥
La Louche Restaurant	Via Lombriasco, 4	011-4332210	www.wordpress.com	法国
DaiiChi	Via IV Marzo, 5	011-4368472	www.daiichi.it	日本

都灵和欧洲很多城市一样，没有太多喧嚣的大型卖场，有的只是一间间体现原创精神的小店。这里最有名气的购物街非罗马街（Via Roma）莫属，这条街两旁排列着一家家五光十色的奢侈品商店，还有高贵优雅的San Federico购物廊，是艺术品爱好者和古董迷的天堂——Via Cavour和Via Maria Vittoria。

此外，每周六的早晨和每个月的第二个周日，都灵有传统的跳蚤集市（Balondela Porta Palazzo），如果你刚好遇到这样的日子，千万别错过。

购物场所推荐

名称	地址	电话	网址
La Rinascente	Via Giuseppe Luigi Lagrange,15	011-5170075	www.rinascente.it
8Gallery	Via Nizza,230	011-6630768	www.8gallery.it

购物场所推荐			
名称	地址	电话	网址
Auchan	Corso Romania,460	011-2221311	www.auchan.it
Auchan Spa	Corso Garibaldi,235	011-4072600	www.auchan.it
NH Lingotto	Via Nizza,262,	011-6642000	www.nh-hotels.it
Max Mara	Via Roma,279	011-5621205	www.maxmara.com
Hermes	Via Roma,124	011-546971	www.hermes.com
Martiny	Via Pietro Micca,5	011-547151	www.webalice.it

都灵娱乐

都灵市内拥有不少酒吧，很多人喜欢在下班后到这些地方喝上一杯再回家。每天21:30左右，都灵的酒馆内满是喝酒、吃点心、听音乐的人。不过，都灵最吸引人的节目是听歌剧，皇家剧院是非常受欢迎的剧场，经常有精彩的节目上演。如果有时间，你可以去体验一下。

娱乐场所推荐			
名称	地址	电话	网址
Officine bohemien	Via Mercanti,19	011-7640368	www.officinebohemien.it
Caff San Carlo	Piazza San Carlo,156	011-532586	www.caffesancarlo.it
Neuv Caval 'd Brons	Piazza San Carlo,155	011-545354	www.cavallodibronzo.it
Caffe Torino	Piazza San Carlo,204	011-545118	www.caffe-torino.it
Comito	Via Claudio Luigi Berthollet,33	011-6508926	www.xoom.it

都灵的酒店大多很有风情，有些旅馆藏在古老的建筑中，只是一层或者是同层的房间被装修成酒店经营。都灵最便宜的青年旅馆，一天大概要十几欧元。

住宿推荐			
名称	地址	电话	网址
Le Petit Hotel	Via San Francesco D'Assisi,21	011-5612626	www.lepetithotel.it
Town House	Via XX Settembre,70	011-9700003	www.townhouse.it
NH Santo Stefano	Via Porta Palatina,19	011-5223311	www.nh-hotels.it
Hotel Diplomatic	Via Cernaia,42	011-5612444	www.hotel-diplomatic.it
Turin Palace Hotel	Via Paolo Sacchi,8	011-5612187	www.thi.it
Alba	Via Maria Vittoria, 34	011-8120208	www.albergoalba.it
Hotel Albergo San Carlo	Piazza San Carlo,197	011-5627846	www.albergosancarlo.it
Hotel Residence Liberty	Via Vincenzo Gioberti,37	011-9781104	www.hotelliberty-torino.it

都灵国立电影博物馆

雅典古城堡

PART 7

希腊热门旅游线路

从机场前往市区

雅典国际机场位于雅典东南约30千米处的斯巴达地区。机场开通了不少条希腊国内航线和国际航线，不过仍未开通飞往北京的直达航班。机场不算大，分为A区和B区，其中0层（中国的1层）为抵达大厅，1层（中国的2层）为出发大厅。希腊的国内航班抵达和出发都在B区，到达B区的飞机一般是希腊国内航班以及申根协定加盟国（含法国、意大利）的飞机，对从申根国换乘飞机（到达B区的飞机）的人，可以免除海关审查，直接领取行李。

从雅典国际机场到达雅典市中心，有机场巴士、地铁、出租车等多种交通工具可供选择。

·乘机场巴士前往

机场有6条机场巴士线连接雅典市中心和比雷埃夫斯港口，分别为X92、X93、X94、X95、X96、X97，发车间隔为30～40分钟每班。

机场巴士名称	线路
X92	基菲萨(Kifisia)—雅典机场快车
X93	基菲索斯(Kifisos) 长途公交车站—雅典机场快车
X94	艾斯尼基-阿米纳 (Ethniki Amina)—雅典机场快车
X95	宪法广场（Sindagma Square) —雅典机场快车
X96	比雷埃夫斯（Piraeus）港口—雅典机场快车
X97	达夫尼（Dafni）地铁站—雅典机场快车

·乘地铁前往

乘地铁3号线（蓝线）可以抵达市中心的Syntagma和Monastiraki站，单程6欧元，往返10欧元，往返票有效期为48小时。

·乘坐出租车前往

机场提供24小时出租车服务，如果你要乘坐出租车，在抵达大厅3号出口排队等候。出租车司机将给您提供发票，上面会显示注册号码和司机姓名，同时出租车可以提前预订（在抵达大厅的分段运输区）。出租车从机场去市中心约需35欧元，夜间约需50欧元。不过，打车要问好价格是否包含通行费用。

旅游达人游玩攻略

机场内有希腊国家旅游组织（EOT），这个组织在机场Arrivals Hall，拿行李出到机场1层大厅，在机场出口的左侧便可找到，这里有免费雅典地图（希腊文、英文）、渡船时刻表、交通信息资料、免费小册子《雅典和阿提卡》。

乘轨道交通玩雅典

·地铁

雅典目前有3条地铁线路，分别为1号线、2号线和3号线。地铁不查票，在地铁入口处竖立着几个验票机，将票放入机器打上日期后即可进入。地铁费用一般为1.4欧元(Doukissis Plakentias以东的机场线除外），往来于机场和市区的地铁单程费用为8欧元。另外，还有供2人或3人使用的机场单程团体票。持地铁票可以搭乘雅典所有的公共交通工具，有效时间为90分钟。

名称	颜色	线路
1号线	绿线	从Kifissia穿过市中心，直达Piraeus 港口
2号线	红线	从Agios Antonios 穿过市中心，终点为Hellinko站
3号线	蓝线	从机场出发经过宪法广场站，终点为Egaleo站

旅游达人游玩攻略

乘地铁前往雅典国际机场时，你一定要注意看清楚地铁窗口上是否贴有飞机的标志，有这个标志的才到机场，没有则不到。去机场的地铁班次间隔时间比较长，约30分钟一班，车程在35～45分钟。

·有轨电车

有轨电车是雅典最快速的交通工具之一，统一票价为0.6欧元，运行时间为5:00至次日00:15，约15分钟一班，不过服务的区域有限。

名称	线路
Line 1 (T1)	Syntagma—Palaio Faliro—Neo Faliro（连接市中心和Peace及Friendship Stadium）
Line 2 (T2)	Syntagma—Palaio Faliro—Glyfada（连接市中心和Coastal Zone）
Line 3 (T3)	Neo Faliro—Palaio Faliro—Glyfada（沿着Coastal Zone运营）

乘巴士游雅典

·公交巴士

雅典公交巴士主要有蓝色和黄色之分，蓝色巴士车号为3位数，往返于市中心和郊区，票价约为0.4欧元；黄色巴士(Trolley)车号为2位数，通往各旅游景点，观光常用的是1、5、9、10路，票价0.2～0.3欧元。公交巴士运营时间一般为5:00至次日00:30，每10～30分钟一班，车票可以在汽车站、报亭或其他指定摊点购买。

·观光巴士

雅典市内的观光巴士很受欢迎，车上有包括中文在内的多种语言介绍。目前，观光线路分为红线和蓝线。

线路	线路信息	票价
红线	主要在雅典市内、卫城周边游览，时间是90分钟	成人18欧元，14岁以下儿童8欧元
蓝线	从卫城周边到Piraeus码头，时间是70分钟	包括红线加蓝线，成人22欧元，儿童9欧元

乘出租车逛雅典

雅典的出租车费用在欧洲相对比较便宜，出租车起步价一般为1.19欧元，5:00～24:00每千米0.68欧元，0:00～5:00每千米1.19欧元，超过10千克的行李每件外加0.4欧元。在节日期间乘出租车费用会有所增加。当地的出租车在载了你之后还可以顺路载别的客人，如果是和其他人拼车，注意自己上车时表上显示的价钱。此外，你还可以打电话给出租车公司，要求公司在指定时间派车到指定地点接送。

自驾车玩转雅典

如果你对当地比较了解，租辆小汽车或摩托车游览雅典也是很不错的。骑摩托车一定要戴好头盔，穿上保护衣，注意安全。

雅典景点

宪法广场

宪法广场可以说是雅典市的中心，是当地人的主要活动场所，各种庆祝活动和政治集会常常在这里举行。广场四周有很多供游人休息的长椅和咖啡馆。在宪法广场附近，你还可以看到雅典卫城、酒神剧场、奥林匹亚宙斯神庙等名胜古迹。

宪法广场

旅游达人游玩攻略

地址： Vas.Sofias Street 2

交通： 乘地铁2、3号线在Syntagma站下

卫城

卫城（The Akropoli）在希腊语中被称作"阿克罗波利斯"，它集古希腊建筑艺术与雕刻艺术之大成，是希腊最杰出的古建筑群之一。卫城现存的最重要遗迹除了巴特农神庙，还有山门、依瑞克提翁神殿以及雅典娜·尼基神庙。

旅游资讯

地址： 44 Patission

交通： 乘地铁2号线在Akropoli站下

电话： 210-3210219

门票： 12欧元（通票）

开放时间： 4～10月8:00～19:00，11月至次年3月8:00～17:30（无休）

旅游达人游玩攻略

卫城建在山上，每年前来游玩的人非常多，很多大理石台阶都已经被磨得平整光滑，建议穿旅游鞋或运动鞋，注意防滑。早上和傍晚来这里的人相对较少，其他时段相当拥挤，你可以选择人少的时段前来。

卫城博物馆

卫城博物馆位于雅典卫城山下，是一座现代与古典相结合的建筑。走近这座博物馆，最引人注目的地方要属外部的玻璃走廊，自然光穿透玻璃射入馆内，在给展品披上质朴光辉的同时，也让置身其中的人产生在时间隧道中行走的错觉。此外，在玻璃走廊，你还可以全方位欣赏雅典卫城的风貌。

卫城博物馆

旅游资讯

地址： Dionisiou Areopagitou 15
电话： 210-9000900
网址： www.theacropolismuseum.gr

国家艺术馆

国家艺术馆

国家艺术馆是希腊最好的艺术馆之一，馆内藏品丰富。你可以看到《十字架受难》和《众天使在欢唱》等著名画作，还可以欣赏到毕加索、马尔凯和郁特里罗等人的作品。此外，这里还经常举办大型国际展览。

旅游资讯

地址： Leoforos Vasileos Konstantinou 50
交通： 乘地铁3号线在Evangelismos站下
电话： 210-7709855
门票： 6欧元

希腊民间艺术博物馆

希腊民间艺术博物馆始建于1918年，藏品包括各种艺术形式的民间艺术品。你在这里除了可以看到服装、化妆饰品、金银制品、漆器、石刻等，还可以看到100多年来希腊女子婚嫁之前为自己准备的各种嫁妆服饰，包括刺绣、钩编和编织品等。

旅游资讯

地址： 17 Kydatheneon St Plaka
电话： 210-3237617
门票： 成人2欧元，学生1欧元
开放时间： 周二至周日9:00～14:00

奥林匹亚宙斯神庙

奥林匹亚宙斯神庙为了祭祀宙斯而建，是希腊的宗教中心，以象牙和黄金的塑像闻名于世。这里和众多古希腊神庙命运相似，也遭到了严重的破坏，现在已经很难看出神庙当时的形态，只有一些残垣断壁仿佛还在诉说着当年的辉煌。

旅游资讯

地址： Vassilissis Olgas Avenue
交通： 乘地铁2号线到Akropoli站下
电话： 210-9226330
门票： 2欧元
开放时间： 周二至周日8:30～15:00

狄奥尼索斯剧场

狄奥尼索剧场位于雅典卫城南侧，是希腊最古老的露天剧场。剧场分为东西两部分，通过门廊相连。其中，西侧的剧场主要作为夏季露天音乐会和戏剧表演的场所，东侧的酒神剧场为开放的景点。

旅游资讯

地址： Dionysus of Herodes Attius
交通： 乘地铁2号线至Akropoli站下
门票： 12欧元
开放时间： 周一至周五8:00～19:00，周六、周日及节假日8:30～15:00，冬季8:00～17:00

狄奥尼索斯剧场

雅典美食

雅典有各种各样的美食，饮食消费与西欧国家的旅游城市相比较为便宜。在雅典，如果想寻找一些雅典的风味小吃，可以去欧摩尼亚广场附近看看；如果想吃海鲜，且旅游预算较充足，不妨到布拉卡区去大快朵颐。

雅典餐馆查询：www.breathtakingathens.com

希腊风味

· Paradosiako

这家在布拉卡老城区的餐馆非常火爆，别看它只有几张随意摆放的桌子、随心搭制的几个遮阳伞，毫不起眼的外表，却能让人吃到最为正宗的希腊菜。

地址：Voulis 44

电话：210-3214121

旅游达人游玩攻略

面对馆内花花绿绿的菜单，如果你实在不知道点些什么吃，不妨照着菜谱上的每日特价菜点，不会错。

· Hytra

Hytra是当地很受欢迎的一家餐馆，也是米其林一星店。这里的美食非常美味，深受好评，是一个适合情侣享受二人世界的浪漫去处。

地址：Leoforos Andrea Siggrou 107

电话：210-3316767

网址：www.hytra.gr

· Tou Psara

这家餐厅有些年头了，主打菜为海鲜。在这里看看窗外的风景，来点葡萄酒配海鲜，听听美妙的音乐，你可以好好感受一把雅典人的生活方式。

地址： Erextheos 16
电话： 210-3218733
网址： www.psaras-taverna.gr

· To Kafeneio

外表简简单单的小餐馆，给人一种如家般温暖的感觉。这里的克里特奶酪馅饼和油炸茄子丸，都值得你品尝。

地址： Epiharmou 1
电话： 210-3246916
网址： www.tokafeneio.gr

中国风味

· 东方明珠

东方明珠（East　Pearl）是一家以粤菜为主打的中餐馆，供应小笼包、叉烧包、凤爪等食物，还有希腊的大螃蟹。此外，周末这里还提供自助餐。

地址： Akti moutsopoulou 44，Pireas
电话： 210-4288215
网址： www.eastpearl.gr

· 夜上海饭店

一家开在宙斯神庙对面的中餐馆，以江浙菜肴为主，供应时价海鲜，你也可以询问店家是否能做菜单之外的东西。许多中国的旅行团都在这里订餐。

地址： Athanasiou Diakou 28
电话： 210-9210300

世界美味

· 风林火山

风林火山（Furin Kazan）是一家人气很高的日式料理店，店面不大，经常满座。店里的料理很好地利用了希腊新鲜的海产品，非常美味。

地址： Apollonos 2，Athina
电话： 210-3229170
网址： www.furin-kazan.com

· Dosirak

这家餐厅环境优雅安静，主要供应韩国菜肴和日本料理，食材新鲜，菜品卖相很好，味道可口。

地址： Voulis 31，Syntagma
交通： 乘地铁3号线在宪法广场站下
电话： 210-3233330

雅典购物

雅典的金银珠宝、陶瓷器、葡萄酒都是当地比较有特色的产品，具有独特的希腊风格。在雅典卫城、宪法广场以及欧美尼亚广场等地，你可以看到很多大型的购物中心和出售各种小商品的街头小贩。

在雅典购物需要注意的是，通常13:30～16:30是希腊人的午睡时间，在这个时间段，绝大部分的商店、餐厅、咖啡馆会暂停营业。

人气旺盛的购物大街

· 波拉卡旧市街

这一带可以说是波拉卡区最热闹、人最多的地方，街道两旁商店林立，各种各样的艺术品、希腊小吃，你在这里都能找到。

地址： Kidathineon

交通： 乘1、2路等有轨电车或209、227路等公交车可到

· Ermou Street

雅典最繁华的商业街之一，从宪法广场一直延伸到蒙纳斯提拉奇（Monastiraki ）广场。街道两边有各式各样的服装店、鞋店和首饰店，还可以看到许多街头艺术家。

交通： 乘地铁2、3号线在Syntagma站下，或乘地铁1、3号线在Stathmos Isap Monastiraki站下

营业时间： 周一、周三、周五、周六许多店到15:00就关门休息，大的连锁店一般在17:00左右关门；周二、周四营业时间为9:00～14:00、17:00～21:00

名牌集中的大本营

· 宪法广场地区

宪法广场地区的服装店比比皆是，大衣、皮衣、毛衣和皮鞋等商品应有尽有，在这里你一定可以找到满意的一款。在Kolonaki区和Erou大街，集中了雅典的各种时装专卖店，还有刺绣品和手工制作的服装出售。此外，在这个地区还有不少的古董店，里面出售各种各样的家具、小雕像和各种小装饰品。

地址： Syntagma Square
交通： 乘地铁2、3号线在Syntagma站下

· The Mall

The Mall是雅典最大的购物中心，有品牌商店、咖啡厅和餐厅。除此以外，购物中心还有雅典最先进的电影院。

地址： Andrea Papandreou
交通： 乘地铁1号线在Neratziotissa站下
电话： 210-6300000
营业时间： 周一至周五10:00～21:00，周六10:00～20:00
网址： www.themallathens.gr

物美价廉的淘宝地

· Piraeus Flea Market

Piraeus Flea Market是繁忙的周日大市场，也是雅典人流最多的地方之一。这里有便宜的服装、日常用品、古董及各类收藏品等。

地址： Around Alipedou
交通： 乘地铁1号线在Monastiraki站下
营业时间： 周日7:00～14:00

· 蒙纳斯提拉奇跳蚤市场

在蒙纳斯提拉奇跳蚤市场中，你可以找到稀有的二手CD、军靴、旧书、古玩古董、珍贵收藏品、家具等。此外，看到满意的商品还可以砍价。

交通： 乘地铁1、3号线在Stathmos Isap Monastiraki站下
营业时间： 古董店铺8:00～15:00

雅典娱乐

雅典是一个浪漫的城市，既有古老城市的庄严与雄伟，又有最活跃、激情的一面。雅典人有晚上出来吃饭、喝酒、看电影、听音乐会的习惯。如果想玩得刺激点，可以到各大夜总会转转，跟随奇妙的音乐舞动，好好感受一个更加全面的雅典。

娱乐场所推荐

· Mike's Irish Bar

这家酒吧有很多外国游客光顾，不同肤色的人群在这里可以痛快饮酒，尽情享受音乐，还可以在酒吧一角玩飞镖。

地址：Sinopis 6
电话：210-7776797
网址：www.mikesirishbar.gr

· An club

这个小小的酒吧是很多音乐爱好者的聚集地，你在这里可以欣赏到当地和国外一些不太知名的乐队的演出，气氛比较活跃。

地址：Solomou 13
电话：210-3305056
网址：www.anclub.gr

· Kalua

在这家夜总会，你可以听到主流的电子舞曲，也可以跟着那些奇怪的希腊迪斯科舞曲舞动，吸引力十足。

地址：Amerikis 6
电话：210-3608304
网址：www.kalua.gr

· Balux

这家夏季夜总会很有名气，是当地名流的常聚地。里面经常会有一些知名DJ和乐队在这里演出，气氛很热闹。

地址：58, Posidonos Ave
电话：210-8941620

· Aigli

这家露天电影院在雅典非常有名气，你在这里可以边品着葡萄酒，边看时尚的影片，相当有情调。

地址：扎皮翁宫（Zappeio）花园里面
电话：210-3369369

· Stoa Athanaton

这个地方很受音乐迷的欢迎，后半夜常有一些口碑不错的乐手来这里演奏古典音乐和都市流行乐。

地址：Sofokleous 19
电话：210-3214362

· Megaron

这家音乐厅拥有先进的设施，常有很多歌剧和音乐会在这里举办，偶尔还会有一些国际的和希腊著名的演员来此表演。

地址：Leoforos Vasilissis Sofias & Kokkali 1
电话：210-7282333
网址：www.megaron.gr

其他娱乐场所推荐			
名称	地址	电话	网址
Palenque	Farantaton 41	210-7752360	www.palenque.gr
Akrotiri	Vasileos Georgiou B5	210-9859147	www.akrotirilounge.gr
Gagarin 205	Liosion 205	215-5400888	www.gagarin205.gr
Half Note Jazz Club	Trivonianou 17	210-9213310	www.halfnote.gr

雅典住宿

雅典住宿有多种选择，酒店有不同的级别，5星是最高级、最豪华的，4星为A级，3星为B级，以此类推，价格差别明显。雅典的青年旅馆不多，价格上优势也不太大，但提供英语服务和旅游咨询。雅典的住宿地主要集中在宪法广场周边、普拉卡老城区，以及爱琴海的沿岸地区。你在宪法广场和协和广场 (Omonia square)附近可以找到相对便宜的旅店。

中心区

宪法广场附近住宿地推荐			
名称	地址	电话	网址
Electra S.A.	Ermou 5	210-3378000	www.electrahotels.gr
Arethusa Hotel Athens	Mitropoleos	210-3229431	www.arethusa.secureinns.info
Amazon Hotel	Mitropoleos 7	210-3234002	www.amazonhotel.gr
Hotel Grande Bretagne	Constitution Square	210-3330000	www.grandebretagne.gr
NJV Athens Plaza	Leoforos Vasileos Georgiou 2	210-3352400	www.njvathensplaza.gr
Athens Cypria Hotel	Diomeias 5	210-3230470	www.findaparthotel.com

协和广场附近住宿地推荐			
名称	地址	电话	网址
Ilion Hotel Athens	Agiou Konstantinou 7	210-5237411	www.ilionathenshotel.gr
Dorian Inn Hotel	Pireos 15	210-5239782	www.dorianinnhotel.com
Hotel Athens Acropol	Platia Omonias 1	210-5282100	www.ellada.net
Achillion Hotel Athens	Agiou Konstantinou 32	210-5225618	www.achillionhotel.com
Cosmos Hotel Athens	Psaron 16	210-5239201	www.hotelcosmos.gr

其他区域住宿地推荐			
名称	地址	电话	网址
Hotel Grande Bretagne	Constitution Square	210-3330000	www.grandebretagne.gr
Plaka	Kapnikareas 7	210-3222096	www.plakahotel.gr
Electra S.A.	Ermou 5	210-3378000	www.electrahotels.gr
Fresh Hotel Athens	Sofokleous 26	210-5248511	www.freshhotel.gr
Hera S.A.	Falirou 9	210-9236682	www.herahotel.gr
Golden City	Marni 46	210-5226571	www.goldencity.gr
Athen Style	Agias Theklas 10	210-3225010	www.athenstyle.com
Cecil Hotel	Athinas 39	210-3218005	www.cecilhotel.gr

 郊区

郊区住宿地推荐			
名称	地址	电话	网址
Hellinis Hotel	Sygrou Av.	210-9311494	www. hellinis.gr
Hotel Tony	Zacharitsa 26	210-9236370	www. hoteltony.gr
Hotel Elisabeth	Arkadias 46	210-7774379	www.hotelelizabeth.gr
Family Inn	Georgiou Papandreou 70	210-7701947	www. familyinn.gr
Athinais Hotel	99 Vassilissis Sofias Av.	210-6431133	www. athinaishotel.gr
Nestorion Hotel	Pentelis 8	210-9425010	www. nestoriohotel.gr
The Canadian Institute in Greece	Dionisiou Eginitou 7	210-7223201	www.cig-icg.gr
Cecil Hotel	Athinas 39	210-3218005	www.cecilhotel.gr

2 雅典→伯罗奔尼撒半岛

Yadian→Boluobennisabandao

伯罗奔尼撒半岛交通

从雅典前往伯罗奔尼撒半岛

·乘飞机前往

卡拉马塔有伯罗奔尼撒半岛唯一的机场，雅典有定期航班飞往这里。

·乘火车前往

在雅典协和广场附近的Larissa火车站，有从雅典到伯罗奔尼撒半岛的火车，你可以乘坐雅典国铁前往伯罗奔尼撒半岛。火车分普通列车和IC（Inter City）火车两种，IC火车速度相对较快，条件好些，价格也贵些。

· 乘汽车前往

相对于火车，从雅典坐汽车前往伯罗奔尼撒半岛更方便。从雅典的Kifissu汽车站，你可以乘坐前往纳夫普利翁（Nafplio）方向的汽车。从雅典到伯罗奔尼撒半岛还可以搭乘公交车，坐公交车比乘火车更节省时间，不过车费也更贵。

伯罗奔尼撒半岛内主要汽车站		
名称	地址	信息
K.T.E.L. Nomou Argolidas S.A.	Andrea Siggrou，Nafplio	每天都有开往雅典的车，每小时1班，车费11.3欧元，车程约2.5小时
K.T.E.L. Lakonia	斯巴达（Sparta）Lykourgou与Thivronos交叉路口	有开往雅典的汽车，每天10班，车费16.8欧元，车程3个多小时

乘巴士游伯罗奔尼撒半岛

在伯罗奔尼撒旅游，你可以到宪法广场寻找旅游巴士，不过这些巴士只有几条固定线路，比较受局限。所以，很多人都会选择租车、自驾车的方式。

K.T.E.L. Argolis：开往雅典的长途车会途径岛内的迈锡尼，每天有3班，车费2.15欧元，车程约3小时。

K.T.E.L. Lakonia：开往雅典的长途车会途径岛内的莫奈姆瓦夏（Monemvasia），每天有3班，车费是8.7欧元，车程约2小时。

波罗斯

伯罗奔尼撒半岛景点

科林斯运河

科林斯运河（Corinth Canal）位于科林斯地峡最窄处，是在坚硬石区开凿出来的运河。它的两端分别连接萨洛尼克湾和利斯湾，是雅典通往伯罗奔尼撒半岛的大门。站在横跨柯林斯地峡的铁桥上，你可以欣赏到十分壮观的悬崖景观。

科林斯运河

旅游资讯

开放时间：全天　　**门票**：免费

迈锡尼

这个地名在希腊神话中流传了千年，对于对神话和宝藏感兴趣的人一定会对它情有独钟。它的璀璨辉煌在19世纪得到了印证，与半岛上其他丰富的历史遗迹相互辉映，是人们来希腊考古探秘的绝佳去处。

主要景观

迈锡尼博物馆：主要展出一些遗址出土的物品，包括陶器、珠宝和武器等。开放时间为周一12:00～19:30，周二至周日8:00～19:30。

迈锡尼城堡：被长长的城墙围住，正门的入口有两只雄石狮守护，从遗址的规模不难想象出当时的壮观景象。咨询电话：275-1076585。

旅游资讯

地址：Mycenae

电话：275-1076585

迈锡尼

旅游达人游玩攻略

如果在炎炎夏季前往迈锡尼，你一定要做好防晒遮阳的准备，因为在前往遗址的小山丘上完全没有遮阳的地方。

奥林匹亚

奥林匹亚（Olympia）是古希腊的一座城池，也是奥林匹克运动的发源地，拥有世界上最古老的运动场。城内古迹众多，如宙斯神殿、赫拉神殿、体育场、体育馆等，在橄榄树、桂树和柏树的浓情绿意点缀下，别有一番风情。

主要景观

宙斯神庙：雄伟的宙斯神庙是奥林匹亚考古遗迹的中心，由大雕刻家菲狄亚斯雕刻的巨像全身镶满了黄金和象牙，被大火毁于公元475年。

古奥林匹亚体育场：古奥林匹亚体育场毁于战火与风雨，后来复原，现在遗址上建有奥林匹克考古学博物馆，你在馆内可以看到大量古代奥运会的比赛器材和古希腊武器甲胄等。

赫拉神庙：它是奥林匹亚遗址中现存最古老的建筑，里面供奉有女神赫拉像。在神庙的祭坛旁，有现代奥林匹克运动会圣火点燃仪式的举行地点。

奥林匹亚

旅游资讯

地址：伯罗奔尼撒半岛科洛尼奥山丘的南麓

旅游达人游玩攻略

奥林匹亚一年四季都适合旅游，最佳旅游时间是4～6月和9～11月。如果在6～8月来奥林匹亚旅游，应尽量避免在中午到15:00这段时间出游。8月份是旅游者最多的时候，冬天人很少，你可以享受到清静和悠闲。

纳夫普利翁

纳夫普利翁（Nafplio）依山傍海，以海神之子纳普利乌斯（Naiplius）命名，是希腊最漂亮、最浪漫的小城之一。这座小城外有小岛作为屏障，形势险要，自古就是军事要地。在城后的帕拉米底山和港湾中的小岛上，你依然可以看到当年的要塞和堡垒。

主要景观

Palamidi：由威尼斯人建的城堡，是杰出的军事工程。城堡中的堡垒分布在不同方位，最大的为Miltiades，曾是囚禁囚犯的监狱。城堡的电话为275-2028036，开放时间为夏季8:00～19:00、冬季8:00～15:00，票价4欧元。

战争博物馆：这座博物馆以希腊军事的历史为主要内容，通过照片、武器和一些军事绘图等物件向人们展示希腊那段硝烟弥漫的历史。博物馆开放时间为周二至周日9:00～14:00，免费。

旅游资讯

地址：位于伯罗奔尼撒半岛东部

旅游达人游玩攻略

每年5月末至7月，纳夫普利翁都会在Palamidi城堡举行隆重的古典音乐节。音乐节期间，城堡热闹非凡，在欣赏古典音乐的优雅音韵的同时，你还可以感受音乐节的独特风情。

埃皮道洛斯

埃皮道洛斯是祭祀医神阿斯克列皮亚斯的圣地，这里有几处十分著名的历史遗址，如埃皮道洛斯博物馆、露天大剧场等。当你从繁华的雅典城一路过来，会觉得遗址四周十分荒凉，这饱经历史沧桑的历史遗迹仿佛真的经过了一番沧海桑田的变化。

主要景观

埃皮道洛斯博物馆：这座博物馆不大，也比较简陋。馆内保存有比较完整的大理石廊柱、雕像等，还有一些医神阿斯克列皮亚斯的雕像和医用器具。

露天大剧场：依山而建，是埃皮道洛斯遗址中保存最完整的剧场。剧场不仅是娱乐场所，也是自由民众集会的地方，每年的埃皮道洛斯庆典就在这里举行。

旅游资讯

地址：伯罗奔尼撒半岛东北部沿海

旅游达人游玩攻略

每年七、八月份，埃皮道洛斯的露天大剧场都会有歌剧和音乐会演出，希腊国家剧院也经常在这里演出话剧。剧场虽历经千年风雨，音响效果却依然很好，声音清晰洪亮。

埃皮道洛斯剧场

莫奈姆瓦夏

莫奈姆瓦夏

莫奈姆瓦夏（Monemvasia）原是大陆的一部分，后因地震将它与大陆分离，是拜占庭时期、威尼斯时期的群落。该城修建在岩石山丘的斜坡上，你可以在这里俯瞰海湾的美丽景色。城内中世纪城墙和许多拜占庭教堂保存至今，窄窄的街道，让人如同步入中世纪的小城镇中。

旅游资讯

地址：伯罗奔尼撒半岛东海岸

斯巴达

斯巴达（Sparta）是古代有名的希腊城邦之一，三面环山，曾是重要的战略要塞。走进斯巴达，这里虽没有雄伟华丽的建筑物，即使是卫城和神殿也很简朴，却丝毫不影响它的魅力，它的遗迹静静地矗立在橄榄树茂盛的山丘旁边，静静地看着世事变迁。

主要景观

斯巴达考古博物馆：展出了大量神像的头部、国王雕像、面具和墓碑。电话为273-1028575，开放时间为周二至周日8:30～15:00。

橄榄树和希腊橄榄油博物馆：主要展出一些古代橄榄压榨机和压榨技术的工作模式。电话是273-1089315，开放时间为3月1日至10月15日10:00～18:00，10月16日至次年2月18日10:00～17:00。

阿尔特弥斯圣殿：内藏很多祭奠舞蹈中用的黏土面具。

旅游资讯

地址：拉哥尼亚平原

米斯特拉斯

米斯特拉斯（Mystras）是中世纪时期遗留下来的一座城市，被称为“梦幻之都”。这里到处可以看到拜占庭文明的精髓，城池、城墙、寺院、民居等古迹如同博物馆一样，展示着当年的繁荣和历史的变迁。

主要景观

米斯特拉斯遗址：遗址建造在一个小山上，包括上下两个部分，现保存下来的遗址中，你可以看到一些完美的拜占庭时期的建筑物和精美壁画。咨询电话为273-1083377，开放时间为夏季8:00～19:30、冬季8:30～15:00。

米特罗波利斯教堂：位于一座迷人的庭院中，里面有古老的宗教装饰和用具，还有很多漂亮的壁画等。此外，教堂旁边还有Vrontokhion修道院。

旅游资讯

地址：塔伊耶托斯山山脚下

旅游达人游玩攻略

米斯特拉斯遗址距离斯巴达很近，在游览完斯巴达之后，你可以在斯巴达坐车前往，一般车费为1.3欧元。乘出租车比较贵，一般要7～8欧元。直接坐到米斯特拉斯遗址上半部分景点的话，要9～10欧元。

米斯特拉斯

伯罗奔尼撒半岛美食

伯罗奔尼撒半岛是很多传奇的发源地，被海水宠溺着的半岛，美食也多种多样。新鲜的海产品，让人大快朵颐；特色的小吃，让人回味无穷。穿行在小镇迷人的街道中，空气中传递的美味，让人垂涎欲滴，忍不住去追寻美食的源头。虽然只是一个过客，这里的美景、美食却值得人们驻足，让人留恋。

餐馆推荐		
名称	地址	电话
Ta Phanaria	13 Staikopoulo, Nafplio	275-2027141
Hellas Restaurant	Nafplio	275-2027278
Antica Gelateria di Roma	3 Pharmakopoulou and Komninou, Nafplio	275-2023520
Taverna Old Mansion	7 Siokou, Nafplion	275-2022449
Karamanlis	1 Bouboulinas, Nafplion	275-2027668
Arxontikon	Leoforos Likourgou 174, Sparti	273-1089389

斯巴达古剧场

在伯罗奔尼撒半岛，逛街的机会很少，如果要逛街，你可以前往纳夫普利翁。在纳夫普利翁老城和战争博物馆之间有一条小巷，那里是逛街淘宝的好地方。

购物场所推荐		
名称	地址	电话
To Enotio	Staikopoulou 40，Nafplio	275-2021143
Karonis	Amalias 5，Nafplio	275-2024446
Museum of the Komboloi	Staikopoulou 25，Nafplio	275-2021618
Karonis Distillery	25is Martiou 25, Nafplio	275-2024968
Hellenic Duty Free Shops	Kalamata International Airport, Kalamata	272-1069576
Multirama S.A.	Aristomenous 23, Kalamata	272-1097900
Hondos Center	Kanari, Kalamata	272-1093660

伯罗奔尼撒半岛的娱乐项目丰富多彩，听露天的音乐和看戏剧表演是体验当地生活最好的娱乐方式。此外，这里每年都会举行声势浩大的音乐节和希腊节，音乐盛典期间可以看到很多精彩的表演。

娱乐场所推荐			
名称	地址	电话	网址
Camping-restaurant-bar	plaka drepanou nafplio, Nafplio	275-2092228	www.tritonii.gr
Elektra Hotel & Spa	Psaron 152, Kalamata	272-1099100	www.elektrahotelspa.gr
Milopetra	Mpenaki 6, Kalamata	272-1098950	www.milopetra.gr
Restaurant-Cafe-Bar	Agios Ioannis, Platia	273-1027012	www.mystagogio.com
Ypanema	Vouliagmeni Lake, PO Box 150, Loutraki	274-1091225	www.ypanema.gr
To greki	livartzi, Kalavryta	269-2051157	www.to-greki.gr

伯罗奔尼撒半岛住宿

在伯罗奔尼撒半岛，可以选择的住宿地很多，每一个小城镇都有自己的特色。此外，在伯罗奔尼撒的海滩上，你还可以支个帐篷，在星星的陪伴下，在海风的轻抚中，尽情享受野营的无限乐趣。

奥林匹亚住宿推荐			
名称	地址	电话	网址
Kronio Hotel Olympia	Tsoureka 1	262-4022188	www.hotelkronio.gr
Inomaos Hotel Olympia	Varela 2	262-4022056	www.bookwhizz.com
Hotel Neda	Karamanli 1	262-4022563	www.hotelneda.gr
Olympic Village Hotel	Ancient Olympia	262-4022211	www.hotelolvillage.gr
Apollon Hotel Olympia	13 Douma	262-4022522	www.arxaiaolympia.gov.gr
Amalia Hotel Olympia	Pyrgou-Olympias Ave	262-4022190	www.amaliahotelolympia.gr

纳夫普利翁住宿推荐			
名称	地址	电话	网址
Omorfi Poli	Sofroni 5	275-2021565	www.omorfipoli-pension.com
Hotel Perivoli	Pirgiotika	275-2047905	www.hotelperivoli.com
Hotel Nafplia Palace	Akronafplia	275-2070800	www.nafpliapalace.gr
Aetoma Hotel	2 Sq. San. Spiridon	275-2027373	www.nafplionhotel.com
Amphitryon	Spiliadou Street	275-2070700	www.helioshotels.gr
Family Hotel Latini	Othonos 47	275-2096470	www.latinihotel.gr
Amalia Nauplia	Potamiou Str. 9	275-2024256	www.hotelmarianna.gr

斯巴达住宿推荐			
名称	地址	电话	网址
Maniatis Hotel S.A.	Konstantinou Palaiologou 72	273-1022665	www.maniatishotel.gr
Sparta Inn	Thermopilon 109	273-1021021	www.spartainn.gr
Menelaion S.A.	Konstantinou Palaiologou 89	273-1028951	www.menelaion.gr
Lakonia	Konstantinou Palaiologou 89	273-1028952	www.lakoniahotel.gr
Dioscouri Hotel	Leoforos Likourgou 182	273-1028484	www.dioscouri.gr
Taleton Inn - Green Country House	Xirokampi	273-1035150	www.taleton.gr

其他区域住宿推荐			
名称	地址	电话	网址
Byzantion Hotel	Main Street, Mystras	273-1083309	www.byzantionhotel.gr
Lazareto Hotel	Monemvasia Castle,Monemvasia	273-2061991	www.lazareto.gr
Pramataris Hotel	10 Spartis - Monemvasias National road	273-2061833	www.pramatarishotel.gr
Niriides Villas	Stelinitsa Area, Peloponesse	273-3024497	www.niriidesvillas.gr
Faris Hotel	Ai-Lias - Golas, Faros	273-1075447	www.faris.gr
Ilaeira Mountain Resort	Toriza,M.Taygetus Sparti	273-1035515	www.ilaeira-resort.gr

从机场前往市区

· 米科诺斯岛

米科诺斯机场距离米科诺斯岛中心约4千米，夏季每天都有定期航班往返于雅典和米科诺斯岛。米科诺斯岛还有飞往塞萨洛尼基市、圣托里尼岛、克里特岛、罗德岛等地的航班。机场主要由奥林匹克航空公司、爱琴海航空公司和Sky Express提供航空服务。从机场出来，你可以乘机场大巴、当地公共汽车以及出租车前往岛内。

航空服务信息	
名称	联系方式
米科诺斯机场	228-9022327
雅典国际机场	210-3530000，网址：www.aia.gr
奥林匹亚航空公司	228-9022327，网址：www.olympicairline.com
爱琴海航空公司	228-9028720，网址：www.aegeanair.com
Sky Express	281-0223500，网址：www.skyexpress.gr

· 圣托里尼岛

圣托里尼机场位于圣托里尼锡拉岛上的卡马利（Kamari）村北部，从雅典乘飞机到达圣托里尼

岛，全程约需1小时。圣托里尼机场每天都有数班航班前往麦克诺斯，在夏季还有前往达罗德斯岛以及克里特岛的中转航班。此外，每年5～10月，还有多家航空公司临时开通从欧洲各主要机场前往圣托里尼岛的航班。

从机场可以搭乘公交前往圣托里尼岛首府菲拉市，在菲拉市可以转乘前往岛内其他市镇的公交车；机场外有等候的出租车，许多岛上的酒店还会提供接机服务，但费用比出租车高。

·纳克索斯岛

纳克索斯岛的机场位于岛上首府霍拉以南约3千米处，每天都有航班前往雅典。去往圣乔治亚海滩（Agios Prokopios）和圣安娜的公共汽车都会从机场经过，不过机场外没有直达岛内霍拉的公共汽车。

·帕罗斯岛

帕罗斯岛上的机场由奥林匹克航空公司运营，每天都有飞往雅典的航班。你在机场外可以乘坐开往艾丽奇（Aliki）方向途经机场的公共汽车。机场咨询电话为228-4091257。

乘船玩爱琴海主要岛屿

·米科诺斯岛

雅典的比雷埃夫斯港(Piraeus)和拉斐那港(Rafina)每天都有船开往米科诺斯岛，定期邮轮一般从比雷埃夫斯港出发，拉斐那港有前往米科诺斯岛的邮轮和快艇。乘坐普通邮轮前往米科诺斯岛，需5～6小时，最受欢迎的路线是：锡罗斯岛—蒂诺斯岛—米科诺斯岛。若选择乘快艇前往，时间可以缩短将近一半，且有多条线路可选。每年冬季是米科诺斯岛旅游的淡季，定期邮轮比平时会有所减少。

从米科诺斯岛乘船前往提洛岛（Delos Island）非常方便，除了提洛岛每周一的闭岛日和恶劣天气停船外，其余时间往来船只很频繁。出发点设在米科诺斯靠近游客警察局的港口和许多海滩处。

其他区域住宿推荐	
名称	地址
米科诺斯岛港务局	228-9022218
雅典比雷埃夫斯港务局	210-4226000-4
希腊各公司邮轮	www.ferries.gr
蓝色之星邮船公司（Blue Star Ferries）	www.bluestarferries.gr
希腊邮船公司（Hellenic Seaways）	www.dolphins.gr
阿尔法邮船公司（Alpha Ferries）	www.alphaferries.gr

· 圣托里尼岛

乘船前往圣托里尼岛是一个不错的选择。从雅典的比雷埃夫斯港乘船经帕罗斯、纳克索斯可以到达圣托里尼岛爱希尼奥斯（Athinios）新港口，全程用时约9小时。在旅游旺季，每天有数班轮渡前往此岛，还提供从圣托里尼岛到克里特岛（Crete）的伊拉克利翁（Heraklion）的航线。旺季时，你可以选择乘坐快艇前往，约4.5小时即到，但价格较贵。淡季轮渡会少很多，每天有一二班轮渡。

游客在爱希尼奥斯新港外可以搭乘公共交通工具或出租车前往伊亚镇、法拉（Fira）镇等地，从爱希尼奥斯出发必须要经过一段有多个180° 转弯的陡峭路段，非常刺激。

· 纳克索斯岛

每天都有渡船连接纳克索斯岛与比雷埃夫斯港、帕罗斯岛等地，还有好几班船前往米科诺斯。霍拉渡船码头外有公共汽车前往霍拉市区，从霍拉市区有前往岛上其他市镇的公共汽车。

· 帕罗斯岛

从帕罗斯岛出发，每天大概有3班船开往雅典比雷埃夫斯港，1班船开往雅典拉斐那港，另外每天至少有两班船开往纳克索斯岛、米科诺斯岛等岛屿。帕罗斯岛水上出租车也是从Parikia周围海滩上的码头出发，你要在船上买票。

乘公共汽车游爱琴海主要岛屿

· 米科诺斯岛

米科诺斯岛主要有两个公共汽车站，分别是位于里贾纳（Remezzo）的北部公共汽车站和位于Fabrika广场的南部公共汽车站。如果你想去天堂海滩游玩，可以在南部车站乘车。车票在街边的小亭子、旅游商店和小市场等地能买到，上车前就要买好票，运行时间为每天中午12:15至次日6:00，所有票价都一样，约1.5欧元。

· 圣托里尼岛

在圣托里尼岛乘公共汽车旅行相当方便，公共汽车每30分钟或1小时发1班，票价有3档，分别为1.6欧元、1.8欧元和2.2欧元。另外，岛上还有可以随时上下的私人公共汽车为游客服务。

旅游达人游玩攻略

在圣托里尼岛，你可以选择骑自行车观光，或乘公共汽车与步行结合的方式观光。上下起伏的路况使得骑自行车观光会比徒步观光和其他方式方便很多。不过，岛上的自行车租赁地点相当难找，广告上看到的一般都是摩托车租赁服务。

· 纳克索斯岛

公共汽车从霍拉渡船码头出发，从霍拉有频繁的公共汽车发往圣安娜，每天有5班公共汽车开往Filoti，途经哈尔基岛。公共汽车时刻表一般都张贴在公共汽车信息办公室外。

· 帕罗斯岛

岛上的公共汽车站位于码头右边约50米的地方，每天有十几班直达公共汽车从Parikia开往纳乌萨，还有数班开往艾丽奇（Aliki）。

自驾车游爱琴海主要岛屿

· 圣托里尼岛

在圣托里尼岛，租汽车的价格在45欧元/天以上，小轮摩托车和其他四轮交通工具的租赁价格约15欧元/天或30欧元/天。此外，在岛上租用ATV（All Terrain Vehicle，全地形车）是很受欢迎的一种旅游方式，也是环岛探索最经济的方式之一，ATV驾驶者在岛上可以沿着铺设的道路行驶。岛上ATV租赁公司遍布，你可以向居住的旅馆询问最近的可靠租车行。不过，租ATV需要提供驾驶者的驾驶证。

旅游达人游玩攻略

在圣托里尼岛，没有国际驾驶许可也可以租汽车。由于租车的人比较多，有时路况可能非常混乱，且不安全。没有国际驾驶许可的旅行者在发生事故之后，会产生保险方面的麻烦，所以建议提前办理国际驾驶许可。

· 米科诺斯岛

米科诺斯岛并不大，租车环岛游是一种比较方便的方式。你在霍拉出租车广场旁的出租车广场（Plateia Manto Mavrogenous）可以租到出租车，也可以打电话让出租车来接人，不过费用稍贵。如果你想要租小汽车或摩托车，米科诺斯的住宿中心和位于Agio Stefanos 的O.K.Rent A Car是比较可靠的租车点。

名称	联系方式
出租车统一叫车	224-0023700/0022400
O.K.Rent A Car	228-9023761

· 纳克索斯岛

在纳克索斯岛，你可以租辆小汽车或摩托车游览全岛风光。位于Plateia Evropeou的 Rental Cente是一个很不错的租车点，咨询电话为228-5023395。

· 帕罗斯岛

在帕罗斯的水边码头区和海岛周围都有租车的地方，你可以租到小汽车、摩托车或自行车。岛上的出租车主要集中在帕罗斯的环形路口旁边，咨询电话为228-4021500。

爱琴海景点

米科诺斯岛

米科诺斯岛

米科诺斯岛（Mykonos Island）拥有独特的梦幻气质，是爱琴海中最受游客欢迎的岛屿之一。岛上风格独特的房屋建筑让人印象深刻，洁白的外墙与色彩鲜艳的门窗、阳台形成了强烈的对比，更有五颜六色的鲜花点缀其中，十分有诗意。岛上还有博物馆、神圣的教堂等，可以让人细细品味希腊浓郁的民俗文化和宗教气息。

岛上主要景观

风车日落：风车是米科诺斯岛的标志，在岛西南面海边的小山丘上，有5座基克拉泽式的风车，吸引了很多人前往观看。沐浴在柔和的夕阳里，这里的一切美若梦幻。这里的日落被称为“风车日落”。

米科诺斯“小威尼斯”：从风车附近向东北望去，海边的那排形状不一的房子就是游客们喜闻乐见的“小威尼斯”，那里在日落时非常漂亮。

天堂海滩：岛上著名的天体海滩，现已成为大众海滩，是你来到岛上不可不去的景点之一。

旅游资讯

交通： 米科诺斯岛与雅典每天有多班航班往来，时间约45分钟；从比雷坎夫斯港乘船前往约需17.5欧元；从雅典东南的拉夫里翁港拉乘高速船前往，约需2.5小时，约25欧元

圣托里尼岛

圣特里尼岛位于世界两大大陆板块最深的海沟之间，在火山爆发后，岛屿被震出一个大洞，一大块月牙形的岛屿就成了主岛，周围还有几个小岛。你可以坐船环岛游，或者上周边的小岛去看小火山口。圣特里尼岛的城市建立在呈月牙形的岛的顶端，岛上盛产葡萄和橄榄。这里绝对是看日落的最佳地点，来爱琴海的话，你不可错过这里。

岛上主要景观

蓝顶教堂：圣托里尼岛的名片，外观壮美，内部金碧辉煌，精美的壁画和大型的吊灯，气势非凡。早上八九点钟太阳升起和下午六七点黄昏时，是拍摄蓝顶教堂的较佳时间。

贝里沙海滩：在圣托里尼岛的南边，是岛上最长的沙滩。沙滩周围都是旅馆、餐馆和酒吧，非常热闹。另外，这里还有许多水上娱乐设施，如帆船、快艇等可供租用。

旅游资讯

交通：从米科诺斯岛乘船到圣特里尼岛约需5小时航程

纳克索斯岛

纳克索斯岛（Naxos Island）是基克拉泽斯群岛中最富饶、广阔的岛屿，一直深受旅行者和艺术家的喜爱，英国诗人拜伦称它为“梦幻之岛”。岛上的民居大多依山而建，风格多样，有许多历经历史浸染的古城堡。岛上最著名的小镇是奥依阿（Oia），充满了浪漫的艺术气息，是许多艺术家的常聚之地。

岛上主要景观

阿波罗神殿遗址：位于纳克索斯城北边一座小岛的山丘上，是全岛看夕阳落于爱琴海最佳的地点，也是最佳的拍照地。遗址如今只剩下一个石门，却成为纳克索斯岛的标志性建筑，吸引不少游客前来参观。

圣乔治亚海滩：位于市镇码头区南边，是一段浅水海滩，也是纳克索斯的城市海滩。在城市尽头分布着各种餐馆和旅馆。

旅游达人游玩攻略

1.在纳克索斯岛的旅游信息中心（NTIC），你可以免费获取岛上观光导览图、住宿信息等资料，咨询电话为228-5025201。

2.纳克索斯岛上有许多古代城堡，由许许多多的羊肠小道连接，如同迷宫般，很容易让人迷失。这里吸引了很多摄影爱好者前来游玩，古朴的建筑是他们摄影的最好题材，特别是在杜克宫附近的古旧房屋，是人们拍照留影的好地方。

纳克索斯岛

帕罗斯岛

帕罗斯岛由卡拉夫里亚和斯费里亚两个小岛组成，它们之间有桥相连。风光秀美的岛上遍布柠檬树和橄榄树，建筑以白色为主，白色的建筑在蓝天的衬托下显得奇美无比。在宁静的小岛上和恋人一起手拉手漫步，去咖啡馆喝一杯咖啡，相信是很多人梦想的事情。另外，在野草丛中还依稀可以看到海神波塞冬神庙的痕迹，佐得波斯修道院也很值得一看。

岛上主要景观

纳乌萨：位于帕罗斯北部海岸上迷人的小渔村，海滩边有很多餐馆和酒吧。码头区后有由白墙小巷组成的迷宫，其间散布着鱼和花的图案。

莱福克斯：一个被群山环绕的小镇，没有太多游人打扰，淳朴的风格，白色房子和花，让人感觉仿佛置身于童话之中。交通：从Parikia每天都有公交前往莱福克斯。

旅游资讯

交通：从比雷埃夫斯港乘船或者乘快艇到帕罗斯岛只需45分钟

克里特岛

克里特岛是爱琴海的第一大岛，是最南面的皇冠，也是诸多希腊神话的发源地。克诺索斯王宫遗址是这一地区著名的旅游景点，也是克里特文明的伟大体现，它不仅是米诺斯王朝的政治、宗教和文化中心，也是经济中心。因为楼层连接紧密，梯道走廊曲折复杂，天井众多，布置出奇制巧，外人很难弄清楚，古希腊神话传说中誉之为“迷宫”。现在，王宫遗址已得到充分发掘和部分复原。

岛上主要景观

克诺索斯王宫遗址：是神话传说中米诺斯王用来关弥诺陶洛斯牛头人的地方，遭受多次破坏，最后彻底毁于一场火灾。电话：281-0231940；开放时间：6~10月8:00~19:00，11月至次年5月8:00~15:00；门票：6欧元，持国际学生证或者希腊学生证免费。

克里特威尼斯广场：是当地人休闲娱乐的地方。广场上有美妙的喷泉，水从四只石狮子口中喷出，落入下面八个精雕细琢的接水槽中。

旅游资讯

交通：KTEL公交线固定地穿梭于北部海岸，总部设在Heraklion，车站则在靠近市场的海口。

克里特岛

埃吉那岛

埃吉那岛（Aegina）是距离雅典最近的一个岛屿，也是希腊神话传说中宙斯情人的住地。这里的美景曾经让人惊讶为“人间仙境”，但真正让埃吉那岛扬名和被世人记住的是那场拯救希腊的萨拉密斯之战。岛上有著名的阿菲亚神庙。

岛上主要景观

阿菲亚神庙：希腊古典时代后期的代表性建筑，多立克式石柱全用埃吉那岛当地的石灰岩雕成。从断壁残垣中，你仍然能想象出当年的辉煌。

旅游资讯

交通：从希腊比雷坎夫斯港乘船约1.5小时

伊兹拉岛

伊兹拉岛

伊兹拉岛被称为艺术家之城，白墙、蓝窗、粉红屋顶的衬托让这座小岛如同童话王国一般美丽。小岛的宁静优美吸引了来自世界各地的年轻艺术家，他们在这里创作、生活。岛上的金银首饰、玻璃瓷器、装饰品等很多出自他们之手，摆出来任人选购，还可以还价。

旅游资讯

交通：从雅典比雷坎夫斯港乘船约需3小时，从宰阿湾乘快速轮船约需2小时

蒂诺斯岛

蒂诺斯岛（Tinos Island）是基克拉泽斯群岛中最美的岛屿之一，也是东正教徒的圣地。霍拉是岛上的主要港口，在港口附近有很多咖啡馆和餐馆。通往教堂的街道上，两旁有很多出售纪念品和宗教器皿的商店和摊位。

旅游资讯

交通：从雅典比雷坎夫斯港乘渡船可到

蒂诺斯岛

旅游达人游玩攻略

蒂诺斯岛是一个重要的朝圣地，每逢天使报喜节（3月25日）、圣母升天日（8月15日）和圣母降临节（11月15日）等节日，来这里朝圣和旅游的人非常多，你一定要提前预订房间，否则很有可能露宿街头。

爱琴海美食

爱琴海的饮食和爱琴海的风光一样，有着浪漫迷人的特点。新鲜海产、羊肉、乳酪等自然食材，全麦面包、地中海蔬果，再搭配上橄榄油、葡萄酒及外来的香料，各种菜式让人感到满足。

米科诺斯岛

· Chez Maria's

Chez Maria's 是一家花园餐厅，有时还会有现场音乐伴奏和舞蹈。红酒腌制的章鱼、新鲜美味的奶酪派，还有配有奶酪和新鲜蔬菜的牛肉片将会使你心情舒畅、神清气爽。

地址：Kalogera 30

· M-eating

M-eating餐厅以米色为基调，烛台、鲜花，让人一进入餐厅便心里暖暖的。特别推荐这里的烤箭鱼(Grilled swordfish)、洋葱派(Onion Pie)和菲力猪排(Pork Filet)。

地址：10 Kalogera str.
电话：228-9078550
营业时间：19:00至次日1:00
网址：www.m-eating.gr

· Avli Tou Thodori

Avli Tou Thodori临海而建，坐在露天阳台上品尝新鲜的海鲜和肉，再来一份通心粉、比萨饼、沙拉和美味的餐后甜点，你一定感觉会很不错。

地址：Platys Gialos Beach
电话：228-9078100
营业时间：9:00开始供应早餐，12:00开始供应午餐
网址：www.avlitouthodori.gr

圣托里尼岛

· Tavern Scaramagas

这是一家以鱼类为主打的希腊餐馆，招牌菜有炸西红柿（Tomatokeftedes）以及用圣托里尼当地西红柿、洋葱和橄榄油炒的白茄子。菜肴价格便宜，店家友善热情。

地址：Monolithos海滩边（机场对面）

· Katina Fish Tavern

这家餐厅以鱼类为主打菜肴，这里的乌贼和章鱼烧烤很不错。这家餐馆经常门庭若市，食客边喝酒边吃鱼的场景十分热闹。

地址：伊亚阿毛迪（Amoudi）港口

· Svago Italian Restaurant

这是一家意式餐馆。馆内用新鲜贝类、蛤以及虾制作的意大利面色鲜味美，对那些喜欢吃意大利面的人是一个不错的选择。

地址：位于Perivolos海滩

纳克索斯岛

· Picasso Mexican Bistro

这家餐馆在当地小有名气，沙拉、烤牛排是这里的特色菜，口碑不错。餐厅从19:00开始营业。

地址：Odos Komiakis
电话：228-5025408

· East West Asian Restaurant

这家餐馆主打泰国、中国和印度菜，这里的咖喱鸡味道很不错，可以尝试一下。餐馆服务员热情，用餐氛围好。

地址：Agiou Arseniou外
电话：228-5024641

· Maro's

这是一家本土气息比较浓郁的餐厅，店里的蒜汁鳕鱼、烤猪肉、意大利面非常好吃，绝对值得一尝。

地址：Paparrigopoulou
电话：228-5025113

帕罗斯岛

· Thea

这家餐馆给人一种干净、清新的感觉，在这里经常可以听到希腊古典音乐和亚洲少数民族音乐，主菜有杏肉羊排，还提供了多种葡萄酒。

地址：Pounta
电话：228-4091220

· Happy Green Cows

这是一家在当地比较受欢迎的素食餐馆，虽然价格较高，但很受欢迎。这里的肉食、醉虾等值得一尝。

地址：Kastro
电话：228-402-4691
营业时间：19:00至午夜

在爱琴海的小岛上，最多的店是银饰品店，很受游客欢迎，价钱依图案的复杂度和工艺难度而有差异。此外，在岛上还可以买到优质的橄榄油，橄榄油是当地人的生活必需品。

购物场所推荐

· Bead Shop

这家小店主要出售漂亮的珠子，珠子采用圣托里尼岛的火山石制成，造型独特多样，非常吸引人。

地址：圣托里尼岛史前博物馆入口处对面
电话：228-6025176

· Kosas Antoniou Jewelry

这里主要出售各种各样的首饰，作品既有古典美，又有独创性。店内很多纯金的项链，让人爱不释手。

地址：圣托里尼岛Spiliotica商业区
电话：228-6022633

· Takis'Shop

对于喜欢喝酒或是喜欢收藏酒的游客来说，这里极具吸引力，这里的酒几乎瓶瓶都是陈年佳酿。

地址：Plateia Mandilara，Naxos Island
电话：228-5023045

爱琴海的每个热门小岛上，几乎都有各色的酒吧。时尚的酒吧散落在海湾旁，热闹中流露着浪漫气息。你还可以选择在海滩上走走，听着时不时流淌出来的音乐，想必会难以忘怀。

爱琴海娱乐场所推荐			
名称	地址	电话	网址
Mykonos Paradise beach	Paradise beach	228－9026990	www.tropicanamykonos.com
Porta Bar	Ioan. Voinovits 5	228－9027087	www. facebook.com
Marine Club Restaurant & Bar	Ornos Bay	228－9023220	www.spgrestaurantsandbars.com
Mykonos Apartments	Maurogenous	228－9071485	www. mykonos24.net

爱琴海的住宿点处处充满了温馨多情的基调，酒店、旅馆、餐厅，应有尽有。爱琴海各个岛屿上还有很多露营地，如果你想体验一下，可以选择在海边露营，但很多只在4～10月开放。一般来说，每个成人4.5～6欧元，小帐篷3.5欧元，大帐篷6欧元。

爱琴海住宿推荐			
名称	地址	电话	网址
Manto Hotel	Evangelistrias Str. 1	228-9022330	www.manto-mykonos.gr
Zorzis Hotel	30 Nik. Kalogera	228－9022167	www.zorzishotel.com
Fresh Hotel	31 Nik. Kalogera Str.	228-9024670	www.hotelfreshmykonos.com
Matogianni Hotel	Matogianni Street	228-9022217	www.hotels47.com
Lefteris Hotel	Apollonos 9	228-9023128	www.lefterishotel.com
Kamari S.A.	Platys Yialos Beach	228-9023424	www.kamari-hotel.gr
Semeli Hotel	Rochari	228-9027466	www. semelihotel.gr

圣托里尼岛伊亚日落

红场

PART 8 俄罗斯热门旅游线路

从机场前往市区

莫斯科是俄罗斯最重要的交通枢纽城市，莫斯科的各大国际机场每天都有往返于亚洲和欧洲等地的航班。莫斯科有谢列梅捷沃国际机场、多莫杰多沃国际机场、伏努科沃国际机场这三大国际机场。北京、上海、香港、哈尔滨、乌鲁木齐都有直达莫斯科的航班，大部分航班降落在谢列梅捷沃机场，这也是莫斯科最为著名的国际机场。需要注意的是，在莫斯科谢列梅捷沃国际机场几个航站楼之间，以及与其他机场之间转航班时，你都需要持有赴俄签证或过境签证。

名称	谢列梅捷沃机场信息
电话	495-2326565
信息	谢列梅捷沃第一机场，在谢列梅捷沃第二机场跑道的对面
	谢列梅捷沃第二机场，其航班主要往返于前苏联成员国以外的国家
网址	www.sheremetyevo-airport.ru

机场至市内交通方式	
名称	信息
公共汽车	在谢列梅捷沃第二机场大楼右侧的到港大厅出口处有专线出租车、公共汽车、快速公共汽车，这些车经过谢列梅捷沃第一机场后向莫斯科市区方向行驶，你可以向司机咨询所地区的信息
地铁	在谢列梅捷沃机场第二机场门口附近有两个地铁站，分别为绿线地铁Rechnoy Vokzal站和紫线地铁Planernaya站。你可以乘小巴前往地铁站，30卢布/人；也有到地铁站的公交车，25卢布1人。建议你坐小巴，速度比较快
“航空快速”电气列车	从F航站楼可乘俄罗斯“航空快速”电气列车前往白俄罗斯地铁站（Belorussky vokzal），运行时间5:30至次日00:30，每小时1班，全程运行时间约30分钟，票价250卢布

乘地铁玩莫斯科

莫斯科的地铁是世界上使用率最高的地铁系统，当地人将地铁作为他们出行最主要的交通工具。莫斯科城市中的地铁站几乎覆盖了这座城市的每个角落，就连地铁终点站的郊区，也往往是发往城际的火车站，在这里又可以通向更远的地方，这就构成了一个庞大的城市交通体系。到莫斯科旅游，乘坐当地的地铁，是一种艺术的享受，每个地铁站就像是一个装饰华丽的宫殿，有很高的欣赏价值。大部分地铁站外观装饰十分美观，并且每个地铁站的建筑形态都各具特色。每个地铁站外面都有个大大的“M”标记，很容易辨别。

乘市内公交游莫斯科

莫斯科有各种公共汽车、电车（分无轨和有轨两种）和定线小巴，与地铁共同构成了城市中各个区域的交通体系。莫斯科公共汽车的车票只有一种价格，你可以提前购买车票。在地铁里和地铁站旁有众多公共汽车票售票口，最少买10张，每张2卢布。你也可以上车后再买票，不过每张票2.5卢布。定线小巴有很多线路，十分快捷方便，每张车票3～5卢布。这种车主要分为两种，其中一种是从市内的航空客站发往机场，每天6:00～22:00运行。还有一种是靠近机场地铁终点站的大巴和小巴，每天7:00～22:00运行，大巴的车票为7卢布，小巴为8卢布。

乘出租车逛莫斯科

莫斯科的出租车一律为黄色，如果车内无乘客，那么顶灯就会亮起，你看到这样的出租车就可以招手搭乘。莫斯科的出租车比较少，通常正规的出租车标志为圆圈内有一个“T”字，并且均装有计价器，你在乘车时可以要求司机打表，也可以跟司机议价。通常在市中心转一圈下来需要200卢布左右。此外，在节假日和地铁不运行时，出租车价格会比较贵。假如，你需要预订出租车，最好提前一个小时预订。此外，在莫斯科，你也可以选择搭乘一些私人汽车，这样你可以直接和司机谈价钱，往往会比出租车更便宜一些，市内约50卢布。

莫斯科景点

红场

红场

红场（Red Square）俄语意为“美丽的广场”，它的整个地面均由条石铺成，显得古老而神圣。红场紧邻克里姆林宫，是莫斯科的中央广场。红场有独特的设计风格，以及豪华的装修，可以与欧美最现代化的商场相媲美。俄罗斯的各种大型庆典，以及阅兵活动常常这里在举行。漫步于红场上，追忆俄罗斯民族的历史与曾经的辉煌，成为人们津津乐道的事。

旅游资讯

地址： Krasnaya pl

交通： 乘地铁5线在共青团站下可到

门票： 免费

开放时间: 全天

圣瓦西里大教堂

圣瓦西里大教堂（St Basll's Cathedral）位于红场南边，是俄罗斯最经典的教堂之一。圣瓦西里大教堂乱而有序的风格，以及洋葱般的圆顶造型深深吸引了人们的眼球。 如此美丽的大教堂曾令当时执政的沙皇伊凡雷帝十分震撼，为了让如此美丽的建筑不在别的地方出现，他下令挖掉了建筑师的双眼。

旅游资讯

地址： 红场2号

交通： 乘地铁在革命广场站下车可到

电话： 095－6983304

门票： 100卢布，学生50卢布

开放时间： 冬天11:00～17:00，夏天10:00～19:00（每个月的第一个周三休息）

网址： www.shm.ru

旅游达人游玩攻略

1.波克洛夫斯基礼拜堂正逢10月1日圣母帡幪节建成，因而在每年的这一天才会对外开放，平时不开放。

2.这里现已成为国家历史博物馆的一个分馆，里边有很多16世纪的壁画，值得一看。此外，你在这里还可以买国家历史博物馆的联票。

克里姆林宫

克里姆林宫（Moscow Kremlin）是俄罗斯的象征，也是世界上最大的建筑群之一。坚固的围墙、钟楼，古老的楼阁，构成了雄伟精湛的艺术建筑群。其中，最为壮观、著名的当属带有鸣钟的救世主塔楼。

克里姆林宫

旅游资讯

地址： pereulok Lebyazhiy,3/4

交通： 乘坐地铁4线在亚历山大花园站下，或乘坐1、2、8、25、33路等无轨电车前往

电话： 495-6245503

门票： 300卢布

开放时间： 10:00～17:00，兵器库10:00、12:00、14:30、16:30，周四休息（售票9:30～16:30）

网址： www.kreml.ru

旅游达人游玩攻略

“克里姆林”原意为“城堡”，俄罗斯有多座克里姆林宫。想要进入克里姆林宫，需要从亚历山大花园对面的特罗伊茨克塔楼和鲍罗维茨塔楼进入。克里姆林宫的政府办公大楼、国会办公大楼不对外开放，会有警察阻止误闯禁地的人。此外，不得穿短裤进入克里姆林宫，也不能携带照相机、手机和雨伞，可以将它们寄存在武器库的寄存处。

莫斯科地铁

莫斯科地铁

莫斯科地铁（Moscow Metro）的建筑造型华丽典雅，每个地铁站均由俄罗斯著名建筑师设计。在别致的吊灯照射下就像富丽堂皇的宫殿，有“地下的艺术殿堂”的美誉。莫斯科地铁以民族特色、名人与历史事迹、政治事件为主题而建，是俄罗斯人的骄傲。

旅游资讯

地址： Moscow

俄罗斯幅员辽阔，以独特的俄式西餐闻名世界，而莫斯科作为俄罗斯的首府城市，为食客们提供了地道的俄罗斯风味美食。在这里，你不仅可以吃到有当地特色的黑面包和鱼子酱，还能很轻易地找到地道的欧洲、美洲和亚洲美食。在莫斯科的中高档餐馆就餐，人均消费为900～6000卢布。莫斯科有很多快餐店，著名景点和地铁站里都有餐饮店，人均消费在93卢布左右。

· Botanika

Botanika是一家精致的莫斯科餐厅，价格公道，很受当地人欢迎。餐厅中的装饰别具一格，用木制家具和花卉照片将整个餐厅装扮出轻松的花园情调。你在这种接近于大自然的清新环境中，既可以尝到清淡的流行食物，还能品尝香浓的汤、美味的沙拉和烧烤。

地址：Bolshaya Gruzinskaya ul 61
电话：495-2540064
营业时间：11:00～22:00
网址：www.cafebotanika.ru

· Bavarius

这里提供俄罗斯人十分喜爱的咸味香肠以及解渴的啤酒。尤其是在夏季，你可以吃着美味的猪排，享受美味的生啤带来的欢愉。在绿树成荫的庭院里畅饮，真是再好不过了。

地址：Sadovaya-Triumfalnaya ul 2/30
电话：495-6994211
网址：www. bavarius.ru

· Cafe Pushkin

这家咖啡厅就像一个装饰华丽的豪宅，或者一个充满艺术气息的宫殿，在这里，你可以品尝到非常地道的俄罗斯美食。如此优雅的氛围，上乘的服务，完全可以让你度过一个美得让人沉醉的夜晚。

地址：Tverskoy bulvar 26A
电话：495-2295590
网址：www.cafe-pushkin.ru

· Yakitoriya

这是一家连锁的日本料理店，在莫斯科，你很容易就可以找到此类餐馆。餐馆的食物价格合理，深受人们欢迎，尤其是晚饭时人会特别多。这里的店员穿着日本传统服装，还真有日本文化的韵味。

地址：495-2342424
网址：www.yakitoriya.ru

莫斯科购物

在莫斯科，你会被眼前的时尚购物街、名品专卖店，以及琳琅满目的商场与跳蚤市场深深吸引。你会发现这是一个很神奇的地方。莫斯科的名品店虽然很多，不过通常不打折扣。

· 阿尔巴特大街

阿尔巴特大街（Arbat Street)有新、旧之分，其中新阿尔巴特大街是莫斯科最现代化的大街。这条大街上几乎聚集了莫斯科各个行业中最知名的商店，既有出售进口服装和高档化妆品的爱尔兰商店，也有大众化的春天百货公司。在大商场门前，还有一些别具特色的小商亭，在街的南头还有莫斯科最为著名的珠宝商店等。

· 特维尔大街

特维尔大街是莫斯科的“王府井”。这里有现代型店铺，还有百年历史的古玩珠宝店，更有华丽的歌剧院、时尚的动感影院、充满乐趣的游乐场融合其中。因而到俄罗斯旅游，你一定不可错过富丽堂皇的莫特维尔大街，在这里，你会发现很多俄罗斯的特色商品。

· 古姆国立百货商场

古姆国立百货商场（GUM Department Store）位于红场东侧，是欧洲最大的百货商场之一。这所大型的商场购物中心共分三层，以独立的品牌店经营模式出售俄罗斯特色工艺品、服装、百货等商品。这家欧洲古典风格的商场，不仅规模宏大，建筑雄伟，而且购物、娱乐设施一应俱全，除了大型购物商店，还有餐饮中心，为游客提供了一个良好的购物、休息场所。

电话：495-7884343
营业时间：周一至周六9:00～21:00，周日10:00～20:00
网址：www.gum.ru

莫斯科娱乐

在世界艺术领域中，著名的古典芭蕾舞、歌剧和马戏，可谓是俄罗斯的艺术瑰宝，而作为首都的莫斯科将这些神奇的艺术融合起来，并融入到人们的心中。正是基于这样的文化基础，在莫斯科，你会发现极其丰富多彩的娱乐形式，无论你来自哪个国家，都可以在这里感到乐不思蜀。

· Karma-Bar

你想感受无拘无束的自由空间吗？如果你的答案是肯定的，就一定不能错过这个充满无限创意空间和自由氛围的酒吧。你可以喝着鸡尾酒欣赏精彩的现场音乐表演。

地址： ulitsa Pushechnaya,3

电话： 495-7896901

网址： www.karma-bar.ru

· 莫斯科大剧院

莫斯科大剧院（Bolshoi Theatre）是俄罗斯最顶级的剧院，在宽敞的观众席上，观看俄罗斯一流的舞蹈家表演，是你在莫斯科度过一个美好夜晚的不二之选。购票可以通过电话或者是网上预订，也可以前往驻酒店的Intourist办事处办理。

地址： Theatre Square 1

电话： 495-2507317

开放时间： 11:00～15:00，16:00～20:00

网址： www.bolshoi.ru

·克里姆林宫芭蕾舞大剧院

克里姆林宫芭蕾舞大剧院(Kremlin Ballet Theatre)位于克里姆林宫中，从亚历山大花园门进去，你就能看到剧院。大剧院中，常常有一流的演员出现在克里姆林宫芭蕾舞剧团。在开演之前，大厅内有小乐队演奏俄罗斯民间音乐，悠扬的歌声，令人沉醉。

地址：ul vozdvizhenka 1
电话：495-6207729
网址：www.kremlin-gkd.ru

莫斯科住宿

莫斯科不缺少豪华的国际型酒店，这些酒店也是按照国际惯例采用星级划分。一般四五星级的酒店都能够达到国际标准，服务和设施都比较好，每晚的住宿价格在3000～10000卢布。顶级酒店的住宿价格在10000卢布以上，而一些私人旅馆或者是青年旅舍则少于3000卢布。

莫斯科住宿地推荐			
名称	地址	电话	网址
Melior Greenwood Hotel	69km MKAD, Business Park	985-1507800	www.melior-greenwood-hotel.ru
Kassado Plaza Hotel	Mnevniki Str 3 Bld 2	499-9463402	www.kassado-plaza.com
Hotel Mandarin Moscow	Olkhovskaya st, 23	495-5803278	www.hotelmandarin.ru
Katerina Park Hotel	ulitsa Kirovogradskaya, 11	495-9330404	www.katerinahotels.com
Mercure Arbat Moscow	Smolenskaya Square, 6	495-2250025	www.accorhotels.com
Ritz Carlton	Tverskaya St, 3	495-2258888	www.ritzcarlton.com

2 莫斯科→圣彼得堡

Mosike→Shengbidebao

圣彼得堡交通

从莫斯科前往圣彼得堡

·乘飞机前往

从莫斯科谢列梅捷沃机场乘飞机前往圣彼得堡普尔科沃机场，需要1小时20分钟。

圣彼得堡是重要的国际航空港，普尔科沃机场（Pulkovo Airport）与前苏联境内200多个城市及国外的17个国家通航。

名称	普尔科沃机场信息	
地址	2 letter A, Vnukovskaya Street, St.Petersburg	
电话	普尔科沃第一机场	812-7043822
	普尔科沃第二机场	812-7043444
网址	www.pulkovoairport.ru	

· 乘火车前往

从莫斯科地铁Komsomolskaya站下，前往列宁格勒火车站，乘火车前往圣彼得堡（1924-1991年称列宁格勒），全程需要8个多小时。

乘地铁玩圣彼得堡

在圣彼得堡，出行最快捷的交通方式为乘坐地铁。圣彼得堡的地铁车站设置得十分合理，一般设在十字街头的地下人行道里，有的与火车站的地下通道相连。圣彼得堡市目前共有4条线运营，地铁是圣彼得堡十分重要的交通工具。圣彼得堡每个地铁站对面的墙上都有浮雕式箭头，用来指明所处站台地铁运行的方向，这也是圣彼得堡地铁十分明显的标志。圣彼得堡地铁白天2~3分钟就有一班车，夜间为5分钟一班，在运营高峰时段为20秒一班。在地铁车站设有电子钟，显示前后两列车进、离站间隔的时间，方便乘客监督地铁运行是否准时。

乘市内公交游圣彼得堡

除了地铁，圣彼得堡主要的交通工具当属有轨电车、无轨电车和公共汽车了。其中，公交车站的标志为“A”，无轨电车的标志为“III”，有轨电车的标志是“T”。在站台的路标上，通常会有这些交通工具的小图标。在每个地铁出口都设有各种公交车站，这为出行的人们带来了很大便利。

乘出租车逛圣彼得堡

在圣彼得堡，正规的出租车均配有计价器，但很多时候司机不使用计价器，你最好提前跟司机讲好价格，通常情况下需要讨价还价。圣彼得堡与莫斯科一样，除了正规的出租车，还有一些私家车充当出租车，甚至会有很多豪华车也丝毫不吝啬地充当一次出租车，你仅需要几十卢布就可以开启你的行程。选择私家车的话，在上车前你也需先谈好价钱，不懂俄语的游客可能会有些不便。在圣彼得堡，提前预约一辆出租车也是常遇到的事，下边就来推荐几家可以提供预约服务的出租车公司。

出租车公司信息		
名称	电话	网址
Peterburgskoe taksi 068	812-3247777	www.taxi068.spb.ru
Taxi Blues	812-2718888	www.taxiblue.ru
Taxi-Million	812-7000000	www.taxi-million.ru
TAXISPB	812-9706664	www.taxispb.ru

圣彼得堡景点

冬宫

冬宫（The Winter Palace）现在一般被叫做“艾尔米塔什博物馆”（The Hermitage Museum），是18世纪中叶俄国巴洛克式建筑的杰出典范。这座曾为叶卡捷琳娜二世女皇的私人博物馆的豪华之地，是世界四大博物馆之一。整体建筑包括冬宫、小艾尔米塔什、旧艾尔米塔什、新艾尔米塔什以及国立艾尔米塔什剧院，气势雄伟，是圣彼得堡明信片上的建筑。置身冬宫中，数量庞大的收藏品令人应接不暇，专门腾出一天的时间游览东宫，是一件很重要的事。

旅游资讯

地址： Dvortsovaya nab 34

交通： 乘坐地铁在Nevsky Prospekt站下

电话： 812-5713420

门票： 成人套票400卢布，学生（国际学生证有效）、儿童免票

开放时间： 周二至周六10:30～18:00，周日10:30～17:00

网址： www.hermitagemuseum.org

冬宫

滴血教堂

滴血教堂（Church of the Saviour on Spilled Blood）又名“复活教堂”，以莫斯科的圣瓦西里升天大教堂与雅拉斯拉夫斯基火车站为蓝本建造。建造成的滴血教堂与瓦西里升天大教堂相比更为美丽。尤其是那五光十色的洋葱头顶，完全与16、17世纪俄国典型的东正教教堂建筑风格相统一。教堂内部有大面积的以旧约圣经故事为体裁的镶嵌画，生动形象，其美感令人震撼。

旅游资讯

地址： Canal Griboedova,2A

交通： 乘坐地铁在Nevsky Prospekt站下

电话： 812-3151636

门票： 300卢布

开放时间： 夏天10:00～20:00，冬天10:00～19:00,闭馆前1小时停止入场,周三闭馆

网址： www.cathedral.ru

夏花园

夏花园（Summer Garden）原为彼得大帝亲自规划的一座法式庭院，是圣彼得堡最璀璨的明珠。在彼得大帝时期，这里是沙俄上层社会的社交场所，现在已经是市民和观光者的休憩场所。夏花园中最具特色的当数意大利大师创作的大理石雕像，几十座具有很高艺术价值的大理石雕像堪称人类艺术的瑰宝。

旅游资讯

地址： Nekrasov ul 26

交通： 从冬宫广场出发，徒步约10分钟

门票： 免费

开放时间： 5～9月10:00～22:00 ，10月至次年3月10:00～20:00

网址： www.rusmuseum.ru

涅瓦大街

涅瓦大街（Nevsky Prospect）是圣彼得堡的主街道，也是城市中最古老的道路之一。大街从旧海军部一直延伸到亚历山大·涅瓦大街修道院，横穿整个城市的中心地带。这里到处是圣彼得堡繁华的购物中心及娱乐场所，如果你想发现圣彼得堡最精彩之处，一定不要错过这个美丽的地方。

旅游资讯

交通： 乘地铁到涅瓦大街站下车即可

门票： 免费

开放时间： 全天开放

普希金城

普希金城（Pushkin，Tsarskoe Selo）又名“皇村”，在过去的200多年里，这里一直是历代贵族们夏天的居所。来到皇村，首先要到的自然是叶卡捷琳娜宫了，其中的“琥珀屋”以独特的魅力而引人入胜。这座偏远的巴洛克式雄伟庄园，曾被彼得一世赠送给夫人叶卡捷琳娜，后来又顺理成章地成为了下一代女皇伊丽莎白·彼得罗芙娜的财产，并在之后的叶卡捷琳娜二世女皇的点缀下变得更加富丽堂皇。

旅游资讯

地址： southern city 25 kilometers

交通： 在莫斯科地铁站乘坐标有“Palace&Park”标志的小型公交车，约30分钟到达

电话： 叶卡捷琳娜宫812-4652024，亚历山大宫812-4652196

门票： 叶卡捷琳娜宫成人600卢布，学生300卢布；亚历山大宫成人260卢布，学生130卢布

开放时间： 叶卡捷琳娜宫10:00～17:00，亚历山大宫10:00～17:00

网址： 叶卡捷琳娜宫www.tzar.ru，亚历山大宫www.alexanderpalace.org

普希金城叶卡捷琳娜宫

圣彼得堡美食

圣彼得堡是俄罗斯最大的港口，因而渔产丰富，尤其以三文鱼和咸鱼干最为美味。在圣彼得堡，你会发现很多别具特色的餐厅。这些餐厅可以满足各种人的口味与消费水平，因而在圣彼得堡，你不用发愁就餐这个问题。此外，圣彼得堡还有很多快餐店，麦当劳、肯德基都随处可见，还有很多餐厅提供实惠的商务午餐。

· Palkin

这是一家地道的俄罗斯餐厅，优雅的环境适合商务用餐、情侣约会、宴请宾客。这里的食物总是能给人以无限惊喜，每道菜都很有特色，在这里享受一顿轻松的晚餐，你将会享受到俄罗斯“沙皇”的待遇。

地址：47, Nevsky Prospekt, St
电话：812-7035371
网址：www.palkin.ru

· Chehov

在这家地处郊区的餐厅中，处处充满了古老的氛围，老式留声机与白色钢琴，让人们倍感亲切。伴随着悠扬的古典音乐，品尝传统的俄罗斯精美菜肴，你一定会重新认识圣彼得堡这座城市。

地址：Petropavlovskaja ul, 4
电话：812-2344511
网址：www.restaurant-chekhov.ru

· Terrassa

这家餐厅位于浮华世界（Vanity)购物中心顶层，拥有极为开阔的视野，你在餐厅中可以俯瞰喀山大教堂。在这里，你可以品尝到世界各地的精美菜肴，其中以意大利美食和亚洲风味及混合式菜肴为主。

地址：Kazanskaya 3, St
电话：812-9376837
网址：www.terrassa.ru

· Lumiere

这家高调的法国餐厅在大皇宫购物广场顶部，在餐厅中，你可以看到艺术广场的全貌。餐厅中的各种菜式不仅风格多样，而且很有创意，深受当地人及世界各地游者的喜爱。

地址：Nevsky Prospect, 44
电话：812-4499482
网址：www.lumiere-spb.ru

圣彼得堡购物

涅瓦河边的涅瓦大街

圣彼得堡是旅游的天堂，也是购物的胜地。相比政治气息较浓厚的莫斯科，圣彼得堡更能让人全身心投入到购物中去。在众多大型商场及超市中，你都可以买到各种俄罗斯风格的纪念品。在涅瓦大街、历史中心区，你都可以找到很多可以讨价还价的纪念品商场。除了一些购物街及商场，还有很受欢迎的跳蚤市场。在跳蚤市场内，你可以发现很多好东西，俄国风情画、精美套娃、军用“行头”等都应有尽有。

· 涅瓦大街

涅瓦大街（Nevsky Prospect）是圣彼得堡的一条特色主街道，也是著名的购物中心。在街道附近有许多大型商场、百货商店及一些艺术品小店。此外，在这条繁华的街道上，还聚集了圣彼得堡最大的书店、食品店，以及最高档的购物中心。在购物的同时，你还可以欣赏教堂、名人故居与历史遗迹。

· 商人货栈

商人货栈（Bolshoy Gostiny Dvor)是一家大型的百货商店，占地面积非常大，是圣彼得堡祖母级百货公司。经过全面修整之后，如今看来变得十分壮观。在商场内经营着各种各样的商品，是一个理想的购物地。

地址：Nevsky Prospect
电话：812-7105408
营业时间：10:00～22:00，周三、周四10:00～22:30
网址：www.bgd.ru

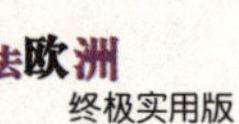

圣彼得堡娱乐

圣彼得堡是个艺术之城，在这里，你可以直接与世界一流的芭蕾表演团队面对面。在这里的每个夜晚，你的时间都可以被话剧、歌剧、舞蹈等娱乐活动所填满。这里遍布着各式各样的剧院，在当地人眼中，如果你没有在这里看一场芭蕾舞表演或是听一次歌剧，都将是非常遗憾的事。

· 圣彼得堡爱乐交响乐团（演出大厅）

圣彼得堡爱乐交响乐团（Philharmonia）乐队非常有名，李斯特、柴可夫斯基等海内外著名的音乐家都曾在此演出过。现在这里经常举办大型音乐会，在这里，你可以享受完美的视觉盛宴。

地址： ulitsa Mikhaylovskaya 2

交通： 乘坐地铁在涅瓦大街、商场地铁站下可到

电话： 812-714257

网址： www.philharmonia.spb.ru

· 圣彼得堡大剧院

圣彼得堡大剧院（Bolshoy Drama Theatre)是圣彼得堡的一家主流剧院，主要上演一些创新的戏剧作品。剧院的三楼为休息廊，精致的天顶画和别具一格的灯柱，使其富有强烈的艺术气息。

地址： naberezhnaya Reki Fontanki, 65

电话： 812-3109242

网址： www.bdt.spb.ru

· Tower Pub

酒吧紧邻圣彼得罗要塞，虽然地处圣彼得堡中心地带，可这个正宗的英式酒吧总让人感觉自己有点像英国人。这里有各种瓶装啤酒、威士忌和鸡尾酒，无论是白天还是黑夜前来，你都会有一种轻松愉悦的感觉。美味的食物和饮料、漂亮的装饰以及美妙的音乐，都将会让你爱上这个地方。

地址： Nevsky Prospect,22

电话： 812-3151431

网址： www.pub-tower.ru

圣彼得堡住宿

圣彼得堡酒店的选择范围很大，你可以找到各种档次的宾馆。星级酒店主要集中在市中心，交通十分便利，步行就可以前往各大景点。通常选择一个位置良好的旅馆，可以节省很多体力和钱。5～8月旅游旺季期间，高档酒店13000卢布起，四星级酒店在7700卢布左右，家庭旅馆和青年旅舍多在2000～3500卢布。此外，在6月份白夜节期间，住宿价格会更高。而在11月至次年3月的淡季，无论是酒店还是旅舍，价格都会有很大幅度的下降。

圣彼得堡住宿地推荐

名称	地址	电话	网址
Soul Kitchen Junior Hostel	Moika embarkment 62 app 9	911-2377969	www.soulkitchenhostel.com
Nevsky Inn	pereulok Kirpichnyy, 2	812-3158836	www.nevskyinn.ru
Comfort Hotel	Bol'shaya Morskaya,25	812-5706700	www.comfort-hotel.ru
Staybridge Suites St. Petersburg	Moskovsky Prospekt, 97	812-4482050	www.ihg.com
Rocco Forte Hotel Astoria	Rue Bolchaïa Morskaïa, 39	812-4945757	www.astoriaspb.ru

圣彼得堡

瑞士布劳恩瓦尔德

PART 9

瑞士热门旅游线路

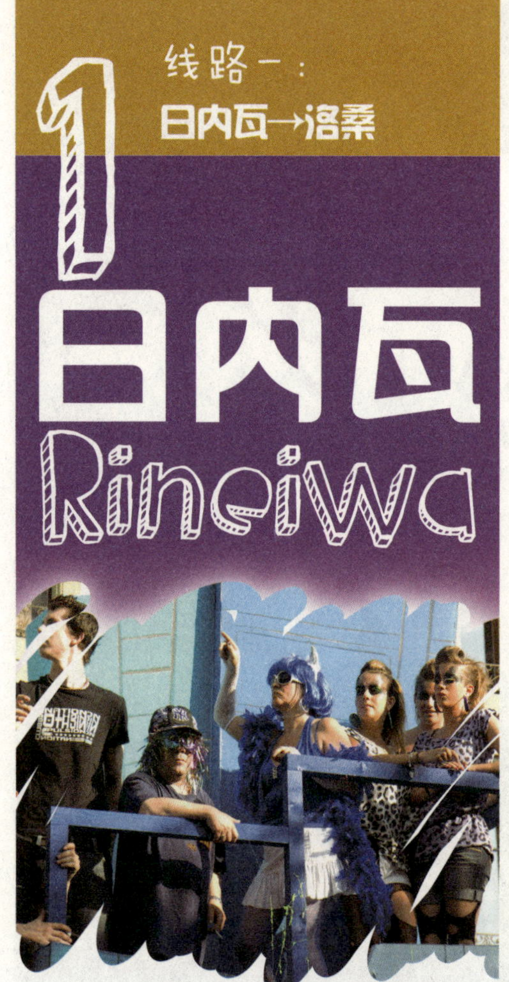

从机场前往市区

日内瓦国际机场距离市中心约5千米，是日内瓦的民用国际机场，也是瑞士国际航空的重要枢纽机场。机场有铁路连接日内瓦火车站及瑞士其他城市。此外，也有前往市内及周边城市的长途大巴。

日内瓦国际机场信息	
名称	日内瓦国际机场（Aeroport International de Geneve）
地址	Route de l'Aeroport 21
电话	022-7177111
网址	www.gva.ch

机场至市内的交通	
名称	信息
火车	日内瓦机场至日内瓦市中心的火车约15分钟一班，行程约7分钟
公共汽车	乘坐10路公共汽车到Gare Cornavin站（市中心火车站附近）下，需15~20分钟，也可乘28路公共汽车前往国际区
出租车	全程15~20分钟，价格25~30瑞士法郎

乘公共汽车游日内瓦

日内瓦市内的公共汽车站大多集中在中央火车站，普通旅游者在市内旅游可以购买一张市区通票。市区通票分不同种类，其中3站票（Short Trip）2瑞士法郎、1小时票（Geneva Ticket）3.5瑞士法郎、9:00生效天票（Card from 9 A.M.）8瑞士法郎、天票（24 Hours Card）10.6瑞士法郎。此外，持有瑞士通票或瑞士机动通票的游客，可在日内瓦免费乘坐公共交通系统。

乘出租车逛日内瓦

在日内瓦市中心的出租汽车站、机场或火车站，你很容易找到一辆出租车，也可以电话022-3314133联系出租车。日内瓦出租车的起价为6.3瑞士法郎，之后每千米加收3.2瑞士法郎，行驶范围超出行政区域的按3.8瑞士法郎/千米收费。等待时间为60瑞士法郎/小时，同时行李需加收1.5瑞士法郎。日内瓦的出租车都受到警察部门的监督管理，假如你在乘车期间出现问题，最好记录下出租车的车牌号并索取发票、收据。

日内瓦湖

日内瓦湖(Lake Geneva)由罗纳冰川融水形成，是阿尔卑斯湖群中最大的一个湖泊。湖面似镜，波光涟漪，以清澈湛蓝的湖水而驰名世界。湖中的大喷泉（Geneva Fountain）似擎天水柱，直冲云霄，是日内瓦最具代表性的景观。泉水在阳光照耀下，美丽的彩虹若隐若现，在微风的吹拂下，恰似一袭薄羽轻纱，动人心弦。湖南依秀丽山峦，沿湖还有众多花园散布，风景迷人壮观。

日内瓦湖大喷泉

旅游资讯

地址：Geneva

旅游达人游玩攻略

乘游船绕湖一周要12个小时，这时间足以让你轻松地欣赏湖景，还可以在湖上用餐。不过还是建议你选乘其中的一小段,体会一下日内瓦湖的美丽即可。

日内瓦花钟

日内瓦花钟（L'horloge Fleurie）在日内瓦湖畔，是日内瓦的标志。花钟的钟面由翠绿的芳草覆盖，代表12小时的阿拉伯数字则用鲜艳的花簇组成，有时钟面采用艳丽的花朵装饰，而那些数字则用绿草。花钟就是这样根据季节的变化而改变色彩，总保持着鲜艳的姿彩。钟面上的时针与分针都保持准确移动，前来参观的游客情不自禁地都要对一下自己的手表。

旅游资讯

地址：Quai du General-Guisan

电话：022-9097000

交通：公共汽车2、9、10路到英国花园即可

门票：免费

网址：www.ville-geneve.ch

皮埃尔大教堂

圣皮埃尔大教堂

圣皮埃尔大教堂（Cathedrale de St-Pierre）是日内瓦的标志性建筑之一，最初建于12～13世纪，经过多次重修之后，大教堂融合了各个时代的特色建筑风格。起初，建筑的主体为罗马式风格，拱门为哥特式风格，之后增加的正门包括希腊罗马式圆柱，以及与罗马万神殿极为相似的穹顶。相比之下，最为出众的当属高高的塔顶。教堂里还有加尔文曾用过的椅子和圣职人员的圆形刻雕座位等珍贵物品。

旅游资讯

地址： Place Bourg-Saint-Pierre

电话： 022-3117575

交通： 乘坐3、5路公交车可到

网址： www.saintpierre-geneve.ch

万国宫

万国宫（Palais des Nations）耸立于日内瓦湖畔，与巍峨的阿尔卑斯山遥遥相望，湖光山色，风景优美。万国宫由中央的大会厅、北侧的图书馆以及新楼及理事会厅这4座雄伟的建筑组成。万国宫的理事会厅装饰得极为华丽，曾作为1954年周恩来总理参加日内瓦会议，以及1955年美、苏、法、英首脑会议的会址，现为日内瓦市接待外宾的重要场所。

旅游资讯

地址： Avenue de la Paix 14

电话： 022-9174896

交通： 火车站乘8路公共汽车在14AvenuedelaPaix下车即可

网址： www.unog.ch

百达翡丽钟表博物馆

百达翡丽钟表博物馆(Patek Philippe Museum)曾是宝石切割师与珠宝工匠的工作之地，后经总裁夫妇改造，最终成为了温馨且具有私人藏馆特质的博物馆，向公众展示他们收集的各种钟表精品。现在的博物馆在收藏、展示和管理等多方面都表现出更为专业的水平，你可以在这里看到世界钟表史资料、珍贵手表及瓷釉收藏品。

旅游资讯

地址： Rue des Vieux-Grenadiers 7

电话： 022-8070910

门票： 成人10瑞士法郎，18岁以下儿童免费

开放时间： 周二至周五14:00～16:00，周六10:00～18:00(节假日关闭)

网址： www.patekmuseum.com

阿里亚纳美术馆

阿里亚纳美术馆（Ariana Museum）建于19世纪后期，历史悠久，受人瞩目。这里收藏了众多从中世纪到现代的欧洲陶瓷器和玻璃工艺品，这些藏品非常珍贵。馆内文物按照年代以及相应的特点来分区展示,有助于游客观赏。

旅游资讯

地址： Avenue de la Paix 10

电话： 022-4185450

开放时间： 10:00～18:00(周一休馆)

网址： www.ville-ge.ch

日内瓦美食

日内瓦是一个知名的国际城市，素有瑞士“美食之都”的美誉。这里餐馆遍地，除了当地的特色美食，还提供众多世界各国的美味。无论是在高级餐馆，还是小酒馆与小餐馆中，你都能吃到传统或创意十足的美食。此外，在瑞士有多半葡萄酒酿造厂设在日内瓦，因而口内瓦的葡萄酒绝对不能错过。

· Le Furet

这是一家自助餐厅，主要提供各式各样的鲜虾，味道十分鲜美。前来用餐的人总是很多，周末前往的话，你最好提前打电话预订座位。

地址： Avenue d'Aire 44
电话： 022-3453920

· Bistrot du Boeuf Rouge

这家优雅的法式餐厅气氛温馨，适合家庭会餐、朋友聚餐或是商务会餐等，是一个值得你花时间享受一流美食的好地方。推荐这里的扁豆沙拉、牛柳配葱酱、酿猪排、鹅肝。

地址： Rue Docteur-Alfred-Vincent 17
电话： 022-7327537
网址： www.boeufrouge.ch

· Sesflo

这里总是人潮涌动，是个很热闹的地方。餐厅的每道菜肴都采用高品质的新鲜食材烹制而成，还有各种开胃菜及各种甜品。推荐这里的意大利面、蛤蜊、酸橘汁腌鱼。此外，这里的葡萄酒以及自酿的Lemoncello酒也不容错过。

地址： Route de Florissant 16
电话： 022-7890665
网址： www.famillefrutiger.ch

其他餐厅推荐				
名称	地址	电话	网址	菜系
Cafe du Soleil	Place du Petit-Saconnex 6	022-7333417	www.cafedusoleil.ch	瑞士
Chez Ma Cousine	Place du Bourg-de-Four 6	022-3109696	www.chezmacousine.ch	当地
Miyako	Rue de Chantepoulet 11	022-7380120	www.miyako.ch	日本

日内瓦作为瑞士著名的城市，珍贵文物、珠宝、手表等在国际上占有举足轻重的地位。其主要购物区集中在隆和大街（Rue du Rhone）上，大街由旧城区一直伸延至隆河南岸，汇集了Christie、Sotheby等著名拍卖行。在日内瓦，你几乎可以找到所有的世界名表，如爱彼（Audemars Piguet）、宝齐莱（Bucherer）、萧邦（Chopard）、百达翡丽（Patek Philippe）等。

· Manor

这是日内瓦的一家大型购物百货公司，这里出售服装、食品在内的众多商品。在这家极具规模的百货公司中，你可以购买各式各样的瑞士巧克力，以及瑞士其他精美的礼品。这里的巧克力物美价廉，买些送朋友相当不错。当然，这里的名品腕表也很正典！

地址： Rue de la Gare 35
电话： 022-9944699
网址： www.manor.ch

购物场所推荐			
名称	地址	电话	网址
Centre Balexert SA	Avenue Louis-Casai 27	022-9790202	www.balexert.ch
Migros	Rue du Prince 5	022-3122095	www.migros.ch
Chopard Boutique	Rue de la Confederation 8	022-3113728	www.chopard.com
MPARC La Praille	Avenue Vibert 32	022-3072000	www.mparclapraille.ch

日内瓦娱乐

日内瓦的娱乐活动十分丰富，有各种戏剧、舞蹈、古典音乐和现代音乐等娱乐活动。此外，你还可以与大自然亲密接触，比如在日内瓦湖上乘船，在郊外骑马、骑自行车，或者到附近的阿尔卑斯山区、法拉山区滑雪等。

· Leopard Room Bar

这家酒吧是夜晚娱乐的最佳场所之一，内部装饰有红色条纹沙发和各种彩色照片。这里提供各种不同类型的饮料，还可以欣赏到丰富多彩的现场音乐。

地址：Quai du Mont-Blanc 17
电话：022-906-5536

· Cine Village

这是一家大型的电影院，拥有十几个屏幕，可容纳2000余人同时观影。此外，这里的座椅非常舒服，捧着零食，在这里看个国际大片，无疑会十分惬意。

地址：Avenue Louis-Casai 27
电话：022-979-0111
网址：www.pathe.ch

· Fondation des Cinemas du Grütli

这个剧院由日内瓦市文化事务署资助，合理的票价吸引了众多人前来观看表演。此外，这里还设有咖啡厅、酒吧、电影研讨会等。其隔壁是维多利亚音乐厅，你也可以到这里来看场现场音乐表演。

地址：Rue du General- Dufour 16
电话：022-4183554
网址：www.cinemas-du-grutli.ch

其他娱乐场所推荐			
名称	地址	电话	网址
Velvet Sa	Rue du Jeu-de-l'Arc 7	022-7350000	www.velvet-club.ch
Grand Theatre	Boulevard du Theatre 11	022-3225000	www.geneveopera.ch
Spoutnik	Place des Volontaires 4	022-3280926	www.spoutnik.info

日内瓦住宿

日内瓦作为国际化大都市，每年都会接待大批游客和商务人员。一些大酒店价格较高，通常会公布房间价格；经济型的小旅馆，价格比较合理，服务也很好。假如你在瑞士的住宿预算较少，可以选择青年旅馆，其价格较低，并且靠近火车站，交通较便捷。

火车站附近			
名称	地址	电话	网址
Hotel Drake Longchamp SA	Rue Rothschild 32	022-7164848	www.hdlge.ch
NH Rex	Avenue Wendt 42	022-5447474	www.nh-hotels.com
Hotel Cornavin	Boulevard James-Fazy 23	022-7161212	www.fassbindhotels.com
Kipling Manotel	Rue de la Navigation 27	022-5444040	www.manotel.com
Hotel Astoria	Place de Cornavin 6	022-5445252	www.astoria-geneve.ch

2 日内瓦→洛桑

Rineiwa→Luosang

洛桑交通

从日内瓦前往洛桑

·乘火车前往

从日内瓦开往洛桑的火车约15分钟一班，行程约40分钟，成人票价21瑞士法郎，具体信息你可以在瑞士联邦铁路官网（www.sbb.ch）上查询。只要购买了瑞士联邦铁路车票，就可以在车票生效日内，不限制班次及时间，乘坐从始发站至目的地之间的任意班次。火车的末班车一般为0:00左右，周日班次一般会减少甚至停运。

· **乘船前往**

从日内瓦可乘船渡过日内瓦湖前往洛桑，单程需2小时45分钟。你可以单买船票，也可以使用瑞士火车优惠券或西欧火车优惠券。假如天气好的话，乘船旅行将是再棒不过的游览方式。

乘地铁玩洛桑

洛桑的地铁连通了乌契区与老城区，共设5站，主要线路为乌契站（Ouchy）—中央车站（Pl. de la Gare）—福龙站（Flon）。从中央车站下车之后，你就可以看到洛桑火车站，在福龙站下车就可到达老城区。持有洛桑旅游通行卡或瑞士火车通行证，可以免费乘坐洛桑地铁。

乘公共汽车游洛桑

在洛桑，你还可以搭乘公共汽车游玩。公共汽车总站主要集中在乌契地铁站和老城区的圣佛朗索瓦广场，你可以在车站前的自动售票机前购买车票，3站以下2.4瑞士法郎，3站以上2.8瑞士法郎。

乘出租车逛洛桑

这里的出租车提供24小时服务，起价为6.2瑞士法郎，超出之后增加3瑞士法郎/千米，等待54瑞士法郎/小时，行李加收1瑞士法郎。推荐以下出租车公司：

名称	电话	网址
Bleu ciel SA	021-8012521	www.bleuciel.ch
Aloc-cars	021-3111206	www.aloccars.ch
Europcar	021-3199040	www.europcar.ch

圣母大教堂

圣母大教堂（Cathedral Notre-Dame）为哥特式建筑风格，耸立在老城区中心，是瑞士规模最大的教堂，也是洛桑的标志性建筑。教堂建筑保存完整，被誉为瑞士最美丽、最华贵的教堂。教堂内部庄严肃穆，最大的亮点当属美丽的玫瑰窗（Rose Window），窗上的彩绘以宇宙意象为主题，十分精美。

旅游资讯

地址： Place de la Cathedrale
交通： 乘坐7路或16路公共汽车可达
电话： 021-3167161
门票： 教堂免费，塔楼2瑞士法郎
网址： www.lausanne.ch

奥林匹克博物馆

奥林匹克博物馆（Olympic Museum）面向日内瓦湖，向人们展示了从古希腊到现代的奥林匹克运动的历史。博物馆广场前有圣火终年点燃，并有众多造型各异的塑像点缀。奥林匹克博物馆自2012年1月29日起关闭进行大规模整修，翻新扩建后的博物馆现已经重新开放。

旅游资讯

地址： Quai d'Ouchy 1
交通： 乘8、25路公交在Musee Olympique站下可到
电话： 021-6216511

洛桑历史博物馆

洛桑历史博物馆（Musee Historique de Lausanne）由15世纪的主教官邸改建而成，装饰古朴大气，收藏有众多珍贵的文物古迹，以及记载洛桑历史的古文书、根据17世纪市区地图制作的市区实景模型等。此外，馆内还收藏有著名的古希腊的宗教圣画。总之，这里是你短时间内了解洛桑历史最好的地方。

旅游资讯

地址： Place de la Cathedrale 4

交通： 由圣佛朗索瓦广场步行10分钟即到

电话： 021-3121368

门票： 4瑞士法郎

开放时间： 周二至周四11:00～18:00，周五至周日11:00～17:00

网址： www.musees.lausanne.ch

乌契湖区

乌契湖区（Ouchy）原为日内瓦湖畔环境优美的小渔村，现在已经成为洛桑最受欢迎的旅游场所之一。这里布满了洛桑最时尚的酒店，为充满法式情调的洛桑更增添了一份浪漫。无论是在湖边赏景喂天鹅，还是在码头倾听艺术家的表演，都将带给你最美好、最纯朴的感受。

旅游资讯

地址： lake geneva

电话： 021-6146222

洛桑周边景点

依云小镇

依云小镇

依云小镇(Evian les Bains)背靠壮丽的阿尔卑斯山，隔着日内瓦湖与瑞士遥遥相望。在没有认识这个小镇之前，你可能想象不到世界上还有这样一个与水融合得如此亲密的城市。依云小镇是依云水的发源地，也是世界上唯一可以免费品尝依云水的地方。这个令人神往的水世界，还被评为“最多鲜花的城市”，漫步在小镇上，你会发现能够生活在这样一个美丽的小镇上，简直是太幸福了。

旅游资讯

地址： lake geneva

交通： 可从洛桑乘CGN轮渡抵达小镇

洛桑美食

洛桑因受地域影响，餐饮主要以法国菜和意大利菜为主，是欧洲著名的美食天堂。此外，洛桑还是沃州高级白葡萄酒的主产地，一杯美酒配上日内瓦湖特产的淡水鱼，是味蕾和精神的双重享受。此外，这里还有很多酒吧与小餐馆，所提供的本土料理同样美味。

· Auberge du Chalet-des-Enfants

这家地处洛桑市中心的餐馆主要提供精美的当地菜肴。这里烹制的食物均选用当地时令新鲜食材。这里提供沃州和瑞士菜肴，下午餐厅还会推出各种特色馅饼和甜品。

地址：Route du Chalet-des-Enfants
电话：021-7844480
网址：www.chaletdesenfants.ch

· Pinte Besson

餐馆于1780年开业，是瑞士最古老的餐馆之一。内部采用古老的砖墙装饰，其温馨的氛围与传统的菜肴融合得恰到好处。此外，这里的特色葡萄酒不容错过。

地址：Rue de l'Ale 4
电话：021-3125969
网址：www.pinte-besson.com

其他餐厅推荐				
名称	地址	电话	网址	菜系
Dun-Huang	Chemin de Pierrefleur 40	021-6460202	www.dun-huang.ch	中国
Eat Me	Rue Pepinet 3	021-3117659	www.eat-me.ch	世界
Ristorante La Molisana	Avenue de Tivoli 68	021-6248300	www. molisana.ch	意大利

洛桑购物

洛桑有1500多家各式商店及购物中心，从中可以买到钟表、军刀、巧克力、珠宝首饰等很有纪念意义的商品。如果从圣弗朗索瓦广场（St. Froncois）出发，沿着柏格路（Rue de Bourg）及弗朗索瓦路（Rue St. Froncois）前行，你会找到众多精品商店，如Bally、Catier、Rolex等。洛桑大多数商场与商店的营业时间为周一至周五9:00~18:30，周六8:00~16:00，周四会延长到21:00。

· Bucherer

这是1888年卡尔·宝齐莱(Carl.F.Bucherer)创设的第一家钟表专卖店，现在这家企业在瑞士已有十多家分店。你在这里可以看到卡尔·宝齐莱(Carl F. Bucherer)、劳力士（ROLEX）、古奇（GUCCI）、明仕表（Baume&Mercier）、雷达表（Rado）等名牌手表。

地址： Rue de Bourg 1
电话： 021-3123612
网址： bucherer.com

· Le Mouton a 5 Pattes

这家店位于老城区中心，销售世界一流名牌的打折商品，有名牌男装、童装、皮草等商品，你可以在这里转转。

地址： 31 Rue de Bourg
电话： 021-3117187

购物场所推荐			
名称	地址	电话	网址
Centre commercial Ecublens	Chemin du Croset 3	021-6915011	www.centrecommercialecublens.ch
Fnac	Rue de Geneve	021-2138585	www.fnac.ch
LeShop.ch	Chemin du Devent	021-6911271	www.info.leshop.ch

洛桑的夜十分热闹，可供选择的娱乐场所有很多，你既可以到酒吧去听爵士乐，也可以到夜总会狂欢，还可以到咖啡馆里欣赏歌曲或拉丁音乐。总之，在洛桑这个处处流动着美妙的浪漫气息的地方，你不会感到枯燥。

娱乐场所推荐			
名称	地址	电话	网址
Mad Club	Rue de Geneve 23	021-3406969	www.mad.ch
Buzz Club	Rue Enning 1	021-3234041	www.buzz-club.ch
Fondation Arsenic	Rue de Geneve 57	021-6251122	www.arsenic.ch
Bellevaux	Route Aloys-Fauquez 4	021-6474642	www.cinemabellevaux.ch

洛桑作为世界著名的旅游和疗养胜地，从日内瓦湖畔的豪华酒店到市区内的便利旅店，各种类型的住宿地应有尽有。洛桑以四星级以上的豪华宾馆居多，主要集中在乌契城区。在老城区有不少价格便宜、舒适的青年旅店等经济型住宿场所。

洛桑推荐住宿地			
名称	地址	电话	网址
Beau-Rivage Palace	Place du Port 17	021-6133333	www.brp.ch
Le Bourg 7	Rue du Bourg 7	021-7963777	www.lebourg7.com
Hotel AlaGare	Rue du Simplon 14	021-6120909	www.hotelalagare.ch
Novotel (Suisse) SA	Route de Condemine 35	021-7035959	www.accorhotels.com

苏黎世机场信息	
名称	苏黎世机场（Zurich Airport）
地址	Flughafenstrasse
电话	043-8162211
网址	www.flughafen-zuerich.ch

骑自行车玩转苏黎世

租借自行车游览苏黎世是很不错的方式，在苏黎世火车总站18号站台的行李寄存处，你可以免费租到自行车，只需交上20瑞士法郎押金即可。此外，在市内也有很多租赁自行车的地点，在旺季的时候，需要提前租借，不然可能就会租不到。推荐自行车租赁公司：

从机场前往市区

苏黎世机场是瑞士最大、最繁忙的机场，这里每隔几小时就有航班到达瑞士的其他城市或欧洲的主要城市。多数飞往苏黎世的航线都由Swiss Flag Carrier运营，中国的北京、上海、香港有直飞苏黎世的航班。

机场至市内的交通

从机场乘坐城市铁轨(S-Bahn)，可直达苏黎世火车站，全程约10分钟，轻轨每5~10分钟一班。也可以在机场外乘坐有轨电车10号线到火车站，全程约30分钟。这两种交通方式所需的票价均为6.2瑞士法郎。

乘有轨电车玩苏黎世

苏黎世作为瑞士的第一大城市，市内交通便利发达，交通工具以有轨电车（Tram）为主。在苏黎世市内有14条线路覆盖了市区所有的主要街道。此外，一些有轨电车去不了的地方，还有公交车线路进行补充，市内平均不到300米就有一个车站。有轨电车的运营时间从6:00开始一直到凌晨，超过1:00的话，需要购买夜间附加票。假如你想购买市内交通通票，可以到ZVV的官方网站（www.zvv.ch)查阅相应的价格。此外，在火车站附近的小书报亭可以购买福利天票，持有这张票，你可以在有效期内，乘坐除了少女峰和缆车在内的瑞士境内的交通工具。

名称	电话	网址
Velofix AG	044-4631303	www.velofix.ch
Velo Zurich	044-4919293	www.velo-zuerich.ch

苏黎世大教堂

苏黎世大教堂（Grossmunster）是瑞士苏黎世的3座主要教堂之一，是瑞士最大的罗马式大教堂，以其独特的双塔成为苏黎世的象征。教堂中最古老的部分是教堂墓窖，建于1世纪末到12世纪初期，内部有12世纪的雕像。苏黎世大教堂在宗教改革历史上扮演重要角色，如今，该教堂内设有宗教改革博物馆和苏黎世大学神学院。

苏黎世大教堂

旅游资讯

地址：Grossmünsterplatz

交通：乘有轨电车4、15路在Helmhaus站下可到

电话：044-2525949

门票：教堂免费，钟楼2瑞士法郎

开放时间：3～10月10:00～17:00，11月至次年2月10:00～18:00

网址：www.grossmuenster.ch

苏黎世湖

苏黎世湖

苏黎世湖是瑞士著名的冰蚀湖，湖两岸的风景十分美丽，湖岸的缓坡上布满了葡萄园和果园。苏黎世湖的部分湖段可以通航，你可以乘船穿梭于两岸的小镇。在湖边徜徉，嬉戏的天鹅及水鸟，与远处的雪山相映成趣，煞是好看。此外，苏黎世湖是游泳、野餐、晒日光浴和乘船游览湖区的好地方。

旅游资讯

地址：Burkliplatz

瑞士国家博物馆

瑞士国家博物馆（Schweizerisches National Museum）是瑞士最大的博物馆，馆内收藏着自新石器时代至现代的有关瑞士历史和文化的文物。主要展品有：出土的古代文物、苏黎世古代兵器库中的武器、金银首饰、玻璃器皿、纺织品、玻璃彩画等。这座大型建筑里有100多间不同的陈列室，陈列室和大厅都被装饰成15～18世纪的风格。

瑞士国家博物馆

旅游资讯

地址： Museumstrasse 2

交通： 乘有轨电车4、11、13、14路在Hauptbahnhof站下可到

电话： 044-2186511

门票： 10瑞士法郎

开放时间： 周二至周日10:00～17:00（周四10:00～19:00）

网址： www.musee-suisse.ch

中国园

中国园（Chinagarten）是昆明市政府仿照“翠湖公园”的格局，在苏黎世赠建的园林式建筑，是中国在海外最大的园林式建筑，被瑞士友人誉为“东方瑰宝”。这座典雅的园林深受当地人的喜爱，漫步在幽静的园林中，熟悉的建筑风格会令你瞬间涌起思乡之情。

中国园

旅游资讯

地址： Bellerivestrasse 138

交通： 乘坐912、916路公共汽车在Chinagarten站下

电话： 044-3803151

门票： 4瑞士法郎

开放时间： 每年3～10月9:00～18:00，节假日时间另外安排

网址： www.stadt-zuerich.ch

苏黎世美食

在苏黎世可以尽享世界各国美食，如法国餐、地中海小吃、日式料理、中国风味菜肴等，应有尽有。除了各种国外美食，瑞士风味的奶酪火锅及煎马铃薯饼你一定要品尝。此外，当地人喜爱吃甜食，这里的甜品种类多，最为著名的还要数瑞士传统奶酪。

· Swiss Chuchi

这家中世纪风格的餐厅十分温馨，夏季餐厅还设有露天座位，你可以一边坐在露天座位上欣赏城市美景，一边享用午餐。此外，“黄金土豆条”是这家店的拿手菜肴，一定不要忘了试一试。

地址：Rosengasse 10
电话：044-2669696
网址：www.hotel-adler.ch

· Hiltl

这是世界上最为古老的素食餐厅之一，于1898年开业。这里提供各种自制的特色素食餐饮，以及外卖服务。餐厅的菜单每日都会更新，假如你想品尝创意美食，这里不容错过。

地址：Sihlstrasse 28
电话：044-2277000
网址：www.hiltl.ch

· Conditorei Schober

这家咖啡厅历史悠久，早在19世纪就开始经营糕点和咖啡。咖啡厅提供各种美味的蛋糕和冰激凌，很值得一来。

地址：Napfgasse 4
电话：044-2515150
网址：lard-zurich.ch

苏黎世其他餐厅推荐				
名称	地址	电话	网址	菜系
Dapur Indonesia	Schaffhauserstrasse 373	044-3102450	www.dapur-indonesia.ch	印度尼西亚
ECHO	Neumuehlequai 42	044-3607000	www.echorestaurant.ch	瑞士
Subito	Konradstrasse 6	044-2715090	www.restaurant-subito.ch	瑞士

苏黎世购物

苏黎世的购物区主要集中在市中心，在班霍夫大街、史主化街、老城区的圣奥古斯丁巷等著名的购物区域，你可以找到各种商品。这里最常见的超市是Migros和Coop，其品种齐全，价位适中，基本上所有日常用品都可以买到。此外，在市中心还有很多出售军刀的小店，都是市场统一价，不用尝试与当地人讨价还价。瑞士有一家Sprungli巧克力店，有一百多年的历史，在市中心有好几家分店，你可以选购一些精美的巧克力带回去。

·班霍夫大街

班霍夫大街（Bahnhofstrasse）是瑞士全国最大的购物街，大街两侧商店林立，其中装潢高贵的品牌店陈列着无数名贵皮草、高级时装，以及手表、珠宝、首饰等。除了世界顶级名牌店，大街上也有很多比较实惠的商场，如Manor、Globus、Diesel、Tommy等。

·史主化街

史主化街（Storchengasse）是苏黎世购物街中最有人气的，有Armani、Calvin Klein、Versace等顶级时装店。此外，还有瑞士本土的工艺品店铺，如刺绣、花边饰物、手帕等各种精品店铺。你也可以在这条街上品尝新鲜出炉的瑞士巧克力，推荐Teuscher店。

·旧城区

旧城区（Old Town）分为上村（Oberdorf）及下村（Niederdorf），处处都是大大小小的精品时装店、古玩店等。在购物之余，你可以到酒吧、咖啡馆，休息一下，补充体力。

购物场所推荐			
名称	地址	电话	网址
Bucherer AG	Bahnhofstrasse 50	044-2112635	www.bucherer.com
Sprungli	Bahnhofstrasse 21	044-2244646	www.spruengli.ch
Jelmoli	Seidengasse 1	044-2204411	www.jelmoli.ch
Sihlcity	Kalenderplatz 1	044-2049999	www.sihlcity.ch

苏黎世娱乐

苏黎世娱乐活动多多，无论是各种小型的音乐联欢，还是大规模的电子音乐游行、各种体育活动，都能让前来的游客收获快乐，体验身临其境的乐趣。在尼德道尔夫(Nederdorf)街，林立着各种酒吧、餐厅、电影院、爵士吧，你可以从各大报纸的周五副刊、“苏黎世新闻”上找到你感兴趣的娱乐信息。

· 苏黎世歌剧院

苏黎世歌剧院（Opernhause Zuerich）创立于I834年，是当今备受瞩目的歌剧院。在歌剧演出方面，苏黎世歌剧院规模不算大，但乐团一流的演奏水平不输于任何一个歌剧院。此外，据说这里也是第二次世界大战期间在德语区唯一没有受到演出限制的剧场。

地址： Falkenstrasse 1
电话： 044-2686400
网址： www.opernhaus.ch

娱乐场所推荐			
名称	地址	电话	网址
Club Indochine	Limmatstrasse 275	044-4481111	www.club-indochine.com
Hive	Geroldstrasse 5	044-2711210	www.hiveclub.ch
Schauspielhaus	Schiffbaustrasse 4	044-2587070	www.schauspielhaus.ch
Kino Filmpodium	N ü schelerstrasse 11	044-2116666	www.m.filmpodium.ch

苏黎世住宿

苏黎世提供150多家不同档次的住宿场所，从豪华的星级酒店到经济的青年旅舍应有尽有。苏黎世还有很多主题旅馆，其房间布置十分独特。你可以在苏黎世旅游局的帮助下选择理想的下榻处。

苏黎世推荐住宿地

名称	地址	电话	网址
Comfort Hotel Royal	Leonhardstrasse 6	044-2665959	www.comfortinn.ch
Rex	Weinbergstrasse 92	044-3602525	www.hotelrex.ch
Zurich Youth Hostel	Mutschellenstrasse 114	043-3997800	www.youthhostel.ch
Astor	Weinbergstrasse 44	044-2513560	www.astor-zurich.ch
City Backpacker Hotel Biber	Niederdorfstrasse 5	044-2519015	www.city-backpacker.ch

4 苏黎世→伯尔尼

Sulishi→Bo'erni

伯尔尼交通

从苏黎世前往伯尔尼

从苏黎世机场乘火车前往伯尔尼非常方便，你可以直接在苏黎世机场上车，每小时就有1班车发出，运行1个小时即到。伯尔尼火车站的规模仅次于苏黎世火车站，有特快列车前往瑞士其他城市。

乘空中索道览伯尔尼

空中索道是阿尔卑斯山区特有的一种交通工具，从伯尔尼乘坐空中索道前往雪朗峰、铁力士山、皮拉图斯山等著名山区都不超过2.5个小时。

乘公共汽车游伯尔尼

公共汽车是当地最主要的交通工具之一。你可以提前在旅游局领取一份旅游指南，查好路线。乘车前，在自动售票机购买一次性车票或一日性乘车券之后，即可乘车。在乘车时，按下门旁的按钮，门便会自动打开，想要在某站下车时，按一下扶手上的按钮即可。在伯尔尼，无论是搭乘公共汽车，还是电车，在6站以内票价为1.7瑞士法郎，6站以上2.6瑞士法郎。

骑自行车玩转伯尔尼

假如你想尽情感受伯尔尼老城温暖的平民气息，感受高雅的贵族韵味，那么骑自行车穿行在伯尔尼的大街小巷之中，将是最有情致的游览方式了。每年5~10月，伯尔尼火车站边上便有免费自行车出租，你可以出示护照登记并交20瑞士法郎作为押金，便可租车进行游览了。

伯尔尼景点

伯尔尼老城风光

伯尔尼老城

伯尔尼老城（Old Town Bern）建于中世纪，至今保存完好，它见证了伯尔尼历史的变迁。曾为木质结构的老城，在重建为石质结构之后，一直保存至今。圆石铺成的街道两旁有彼此相连的拱廊，处处红瓦白墙的老房屋、悠然自得的街心彩柱喷泉、气势恢弘的钟塔及哥特式大教堂等，让这座老城充满了浓浓的古韵。

旅游资讯

地址： Bern

交通： 乘坐NFT、T线路车在Bern Zytglogge站下车可达

电话：031-3281212

网址： www.bern-altstadt.ch

伯尔尼钟楼

伯尔尼钟楼（Zeitglockenturm）是伯尔尼最古老的建筑物之一，在13世纪建造之初，钟楼是作为连接城市和外界的一个主要出入通道。自1529年塔上安装大钟后，这里就一直为当地居民报时。每当整点钟声响起时，钟上的金鸡就引颈长鸣，大钟上的铜铃由最上面的小人敲响。假如你有幸可以观看到大钟报时，一定会被瑞士古老精致的机械设备折服。

旅游资讯

地址： Bim Zytglogge 3

电话： 031-3281212

交通： 乘坐有轨电车2路到Turmli站下可达

网址： www.zeitglockenturm.ch

伯尔尼大教堂

伯尔尼大教堂（Muenster）是伯尔尼具有代表性的建筑之一，始建于1421年，19世纪末，在教堂顶上增加了100米的尖塔，使大教堂成为了瑞士最高的教堂。哥特式风格的大教堂内有一架18世纪的管风琴，这是瑞士最大的管风琴。沿着教堂内的螺旋式楼梯，你可以到达教堂中部的瞭望台，站在这里，可眺望伯尔尼市内美景。

旅游资讯

地址： Munsterplatz 1

交通： 由火车站朝市中心的方向，步行5～10分钟即可达

电话： 031-3120462

门票： 免费

网址： bernermuenster.ch

旅游达人游玩攻略

在教堂的广场上，每月的第一个星期六会有手工艺品市场，十分热闹，你可以在参观完大教堂之后过去看看，没准能淘到自己喜欢的物品。

玫瑰园

玫瑰园（Rose Garden）是伯尔尼市内久负盛名的建筑园林，园内有很多品种的玫瑰还有鸢尾花、樱花等。每逢花开时节，玫瑰园就变得格外美丽妖娆。其实，在园内人们更加欣赏的是掩映于花草之间的古老喷泉和典雅的建筑。

玫瑰园中的玫瑰花

旅游资讯

地址： Rue du Parc 54

电话： 032-9132424

交通： 从火车站乘坐10路汽车在Rosengarten站下车可达

开放时间： 园内餐厅3～11月底每天9:00～24:00

熊苑

熊苑（Barengraben）是伯尔尼很有代表性的景点。当地人对于熊有着浓浓的情结，因为在传说中，拜而修特五世射中的第一个猎物将被作为伯尔尼的城市标志，熊被射中，所以顺理成章地成为了这座城市的象征。几百年来，熊苑作为历史的见证而被保留下来，至今依旧可以在这里看到憨厚可爱的熊。

旅游资讯

地址： Grosser Muristalden 6

交通： 乘坐12路公共汽车到Baerengraben站下车可达

电话： 031-3571515

门票： 免费

开放时间： 5～9月8:00～18:00，10月至次年3月9:00～16:00

网址： www.baerenpark-bern.ch

熊

联邦广场

联邦广场（Bundesplatz）是伯尔尼内新城（Innere Neustadt）的一部分，坐落在气势恢弘的联邦宫前面。晚上来到这个广场，加入到热闹的人群当中，尽情享受各种美食，度过一个美好的夜晚。

旅游资讯

地址： Gelbes Quartier

电话： 031-3215220

网址： bundesplatz.ch

联邦广场

伯尔尼美食

伯尔尼老城内有不少餐馆、茶坊、酒店、露天咖啡馆等就餐场所，大多数餐厅的大门很像酒窖的大门，并且很多通往地下室，令人感到新奇。餐馆主要提供瑞士风味菜、伯尔尼当地佳肴以及法国、德国、意大利、中国等国的美味。此外，在伯尔尼你会找到不少历史悠久的酒馆，有的酒馆有400多年的历史。

· Meridiano

这家米其林星级餐厅提供美味的当地美食，拥有时尚浪漫的就餐环境，以及近乎完美的服务，让人可以享受一段愉悦的就餐时光。无论是主菜还是小菜，都富有创意。此外，你还可以品尝到各种美味的葡萄酒。

地址：Kornhausstrasse 3
电话：031-3395245
网址：www.kursaal-bern.ch

· Entrecote Cafe Federal

这个传统的伯尔尼酒馆气氛十分温馨，假如你来得较晚，很可能没有位子。这里的牛排十分美味，一定不容错过。此外，这里还有各种甜品及葡萄酒也很不错。

地址：Barenplatz 31
电话：031-3111624
网址：www.entrecote.ch

· Brasserie Barengraben

这个啤酒屋的内部装饰跟它的门脸一样，给人以清新典雅的感觉，让人看一眼就爱上这个地方。这家啤酒屋的历史可追溯到1890年，烹饪的传统菜肴属一流水平。推荐这里的鱼汤与牛排。

地址：Grosser Muristalden 1
电话：031-3314218
网址：www.brasseriebaerengraben.ch

其他餐厅推荐				
名称	地址	电话	网址	菜系
Ristorante Luce	Zeughausgasse 28	031-3109999	www.ristoranteluce.ch	意大利
Tibits	Bahnhofplatz 10	031-3129111	www.tibits.ch	当地
Kabuki	Bubenbergplatz 9	031-3292919	www.kabuki.ch	日本

伯尔尼购物

伯尔尼著名的古老街道上聚集了众多现代化的时装店、珠宝店、工艺品店、甜品店和巧克力店。你可以漫步在克拉姆大街、马尔克特大街、施皮塔尔大街等街道上，走进两侧精致的小店，选购各种档次的商品。伯尔尼火车站和大钟楼之间的购物拱廊可谓是世界上最大的购物中心之一，钟表店、画店、古董店随处可见。每逢周二与周六，你还能看到不少的露天市场。赶上每年11月第四个星期一的洋葱节，你可以见识到当地富有特色的洋葱市场，5:00开始便会有700多家商贩的摊位集聚，你可以品尝到美味的洋葱点心。最大的惊喜在下午下班时段，这时节日的气氛将会越加浓烈。

购物场所推荐			
名称	地址	电话	网址
Bucherer AG	Kornhausplatz 2	031-3289090	www.bucherer.com
Confiserie Tschirren AG	Kramgasse 73	031-3111717	www.swiss-chocolate.ch
Merkur Confiserien AG	Bubenbergplatz 10	031-3118664	www.laederach.ch

伯尔尼娱乐

伯尔尼是一个历史悠久的首都城市，各式各样的酒吧、爵士吧、俱乐部等热闹非凡。各种娱乐场所的装修风格多样，既有古典的，也有现代的，可以满足不同顾客的需要。在伯尔尼，还有各种滑雪、登山、攀岩等户外娱乐项目同样多彩。

娱乐场所推荐			
名称	地址	电话	网址
Liquid Club	Genfergasse 10	031-9519826	www.liquid-bern.ch
ISC Bern	Neubruckstrasse 10	031-3025236	www.isc-club.ch
Stadttheater Bern	Kornhausplatz 20	031-3295111	www.konzerttheaterbern.ch
Kino Kunstmuseum	Hodlerstrasse 8	031-3280999	www.kinokunstmuseum.ch

伯尔尼住宿

伯尔尼的旅馆大多集中在市中心附近，从火车站前往市中心，往往只有几分钟的路程，同时旅馆之间距离也较近，这对初来乍到的游客无疑是一件好事。此外，从住宿处到达市内各大景点也非常方便。

伯尔尼推荐住宿地			
名称	地址	电话	网址
Hotel Alpenblick	Kasernenstrasse 29	031-3356666	www.alpenblick-bern.ch
Pension Marthahaus Bern	Wyttenbachstrasse 22A	031-3324135	www.hotelswhiz.info
Ibis Bern Expo	Guisanplatz 4	031-3351200	www.accorhotels.com
Savoy Hotel	Neuengasse 26	031-3114405	www.hotel-savoy-bern.ch
Bern Backpackers Hotel Glocke	Rathausgasse 75	031-3113771	www.bernbackpackers.ch
Bed&Breakfast Im Klee	Melchenbühlweg 8	031-9313535	www.imklee.ch

拉普兰罗瓦涅米教堂

PART 10

欧洲其他热门旅游线路

爱尔兰交通

从机场前往市区

爱尔兰有四个重要的国际机场——都柏林（Dublin）、贝尔法斯特（Belfast）、科克（Cork）和香农（Shannon），以及一些（地方性）国内机场——Waterford、Kerry、Galway、Sligo、Knock等，这些机场组成了爱尔兰繁忙的空中网络，连通了英国、欧洲和北美的众多城市。

都柏林国际机场（Dublin Airport）是爱尔兰最主要的机场之一，主要经营爱尔兰国内和国际主要航线。从中国到爱尔兰需在伦敦等地转机。

从都柏林国际机场到市区可乘坐巴士41、41A、41B路，票价约1.6欧元；另外，也有机场巴士开往奥康内尔街、三一学院或者圣斯蒂芬绿地等。

乘轨道交通玩爱尔兰

爱尔兰铁路系统与欧洲其他发达国家相比相对落后，轨道线路主要在都柏林市运营。爱尔兰没有高速列车，最豪华的线路名为“Enterprise”，主要运行于都柏林与贝尔法斯特之间，与英国北爱铁路局联运，列车最高速度为90千米/小时，普通城际车Intercity皆为红色车厢，票价不高。提前预订车票没有优惠，车票必须在上车前购买，没票是不能上车的。

爱尔兰的都柏林，市区和郊区有Luas轻轨，可以方便到达都柏林市中心。轻轨有红线和绿线之分，红线从Tallaght到Connolly，绿线从Sandyford到St Stephen's Green。

乘巴士游爱尔兰

爱尔兰拥有非常发达的公路网，长途运营系统较完善，票价比火车低，但速度相对较慢。

都柏林市内的主要交通工具以巴士为主，巴士线路很多，但速度比较慢。巴士运营的时间为

6:00～23:30，有时在夜间还有夜班巴士运行。另外，都柏林还有一种观光巴士（Dublin Tour），乘客可以在24小时内任意乘坐。

都柏林主要巴士线路	
名称	信息
Dublin Bus	1～89路一般为双层车，大都可以从不同方向进城
Rail links（90、91路）	连接都柏林火车西站与东站
Suburban Rail links（100～119路）	连接不同郊区、城镇与铁路线
Mini Bus/City links（120～160路）	主要为小型公共汽车，也有一层的大长车
Air links（746、747、748路）	连接机场

自驾车玩转爱尔兰

爱尔兰有很多租车公司，租车价格不贵。年龄在21～70岁，有驾驶执照的人都可以租车，租车之前最好先和租车公司洽谈好相应的条件。

爱尔兰都柏林景点

都柏林城堡

都柏林城堡原用以盛放国王的金银珠宝，城堡内有圣帕特里克厅、王座厅等活动场所，布局典雅、装饰豪华。它是国家独立的见证者，现在是爱尔兰政府举办重要国事活动的场所，总统就职典礼、国宴和外国元首的来访仪式都在这里举行。

旅游资讯

地址： Dame St.D2

交通： 从市中心可以步行前往

电话： 01-6777129

门票： 4.25欧元，学生3.25欧元

开放时间： 10:00～17:00

特里姆城堡

特里姆城堡（Trim Castle）位于米斯郡（County Meath），是爱尔兰最大、最重要的城堡之一，有数百年的历史。它是不可攻破城堡的典范之一，至今仍保留着坚实的花岗岩外墙、隐秘的炮眼以及强固崎岖的台阶。

旅游资讯

地址： Castle St.

交通： 从都柏林巴士站每小时有一班车开往特里姆城堡，车程约70分钟

开放时间： 4～10月周一至周日10:00～18:00，11月至次年3月周末开放

三一学院

三一学院就是都柏林大学，经历了几百年历史风雨洗礼。建筑，用由青灰色的坚实砖石头砌成，给人一种历史的厚重感。学校最值得参观的是三一学院图书馆，它是世界顶级图书馆之一，珍藏着爱尔兰最丰富的手稿及图书。

旅游资讯

地址：都柏林市中心

交通：可以在Collega街步行前往

开放时间：周一至周六9:00～17:00，周日12:00～16:30

凤凰公园

凤凰公园（Phoenix Park）是爱尔兰最大的城市休闲空间之一。公园的标志物之一是阿瑟·韦尔斯利的纪念碑，它是欧洲最高的纪念碑。公园内有一间白色洋楼是爱尔兰总统的府邸。此外，这里还是许多哺乳动物、鸟类和野生动物的栖息地。

旅游资讯

地址：Parkgate Street Dublin 7

门票：免费

爱尔兰其他地区景点

莫赫悬崖

莫赫悬崖（Cliffs of Moher）是欧洲最高的悬崖之一，面向浩瀚无际的大西洋，以奇险闻名。它地形奇特，崖石显现出密密的层次，如同一本被千年惊涛骇浪冲刷出来的史书。此外，这里的悬崖上还生长着许多珍稀植物品种，还是海鸟的乐园。

莫赫悬崖

旅游资讯

地址：莱伊什郡（County Laois）

布鲁姆山

布鲁姆山（Slieve Blooms）位于爱尔兰中心，是一个风景优美宁静的地方。这里有茂盛的森林、潺潺流淌的小溪、秀美的瀑布以及壮观的峡谷，可以让人远离喧嚣，放慢速度享受生活。

旅游资讯

地址：Liscannor, Co. Clare　**电话：**065-7086141

网址：www.cliffsofmoher.ie

爱尔兰美食

爱尔兰的传统饮食以马铃薯、蔬菜、牛肉类为主，面包是主食之一。首都都柏林靠近海边，有很多新鲜的海鲜食品，海鲜类料理很常见，推荐土豆饼配熏三文鱼。此外，黑啤和品质优良的爱尔兰牛肉堪称最完美的组合，将带给你独特的美味享受。

爱尔兰餐厅推荐				
名称	地址	电话	网址	菜系
Arch Bistro	Landscape Rd.	01-2966340	www.thearchbistro.com	欧洲
Chapter One	19 Parnell Square	01-8732266	www.chapteronerestaurant.com	欧洲
The Sussex	9 Sussex Terrace	01-6762851	www.thesussex.ie	爱尔兰
Restaurant Patrick Guilbaud	21 Upper Merrion St.	01-6764192	www.restaurantpatrickguilbaud.ie	法国
The French Table	1 Steamboat Quay	061-609274	www.frenchtable.ie	法国

爱尔兰购物

在爱尔兰购物可以是一件很浪漫的事情。来到这里，你可以用眼神谈一场纯粹的水晶之恋，也可以去寻找最适合自己的魔法戒指，甚至还能淘到最具民族特色的饰品。这里有威士忌的香醇，有手工巧克力的精致，让你的视觉、听觉、味觉无不倾心于此地。

在都柏林，传统和现代的水晶制品、手工艺品、麻制品、针织品等是购物的首选，Claddagh的银戒指、艾兰服和精美的Waterford水晶都是淘宝族的挚爱。都柏林的时尚小店大多集中在Grafton Street，你在这里能找到爱尔兰年轻而有名的设计师的最新作品。此外，在河的南北沿岸，你还可以看到很多瑞士百货店、精品店和欧洲时尚品牌的连锁店。

购物场所推荐

· 亨利大街

亨利大街（Henry Street）位于利菲河北岸，聚集了许多大众化的购物场所，像ZARA、H & M、Levi's等一些常见的品牌都有，一些小品牌也在点缀着这条著名的商业大街。

· 那萨大街

那萨大街（Nasseu Street）位于都柏林三一学院附近，主要出售上乘的爱尔兰设计产品，包括毛线衣和花呢，以及陶器工艺品和玻璃工艺品。

· 格拉福顿大街

格拉福顿大街（Grafton Street）商品定位比较高档，有Brown Thomas、GUCCI、LV、CHANEL、Clinique等著名品牌。

爱尔兰其他购物地推荐

名称	地址	电话	网址
Decent Cigar Emporium	46 Grafton St, Dublin	01-6716451	www.decent-cigar.com
Brown Thomas	95 Grafton St, Dublin	01-6056666	www.brownthomas.com
Butlers Irish Chocolates	24 Wicklow St, Dublin	01-6710591	www.butlerschocolates.com
Old English Market	Princes St, Cork	086-2630149	www.theenglishmarket.ie
Kilkenny Design Centre	Castle Yard, Kilkenny	056-7722118	www.kilkennydesign.com

爱尔兰娱乐

爱尔兰的酒吧有的热情洋溢，有的充满怀旧气息，有的专为吸引旅游者而开辟，但无论哪一种酒吧，都是很好的聚会场所。爱尔兰人非常爱喝酒，所以各地的酒吧文化历史久远。在酒吧，你不但能喝到最纯粹的威士忌美酒，还能尝到地道的爱尔兰美食。

爱尔兰娱乐场所推荐			
名称	地址	电话	网址
The Village	26 Wexford St, Dublin 2, Co. Dublin City	01-4758555	www.thevillagevenue.com
The Gate Theatre	Cavendish Row, Dublin 1	01-8744045	www.gatetheatre.ie
Cineworld Dublin	Parnell Centre, Parnell St, Dublin 1	01-8738450	www.cineworld.ie
The National Concert Hall	Earlsfort Terrace, Dublin 2	01-4170000	www.nch.ie

爱尔兰住宿

爱尔兰有不同种类的旅馆，其中寄宿宿舍式（Guesthouses）及床铺加早餐式的住宿（B&B）更加亲切，青年旅馆、露营拖车、搭帐篷的公园等便宜的住宿也是不错的选择。此外，这里还有一些由私人经营的招待所，价格合理，不过住宿时你最好检查一下他们是否有“The Irish Tourist Board”颁发的证明，这很重要。

爱尔兰住宿推荐			
名称	地址	电话	网址
Eliza Lodge	23 – 24 Wellington Quay, Temple Bar, Dublin	01-6718044	www.elizalodge.com
Kilronan House Hotel Dublin	70 Adelaide Rd, Dublin 2	01-4755266	www.kilronanhouse.com
Westin Dublin Hotel	35-39 Westmoreland St, Dublin	01-6451000	www.thewestindublin.com
Foxmount Country House	Passage East Road, Waterford	051-874308	www.foxmountcountryhouse.com
No. 1 Pery Square Hotel & Spa	1 Pery Square, Georgian Quarter, Limerick	061-402402	www.oneperysquare.com
Pax Guest House	Upper John St, Dingle	066-9151518	www.pax-house.com

2 爱尔兰→荷兰

Ai'erlan→Helan

荷兰交通

从爱尔兰前往荷兰

从爱尔兰的都柏林国际机场，你可以乘飞机前往荷兰的阿姆斯特丹等多个城市。阿姆斯特丹史基浦机场（www.schiphol.nl，020-940800）是荷兰最主要的机场，位于阿姆斯特丹的西南，是欧洲连接亚洲、北美洲、南美洲的重要交通枢纽。从北京、上海、广州和香港有到史基浦国际机场的班机。

从阿姆斯特丹史基浦机场可以搭乘197、370、97、358路巴士前往阿姆斯特丹市区，全程约1

小时；乘出租车到市区需25～40分钟，50欧元左右。此外，史基浦机场有火车站，火车站站台在史基浦机场购物中心的下面，从这里乘火车到阿姆斯特丹只需20分钟左右，还可以在此乘火车到荷兰其他城市，如乌德勒支（Utrecht）、海牙（The Hague）、莱顿（Leiden）、鹿特丹（Rotterdam）、代尔夫特（Delft））等。

乘火车玩荷兰

乘火车游览荷兰，快捷、舒适、低价。荷兰拥有密集高效的铁路网络与现代化的高速火车穿行于各个城市之间。在荷兰乘坐火车能够到达许多城市、小镇和村庄，一般都是在城镇中心下车，到达景点很方便。

荷兰的火车分为普通慢车、城际快车和国际快车。城际快车无需预订和支付额外费用即可快速送你抵达目的地。在荷兰坐火车一定要持有效车票，否则将被处以35欧元的罚金加所乘列车的全程票价。

阿姆斯特丹最主要的火车站是位于市中心水坝广场附近的中央火车站（Amsterdam Centraal Station，www.ns.nl），几乎所有到阿姆斯特丹的列车及阿姆斯特丹市内的有轨电车或巴士都会到达中央车站。从史基浦机场到阿姆斯特丹市内约20分钟，从阿姆斯特丹到乌德勒支约需30分钟，从阿姆斯特丹到海牙约需45分钟。

乘公交逛荷兰

荷兰的全国公共交通大多通用OV-chipkaart公交卡，这种卡可在车站、超市购买，适用于荷兰几乎所有的公共交通，包括公共汽车、有轨电车、地铁和火车等。使用这种公交卡时，上、下车都必须刷卡（火车换车时除外）。

自驾车玩转荷兰

选择自驾车玩转荷兰会有很多意想不到的惊喜。不过，在荷兰租车必须年满23岁，持有国际驾照及信用卡。需要注意的是，在河道密布、公共交通便利的阿姆斯特丹，开车反而不如步行或骑单车方便。

荷兰阿姆斯特丹景点

安妮之家

安妮之家（Anne Frank Huis）是纪念犹太人安妮·法兰克的博物馆。安妮在这里写下了著名的《安妮日记》，博物馆内部陈列的历史遗品主要讲述了在德军时代的荷兰犹太人苦难逃亡的历史。

旅游资讯

地址： Prinsengracht 263

交通： 乘地铁13、14、17线在Westermarkt站下

电话： 020-5567100

门票： 成人6.5欧元，学生3欧元，儿童免费

开放时间： 4～8月9:00～21:00，9月至次年3月9:00～19:00

凡·高美术馆

凡·高美术馆（Van Gogh Museum）因收藏有梵高黄金时期最珍贵的作品而闻名世界。藏品中最知名的是“群鸽”与“向日葵”。美术馆内还展出其他著名印象派画家的作品，如莫奈、高更等人的作品。

旅游资讯

地址： Paulus Potterstraat 7

交通： 乘有轨电车2、3、5路在P.Potterstraat站下

电话： 020-5705200

门票： 9欧元

开放时间： 周日至周四10:00～18:00，周五10:00～22:00

西教堂

西教堂（Westerkerk）是阿姆斯特丹的一座新教教堂，也是阿姆斯特丹最高的教堂。教堂尖顶上有马克西米利安一世的皇冠，站在塔上，你可以俯瞰阿姆斯特丹全景。这里曾是荷兰贝娅特丽克丝公主举行婚礼的地方，吸引了不少游人慕名前来参观。

西教堂

旅游资讯

地址： Prinsengracht 281

交通： 乘地铁13、14、17线在Westermarkt站下

电话： 020-6247766

门票： 免费

开放时间： 周一至周六11:00～15:00（5月15日至9月15日），塔开放时间周三至周六10:00～16:00（6月至9月中旬）

赞斯堡

赞斯堡（Zaanse Schans）被称为世界上最大的风车露天博物馆。村内有多座风车，部分风车可以允许游客进入并体验在磨坊内研磨谷物的过程，非常新奇。此外，这里还有17世纪样式的绿色的木屋。

旅游资讯

地址： Schansend 1

交通： 在阿姆斯特丹中央车站乘火车，在Zaandam下，从火车站出来后，在火车站前乘88路巴士在Juliana Brug桥端下，过桥即到

电话： 075-6168218

阿姆斯特丹王宫

阿姆斯特丹王宫（Royal Palace）被诗人惠更斯称为“世界的第八奇迹”。历经波折的王宫现在是荷兰皇家迎宾馆，王宫设有7个入口，象征荷兰的7个省。在宫内的“法庭间”，法官在法庭上宣判的图案代表正义，智慧和仁慈；“市民间”中，地图被镶嵌在大理石地板上，代表在荷兰人民的心中，阿姆斯特丹是世界的中心。

旅游资讯

地址： Dam Square

交通： 乘地铁1、2、5线在Dam站下

电话： 020-6204060

阿姆斯特丹王宫

荷兰国立博物馆

荷兰国立博物馆

荷兰国立博物馆（Rijkmuseum）是荷兰最大的博物馆，以收藏17世纪“黄金时代”的荷兰绘画而知名。博物馆内有欧洲最精美的绘画及中国瓷器、日本屏风、印度尼西亚湿婆神青铜像等文物。其中，镇馆之宝是伦勃朗的《夜巡》和维米尔的作品。

旅游资讯

地址： Jan Luijkenstraat 1

交通： 乘有轨电车2、5路在Hobbemastraat站下

电话： 020-6747000

门票： 14欧元

开放时间： 9:00～18:00

网址： www.rijksmuseum.nl

荷兰其他地区景点

乌德勒支

超现代感的中央火车站与旧城区百年不变的风光遥相呼应，在乌德勒支，处处弥漫着一股幽静沉稳的气息。这里的主要景观有中央博物馆、音乐盒博物馆、德哈尔古堡、凡·高国家森林公园等。

乌德勒支德哈尔古堡

旅游资讯

交通：从阿姆斯特丹乘火车往返，每天4班，约需35分钟，6.3欧元；从鹿特丹乘火车往返，每天4班，约需40分钟，8.6欧元

鹿特丹

鹿特丹是欧洲第一大港，它不仅拥有世界文化遗产小孩堤防风车群，还有很多有名的现代建筑。这里的景观主要有小孩堤防风车村、欧洲桅杆、圣劳伦斯大教堂等。

伊拉斯谟斯桥

旅游资讯

交通：从阿姆斯特丹乘火车前往，每小时4班，约需67分钟，12.6欧元；从海牙乘火车前往，每小时4班，约需15分钟，4.1欧元

荷兰美食

荷兰物产丰富，烹调手法变化多样，口味独特。特别推荐海鲜和奶制品，食物的材料有新鲜的海产、品质优良的肉类和鲜奶。

阿姆斯特丹的唐人街上有很多中国菜馆，餐馆、点心铺、烤鸭店都有，那些门面看上去不太起眼的小店，菜肴的味道往往比较正宗。

餐厅推荐				
名称	地址	电话	网址	菜系
Gartine	Taksteeg 7 BG, Amsterdam	020-3204132	www.gartine.nl	法国
The French Table	1 Steamboat Quay	061-609274	www.frenchtable.ie	法国
Vlaming eten & drinken	Lindengracht 95, Amsterdam	020-6222716	www.eetcafevlaming.nl	国际
FG Restaurant	Lloydstraat 204, Rotterdam	010-4250520	www.fgrestaurant.nl	国际
Fred	Honingerdijk 263, Rotterdam	010-2120110	www.restaurantfred.nl	混合

荷兰购物

荷兰的特产主要有木鞋、阿姆斯特丹钻石等。阿姆斯特丹有很多吸引人的小商店，这些小店被人形象地称为“角落”。这些店主要分布在莱德斯大街及拉得胡伊斯大街之间，哈泽恩大街、沃尔文大街或郊外一点的辛格尔、罗泽恩大街、达姆大街或老城等地。如果对古董感兴趣，你可以到Spiegel Quarter区内的古董商店寻找稀奇宝物。

购物地场所推荐			
名称	地址	电话	网址
Greenwoods	Singel 103, Amsterdam	020-6237071	www.greenwoods.eu
De Bijenkorf	Dam 1, Amsterdam 1012 JS	020-6600788	www.debijenkorf.nl
Amsterdam Diamond Center	Rokin 1 /5,Amsterdam	020-6245787	www.amsterdamdiamondcenter.nl

荷兰娱乐

荷兰是一个多姿多彩的国家，首都阿姆斯特丹的节庆、活动非常多，无论是女王的生日，还是各类展览、戏剧节、音乐会等都非常热闹。此外，这里还有很多酒吧，爵士乐在这里很受欢迎。

荷兰娱乐场所推荐			
名称	地址	电话	网址
Trouw Amsterdam	Wibautstraat 127-131，Amsterdam	020-4637788	www.trouwamsterdam.nl
Theater Nomade	Oudezijds Achterburgwal 203-D, Amsterdam	020-6941082	www.theaternomade.nl
Luxor Theater	Posthumalaan 1, Rotterdam	010-4843333	www.luxortheater.nl
Hollywood Music Hall	Delftsestraat 15，Rotterdam	010-4114958	www. hmh.nl
Kilkenny Design Centre	Castle Yard, Kilkenny	056-7722118	www.kilkennydesign.com

荷兰住宿

在荷兰，所有的旅馆、酒店都由VVV（Vereniging Voor Vreemdelingenverkeer）提供。由VVV提供的大多数资料都需要收费，它的服务项目如订房、订票等相对比较昂贵。

荷兰住宿推荐			
名称	地址	电话	网址
Amsterdam Downtown Hotel	Kerkstraat 25, 1017 GA Amsterdam	020-7776877	www.hoteldowntown.nl
City Hotel Amsterdam	Prins Hendrikkade 130, 1011 AP Amsterdam	020-6230836	www.cityhotelamsterdam.com
American Hotel	Leidsekade 97, 1017 PN Amsterdam	020-5563000	www.hampshire-hotels.com
NL-Hotel	Nassaukade 368, 1054 AB Amsterdam	020-6890030	www.leidseplein.nl-hotel.com
Hotel New York	Koninginnehoofd 1, 3072 AD Rotterdam	010-4390500	www.hotelnewyork.nl

3 荷兰→比利时

Helan→Bilishi

比利时交通

从荷兰前往比利时

·乘飞机前往

从荷兰乘飞机可以前往比利时的布鲁塞尔等城市，布鲁塞尔国际机场距市中心约12千米，是比利时的主要机场。机场有通往欧洲各主要城市的航班。

从布鲁塞尔国际机场可乘坐国营列车前往市中心，火车站在飞机场大厅下面，可乘车前往布鲁塞尔中央车站和布鲁塞尔南站等地。乘火车到北站约17分钟、中央车站约21分钟、南站约24分钟，参考票价为一等车厢3.5欧元、二等车厢2欧元。此外，你也可以乘坐471、659路巴士到布鲁塞尔市区。乘出租车到市中心约需20分钟，车费45欧元左右。

· 乘火车前往

比利时铁路网络发达，首都布鲁塞尔有5个火车站，其中北站（Gare du Nord）、中央站（Gare du Centrale）、南站（Gare du Midi）是国际车站，从荷兰前往比利时的列车一般停靠在北站。

乘火车前往比利时，可以买一张荷比卢三国联营火车票（Benelux），这张票可以在荷兰、比利时和卢森堡使用，在1个月的有效期中，可以在5天内不限次地乘坐火车。头等舱和二等舱可选。4岁以下儿童免费，4～11岁购买儿童票，12～25岁购买青年票，26岁以上需购成人票。

此外，欧洲著名的红色列车，主要行驶于巴黎及比利时、荷兰之间，以班次密集、便捷及多元化的服务而著名。

乘巴士游比利时

乘长途巴士可达比利时各主要城市，巴士内部环境较好，座椅也很舒适，不过车票价格相对较贵。

自驾车玩转比利时

在比利时市内主要城镇与观光胜地均可租车，不过必须21岁以上，且有国际驾驶证，比利时的交通规则与中国相似。需要注意的是，遇到红灯时车子不可以右转弯。行车时，如发现人行道上有人要过马路，必须停车。

此外，关于速度方面，高速公路速限为70～120千米/小时，市区最高速限为50千米/小时，郊区为90千米/小时。在比利时发生意外可拨打电话（100）救援。

比利时布鲁塞尔景点

“撒尿小孩”铜像

“撒尿小孩”铜像（Manneken-Pis）的形象为一个正在撒尿的儿童，这名儿童就是让比利时人引以为豪的小于连，比利时人视之为独立精神象征，亲昵地称他为“布鲁塞尔第一公民”。儿童塑像约半米高，在人们面前无拘无束地撒着“尿”，调皮的笑容，显得十分天真、活泼。

旅游资讯

地址：35，rue de lEtuve

交通：沿大广场向北走可到

布鲁塞尔皇宫

布鲁塞尔皇宫（Palais du Roi）位于布鲁塞尔公园前方，是比利时最雄伟的建筑之一。它依照凡尔赛宫而建，外观宏伟，内部则装饰得金碧辉煌。皇宫是比利时国王接见客人、处理国家事务及举办大型招待会的地方。另外，这里每天都有卫兵换岗仪式举行。当国王在宫中的时候，宫殿外会飘扬比利时国旗。

旅游资讯

地址：Place des Palais

交通：乘地铁在Parc站或Arts-Loi站下

电话：02-5512020

门票：免费

开放时间：周二至周日10:30～16:30（7月22日至9月底）

旅游达人游玩攻略

想要知道国王在不在宫内，你只要看皇宫顶上的国旗就可以判断。如果插有国旗就证明国王此刻在皇宫，反之则不在，这时候皇宫就可以免费对外开放参观。

布鲁塞尔皇宫

布鲁塞尔大广场

布鲁塞尔大广场（La Grande Place）是欧洲最美的广场之一。广场的地面全部用花岗石铺成，周边的建筑多为哥特式、文艺复兴式、路易十四式等风格。广场南面即是著名的布鲁塞尔市政厅，周围还有各种酒吧、商店和餐馆。

布鲁塞尔大广场

旅游资讯

地址： Rue au Buerre Ilot Sacre

交通： 乘地铁在Grand-Place下可达

滑铁卢

滑铁卢（Waterloo）是一个因拿破仑而名扬世界的地方，这个小镇与大多数小镇一样，古朴而安静。这里有几座规模很小的纪念馆，还有一座金字塔形的小土山。站在山顶的平台上，你可以纵览当年滑铁卢战场的全貌。

旅游资讯

地址： 布鲁塞尔南约20千米

比利时其他地区景点

布鲁日

布鲁日（Brugge）是比利时著名的旅游城市，素有“北方威尼斯”、“佛兰德珍珠”等美称。市内河渠如网，风光旖旎，古式房屋鳞次栉比，保留有浑厚的中世纪风貌。圣母院是布鲁日最为著名的历史古迹。

旅游资讯

地址： 比利时西北部弗兰德平原，距北海14千米。

交通： 从鲁塞尔乘火车前往约需60分钟，10.8欧元

安特卫普

安特卫普拥有中世纪情调的古老建筑，还有高超神秘的钻石工艺，享誉世界的绘画艺术……安特卫普在静静地等待你的到来。在这里，你可以参观安特卫普纪念碑、贝绍特田园体育场、欧洲最美的安特卫普火车站等。

旅游资讯

交通： 从布鲁塞尔坐火车到安特卫普大约40分钟，周末往返车票（二等舱）为7欧元

比利时有各种各样的美食，在布鲁塞尔大大小小的餐厅里，你不仅可以吃到美味的食物，还能享受一流的服务。在布鲁塞尔，品尝美酒经常会成为进餐的主旋律。而喜欢巧克力的人，不要错过Godiva、Neuhaus、Pierre Marcolini以及Wittamer这四家巧克力店。此外，9月至次年4月是布鲁塞尔贝类最肥最大的时节，对于海鲜爱好者来说，这可是很好的美食季。

布鲁塞尔餐厅推荐				
名称	地址	电话	网址	菜系
Noordzee Chamorre	Rue Sainte-Catherine 45, Bruxelles	02-5131192	www.poissonneriemerdunord.be	当地
Gruuthuse Hof	Mariastraat 36, Brugge	050-330614	www. gruuthusehof.be	当地
Pasta Divina	Rue de la Montagne 16, Bruxelles	02-5112155	www.pastadivina.be	意大利
Toscana 21	Rue de Rollebeek 21, Bruxelles	02-5023621	www.lekkerindebuurt.be	意大利
De Gastro	Braambergstraat 6,Brugge	050-341524	www.degastro.be	比利时

走在比利时布鲁塞尔的大街小巷，五颜六色的饰带、精致的皮革制品和亚麻布产品，撒尿小童雕像、蕾丝花边、贝壳型巧克力等，让人眼花缭乱。布鲁塞尔最大的商品街为Rue Neuve，从Place de La Monnaie到Place Rogier，各种类型的商店和市场，应有尽有。其中，Galeries St. Hubert（胡贝特长廊）是高档服饰的集中地。

布鲁塞尔购物场所推荐			
名称	地址	电话	网址
Inno	Rue du Damier 26 ,Bruxelles	02-2112111	www.inno.be
City 2 Shopping Center	Rue Neuve 123,Bruxelles	02-2114060	www.brusselsshopping.com
Koninklijke Sint-Hubertusgalerijen	rue de l ecuyer 1000, Bruxelles	02-5450990	www.galeries-saint-hubert.com
Brusel	Anspachlaan 100,Bruxelles	02-5110809	www.brusel.com
Darakan	Zuidstraat 9,Bruxelles	02-5122076	www.darakan.net
Mary Chocolatier	73 rue Royale,Brussels	02-2174500	www.mary.be
Pierre Marcolini	Rue Des Minimes 1, Brussels	02-5141206	www.marcolini.be
2GO4 Quality Hostel	Boulevard Emile Jacqmain 99,Bruxelles	02-2193019	www.2go4.be

比利时娱乐

比利时娱乐节目很多，在首都布鲁塞尔的大广场上经常举行音乐会。除此之外，你还可以用很便宜的价格欣赏到高品质的歌剧与芭蕾。

布鲁塞尔娱乐场所推荐			
名称	地址	电话	网址
Fuse	Rue Blaesstraat 208,Brussels	02-5119789	www.fuse.be
Warehouse Studio Theatre	Rue Waelhem 69A, Bruxelles	477-408704	www.theatreinbrussels.com
Kinepolis Brussels	Eeuwfeestlaan 20 Bld. du Centenaire, Brussels	02-4742600	www.kinepolis.be
Kinepolis Brugge	Koning Albert I-laan 200, Brugge	50-305000	www.kinepolis.be

比利时住宿

与欧洲大多数城市一样，比利时的酒店、小旅店不管是豪华还是简单，共同点就是很干净，让你住得开心和舒适。但每年在6月或9月旅游旺季时，客房会相当紧张，需要提前预订。

比利时住宿推荐			
名称	地址	电话	网址
Chez Dominiqu	Rue de la Montagne 27, 1000 Bruxelles	485-226134	www.chezdominique.be
Maison Noble	Rue Marcq 10, 1000 Bruxelles	02-2192339	www.roomswhizz.com
Made in Louise	Rue Veydt 40, 1050 Bruxelles	02-5374033	www.madeinlouise.com
Huis Koning	Oude Zak 25, 8000 Brugge	50-689668	www.huiskoning.be
Cote Canal	Hertsbergestraat 10, 8000 Brugge	50-372424	www.bruges-bedandbreakfast.be
iRoom	Verversdijk 1, 8000 Brugge	50-337353	www.iroom.be

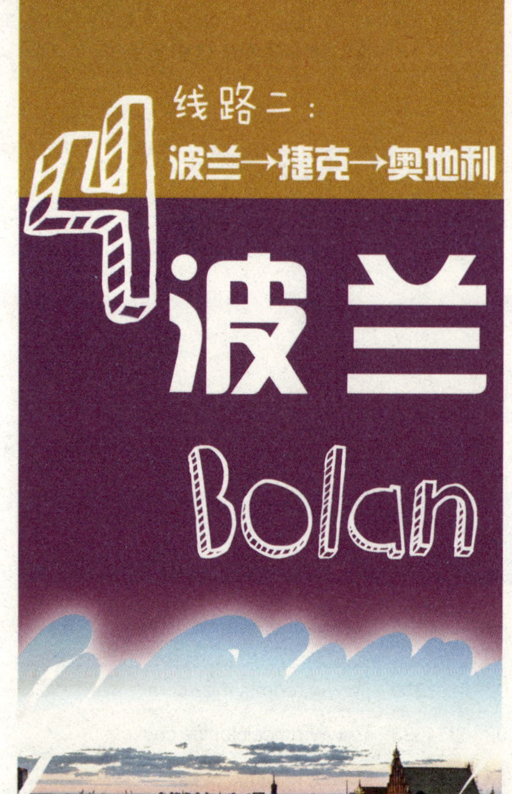

从机场前往波兰

波兰有多个机场，其中华沙奥肯锡机场（Frederic Chopin Airport）距离华沙市区约10千米，是波兰最大的国际机场，也是波兰航空公司全球航线的总部。从这里前往莫斯科及东欧各国只需1～2小时。此外，还有到美洲国家及波兰国内各主要城市的航班。查询机场相关信息可登录网址：www.lotnisko-chopina.pl。

从奥肯锡机场到华沙市区，你可以乘坐机场巴士或出租车，乘机场巴士到华沙市中心需半个小时左右。

乘轨道交通玩波兰

波兰的铁路运输由波兰国家铁路公司（PKP）运营，提供城际特快列车、国内和国际的旅客列车和快速列车。选择铁路交通出行，你几乎可以到达波兰所有大城市和小城镇。

乘巴士游波兰

在波兰，你可以选择搭乘巴士到一些火车无法到达的地方。旅客可以在汽车站的电子公告板、咨询处以及相应的网站查询到汽车时刻表和价目表。除了可以在车站的售票处买票外，你还可以在车上向司机购票。此外，波兰的旅行社也提供国内和国际的长途汽车旅行服务。

乘船游波兰

波兰的主要港口有格但斯克（Gdansk）、格丁尼亚（Gdynia）、什切青（Szczecin）和斯维内明德（Swinoujscie），而科沃布热格 （Kolobrzeg）、乌斯特卡（Ustka）、达尔沃沃

（Darłowo）和莱鲍（Leba）也是经常用到的码头。

波兰有定期的渡轮前往丹麦和瑞典。渡轮从斯维内明德、格丁尼亚、格但斯克出发，直达的城市有：斯塔德、卡尔斯克鲁纳、哥本哈根、尼奈斯（接近斯德哥尔摩）和龙尼。

自驾车玩转波兰

波兰的交通实行右行制。无论是司机还是乘客，也不管坐前排还是后排，都必须系好安全带，未满12岁的儿童还要坐在规定的儿童座椅上。冬天驾车时，车灯必须一直打开。司机驾驶时应携带身份证、国际驾驶证、交通运输部颁发的车辆登记卡、第三方责任险、绿卡（在欧盟区旅游时必备）等证件。

如果想了解所要前往的目的地的天气状况，你可以通过波兰“国家道路和高速公路总局”（GDDKiA）的网站：www.gddkia.gov.pl，查询到最新的天气状况、道路维修信息以及交通故障信息。

城堡广场

城堡广场（Plac Zamkowy）位于老城中心，广场建筑多为第二次世界大战后重建，中心耸立有著名的泽格蒙特三世瓦扎的圆柱纪念碑。在广场的周边，还有很多商店、电影院和手工业作坊，你可以在周边商店购买纪念品。

旅游资讯

地址：Warszawa

居里夫人博物馆

居里夫人博物馆（Marie Curie Museum）为纪念波兰著名科学家居里夫人而建，这里也是她生前的居所。博物馆内部主要展示与居里夫人有关的东西，如与居里夫人相关的研究资料、她生前使用过的用品等，全方面介绍了居里夫人的生平及其伟大发明。

旅游资讯

地址：Ul Freta 16

开放时间：周二至周六10:00～16:00，周日10:00～14:00

肖邦博物馆

肖邦博物馆（Muzeum Fryderyka Chopina）位于巴洛克式奥斯特洛夫斯基宫内，为纪念伟大的音乐家肖邦而建。馆内有肖邦使用过的钢琴，还有众多相关资料以及照片等。因为肖邦在世界上的名气，很多音乐迷都奔着“肖邦”两个字而来。

旅游资讯

地址： Ul Okolnik 1

华沙美人鱼铜像

华沙美人鱼铜像是华沙市的象征，铜像上身是位端庄文静、英俊无畏的美丽少女。下身有分明的两条腿，直到脚的终端才是鱼尾。碑座十分坚实，与雕塑相互映衬，把美人鱼衬托得更加美丽。

华沙美人鱼铜像

旅游资讯

地址： Rynek Starego Miasta

波兰其他地区景点

奥斯维辛

奥斯维辛因一座集中营而被世人铭记，这座集中营曾被称为“死亡工厂”，已被列入世界文化遗产名录，以警示世界“要和平，不要战争”。每年有来自世界各国的各界人士前往奥斯维辛集中营遗址参观，凭吊那些被德国纳粹分子迫害致死的无辜者。

旅游资讯

交通： 可从克拉科夫乘火车到达，时间约两个小时，在火车站转乘公交车或者步行可到

克拉科夫

克拉科夫位于维斯瓦河上游两岸，是中欧最古老的城市之一，维斯瓦河穿过城市。市内古典的建筑物弥漫着中世纪的风情，曾被誉为波兰最美丽的城市。著名景点有额古城广场、国立博物馆、华威城堡等。

旅游资讯

交通： 可从华沙乘火车前往

波兰美食

波兰菜肴汲取了许多民族的烹饪精华，多种口味的熏肉是波兰的特产，其中以Kielbasa香肠最受欢迎。波兰还有各式各样美味的面包、波兰炸猪排（Kotlet schabowy）、塞满了梅干的烤肉（Pieczony schab）等令人食欲大增的美食。

在华沙，你根本不用担心吃饭的问题，因为不论是最便宜的小吃摊，还是昂贵的国际标准大饭店，吃饭都可以享受到比较实惠的价格。在华沙ul Nowy Swiat街一带是美食比较集中的地方。

波兰餐厅推荐				
名称	地址	电话	网址	菜系
E. Wedel	Zamoyskiego 28, 03-801 Warszawa	022-6707700	www.wedel.pl	华沙
Restauracja Polska Rozana	Chocimska 7, Warszawa	022-8481225	www.restauracjarozana.com.pl	波兰
Platter Restaurant	Emilii Plater 49, 00-001 Warszawa	022-3288730	www.platter.pl	波兰
Restauracja Starka	ul. Jozefa 14, Krakow	012-4306538	www.starka-restauracja.pl	波兰
Trzy Kroki w Szalenstwo	ul. Lubicz 28, Krakow	012-4300438	www.trzykroki.pl	国际

波兰购物

波兰首都华沙有很多购物的地方，旧城区的广场市场浓缩了华沙购物的精华。木雕、手工地毯、布娃娃、琥珀珠宝、刺绣制品、剪纸等波兰传统手工艺品应有尽有，不要错过。华沙文化宫后面的Wars，是华沙最大的百货商店，主要可以购买日常生活用品。Rutkowskieg Street和百货商城Sawa也是你购物的好去处。

波兰购物场所推荐			
名称	地址	电话	网址
Zlote Tarasy	Ul. Zlota 59, Warsaw	022-2222200	www.zlotetarasy.pl
Arkadia	Aleja Jana Pawła II 82, Warszawa	022-3236767	www.arkadia.com.pl
Galeria Krakowska	Pawia 5,Krakow	012-4289900	www.galeria-krakowska.pl

波兰娱乐

波兰拥有众多丰富多彩的节日、传统文化活动。在华沙，娱乐活动同样很多，酒吧夜总会分布在大街小巷，十分热闹。如果想详细了解，可以参考《游华沙》（The Visitor: Warsaw）与包罗万象的《华沙口袋书》（Warsaw in Your Pocket），相信你会有很大的收获。

波兰娱乐场所推荐			
名称	地址	电话	网址
Club Mirage	Plac Defilad 1,Warszawa	022-6201454	www.clubmirage.pl
National Theatre	Plac Teatralny 3, Warszawa	022-6920604	www.narodowy.pl
Jewish Theatre	Plac Grzybowski 12/16，Warszawa	022-6206281	www.teatr-zydowski.art.pl
Wisla Cinema	Plac Thomasa Woodrowa Wilsona 2, Warszawa	022-8392365	www.novekino.pl
Kilkenny Design Centre	Castle Yard, Kilkenny	056-7722118	www.kilkennydesign.com

波兰住宿

游客在波兰旅游的住宿场所从跨国连锁酒店到小型家庭旅馆，应有尽有。家庭旅舍非常受欢迎，尤其在旅游度假区。年轻人往往喜欢选择招待所和青年旅馆（或山间旅馆），房价低廉，而且气氛热烈，你还可以认识世界各地的旅行者。

波兰住宿推荐

名称	地址	电话	网址
Polonia Palace Hotel	Aleje Jerozolimskie 45, Warszawa	022-3182800	www.poloniapalace.com
Hotel The Westin Warsaw	Aleja Jana Pawła II 21, Warszawa	022-4508000	www.westin.pl
MDM Hotel	Plac Konstytucji 1, Warszawa	022-3391600	www.hotelmdm.com.pl
Campanile. Hotel	Towarowa 2, Warszawa	022-5827200	www.campanile.com
Hotel Novotel Warszawa Centrum	Marszalkowska, Warszawa	022-5960000	www.accorhotels.com
Sofitel Victoria Warszawa	Krolewska 11,Warszawa	022-6578011	www.accorhotels.com
Metropol Hotel	Marszalkowska 99A, Warszawa	022-3253100	www.hotelmetropol.com.pl
Sheraton Warsaw Hotel	Boleslawa Prusa ,Warszawa	022-4506100	www.sheraton.pl
Hotel Mercure Grand	Krucza,Warszawa	022-5832100	www.accorhotels.com
Novotel	Sierpnia 1,Warszawa	022-5756000	www.novotel.com
Red Kurka Apartments	Gertrudy 5,Krako	0535-919135	www.redkurka.com
Hotel Wloski	Dolna Wilda 8,Poznan	061-8335262	www. hotelwloski.pl

5 波兰→捷克

Bolan→Jieke

从波兰前往捷克

·乘飞机前往

捷克有两大机场，分别是布拉格鲁济涅国际机场（Leti te Vaclava Havla Praha）和卡罗维发利机场（Karlovy Vary Airport），从这两个机场可以前往欧洲各主要城市。

从波兰华沙奥肯锡机场和克拉科夫国际机场可以乘飞机直达捷克首都布拉格。布拉格鲁济涅国际机场位于布拉格以西约10千米，这里每天都有往返于英国和其他国家的廉价航班。中国的北京、上海有直达航班前往这里。机场网址：www.prg.aero。

从布拉格鲁济涅国际机场到布拉格市区，你可以先乘119路巴士到Dejxika，然后转乘地铁到市区，地铁票价约20捷克克朗，全程约20分钟。

·乘火车前往

从波兰的华沙、克拉科夫有到捷克布拉格的火车。布拉格是捷克的铁路交通枢纽，从这里乘坐火车可以非常方便地到达捷克其他地方及周边的欧洲国家，而从欧洲其他地方到捷克的最好办法仍是乘坐火车。捷克的火车种类分为特快Inter City（IC）、快车Express（EX），Super City（SC）等，非常方便人们出行。

乘巴士游捷克

捷克的巴士路线纵横交错，有中程巴士和长途巴士之分，车票可在售票处购买，也可以在车上直接买票。乘巴士在捷克国内城市间游玩，车票不接受提前订位，只出售当日车票。

自驾车玩转捷克

捷克有很多租车点，租车要求年龄在21岁以上，需持有国际驾照（中国驾照公证翻译件可用）、信用卡。捷克车辆靠右侧行驶，开车必须系安全带。如果从其他国家自驾前往捷克，需咨询清楚所租的车型是否可以驶入捷克。此外，在捷克开车白天要开灯。

捷克布拉格景点

旧城广场

旧城广场（Staromestske Namesti）古意十足又充满朝气。站在广场中央看周围的建筑，眼睛所及之处，都是巴洛克式、洛可可式、罗马式、歌德式等风格的建筑，让人感觉如同来到了万国建筑博物馆。

旅游资讯

地址：Staromestke Namesti

交通：可步行到达旧城中心

天文钟

天文钟（Prazsky Orloj））是一座有名的中世纪时钟，被称为是捷克哥特式科学及技术的登峰造极作品。时钟根据太阳、月亮和黄道十二宫星座设计运转，钟的两边有很多活动的小人物，随着时间的流逝，耶稣十二门徒会逐渐出现，当十二门徒都出现时，大钟便开始报时。

旅游资讯

地址：Staromestske namesti 1/3

国家博物馆

国家博物馆（Narodni Muzeum）在瓦茨拉夫广场一端，是一座新文艺复兴式建筑，也是这个地区的地标建筑之一。入口门旁有一座历史和博物学之神的雕像，馆内主要收藏捷克古代历史文物。此外，馆内还有考古学、人类学、博物学等收藏。

旅游资讯

地址： Praha 1，Vaclavske namesti 68

电话： 02-24497111

交通： 乘地铁在Muzeum站下

开放时间： 5～9月10:00～18:00，10月至次年4月9:00～17:00

布拉格城堡

布拉格城堡（Prazsky Hrad）是捷克的皇家宫邸，由圣维特教堂和大小宫殿组成。不同年代、风格的建筑在城堡中保留下来，其中以罗马式 、哥特式、巴洛克式、文艺复兴式建筑居多，以文艺复兴时代建的晚期哥特式加冕大厅、安娜女皇娱乐厅、西班牙大厅最有名。

主要景观

圣维塔大教堂（Katedrala sv. Vita）：是布拉格城堡最重要的地标，也是王室加冕与辞世后的长眠之地。

布拉格城堡画廊（Obrazarna Prazskeho Hradu）：收藏了许多古典绘画，有意大利、德国、荷兰等国艺术家的作品，以16～18世纪的绘画作品为主。

旅游资讯

地址： Prague Castle

交通： 乘有轨电车22路在Prazsky hrad站下

电话： 02-24373368

门票： B类票，220捷克克朗，包括圣维特大教堂、旧皇宫和黄金小巷；A类票，330捷克克朗，除了B类票的景点外，还包括圣乔治教堂、火药塔和布拉格城堡故事展

开放时间： 5～10月9:00～17:00，11月至次年4月9:00～16:00

布拉格城堡

捷克美食

捷克的特色美食主要有捷克苹果派、嫩小牛里脊、鸡蛋薄饼、捷克炸排骨、烤猪肉、烤鲜鱼等。布拉格城堡、旧市区广场、瓦茨拉夫广场等景点附近集中了很多餐厅，在酒馆中，你可以品尝到当地人自酿的生啤酒。

布拉格餐厅推荐				
名称	地址	电话	网址	菜系
Bellevue	Smetanovo Nabrezi 18	02-22221443	www.bellevuerestaurant.cz	国际
Terasa u Zlate Studne	Prague Castle	02-57533322	www.terasauzlatestudne.cz	法国
Indian Jewel	Old Town	02-22310156	www.indianjewel.cz	印度
Ambiente Pasta Fresca	Ambiente Pasta Fresca	02-24230244	www.ambi.cz	意大利
V Zatisi	Liliova 1	02-22221155	www.vzatisi.cz	捷克

捷克购物

捷克有许多购物场所，最值得购买的纪念品是水晶、布拉格木偶和蓓荷萝芙卡酒（Becherovka）。捷克的水晶制品物美价廉，在首都布拉格各主要商业区和旅游区都有水晶店。布拉格的购物区主要集中在瓦茨拉夫广场、采雷特纳街、帕希裘斯卡街等地，选购波西米亚水晶可以到旧市区，选购木偶、挂饰等物品，可以前往新市区或旧城广场桥塔附近。

布拉格购物场所推荐			
名称	地址	电话	网址
Globe	Pstrossova 6	02-24934203	www.globebookstore.cz
Myslbek Shopping Gallery	Na prikope 1096/19	02-24835000	www.ngmyslbek.cz
Bondy Centrum	trida Vaclava Klementa 1459	03-26210499	www.bondy-centrum.eu
Palladium	nam. Republiky 1	02-25770250	www.palladiumpraha.cz

捷克娱乐

捷克娱乐活动缤纷多彩，音乐厅、酒吧和餐馆都是娱乐的好去处。木偶剧和黑光剧是这里的特色，值得一看。首都布拉格是古典音乐的发源地，市内有许多演奏厅，几乎每晚都有音乐会，在广场上还可以欣赏到露天演奏会。推荐前往国家剧院对面的斯拉夫（Kavama Slavia），这里曾是作家、戏剧家、革命家、艺术家等集会的重要场所。

布拉格娱乐场所推荐			
名称	地址	电话	网址
National Marionette Theatre	zatecka 98/1	02-24819322	www. mozart.cz
Cinema City	revnicka 121/1	02-55742021	www.cinemacity.cz
Retro Music Hall	Francouzska 75/4	02-22510592	www.retropraha.cz
Yes Club	Skretova 386/1	07-76403333	www.yesclub.cz

捷克住宿

捷克有各种类型的酒店，如果喜欢享受可以选择高级奢华的酒店，多数旅游者选择入住中档酒店、家庭公寓、青年旅馆等。布拉格的瓦茨拉夫广场附近是旅馆最多的地方，这里的住宿价格不便宜，普通的旅馆人均600捷克克朗左右，一个房间一般在1500~2000捷克克朗。

布拉格住宿推荐			
名称	地址	电话	网址
Arcadia Old Town	Kozna 6	02-24922040	www.arcadiaresidence.com
Hotel Residence Agnes	Hastalska 19	02-22312417	www.residenceagnes.cz
Hotel 16	Katerinska 16	02-24920636	www.hotel16.cz
Unitas Hotel	Bartolomejska 308/9	02-24230533	www.unitas.cz
Lida Guest House	Lopatecka 26	02-61214766	www.lidabb.eu

6 捷克→奥地利

Jieke→Aodili

从捷克前往奥地利

·乘飞机前往

奥地利有两大机场：维也纳国际机场和萨尔茨堡国际机场，从这两个机场可以前往欧洲各主要城市。从捷克的布拉格鲁济涅国际机场有直飞奥地利维也纳国际机场的航班，全程飞行时间约1小时。维也纳国际机场位于维也纳东南约18千米处，是奥地利的主要机场。大部分欧洲航空公司都有直达维也纳的国际航班，从中国的北京、上海、广州、重庆有前往维也纳的航班。机场电话：01-70070，网址：www.viennaairport.com。

从维也纳国际机场机场前往市区	
方式	信息
机场巴士	机场巴士有两条路线：机场—希尔顿大酒店，机场—维也纳西火车站（经停南火车站），参考票价为6欧元
机场特快列车	全年不休，每天运营时间5:37～23:36，全程约16分钟，中途不停，终点站为维也纳中央火车站，连接地铁、市郊火车、有轨电车和公共汽车。单程票价8欧元，双程15欧元
出租车	机场大厅外乘坐，一般情况下，到市区的费用大约为35～45欧元；还有一种“C+K”出租车，需电话预约，预约电话为44444，到市区统一价22欧元

· 乘火车前往

从捷克的布拉格可以乘火车前往奥地利维也纳，奥地利拥有发达的铁路网，火车由奥地利联邦铁路公司（OBB）运营，乘火车可以到达奥地利各主要城市，大部分列车都设有一等舱和经济舱。首都维也纳有多个火车站，其中最主要的是火车西站（Westbahnhof）和火车南站（Sudbahnhof）。火车西站是维也纳最大的国铁车站，主要前往匈牙利、奥地利西部、法国、荷兰、德国、比利时、瑞士等国际线；火车南站主要前往捷克、斯洛伐克、意大利、德国、希腊等地。火车站站名均以德语的“WIEN”开头，火车票可在自动售票机、人工售票窗口及标有蓝色“WL”标志的烟草商店购买。

乘巴士游奥地利

在奥地利各主要城市旅行，还可以乘坐长途巴士抵达与离开。长途巴士车次很多，车票可以在网上预订也可以在人工售票点购买，在人工售票点买票，一般很少出现排队买票或者拥挤的情况。

乘船览奥地利美景

奥地利境内瓦豪河谷（多瑙河流经梅克与克雷姆斯的一段）因其优美的河岸风光而被列为世界遗产。搭乘多瑙河游船，可从维也纳乘火车到梅克。从梅克到克雷姆斯顺流而下需1小时45分钟，逆流而上需要3小时，冬季游船不开放。

自驾车玩转奥地利

在奥地利租车自驾旅行，对承租人最低的年龄要求为21～25岁，需要有国际驾照（中国驾照公证翻译件可用），且必须具有一年以上驾龄。在奥地利，很多出租合同规定不得将租用的汽车开出奥地利，特别是不允许驾车进入东欧地区。开车在高速公路上必须缴税，并把缴税的图标贴在挡风玻璃上。此外，奥地利白天开车需将车灯打开。

奥地利维也纳景点

美泉宫

美泉宫

美泉宫（Schloss Schonbrunn）是奥地利的地标以及最负盛名的旅游景点。美泉宫房间众多，但对外开放的房间并不多。宫内背面有一座典型的法国式皇家园林，园林的尽头是“海神泉”（Neptunbrunnen），美泉宫的最高点是凯旋门（Gloriette）。

旅游资讯

地址： 13.Schonbrunner Schloss～Stra e

交通： 乘地铁U4在Schonbrunn站下，乘公交车10A在Schonbrunn站下，或乘有轨电车10、58路在Schonbrunn站下

电话： 01-81113239　**门票：** 8欧元

美景宫

美景宫（Schloss Belvedere）又名奥地利国家美术馆，由下美景宫和上美景宫组成。其中，下美景宫是亲王的夏宫，上美景宫是王室用来举办各种盛大节日庆典活动的场所。上、下美景宫之间有一座美丽的花园相连。

旅游资讯

地址： Prinz Eugen～Stra e 27

交通： 乘有轨电车D线在Schloss Belvedere站下

门票： 上美景宫11欧元，下美景宫11欧元，联票16欧元

开放时间： 上美景宫10:00～18:00，下美景宫10:00～18:00（周三10:00～21:00）

网址： www.belvedere.at

美景宫

斯蒂芬大教堂

斯蒂芬大教堂（Stephansdom）是维也纳的标志建筑之一。教堂拥有高耸的南北塔，北塔的快速电梯可通向观景台和奥地利最大的普默林大钟。教堂的皇家墓穴（Kaisergruft）内安葬着主教们。

斯蒂芬大教堂

旅游资讯

地址： Stephansplatz 1

交通： 乘地铁U1、U3线在Stephansplatz站下

门票： 教堂免费，皇家墓穴4.5欧元，北塔4.5欧元，南塔3欧元

开放时间： 周一至周六6:00～22:00（除周五外），周日和周五7:00～22:00；

网址： www.stephanskirche.at

维也纳国家歌剧院

维也纳国家歌剧院是“音乐之都”维也纳的主要歌剧院，也是维也纳的主要象征，享有“世界歌剧中心”的美誉。在其休息大厅和走廊的墙壁上装饰有刻画著名音乐家演出场面的油画。

旅游资讯

地址： Opernring 2

交通： 乘地铁U1线在Richtung Reumannplatz站，或U4线在Richtung Wien Hütteldorf站下

电话： 01-514442250

开放时间： 每年不定期提供观光游览，需要提前预订

旅游达人游玩攻略

在没有演出的时候，金色大厅也不能进入参观。想要感受维也纳金色大厅的音乐气氛，你可以提前预订，金色大厅的门票预订网：www.classictic.com。如果想观看音乐会，但没有买到门票，你可以在旅游景点附近寻找古装打扮的“Official Mozart Guide”（官方莫扎特导游），他们出售音乐会门票，和他们砍价，往往能以较低的价格买到票。

奥地利的美食十分多元，融合了诸多不同的风味。当地的特色美食有维也纳炸牛排、碳烤自然猪佐、肝丸子汤等。当地人就餐时喜欢喝一点白葡萄酒，在喝咖啡时配甜点。维也纳有小酒馆、咖啡屋、小饭馆、大酒店等各种各样的就餐场所，不得不提这里的皇家餐车，极富趣味性。

维也纳餐厅推荐				
名称	地址	电话	网址	菜系
Tian Vienna	Himmelpfortgasse 23	01-8904665	www.tian-vienna.com	当地
Al Borgo	An der H ü lben 1	01-5128559	www.alborgo.at	意大利
Kulinarium 7	Sigmundsgasse	01-5223377	www.kulinarium7.at	国际
Harrys Time	Dr. Karl Lueger Plaz 5	01-5124556	www. harrys-time.at	国际
Steirereck	Am Heumarkt 2A	01-7133168	www.steirereck.at	澳大利亚

在奥地利，从大型连锁商店到小精品店、跳蚤市场应有尽有，这里不仅有到国际上各种名牌服装、手表、皮鞋和皮革制品，还有当地特色的瓷器工艺品、水晶制品、精美的餐具等产品，价格较实惠。

奥地利商店的营业时间一般为：周一至周五8:00（或9:00）~18:00，周六开到17:00。大部分超市周四和周五营业到21:00，周日和节假日在机场和火车站有些商店24小时营业。

人气旺盛的购物大街

·克恩顿大街

这条大街位于维也纳国家歌剧院和斯蒂芬大教堂之间，这里有很多购物中心、精品店、珠宝店和纪念品店。其中，克恩顿大街26号是出售美丽水晶制品的罗贝麦尔（Lobmeyr）礼品店，28号是出售高级钟表的Hubner。

·玛丽亚希尔费大街

这条街位于内城区和西客站之间，街上有时装店、首饰精品屋、商场、影碟店、音响和电脑器材店等，还有一个接一个的餐厅及电影院。

维也纳其他购物场所推荐			
名称	地址	电话	网址
Naschmarkt	Kohlmarkt 14	01-53517170	www.demel.at
Schoenbrunn Palace Christmas Market	Schloss Schonbrunn	01-81113239	www.schoenbrunn.at

奥地利娱乐

奥地利一年四季都有许多音乐会、歌剧、舞剧举办，金色大厅奏响的新年音乐会、维也纳新春艺术节、萨尔茨堡艺术节等，都能让人感受到音乐的魅力。维也纳是有名的音乐之都，一年中有数不清的音乐活动。除了音乐艺术享受外，维也纳的新潮和传统的酒吧、热闹的夜总会、电影院等娱乐场所也不错。如果想了解维也纳娱乐方面的信息，可以通过当地旅游局编写的《维也纳风景》查看最新的节目单。

维也纳娱乐场所推荐			
名称	地址	电话	网址
Raimund Theater	Wallgasse 18–20	01–58830200	www.vbw.at
Vienna State Opera	Opernring 2	01–5131513	www.wiener–staatsoper.at
English Cinema Haydn	Mariahilfer Strasse 57	01–5872262	www.haydnkino.at
Vienna City Beach Club	Am Kaisermuhlendamm, Neue Donau km 10,5 links	699–14401308	www.vcbc.at

奥地利住宿

在奥地利，从豪华的巴洛克宫殿式酒店到经济的青年旅舍，应有尽有。维也纳住宿比较集中的地方在老城区、Mariahiler街和火车西站。火车西站距离市区较远，附近有许多小旅馆，价格比较便宜，通常一天在15欧元以内。需要注意的是，每年4～10月是维也纳的旅游旺季，住宿价格会上涨，而且房间很难预订，如果在这个时段前往维也纳，先预订酒店非常有必要。

维也纳住宿推荐			
名称	地址	电话	网址
Stadtnest Apartment	Stumpergasse 29	01–5454938	www.stadtnest.at
Pension Sacher	Rotenturmstrasse 1–3	01–5333238	www.pension–sacher.at
Small Luxury Hotel Das Tyrol	Mariahilfer Strasse 15	01–5875415	www.das–tyrol.at
Hotel Altstadt Vienna	Kirchengasse 41	01–5226666	www. altstadt.at

从机场前往市区

西班牙共有47座机场，其中最重要的有马德里巴拉哈斯机场（Barajas）、巴塞罗那普拉特机场（Prat）及马拉加的马拉加机场（Malaga）。从西班牙发往欧洲各大城市的航班十分密集，同时这里也是前往非洲、美洲重要的交通要道。

马德里巴拉哈斯机场（Barajas）距城市中心约13千米，是马德里最主要的国际机场。

机场至马德里市内的交通	
名称	信息
机场大巴（Aerobus）	在机场大厅正面出口的停车站，乘坐机场大巴前往市中心的科隆广场（Plaza de Colon）。大巴每隔10分钟一班，到科隆广场需20～30分钟，价格为3欧元，运行时间为4:45至次日1:45
通勤火车、地铁	机场和市中心以通勤火车（line C-1）和地铁（Line8粉红线）相连，可从任一航站楼搭地铁前往Nuevos Ministerio。往返机场的单程地铁票为2.5欧元，通勤火车票2.15欧元
出租车	从机场到市内，大约12欧元，另加机场接送费2.4欧元，每件行李加收0.3欧元，夜间或节假日则加收附加费0.9欧元

乘轨道交通玩西班牙

在西班牙，坐火车是一种十分便捷的交通方式，你不必提前预订车票，可随到随坐。西班牙的市郊小火车，几乎连接每个卫星城，通常10分钟就有一班，中途停靠站台也有很多。此外，西班牙的地铁站更是星罗棋布，很容易就能找到一个地铁站，并且这些地铁站通常设在公共汽车站附近，换乘十分方便。地铁站很容易找，一般入口处标有醒目的“M”。地铁通常每间隔三四分钟就有一班，一直运营到凌晨1:00。

乘公共汽车游西班牙

西班牙的公共汽车是当地人主要的交通工具。马德里有100多条公共汽车线路，分为市、郊两类，其中市内公共汽车为红色，郊区公共汽车为黄色。一般每隔10分钟有一趟车，车上通常没有售票员，从前门上车，中门和后门下车即可。

西班牙马德里景点

马德里王宫

马德里王宫（Palacio Real de Madrid）建在曼萨莱斯河左岸的山冈上，是世界上保存最完整而且最精美的宫殿之一。正方体形的王宫建筑融合了西班牙传统王室建筑风格以及巴洛克建筑风格，王宫更因为历代国王留下的装饰，充满了浓厚的个人烙印和时代印记。建于卡洛斯二世时期的帝王厅，其内部装饰依旧保持着当初的模样，充分保留着当初那份华丽的美。

旅游资讯

地址： Calle Bailen
电话： 91-4548700
交通： 乘地铁2、5、R线在Opera站下
门票： 8欧元
开放时间： 4～9月周一至周六9:00～18:00，周日9:00～15:00；10月至次年3月周一至周六9:00～17:00，周日9:00～14:00
网址： www.patrimonionacional.es

普拉多博物馆

普拉多博物馆（Museo del Prado）是世界上最伟大的博物馆之一，也是收藏西班牙绘画及雕塑作品最全面以及最权威的美术馆。博物馆内除了精致的绘画与雕塑作品，还有很多古老的家具、钱币、徽章以及各种装饰艺术品与稀世珠宝。

旅游资讯

地址： C/Ruiz de Alarcon 23
交通： 乘地铁1线在Atocha站，或2线在Banco De Espana站下可到
电话： 91-3302800
门票： 8欧元，周二至周六18:00～20:00及周日17:00～20:00免费
开放时间： 9:00～20:00
网址： www.museodelprado.es

马约尔广场

马约尔广场（Plaza Mayor）建于哈布斯堡王国时期，为风格独特的四方形广场，广场中央竖立着它的主持建设者——菲里普三世的骑马雕像。在这个庄严肃穆的广场上，经常可以看到抱着吉他的年轻人在这里放声歌唱。在广场周围的咖啡馆中，你可以喝杯咖啡，尽享惬意的时光。

旅游资讯

地址： Plaza Mayor 27

电话： 91-5881636

拉斯班塔斯斗牛场

拉斯班塔斯斗牛场（Plaza de Toros de Las Ventas）是西班牙最著名的斗牛场，被认为是西班牙的“斗牛之家”。斗牛场设有25000个座位，建筑融合了哥特式、拜占庭式和阿拉伯式三种风格，是西班牙受欢迎的旅游景点之一。斗牛士挥动手中的斗篷与“斗志昂扬”的公牛展开一场生死决斗的场景至今令人热血沸腾。

旅游资讯

地址： Calle Antonio Pirala 9

交通： 乘坐地铁2、5线可到

电话： 91-1522981

旅游达人游玩攻略

斗牛季一般3月开始，10月结束。在5月一年一度的圣伊西德罗节（San Isidro Fiesta）期间，你可以看到斗牛水平最高、场面最热闹的比赛。斗牛比赛开始于18:00或19:00，持续两三个小时。斗牛场的票价取决于距离“舞台”的远近，以及在阳光下还是荫凉处（后者较昂贵）。斗牛比赛画面可能会比较血腥，不建议带小孩观看。

西班牙巴塞罗那景点

巴特罗之家

巴特罗之家（Casa Batllo）是安东尼·高迪的又一力作，他对原建筑彻底翻修，使其充满魔幻色彩，并最终入选世界文化遗产。整个建筑无论从哪个方面看，都具有与众不同的美感，让人不禁要赞叹大师的奇思妙想。巴特罗之家的一楼、阁楼以及“跳舞的烟囱”对外开放。

旅游资讯

地址： Pg.de Gracia 43

交通： 乘坐地铁2、3、4号线在格拉西亚大道站下

电话： 93-2160306

门票： 16.5欧元，学生13.2欧元

开放时间： 9:00～20:00

毕加索博物馆

毕加索博物馆（Museum Picasso）建于15世纪，幽静的庭院、华丽的墙壁以及精致的窗棂，无一不显示着古朴与典雅的气息。馆中收藏品十分丰富，有毕加索及其他画家的作品。这里曾是毕加索的寓所，因毕加索成名于法国，你在这里只能找到毕加索少年时期的作品。

旅游资讯

地址： Montcada 15

交通： 乘坐地铁1线在Arc de Triomf站下

电话： 93-2563000

门票： 11欧元

开放时间： 周二至周日10:00～20:00

网址： www.museupicasso.bcn.cat

古埃尔公园

古埃尔公园（Parque Guell）是巴塞罗那最著名的景点之一，也是高迪园林设计的典范之作。公园建造巧妙，人文景观与自然景观紧密结合，色彩及线条的运用也发挥到了极致。站在公园的高处，你可以看到城市全貌，此外，高迪博物馆（Casa-Museu Gaudi）也建在这里。

旅游资讯

地址： Olot s/n 1

交通： 乘坐地铁3线至Lesseps站下可到

电话： 93-4132400

网址： www.parkguell.es

圣家族大教堂

圣家族大教堂

圣家族大教堂（Temple de la Sagrada Familia）又名圣家堂，是西班牙建筑大师安东尼·高迪的经典之作，堪称上帝的建筑。虽然这是一座未完工的建筑物，不过却丝毫不会影响它成为世界上最著名的建筑之一。大教堂的主体建筑为哥特式风格，内部结构和圆顶为新哥特式风格。谁也无法预知大教堂何时完工，这也许是对高迪最好的纪念。

旅游资讯

地址： Carrer de Mallorca 401

交通： 乘坐地铁1线在Sagrada Familia站下

电话： 93-2073031

门票： 13欧元

开放时间： 4～9月9:00～20:00，10月至次年3月9:00～18:00

网址： www.sagradafamilia.cat

西班牙美食

西班牙是美食的天堂，每个区域都有自己特色的美食。这里的美食主要采用西式的烹制方法，烹制出品种繁多、口味独特的菜肴。著名的西班牙炸鱿鱼是一种风味独特的餐前下酒小菜，还有美味的海鲜饭等，都是当地传统的特色食物。此外，还有派勒利、鳕鱼、利比里亚火腿、葡萄酒、马德里肉汤等美食。

· Sobrino de Botin

这家历史悠久的餐厅，主要提供当地传统菜肴，还有套餐可供选择，套餐包括主菜、汤和甜点。这里的招牌是烤乳猪（Cochinillo Asado），非常地道、美味。

地址：Calle de los Cuchilleros 17
电话：91-3664217
网址：www.botin.es

· La Barraca

这家餐厅提供美味的西班牙海鲜炒饭，有十几种不同口味，可任意选择。每个不同的口味均搭配有丰富多样的材料，是你来西班牙巴塞罗那不可错过的美食地。此外，这家餐厅更以实惠的价格而广受欢迎。

地址：Calle de la Reina 29
电话：91-5327154
网址：www.labarraca.es

· 7 Portes

这家餐厅历史十分悠久，是巴塞罗那最古老的餐厅之一，其建筑已被西班牙列为国家历史性建筑。这里主要供应加泰罗尼亚料理，以海鲜为主。在这里用餐，你很容易就会被浓浓的古老氛围所感染。

地址：Paseo Isabel II 14
电话：93-3193033
网址：www.7portes.com

· 4 Cats

这是一家人气很旺的餐厅，因为餐厅的设计者是高迪的搭档，所以在20世纪早期，这里是著名的艺术家的聚会之地。此外，这里还曾是年轻时的毕加索钟爱的地方。

地址： rrer de Montsio 3,bis

电话： 93-3024140

网址： 4gats.com

西班牙其他餐厅推荐				
名称	地址	电话	网址	菜系
Osteria L'Oca Giuliva	Mateos Gago 9, Seville	95-4214030	www.ocagiuliva.es	意大利
Riviera Beachotel	Calle Derramador 8, Benidorm	96-5854362	www.hotelrivierabenidorm.com	欧洲
Restaurante Zazu Bistro	Plaza de la Libertad 8, Salamanca	92-3261690	www.restaurantezazu.com	地中海

提到购物，你可能会首先想到巴黎、米兰等国际大城市，其实，西班牙也是个不错的购物地。虽然这里没有非常齐全的国际名牌，却拥有众多实用、个性化的商品，价钱也相对便宜。在这里，你既可以搜罗到西班牙本土的织物、皮革制品、精美的金银器具和珠宝，还可以在各个城市中的大广场集市、露天市场、旧货市场中找到各种精致特色的老东西。此外，西班牙还是个资源丰富的国家，你可以买些当地所产的葡萄、油橄榄、柑橘，或者是沿海地区盛产的沙丁鱼等。

· 格兰大道

格兰大道（Gran Via）东起阿尔卡拉街，西至西班牙广场，是马德里一条十分重要的高档购物街。在这里，你可以买到各种高档品牌的商品，其中包括ZARA、H&M、丝芙兰等。

地址： Gran Via，Madrid

· 格拉西亚大街

格拉西亚大街（Passeig de gracia）又名感恩大街，大街上不仅有众多著名的建筑，更是国际顶尖时尚精品店的集聚地，销售LOEWE、LV、GUCCI等国际品牌。

地址： Passeig de Gracia，Barcelona

交通： 乘坐地铁L3线至Passeig de gracia下可到

· 兰布拉大道

兰布拉大道（La Rambla）是巴塞罗那十分著名的购物街，大道两侧有Maremagnum、El Triangle、El Corte Ingles等百货公司。此外，也有一些出售流行服饰的小型精品商店，是人们不可错过的购物之地。

地址：La Rambla，Barcelona

交通：乘坐地铁L3、L1线至Plaza Cataluya下可到

西班牙其他购物场所推荐

名称	地址	电话	网址
El Corte Ingles	Calle de Preciados, 3, 28013 Madrid	91-3798000	www.elcorteingles.es
Coquette	Carrer del Rec, 65	93-3192976	www.coquettebcn.com
Salesianos Triana	Calle Condes de Bustillo	95-4334563	www.salesianos-triana.com
Chordi	6 Plaza Monterrey Salamanca，Salamanca	92-3212594	www.marcoschordi.es

西班牙人很懂得享受生活，大部分城市有各种丰富多彩的娱乐活动及娱乐场所，如歌剧院、音乐厅、酒吧、咖啡馆等。每到夜晚，西班牙各个地区的大街小巷就会变得异常热闹，酒吧、咖啡馆以及露天茶座，“总有一款适合您”，让你度过一个美好的夜晚。每年3~10月是西班牙斗牛季节，斗牛表演便会隆重开场，你可以买张门票一睹斗牛勇士的风采。除了斗牛节，6~9月西班牙还会有很多节日，期间会举行露天音乐会、化装舞会、歌剧表演等娱乐活动。

· 伯纳乌球场

伯纳乌球场（Estadio Santiago Bernabeu）是西班牙足球俱乐部皇家马德里的主场，是世界最著名的足球场之一。斯蒂法诺、普斯卡什、罗纳尔多、劳尔等巨星，都曾在这片神奇的绿茵场上驰骋过，这也铸就了伯纳乌球场的光辉史。有机会你可以在这里观看一场世界顶级足球赛事，绝对会不虚此行。

地址：Av de Concha Espina 1，Madrid

交通：乘地铁10线在Santiago Bernabeu站下

电话：91-3984300

网址：www.realmadrid.com

· 加泰罗尼亚音乐宫

加泰罗尼亚音乐宫（Palau de la Musica Catalana）是巴塞罗那最令人震撼的现代主义风格的建筑之一，色彩艳丽的雕塑和陶瓷马赛克装饰是音乐宫中最大的特色。每年都有50多万人在这里观赏各种音乐表演，无论是交响乐、室内乐，还是爵士乐，每一场演出都精彩无比。

地址： Palau de la Musica,4-6，Barcelona

电话： 932-957200

网址： www.palaumusica.org

西班牙娱乐场所推荐

名称	地址	电话	网址
Cines Roxy B	Calle de Fuencarral 123，Madrid	91-5414100	www.cinesrenoir.com
Gran Teatre del Liceu	La Rambla 51，Barcelona	93 4859998	www.liceubarcelona.cat
Teatre Lliure	Passeig de Santa Madrona 40-46, Barcelona	93-2892770	www.teatrelliure.com
Cines Van Dick	Paseo del Doctor Torres Villarroel 40, Salamanca	92-3243538	www.cinesvandyck.com

加泰罗尼亚音乐宫

西班牙住宿

西班牙旅馆很多，这里有豪华的酒店，简单普通的旅店和客栈，还有家庭旅馆等，住宿非常方便。在西班牙住旅馆，每天需付小费，小费一般为消费金额的5%~10%。

马德里住宿推荐			
名称	地址	电话	网址
Hostal Madrid	Calle de Esparteros,6	91-5220060	www.hostal-madrid.info
Hostal Sonsoles	Calle de Fuencarral,18	91-5327523	www.hostalsonsodesa.com
Hostal Santa Cruz	Plaza de Santa Cruz,6	91-5222441	www.hostalsantacruz.com
Hostal Villar	Calle Pr í ncipe,18	91-5316600	www.villar.es
El Pasaje	Calle Pozo,4	91-5212995	www.elpasajehs.com
Hostal Oliver	Calle de Espoz y Mina,7	91-5249208	www.hostalalaska.es
Hotel Preciados	Calle Preciados,37	91-4544400	www.preciadoshotel.com
Hostal Playa	Calle de Carretas,21	91-1439440	www.hplaya.com
Zenit Borrell	Carrer del Comte Borell,208	91-2182028	www.zenithoteles.com

巴塞罗那住宿推荐			
名称	地址	电话	网址
La Paloma	Carrer de la Paloma,24	93-4124381	www.hlapaloma.com
Hotel Ronda	Carrer de Sant Erasme,19	93-3290004	www.rondas.com
Hotel Espana	Carrer Sant Pau,9-11	93-5500000	www.hotelespanya.com
Villa Emilia	Carrer Cal à bria,115	93-2525285	www.hotelvillaemilia.com
H10 Itaca	Avinguda de Roma,22	93-2265594	www.hotelh10itaca.com
Evenia Rossello	Carrer Rossello,191	93-2386355	www.eveniahotels.com
Blanc Guesthouse	Carrer de Tuset,27	93-6761856	www.blancguesthouse.com

8 西班牙→葡萄牙

Xibanya→Putaoya

从西班牙前往葡萄牙

·乘飞机前往

从西班牙马德里巴拉哈斯机场前往葡萄牙里斯本机场，航程约需1小时15分钟。

葡萄牙国内的主要机场为里斯本机场和波尔图机场。里斯本机场是葡萄牙最主要的机场，也是南欧最大的机场之一。这个机场将葡萄牙与欧洲其他国家紧密联结起来，是一个重要的枢纽空港。

·乘火车前往

从西班牙马德里Chamartin火车站，可乘坐夜间车Lustitania前往葡萄牙里斯本。里斯本有多个火车站，火车班次密集，乘坐方便，不仅可以到达葡萄牙国内城市，也可以到其他欧洲城市。

乘轨道交通玩葡萄牙

里斯本的地铁及有轨电车，是市内便捷的交通工具，其中共有4条地铁线路，分别为蓝线、红线、绿线和黄线。其市中心站为罗西奥站和利斯图阿拉多尔站。地铁运营时间为6:30至次日1:00，地铁票价为0.65欧元，往返票为1.2欧元。里斯本还有历史悠久的有轨电车，运行速度较慢，经过老城区和多个旅游景点，假如你的时间充裕，可以选择乘坐有轨电车。

乘巴士游葡萄牙

里斯本拥有众多巴士线路，巴士是除了地铁外最为方便的交通工具。上车前购票或在车上向司机购买车票。

葡萄牙里斯本景点

贝伦塔

贝伦塔（Belem Tower）就像美国纽约的自由女神像，坚守在里斯本港口处，它是葡萄牙的象征性建筑之一。这座有着几百年历史的古城堡见证了里斯本的沧桑。如今的贝伦塔不仅仅是个地道的城市风向标，更是一个博物馆，里面展示着里斯本的历史文物。

旅游资讯

地址： Rua dos Jeronimos，Lisboa

交通： 乘巴士15E路、28、201路在Belem-Jeronimos站下

电话： 21-362003

网址： www.torrebelem.pt

贝伦塔

圣乔治城堡

圣乔治城堡（Castelo de Sao Jorge）位于里斯本城中的最高点，保存着古老的城堡和城墙，还有数十尊铜炮，气势非凡。在城顶还矗立着圣乔治王子的塑像，堡内还有一个精美的大餐厅，以及环境幽静的动植园。城堡是你远眺里斯本老城区以及大西洋景色的最佳点。

旅游资讯

地址： Rua das Flores de Santa Cruz，Lisboa

交通： 在PracadaFigueira广场乘坐37路巴士

电话： 21-8800620

门票： 3欧元

开放时间： 4~9月9:00~21:00，10月至次年3月9:00~18:00

网址： www.castelodesaojorge.pt

圣乔治城堡

奥比都斯

奥比都斯

奥比都斯（Obidos）被称为“婚礼之城”，位于里斯本北面100千米处，曾是葡萄牙国王送给王后的结婚礼物。这座保存完好的中世纪古城因拥有美丽而古老的城墙、鹅卵石小路，以及14世纪的古朴风貌而成为葡萄牙最浪漫的地方，很多情侣纷纷到这里蜜月旅行。

旅游资讯

地址： Obidos

热罗尼姆斯修道院

热罗尼姆斯修道院（Mosteiro dos Jeronimos）是葡萄牙最大的教堂，为哥特式建筑风格，已被列入世界文化遗产。修道院中安放着航海家达伽马的石棺。仅仅是修道院气势雄伟的外观，就足以令所有慕名而来的人驻足。

旅游资讯

地址： Praça do Imperio，Lisboa

交通： 乘巴士15E路，28、201、714路在Belem-Jeronimos站下

电话： 21-3620034

开放时间： 周二至周日10:00~19:00

网址： www.mosteirojeronimos.pt

葡萄牙其他地区景点

佩纳宫

佩纳宫（Palacio Nacional da Pena）是葡萄牙国王的离宫，兼容歌德式、文艺复兴式、摩尔式等建筑风格。美丽的新特拉小镇（Sintra），被拜伦喻为伊甸园，这里树林葱郁、山峦起伏，宫殿融于其中，恰到好处。

佩纳宫

旅游资讯

地址：Estrada da Pena,Sintra

电话：21-9105340

网址：www.cm-sintra.pt

杜罗河

杜罗河（RioDouro）贯穿西班牙和葡萄牙，其下游经波尔图注入大西洋。沿着杜罗河蜿蜒的河谷，你可以看到很多生产波特酒（Port）的葡萄酒酒庄。这里是葡萄酒产区，出产各种品质优秀、口感厚重的红葡萄酒和白葡萄酒。

旅游资讯

地址：Arrabida, Porto

阿尔加维

阿尔加维（Algarve）气候宜人，这里的海水温暖而平静，是葡萄牙知名的度假村。阿尔加维的海滩是世界上最好的海滩之一，海水平静，是水上运动的理想场所。这里可以给你带来不一样的体验和享受。

旅游资讯

地址：theastern Portugal

马德拉

马德拉

马德拉（Madeira）是大西洋上的百花岛，被公认为安全的港湾，你可以在这里感受安心和温暖。此外，马德拉还是亚热带植物的天堂，处处是清幽的山谷和美丽的瀑布。在这里，你不仅可以享受豪华度假的轻松舒服，品尝独特的马德拉酒，还可以体验到探险的野趣。

旅游资讯

地址：1000 km southwest of Lisbon

葡萄牙美食

葡萄牙拥有丰富多样的美食，在数量众多的餐厅中，选择性比较大。这里的美食不仅丰富，而且用餐环境也比较特别，有些用古堡改成的餐厅，别具一格。葡萄牙的美食多得数不胜数，其中塞拉（Serra）奶酪、葡式蛋挞、海鲜、葡萄酒、波特酒以及各种甜品，非常值得一尝。

· Cantinho Lusitano

这是当地十分著名的美食餐厅，拥有温馨的用餐氛围以及出色的食物。这里的香肠和奶酪都十分美味。

地址：Rua dos Prazeres 52, Lisboa
电话：918-220466
网址：www.cantinholusitano.com

· Wine Bar do Castelo

假如你对葡萄酒很感兴趣，那么一定不要错过这里。这里提供各种葡萄酒，你能够品尝到美味的面包、奶酪和肉食，在这里用餐经常让人无可挑剔。

地址：Rua Bartolomeu de Gusmao 13, Lisbon
电话：21-8879093
网址：www.winebardocastelo.blogspot.com

· Cervejaria Ramiro

这家历史悠久的餐厅主要供应传统的海鲜美食。推荐多汁的蛤蜊、小龙虾以及美味的柠檬蛋糕、萨格雷斯啤酒、葡萄牙葡萄酒等。

地址：Avenida Almirante Reis 1, Intendente 1100, Lisbon
电话：21-8851024
网址：www.cervejariaramiro.pt

· O Paparico

这是葡萄牙口碑较好的餐厅，无论是服务还是美食，都深受人们喜爱。这里所有菜肴的灵感均来自传统的葡萄牙美食，菜肴分量足，口感正宗。此外，餐厅用餐氛围独特，吸引了很多人前来就餐。

地址：Rua de Costa Cabral 2343,Porto

电话：22-5400548

网址：opaparico.com

葡萄牙其他餐厅推荐				
名称	地址	电话	网址	菜系
Clube de Jornalistas	Rua Trinas 129, 1200-857 Lisboa	21-3977138	www.clubedejornalistas.pt	混合
Casa Pasteis De Belem	Rua Belem 84-92, 1300-085 Lisboa	21-3637423	www.asteisdebelem.pt	当地
Rui Paula DOP	pLargo Sao Domingos 18,Porto	22-2014313	www.ruipaula.com	欧洲

葡萄牙购物

每个前来旅行的人，或多或少都要带些当地的特产回去。在葡萄牙，比较有纪念价值的物品包括葡国鸡、蓝花瓷片、石膏模型、葡萄酒等。

· Colombo

这家大型购物中心具有传统的葡萄牙式建筑特色，其零售产业与服务体验都曾倍受称赞。虽然临近郊区，但前来购买特色产品、领略葡萄牙风情的游客却总是络绎不绝，可见其魅力之大。

地址：Avenida Lusiada, Lisboa

电话：21-7113600

网址：www.colombo.pt

· Baixa

这是里斯本的商业步行街区，曾是世界上最繁忙的港口和交易中心，如今成为名副其实的商业中心。在商业街道两旁，有各种时装店、首饰店、纪念品商店、书店、报刊亭等，足够你逛半天。

· Livraria Lello

这家神圣的新哥特式风格的书店，精美的柱子以及彩色玻璃天花板，使这里充满了艺术气息。在书店中央有一个漂亮且错综复杂的木质楼梯，一直通到楼顶。透过玻璃楼顶，你可以360° 仰望天空。在楼梯四周的书架上摆满了各种书籍，是“书虫”们流连忘返之处。

地址： Rua das Carmelitas 144, Porto
电话： 22-2002037

葡萄牙其他购物场所推荐

名称	地址	电话	网址
Conserveira de Lisboa	Rua dos Bacalhoeiros 34, 1100-071 Lisboa	21-8871058	www.conserveiradelisboa.pt
A Outra Face da Lua	Rua da Assuncao 22, Lisboa	21-8863430	www.aoutrafacedalua.com
Mercado Bolhao	Rua Fernandes Tomas, 4000-214 Porto	22-3326024	www.frutariadobolhao.blogspot.com
Via Catarina Shopping	Rua Santa Catarina 312, 4000 Porto	22-2075600	www.viacatarina.pt

葡萄牙娱乐

葡萄牙是欧洲古国之一，这里的人热爱生活，也会享受悠闲自在的生活。这里有丰富多彩的娱乐生活，你可以轻松地融入到他们的快乐中去。

·玛丽亚二世国家剧院

玛丽亚二世国家剧院（Teatro Nacional de Dona Maria II）是葡萄牙首都里斯本一座古老的剧院，是葡萄牙最负盛名的演出场地之一。

地址： Praça Dom Pedro Iv, Lisboa
电话： 21-3250800
网址： www.teatro-dmaria.pt

·波尔图音乐厅

波尔图音乐厅（Casa da Musica）是波尔图市内最主要的音乐厅，是波尔图代表性的建筑。观众可通过墙上的小孔观看演奏厅内音乐家们的排演。

地址： Avenida Boavista 604, Porto
电话： 22-0120220
网址： www.casadamusica.com

葡萄牙其他娱乐场所推荐

名称	地址	电话	网址
Sao Luiz Teatro Municipal	Rua Antonio Maria Cardoso 38, 1200-027 Lisboa	21-3257640	www.teatrosaoluiz.pt
Cinema King	Avenida Frei Miguel Contreiras 52A, 1700 Lisboa	21-8480808	www.medeiafilmes.com
Teatro Politeama	Rua Portas de Santo Antao 109, 1150-266 Lisboa	21-3405700	www.teatro-politeama.com
Rivoli Theatre	Praça Dom Joao I, 4000 Porto	22-3392200	www.cm-porto.pt
Cinema Trindade	Rua Almada 412, 4050 Porto	22-2004412	www.cinemasdoporto.com

波尔图音乐厅

葡萄牙住宿

葡萄牙住宿场所主要分为酒店与招待所两大类，两类又各分为五个等级，设施和服务都很好。酒店的价格比同等级的招待要贵一些，通常二星级招待所的服务与收费相当于一星级酒店，而五星级招待所相当于三星级酒店。里斯本的奢华酒店主要集中在自由大道上，中档的招待所多集中于罗西奥广场的老城区一带。此外，你还可以选择青年旅馆，价格比较便宜，需要提前预订。

葡萄牙住宿推荐			
名称	地址	电话	网址
Corinthia Hotel Lisbon	Avenida Columbano Bordalo Pinheiro 105, Lisboa	21-7236363	www.corinthia.com
Hotel Lisboa	Rua Barata Salgueiro 5, 1169-066 Lisboa	21-3500000	www.hotellisboa.com.pt
The Oitavos	Rua de Oitavos, Quinta da Marinha, 2750-374 Cascais	21-4860020	www.theoitavos.com
Benavente Vila Hotel	Praça da Republica 39-40, Benavente	263-518210	www.benaventevilahotel.pt
Conrad Algarve	Estrada Quinta do Lago,Almancil	289-350700	www.placeshilton.com
Auramar Beach Resort	Rua dos Aveiros, Albufeira	289-599100	www.grupofbarata.com

葡萄牙里斯本

从机场前往市区

芬兰国内共有23个机场，拥有十分发达的国内航空网络。最主要的机场为赫尔辛基·万塔机场，它位于赫尔辛基市以北约19 千米，是赫尔辛基地区乃至芬兰最主要的机场。这里有前往欧洲多数城市及世界各地的航班，北京有航班直达这里。

赫尔辛基·万塔机场信息	
名称	赫尔辛基·万塔机场（Helsinki-VantaaAirport）
地址	Helsinki-Vantaan lentoasema, Vantaa
电话	200-14636
网址	www.helsinki-vantaa.fi

·机场至赫尔辛基市内的交通

从机场到达市区，可乘坐巴士615、616、617 路，票价3 欧元；也可乘机场巴士到市中心火车站，票价5.2欧元。

乘火车玩芬兰

芬兰铁路覆盖了境内的主要城市，因而乘坐火车游览芬兰最为快捷。芬兰火车分为普通列车、快速列车、郊区火车、城际列车/双层城际列车和高速列车5种，其中郊区火车主要在赫尔辛基与其周边卫星城之间运行。此外，芬兰还有一种与众不同的火车，车厢顶部可以装载家用小汽车，尤其适合那些想要自驾车旅游但又不想长途连夜驾车的游客。

乘巴士、观光电车游芬兰

巴士是游览芬兰各个城市最为便捷的交通工具，你可以在上车时向司机购票，或在自动售票机上购票，票价约 2 欧元。此外，你也可以选择适合观光游览的观光电车，在芬兰首都赫尔辛基市可乘坐3T观光电车，这种电车会经过芬兰地亚大会堂、国会大厦、国家歌剧院及议院广场等市内主要的旅游景点，中途可随意上下，全程票价约2欧元。

芬兰景点

芬兰堡

芬兰堡

芬兰堡 （Suomenlinna）建于250多年前，是目前世界上现存最大的海上要塞。当初瑞典人在岛上留下的炮台、城堡、军营都得以完整保存下来。此外，岛上还有数十座博物馆可供参观，你可以看到妙趣横生的洋娃娃等玩具，聆听到关于城堡充满硝烟的历史，收获一定不小。

旅游资讯

地址： Suomenlinna，Helsinki
交通： 可从码头处乘船前往
电话： 9-6847471
网址： www.hostelhelsinki.fi

岩石教堂

岩石教堂（Temppeliaukion Church）又名坦佩利奥基奥教堂，是一座完全用岩石打造的教堂。教堂顶部的玻璃屋顶用铜网架支撑，整座教堂也只有外部墙壁用铜片镶饰，内部完全保持着原来天然的花岗岩石壁。整座教堂看起来酷似着陆的飞碟，很有意思。

旅游资讯

地址： Lutherinkatu，Helsinki
交通： 乘有轨电车3B、3T路在坦佩利岩石广场下可到
电话： 9-23406320
网址： helsinginkirkot.fi

岩石教堂

西贝柳斯纪念碑

西贝柳斯纪念碑（Sibelius Monument）位于西贝柳斯公园内，为纪念芬兰著名的作曲家西贝柳斯而建。在赫尔辛基街道上数不清的城市雕塑作品中，西贝柳斯纪念碑简直是鹤立鸡群。这座纪念碑由600多根银白色不锈钢管组成，每当海风吹过，钢管就会发出有节奏的声响，仿佛是对西贝柳斯永恒的纪念。

西贝柳斯公园

旅游资讯

地址： Mechelininkatu,Helsinki

交通： 乘坐公交18、24路公交可以到达

电话： 9-31087041

圣诞老人村

圣诞老人村（Santa Claus's House）位于拉普兰地区罗瓦涅米（Rovaniemi）以北的北极圈上。随意在圣诞老人村的礼品店中逛一逛，你就能找到各种设计精美的礼品，甚至还可以得到一张跨越北极圈的证书。更激动人心的是，圣诞老人邮局里有各式各样的邮票，人们可以在此寄出信件，邮局盖在信封上的那个邮戳是收信人最想要的。

旅游资讯

地址： Rovaniemi

圣诞老人村

芬兰的食物多以牛肉、猪肉、兔肉及鱼类为主,还有番茄、黄瓜、卷心菜等常见的蔬菜。此外，芬兰的很多菜肴使用的原料来自于芬兰的山林原野，如浆果鲜菇、野味活鱼等，绝对绿色天然。此外，你在芬兰还能品尝到整条的热熏三文鱼，绝对让你垂涎。

芬兰餐厅推荐				
名称	地址	电话	网址	菜系
Juuri Keittio & Baari	Hogbergsgatan 27,Helsingfors	9-635732	www.juuri.fi	当地
BW-Restaurants Oy	Ainogatan 3,Helsingfors	10-3229380	www.farang.fi	亚洲
Gaijin	Bulevardi 8,Helsinki	10-3229386	www.gaijin.fi	亚洲
Pizzeria Napoli	Aleksanterinkatu 31,Tampere	3-2238887	www.pizzerianapoli.net	意大利

芬兰的购物主要集中在曼海姆大街（Mannerheimintie）、亚历山大大街（Aleksanterinkatu）和滨海大道（Esplanadi）等主要商业街。漫步街上，你可以找到各大知名的购物中心、百货公司和专卖店。此外，在南码头有跳蚤市场，也很受人们欢迎，你在这里可以买到芬兰的特色旅游纪念品、特色小吃、时令果蔬及海鲜产品等。此外，在芬兰一定不能错过芬兰刀、萨米娃娃等纪念品。

芬兰购物场所推荐			
名称	地址	电话	网址
Mountain Shop Finland Oy Ltd	Hameentie 40,Helsinki	9-6802996	www.mountainshop.fi
S-Market	Siltasaarenkatu 18-20, Helsinki	10-7661650	www.s-kanava.fi
Pentik Arabiakeskus	Hameentie 135,Helsinki	20-7220304	www.pentik.com

芬兰娱乐

芬兰人热爱运动，喜欢亲近自然，因而这里有远足、垂钓、狩猎、打高尔夫、骑自行车、滑雪等户外娱乐活动。此外，芬兰的节日特别多，当地人很懂得享受生活，每逢节假日（包括周日），几乎所有的商店都闭门谢客，就连公交车的班次也大为减少。当然，这里的夜生活并不乏味，在芬兰的首都赫尔辛基，你能找到各种新奇的俱乐部与电影院。

芬兰娱乐场所推荐

名称	地址	电话	网址
Tavastia Club	Urho Kekkosen katu 4–6	9–77467420	www.tavastiaklubi.fi
Savoy–teatteri	Kaserngatan 46, Helsingfors	9–31012000	www.savoyteatteri.fi
Storyville	Museigatan 8, Helsingfors	50–3632664	www.storyville.fi
Oy Cinema Mondo Ltd	Sofiegatan 4, Helsingfors	20–1555801	www.cinemamondo.fi

芬兰住宿

芬兰拥有众多设施完善、环境舒适的酒店，大多数客房都备有淋浴设备、电话、电视等，你还可以享受酒店里的游泳池、桑拿以及健身房等康体娱乐设施，并且大多数餐厅提供免费的芬兰式早餐。

芬兰住宿推荐

名称	地址	电话	网址
StayAt Finland Oy	Kauppiaankatu 5,Helsinki	9–2511050	www.fi.whizzroom.com
Scandic Hotel	Mannerheimintie 10,Helsinki	9–68061	www.scandichotels.com
Scandic Hotel	Mannerheimintie 10,Helsinki	9–68061	www.scandichotels.com
Scandic Hotel	Mannerheimintie 10,Helsinki	9–68061	www. scandichotels.com
Scandic Hotel Paasi	Paasivuorigatan 5,Helsingfors	9–2311700	www.scandichotels.fi
Sokos Hotel Helsinki	Kluuvikatu 8,Helsinki	20–1234601	www.sokoshotels.fi

10 芬兰→瑞典

Fenlan→Ruidian

瑞典交通

从芬兰前往瑞典

瑞典有三个主要的国际机场，分别是首都斯德哥尔摩的阿尔兰达机场、哥德堡的兰德威特尔机场（Landvetter）和马尔默的斯图洛普机场（Sturup），大多数国际航班在斯德哥尔摩阿兰达机场起降。

从芬兰赫尔辛基可乘飞机前往斯德哥尔摩，约1小时15分钟。斯德哥尔摩主要的国际机场为阿尔兰达机场，有多种交通方式与市区相连接。

乘渡轮览瑞典美景

瑞典群岛较多，瑞典的斯德哥尔摩群岛是世界上最美丽的群岛之一。你可以乘坐汽艇或游轮往返群岛。游览群岛可购买一张5日“艇游者通票”，通票持有者可乘坐Waxholmsbolaget公司的船只无限次往返群岛。通票可以在斯德哥尔摩旅游中心购买，也可以在Waxholmsbolaget公司的码头购买。推荐几家渡轮公司的网址：www.waxholmsbolaget.se、www.stromma.se、www.ressel.se。

乘火车玩瑞典

瑞典拥有高效的铁路交通网络，覆盖整个国家。购买一张瑞典通票，可在一个月内的3~8天里无限次搭乘由瑞典铁路公司经营的大部分路线。列车设一等座和二等座，针对长途旅行，列车还提供卧铺。如果以北欧为一个旅游区域，还可以选择购买北欧四国联营火车票。

乘巴士游瑞典

在瑞典，乘坐巴士是一种既经济又便捷的出行方式。瑞典最大的长途巴士公司是Swebus（www.swebus.se），线路和车次都最多。此外还有Bus4You（www.bus4you.se）、Y-buss（www.ybuss.se）及Flygbussarna（机场专线）等公司运营巴士。车票可以提前在网上买好，凭购票凭据打印件或者手机确认短信上车；也可以在大巴公司的售票窗口买票。

瑞典斯德哥尔摩景点

斯德哥尔摩皇宫

斯德哥尔摩皇宫

斯德哥尔摩皇宫（Kungliga Slottet）中的教堂、国家厅和宴会厅还保留着以前的陈设，大厅的墙壁上挂着历代国王和王后的肖像，耐人寻味。你可以在陈列室中，看到瑞典古代国王的王冠、王袍、权杖、珠宝、饰物等，感受昔日王室地位的显赫。假如夏季来到这里，你一定不要错过每日中午王宫前举行的卫队换岗仪式。

旅游资讯

地址： Kungliga Slottet

交通： 乘坐地铁13、14、17号线在Gamla Stan站下

大教堂

大教堂（Storkyrkan）中因展示有历代皇家骑士的徽章，以及一座北欧最大的木雕——圣乔治屠龙（St. George and Dragon）木雕而闻名于世界。木雕的雕刻技法华丽而细腻。

旅游资讯

地址：Trangsund 1

电话：08-7233000

网址：www.stockholmsdomkyrkoforsamling.se

大教堂

动物园岛

动物园岛（Djurg rden）又称南动物园岛，岛上有一些历史建筑、主题公园以及富有特色的博物馆，如斯堪森博物馆和北欧博物馆。此地是斯德哥尔摩居民最喜爱的休闲场所。作为斯德哥尔摩国家城市公园的一部分，每年都会有大批游客慕名前来。

旅游资讯

地址：Djurgarden

交通：可在Nybroplan或Slussen乘坐前往动物园岛的定点渡船

瑞典美食

瑞典作为一个沿海国家，出产鲑鱼、鲈鱼、鳖鱼等鱼类。由于特殊的地理环境，这里所出产的鱼类味道都异常鲜美。当地人习惯吃口味清淡的欧式菜，通常加入较少的调料，以尽量保持原有风味为原则。斯德哥尔摩人习惯在星期四用餐时搭配腌猪肉、香肠和芥末吃什锦汤，同时还选用一些饮料。

斯德哥尔摩餐厅推荐				
名称	地址	电话	网址	菜系
Ostermalms Saluhall	Nybrogatan 31	08-55340421	www.ostermalmshallen.se	国际
Fem Sma Hus	Nygrand 1	08-108775	www.femsmahus.se	当地
Vassa Eggen	Restaurang Birger Jarlsgatan 29	08-216169	www.vassaeggen.com	当地

斯德哥尔摩被认为是世界上设计最热的城市之一，是瑞典购物场所的主要聚集地。这里的商店极具设计和时尚意识，各种国际时装品牌和设计师的作品都在这里展现出来。此外，走在斯德哥尔摩大街上，你会被不少新奇的商店所吸引，有出售世界各地小摆设的精致小店，还有众多古玩商店、大百货商店。在北欧，流行这样一句话："挪威人先思考，接着斯德哥尔摩人加以制造，然后，丹麦人负责推销。"足见斯德哥尔摩人的创造力。此外，从诺鲁马姆到埃斯泰尔马尔姆这一带集中了很多特色店。

斯德哥尔摩购物场所推荐			
名称	地址	电话	网址
Beyond Retro-Sofo	Asogatan 144	08-55913645	www.beyondretro.com
Beyond Retro	Drottninggatan 77	08-55913642	www.beyondretro.com
Katitzi	Odengatan 24	08-6120370	www.katitzi.se
AB Nordiska Kompaniet	Hamngatan 18-20	08-7628000	www.nk.se

瑞典娱乐

瑞典的娱乐生活丰富多彩，在俱乐部、酒吧、音乐厅、戏剧院和大型体育场，你都有机会欣赏到明星艺术家或娱乐达人的表演。在瑞典北部，你可以欣赏半夜太阳和神奇的极光，还可以在冰旅馆和冰酒吧寻找独特的体验。需要注意的是，去酒吧需带上护照，部分娱乐场所有最低年龄限制，有些要求男性26岁以上，女性24岁以上才可以进入。斯德哥尔摩是瑞典最热闹的都市，城市的创意娱乐中心集中在斯兑乐广场、市中心和东城地区、南城地区。

斯德哥尔摩娱乐场所推荐			
名称	地址	电话	网址
Fasching	Kungsgatan 63	08-53482960	www.fasching.se
Stockholm City Theatre	Kulturhuset	08-50620200	www.stadsteatern.stockholm.se
SF Bio AB Rigoletto	Kungsgatan 16	08-56260000	www.sf.se
Kulturhuset	Sergels torg	08-50831400	www.kulturhuset.se

瑞典住宿

瑞典住宿场所很多，但住宿价格并不便宜，找旅馆可以向瑞典旅馆协会（电话：08-7898900）寻求帮助，他们提供各具特色的旅馆，价格一般每晚约400 瑞典克朗，双标间约600 瑞典克朗。值得一提的是，瑞典有些旅馆的前台只在17:00～19:00开放，预订时，他们会给你一个4位数的密码开门，还会告诉你进门后到哪里领取房间钥匙。

斯德哥尔摩住宿推荐			
名称	地址	电话	网址
Sheraton Stockholm Hotel	Tegelbacken 6	08-4123400	www.sheratonstockholm.se
Story Hotel AB	Riddargatan 6	08-54503940	www. storyhotels.com
Lydmar Hotel AB	Sodra Blasieholmshamnen 2	08-223160	www.lydmar.com
Rica Hotel Stockholm	Slojdgatan 7	08-7237200	www.rica.se
Lord Nelson Hotel	Vasterlanggatan 22	08-50640120	www.thecollectorshotels.se

11 瑞典→挪威

Ruidian→Nuowei

挪威交通

从瑞典前往挪威

从瑞典斯德哥尔摩可乘飞机前往挪威奥斯陆加勒穆恩机场（Oslo Airport, Gardermoen），全程飞行时间约1小时。

奥斯陆加勒穆恩机场是挪威最大的国际机场，位于奥斯陆东北约37千米，有直飞挪威国

奥斯陆加勒穆恩机场信息	
名称	奥斯陆加勒穆恩机场
地址	Edvard Munchs veg，Gardermoen
电话	64-812000
网址	www.osl.no

内多数城市及世界上很多城市的航班。

乘轨道交通玩挪威

在挪威旅游，一般国外游客会选择北欧四国联营火车票，推荐购买一个月选十天的票种，比较实惠。在确定好行程之后，先订好位子，但需另外付费。在搭乘渡轮时，你可以出示这种联营火车票，享受50%～80%优惠折扣。此外，你还可以购买挪威国铁联票，这样你便可在特定时间内，不限次数与距离搭乘火车游览挪威；也可在入境后购买，其中10月至次年4月的票价有8折优惠。除了联票，你还可以购买Minipris，这对于长程旅行的游客也相当划算，至少在出发前一天购买。并不是每班次的列车都可以使用这种票，你可以参阅NSBTogruter手册，其中标有绿点的车次便可使用这种票。

乘巴士游挪威

挪威有发达的公车系统，长途巴士也比较舒适，平均每100千米15欧元。此外，许多巴士公司会有优惠学生、老人及家庭、5折到7.5折的折扣票，你可以提前询问清楚。

自驾车玩转挪威

在挪威，自驾车也是领略风光的好方法。挪威主要的租车公司为Hertz、Avis、Europcar等大型国际租车公司。你可以在机场及市中心找到租车公司的服务处，在此租车即可。通常在抵达挪威之前，便可打电话或网络预订车，这样会比较划算。此外，大多数租车公司在周末会有优惠，最好确定租车的价格不限千米数才划算。在挪威，白天开车要开车灯。

乘船览挪威美景

在挪威，有大规模的渡轮运输网，将近海岛屿及滨海市镇、峡湾地区紧密联系起来。其中最有传奇色彩的是挪威的巡航汽船（Hurtigruten），多年来一直联系着挪威北部临海零散的小渔村。每晚都会有从卑尔根向北行驶的船，最终到达科克内斯（Kirkenes），途中停靠33个港，然后回头往南行驶，沿途可见各种美景。淡季期间，所有票价会有6折优惠。

挪威景点

奥斯陆市政厅

奥斯陆市政厅（R dhus）是诺贝尔奖颁奖地之一，也是挪威这座海洋城市的政治中心。市政厅在艺术家们的精心装饰和润色下才得以完工，因而充满了浓厚的艺术气息。这座砖红色的建筑全面向人们展示了挪威的历史、文化以及人们的工作和生活状况。此外，在市政厅前还有一个大大的喷泉，十分美丽。

奥斯陆市政厅

旅游资讯

地址： Radhusplassen

交通： 乘坐30、31、32路等公共汽车可以到达

门票： 40挪威克朗

奥斯陆皇宫

奥斯陆皇宫

奥斯陆皇宫（Det Kongelige Slott）是挪威最著名的标志性建筑之一，一直见证着挪威的历史沧桑。奥斯陆皇宫具有丰富多样的功能，不仅是国王王后的居所，还是挪威君主处理日常事务的地方，同时还是国王召开国务会议、举办国宴、招待其他国家领导人的地方。假如你想参观皇宫，就必须在夏季加入向导团前往参观。

旅游资讯

地址： Slottsplassen 1

电话： 22-048700

网址： www.kongehuset.no

海盗船博物馆

海盗船博物馆（Viking Ship Museum）是比格迪半岛最受欢迎的旅游胜地之一，展示有当年保留下来的三艘海盗船，以及关于海盗的资料。这三艘船中最为壮观的当数两艘建于9世纪，保存完好的木制海盗船。海盗船均是用优质木料制造而成，造型十分优美，充分反映了古代挪威人卓越的造船技术。

旅游资讯

地址：Huk Aveny 35

交通：乘30路巴士在Bygdoy下

电话：22-135280

网址：www.khm.uio.no

诺贝尔和平中心

诺贝尔和平中心（Nobels Fredssenter）是每年12月10日的诺贝尔和平奖颁奖典礼的举办地，由奥斯陆市政厅附近的旧火车站改建而成。诺贝尔和平中心主要以面向世界和平、提高人们对战争和解决纷争的关心程度为目的建造，每年都会以多种不同的方式展示诺贝尔和平奖获奖者以及他们从事的工作。

诺贝尔和平中心

旅游资讯

地址：Brynjulf Bulls Plass 1

交通：乘12路电车在Aker Brygge站下，或乘70、74等路巴士在Klingenberg站下

门票：80挪威克朗

开放时间：周一至周日10:00～18:00

挪威美食

挪威有三分之一的领土在北极圈内，因而在挪威的饮食离不开鱼类等水产品，其中最棒的海鲜食物当属熏鲑鱼、鳕鱼、鲱鱼和虾。此外，各种羔羊肉、牛肉、驼鹿肉和驯鹿肉也比较常见，同时还有各种美味的奶酪。在挪威的首都奥斯陆分布有众多风格多样的餐馆，尤其是在卡尔约翰街附近，你可以尝遍整个挪威的美食。

挪威美食餐厅推荐				
名称	地址	电话	网址	菜系
Statholdergaarden	Radhusgata 11,Oslo	22-418800	www.statholdergaarden.no	国际
Alex Sushi	Cort Adelers gate 2	22-439999	www.alexsushi.no	日本
Ruffino Ristorante Italiano	Arbins gate 1,Oslo	22-553280	www.ruffino.no	意大利
Bryggeloftet & Stuene	Bryggen 11,Bergen	55-302070	www.bryggeloftet.no	挪威

挪威的购物场所主要集中在首都奥斯陆，购物区大多在卡尔约翰大街附近。在卡尔约翰大街上，你可以看到欧洲各地品牌的专柜。此外，当地的手工艺品和毛织品，都比较受欢迎。

在挪威，传统的手工艺品、皮草、瓷器器皿、针织品、木刻、油画，都是很有纪念意义的物品，值得购买。

挪威购物场所推荐			
名称	地址	电话	网址
Aker Brygge Shopping	Stranden 3,Oslo	22-832680	www.akerbrygge.no
Steen & Strom	Kongens gate 23,Oslo	22-004000	www.steenstrom.com
David-Andersen	Stranden 1,Oslo	22-834200	www.david-andersen.no
Paleet	Karl Johans gate 37,Oslo	23-080811	www.paleet.no

挪威拥有众多娱乐方式，各种文艺文化团体都十分活跃，有电影节、音乐节，还有滑雪等活动。滑雪是挪威人冬季的第一运动，挪威人几乎拥有无限的滑雪机会。此外，挪威的山区也有滑雪道。在挪威，你可以享受滑雪的乐趣一直到每年5月份。

挪威娱乐场所推荐			
名称	地址	电话	网址
Oslo Opera House	Kirsten Flagstads Plass 1,Oslo	21-422121	www.operaen.no
Rockefeller Music Hall	Torggata 16, 0181 Oslo	22-203232	www. rockefeller.no
Oslo kino	Fridtjof Nansens vei 6,Oslo	994-32000	www.oslokino.no
The National Theatre	Johanne Dybwads plass 1,Oslo	815-00811	www.nationaltheatret.no

挪威住宿

挪威既有豪华的星级酒店，也有实惠的家庭旅馆和连锁饭店。此外，挪威还有1000多个露营地，其标准分为1～5共5个等级，你可以在多数露营地预订小木屋。挪威的旅馆住宿价格相对较高，有些旅馆通常会在暑假期间（5～9月）降价，暑假成了旅游的好时机。此外，周末房价会较平时有所优惠。

挪威住宿推荐			
名称	地址	电话	网址
Scandic Hotel Edderkoppen	St. Olavs plass 1,Oslo	23-155600	www.scandichotels.com
Scandic Hotel Vulkan	Maridalsveien 13,Oslo	21-057100	www.scandichotels.no
Rica hotel G20	Grensen 20,Oslo	22-016400	www.rica.no
Rica Holberg hotel	Holbergs Plass 1,Oslo	23-157200	www.rica.no
Oslo Vandrerhjem Haraldsheim	Haraldsheimveien 4,Oslo	22-222965	www.hihostels.no
Villa Park	Inkognitogata 26,Oslo	400-35400	www.villapark.no

12 挪威→丹麦

Nuowei→Danmai

从挪威前往丹麦

从挪威奥斯陆机场前往丹麦哥本哈根凯斯楚普国际机场（Copenhagen Kastrup International Airport），乘飞机约需1小时10分钟。

哥本哈根凯斯楚普国际机场位于距离哥本哈根市街约8千米处的阿马厄岛（Amager）上，是欧洲四大机场之一。

哥本哈根凯斯楚普国际机场信息	
名称	哥本哈根凯斯楚普国际机场
地址	Lufthavnsboulevarden 6,Kastrup
电话	32-313231
网址	www.cph.dk

乘火车玩丹麦

丹麦的铁路系统很发达，火车是游览各个城市十分舒适的交通工具。火车舒适干净，乘火车可以抵达丹麦热门旅游目的地，沿途风景也相当不错。

乘巴士游丹麦

在丹麦，巴士是联结各城镇的主要交通工具，有数条前往奥尔堡或者奥尔胡斯等地的巴士路线。哥本哈根的巴士分为日间巴士、夜间巴士以及港口巴士。其中，夜间巴士的车牌号均以N开头，运营时间为1:00~5:00；港口巴士从皇家图书馆运行到美人鱼雕像。需要下车时，按下红色停车按钮即可。

骑自行车玩转丹麦

骑自行车游丹麦也是一种不错的交通方式，四通八达的自行车道联结全国各乡镇。在丹麦租自行车，一天需要35~60丹麦克朗。

丹麦景点

美人鱼雕像

美人鱼雕像（Den Lille Havfrue）位于哥本哈根丘吉尔公园的港口岩石上，是一座世界闻名的铜像。远远望见这个人身鱼尾的美人鱼，恬静地卧于一块巨大的花岗石上，仿佛悠闲自得，走近一看，才发现这是一个神情忧郁的少女。铜像的创始人卡尔雅各布森就是在观看了芭蕾舞剧《海的女儿》后，有感而发，于是就建造了这座著名的雕塑。

旅游资讯

地址：Langelinie 19,Kobenhavn

电话：39-634807

交通：乘坐26路巴士在Indiakaj站下

网址：www.mermaidsculpture.dk

美人鱼雕像

阿美琳堡王宫

阿美琳堡王宫（Amalienborg Slot）是丹麦王室的主要宫殿，也是哥本哈根引人注目的旅游胜地。王宫最大的看点，是每天中午12点，在皇宫外举行的皇家守卫队的换岗仪式。此时，皇家守卫队员将穿上帅气的古军装，用整齐划一的步子与姿势，奏乐换岗。这一盛大仪式就像北京天安门广场升国旗一样，每天都会吸引众多人前去观看。

旅游资讯

地址：Amalienborg Slotsplads,Kobenhavn

电话：33-122186

交通：乘6、9、10 路巴士在Osterport站下

门票：65克朗

网址：www.dkks.dk

新港

新港

新港（Nyhavn）是哥本哈根建于17世纪的一条人工运河，现已成为深受欢迎的休闲娱乐港。新港周边的大多数房屋大约建于300年前，历史气息浓厚。沿着运河的两岸，有众多深受世界海员欢迎的酒吧、餐馆。就在其中，还有包括著名的童话大师安徒生在内的名人的遗迹。

旅游资讯

地址：Nyhavn 1-71，Kobenhavn

交通：乘地铁在Kongens Nytorv站下

蒂沃利公园

蒂沃利公园（Tivoli Gardens）是丹麦十分著名且历史悠久的游乐园，素有“童话之城”的美誉。公园曾经只是一个群众集会、跳舞、观赏表演和听音乐的场所，后来改建为一个有趣的游乐场所。公园中的自然景物与人工建筑、游乐设施，都将公园装点得十分美丽。在公园，你可以沿20多条游览路线探索，甚至还可以感受到安徒生童话故事里的场景。

蒂沃利公园

旅游资讯

地址：Vesterbrogade 3

电话：33-151001

交通：乘1、5、8路等巴士可到

门票：95丹麦克朗

网址：www.tivoli.dk

著名的丹麦三明治（Smoerrebroed）以及闻名世界的丹麦酥（Danish，丹麦叫Wienerbroed），是丹麦最典型的美食。丹麦的主要菜肴有马铃薯炖牛肉（Hvid Labskovs）、水煮鳕鱼配芥末酱（Kogt Torsk）、脆皮烤猪肉（Flaeskesteg）、牛肉汉堡配洋葱（Hakkeboef）。此外，丹麦人还对面包情有独钟，它们制作出的多层面包可夹700多种食物，可以分别夹上熏肉片、番茄片等。丹麦人比较习惯吃西餐，同时也对中餐比较感兴趣。

丹麦餐厅推荐

名称	地址	电话	网址	菜系
Restaurant Krebsegaarden	Studiestraede 17,Copenhagen	20-124015	www.krebsegaarden.dk	当地
Kiin Kiin	Guldbergsgade 21,Copenhagen	35-357555	www.kiin.dk	泰国
Khun Juk Oriental	Store Kongensgade 9,Copenhagen	33-323050	www.khunjuk.dk	世界
Den Rustikke	Saxogade 3,Copenhagen	33-232250	www.famo.dk	法国

丹麦是欧洲最古老的王国之一，主要的特色产品有陶瓷器、家具、室内装饰品、手工台布等。此外，在这里，你还会深刻体会到丹麦的时装魅力。还有一些价格适中的银制品、琥珀、文具以及手工玻璃器皿等很受欢迎。在丹麦首都哥本哈根的步行购物街（Stroget）上逛一逛，将会是你最完美的购物体验。

丹麦购物场所推荐

名称	地址	电话	网址
Fisketorvet-Copenhagen Mall	Havneholmen 5,Copenhagen	33-366400	www.fisketorvet.dk
Frederiksberg Centret	Falkoner Alle 21,Frederiksberg	38-160340	www.frbc-shopping.dk
Fisketorvet Shopping Center	Havneholmen 5,Copenhagen	33-366400	www.fisketorvet.dk

丹麦娱乐

丹麦的娱乐活动十分丰富，其中以哥本哈根为最。从皇家芭蕾舞团演出到街头酒吧的现场音乐秀，从新年伊始到圣诞夜，这里有各种各样的活动。每年4～9月，丹麦还会在室外举办音乐会。

丹麦娱乐场所推荐

名称	地址	电话	网址
Club Mambo	Vester Voldgade 85,Copenhagen	33-119766	www.clubmambo.dk
Royal Danish Theatre	August Bournonvilles Passage 8,Copenhagen	33-696933	www.kglteater.dk
The Theatre Museum	Christiansborg Ridebane 18,Copenhagen	33-115176	www.teatermuseet.dk
Palads	Axeltorv 9,Copenhagen	70-131211	www.paladsbio.dk

丹麦住宿

在丹麦有不同类型的酒店和旅店，其中包括高端的豪华酒店、家庭旅馆、传统旅店以及本土乡村客栈。此外，假如你在丹麦停留时间较长，可以在数量众多的假日住宅中选择符合自己要求的住宿环境，假日住宅有豪华型，也有标准型。

丹麦住宿推荐

名称	地址	电话	网址
Hotel Danmark	Vester Voldgade 89，Copenhagen	33-114806	www.hotel-danmark.dk
Plaza Grill	Bernstorffsgade 4，Copenhagen	33-149262	www.profilhotels.dk
Hotel Copenhagen	Egilsgade 33,Copenhagen	32-962727	www. luxuryotels.com
Copenhagen Strand	Havnegade 37,Copenhagen	33-489900	www.copenhagenstrand.dk

《去欧洲终极实用版》编委会

本书主编： 付春琳

编写成员： 单雪影　尹浩　陈玉兰　聂宝菊　李玉佳
朱兰　董蕾　吴丹丹　岳会博　汪婷婷
朱五红　刘芬　靳颖　李来阳　陈龙
王磊　许红　文章　李莉莉　黄嫚
魏亚男　常美玲　刘春洁　郑晓小　尹钢
陈艳　姚章琳　李兴华　刘萌萌　王春晓
王永军　刘佳辉　褚小璇　姜薇　曾祥厚

版式制作： 缪利军　江豪　薄静　顾传营

技术总监： 李彩燕